主　　编：王　名
副 主 编：马剑银
执行主编：蓝煜昕
编　　委：赖伟军　李长文　李朔严　罗文恩　宋程成　俞祖成　张　潮
编辑秘书：田秀丽　刘瑜瑾
刊物支持：深圳市文和至雅公益基金会

学术顾问委员会：
白永瑞（韩国延世大学）
陈金罗（北京大学）
陈锦棠（香港理工大学）
陈旭清（中央民族大学）
大卫·霍顿·史密斯（David Horton Smith, 美国波士顿学院）
邓国胜（清华大学）
丁元竹（国家行政学院）
高丙中（北京大学）
官有垣（台湾中正大学）
郝秋笛（Jude Howell, 英国伦敦政治经济学院）
何增科（北京大学）
华安德（Andrew Watson, 澳大利亚阿德莱德大学）
黄浩明（深圳国际公益学院）
贾西津（清华大学）
江明修（台湾政治大学）
康保瑞（Berthold Kuhn, 德国柏林自由大学）
康晓光（中国人民大学）
莱斯特·萨拉蒙（Lester Salamon, 美国约翰–霍普金斯大学）
林尚立（中央政策研究室）
罗家德（清华大学）
马长山（华东政法大学）
马克·西得乐（Mark Sidel, 美国威斯康星大学）
山内直人（Naoto Yamauchi, 日本大阪大学）
沈　原（清华大学）
师曾志（北京大学）
天儿慧（Amako Satoshi, 日本早稻田大学）
陶传进（北京师范大学）
托尼·塞奇（Tony Saich, 美国哈佛大学）
王　名（清华大学）
王绍光（香港中文大学）
温铁军（中国人民大学）
吴玉章（中国社会科学院法学研究所）
谢寿光（社会科学文献出版社）
徐家良（上海交通大学）
雅克·德富尔尼（Jacques Defourny, 比利时列日大学）
杨　团（中国社会科学院社会学研究所）
张　经（中国商会行业协会网）
张秀兰（北京师范大学）
张严冰（清华大学）
周延风（中山大学）
朱晓红（华北电力大学）
（以上均按首字母排序）

China NonProfit Review Vol.28 2021 No.2

本刊编辑部地址：清华大学公共管理学院429室
电话：010-62771789
投稿邮箱：chinanporev@163.com
英文版刊号：ISSN：1876-5092；E-ISSN：1876-5149
出版社：Brill出版集团
英文版网址：www.brill.nl/cnpr

中国非营利评论

清华大学公益慈善研究院

明德公益研究中心　主办

第二十八卷　2021 No.2

社会科学文献出版社

SOCIAL SCIENCES ACADEMIC PRESS (CHINA)

本刊得到深圳市文和至雅公益基金会的资助

文和至雅基金会
WENYA FOUNDATION

自立 · 立人 · 纯粹 · 感恩

卷首语

新年伊始，中国公益呈现出向好、向上的升维动向。

年捐过两千亿、《慈善法》修法、健康公益、教育公益、企业公益等，种种迹象表明公益积极向好。而更大的动作莫过于关于"第三次分配"和"资本特性"的讨论。缘于"8·17"中央财经委第十次会议和12月中央经济工作会议的这场讨论，直指以公益为主要实现途径的财富升维。

"第三次分配"最初由经济学家厉以宁于20世纪90年代前期提出，"资本特性"则是经济学的一个古老命题。如今重提，皆指向公益，即无论收入或财富的分配，还是资本的运行，都要体现更多的社会关怀和社会价值，这无疑是对财富及其创造提出的更高的要求。近年来，随着我国经济持续高速增长，财富不断积累，财富总量迅速扩大，资本价值得到更大程度的彰显。在不断创造和积累财富的同时，资本的社会价值也越来越受到关注。2021年以来，小米雷军和美团王兴先后以个人名义宣布捐174亿元和179亿元致力于社会公益，腾讯在继上半年捐500亿元启动"可持续社会价值创新"战略后，8月又捐500亿元启动"共同富裕专项计划"。9月，阿里巴巴宣布，将在三年内累计投入1000亿元助力共同富裕。一批头部企业及富人纷纷站在"第三次分配"的前沿，致力于公益和社会价值的行动表达财富升维的诉求。

媒体和学界也表达了对此问题的关注。粗略统计一下，数月内，知网关于"第三次分配"的论文已有数十篇，主要媒体的报道则已有近千篇。

本卷为此特设专题，邀请相关学者展开讨论。我们深知：关于"第三次分配"与"资本特性"的讨论还处在起步阶段，更多的观点和争论尚未展开。本集刊愿为此提供开放的讨论空间，期待各种不同观点在此交汇，产生碰撞乃至共创。

今年春节期间，新著《和光同尘》终于脱稿，这是我学术升维的一个尝试，花了三年时间研读《论语》《道德经》《周易》，发掘其中的治理思想，先搬上课堂而后成书。开学后将在"中国传统治理思想经典导读"课上试用，并加紧修改润色，力争上半年正式出版见书。

学术和财富一样，也需要不断升维。

儿子那路今年将中考，也将面临升维。

在此谨以《周易》升卦之象辞，寄托对升维的期待和祝福：

"地中生木，升。君子以顺德，积小以高大。"

王　名

2022 年 2 月 11 日

于清华园

目　录

案　例

观察与思考

书　评

CONTENTS

Articles

Case Studies

𝒩𝒫

"第三次分配" 笔谈编者按

　　自党的十九届四中全会首次提出"发挥第三次分配作用，发展慈善等社会公益事业"以来，第三次分配开始成为我国慈善事业发展的重要政策背景和理论基础。尤其自 2021 年 8 月 17 日中央财经委员会第十次会议在"共同富裕"的宏观背景下提出"要加强对高收入的规范和调节，依法保护合法收入，合理调节过高收入，鼓励高收入人群和企业更多回报社会"以来，第三次分配进一步成为社会热点议题。在此背景下，究竟如何理解第三次分配的内涵与意义？第三次分配在完善我国收入分配格局方面有多大潜力？发挥第三次分配作用有哪些路径？鉴于此，《中国非营利评论》以笔谈的方式邀请不同学科背景的几位重要学者分别针对上述问题进行探讨，以飨读者。

第三次分配视角下企业慈善责任的新路径

邓国胜　朱绍明*

习近平总书记在中央财经委员会第十次会议上强调，共同富裕是社会主义的本质要求，是中国式现代化的重要特征，要坚持以人民为中心的发展思想，在高质量发展中促进共同富裕。企业作为经济社会的基本细胞、国家税收的主要来源，是推动实现共同富裕的重要主体。企业是社会的组成部分，拥有解决社会问题的管理才能、专长与资本，作为社会经济发展的重要受益者，企业理应以恰当的方式和途径回报社会。然而，企业履行慈善责任，也需要讲究方式方法。因此，在新时期企业如何以创新的思路回报社会、创造共享价值、促进共同富裕取得实质性进展，是一个非常重要的课题。

一　我国企业回报社会的现状与问题

根据中国慈善联合会发布的《中国慈善捐助报告》，长期以来，企业是我国慈善捐赠的主要来源，占我国内地慈善捐赠总额的六成到七成。而在美国，根据 Giving USA 2021 的报告，2020 年美国的企业捐赠总额为 168.8 亿美元，在年度慈善捐赠总额中仅占 4%。[1] 尽管这是美国 40 年以来企业捐赠的最低水平，但仍然可以看出，与美国相比，我国企业捐赠占社会捐赠总量的比例非常高。

---

* 邓国胜，清华大学公共管理学院副院长、教授；朱绍明，清华大学公共管理学院博士后。
[1]　Giving USA 2021 Infographic Digital，By Giving USA Foundation，June 2021.

不过，近年来，受全球经济下滑、中美贸易摩擦等因素影响，再加上新冠肺炎疫情的影响，部分企业的经济效益下滑，我国企业捐赠占社会捐赠总额的比例已经从 2015 年的 70.7% 下降为 2019 年的 61.7%，企业捐赠总额也从 2017 年的高峰 963.34 亿元略降为 2019 年的 931.47 亿元。因此，一方面，企业需要积极履行社会责任、回报社会；另一方面，又需要不断创新履行慈善责任的思路和方式，更可持续地回报社会，发挥在第三次分配中的重要作用。

二 新时期企业回报社会的新思路与新方法

一些人认为，企业回报社会的主要方式就是捐赠，捐了钱、表达了爱心就是回报社会。然而，事实上，这只是企业履行慈善责任的方式之一。新时期，企业履行慈善责任，还可以通过志愿服务、设立社会企业或进行影响力投资、创造共享价值等新的思路与方法。

1. 企业志愿服务是第三次分配的重要方式之一

共同富裕不仅是物质的共同富裕，也是精神的共同富裕，而第三次分配区别于初次分配和再分配的特征之一，就在于第三次分配不单是前两种分配方式的补充，而且包含着对既往社会资源、价值的生成与流动方式的反思和超越。[1]第三次分配不仅仅是捐赠资金，也包括提供志愿服务。简单的资金捐赠，往往只能起到输血的作用，而要达到造血的目标，不仅需要资金，更需要企业提供志愿服务，尤其是专业志愿服务，向弱势群体或为弱势群体服务的社会组织赋能。毕竟，企业拥有一流的人才、专业的管理知识和现代信息技术，企业通过提供专业志愿服务有时候会收到意想不到的效果。

目前，国内也涌现出一些通过企业志愿服务回报社会的优秀案例。例如，中国移动、腾讯和联想等企业都推出了"志愿服务带薪假"或倡导固定的"志愿服务日"或"志愿服务月"，鼓励员工自觉参与志愿服务。此外，一些企业积极建设有组织的志愿服务体系，提高志愿服务的质量和效果。例如，一些互联网企业通过提供专业志愿服务帮助社会组织解决互联网技术应用的难题，再比如，顺丰在全国采取"总会 +16 个分会"的模式，自下而上建立员工志愿者

---

[1] 刘文：《论第三次分配的本质——基于他在性视角的阐发》，《山东工商学院学报》2021 年第 1 期，第 94 页。

协会。① 在"互联网＋"志愿服务趋势②的推动下，字节跳动通过提供专业志愿服务，运用互联网思维、数字化平台解决儿童失踪难题。这些优秀案例反映了通过内部制度和文化引导员工参与志愿服务、结合自身条件和优势开展专业志愿服务、开发线上志愿服务项目等都是企业开展志愿服务的有效形式。

从全球趋势看，企业通过鼓励成立员工志愿者协会与上下游企业和相关利益群体志愿者组织、建立志愿服务信息系统、探索线上专业志愿服务模式已经成为企业志愿服务的新趋势，其作用与效果也越来越得到社会的认可。

2. 设立社会企业或进行影响力投资是企业回报社会的新方式

20 世纪 90 年代以来，随着社会企业在全球的兴起，其正在成为各国解决社会问题的新方式。社会企业以公益慈善为目标，以商业为手段，通过自我造血，为解决社会问题提供了一种更可持续、更容易规模化发展、惠及更多弱势群体的有效手段。然而，自 2006 年社会企业的概念引入中国之后，我国社会企业的发展并不尽如人意。一些研究表明，2010 年后，虽然社会企业数量有较快增长，但到 2014 年，受访社会企业最高年收入为 700 万元，平均年收入为 107.49 万元，年收入中位数为 27 万元。而利润方面，平均年度净利润仅为 6.99 万元，年度净利润中位数仅为 0 万元，换言之，有一半的受访社会企业无法实现盈利。③ 其原因主要是我国社会企业主要由社会组织发起成立或由社会组织转型而来，缺乏商业运营的经验和营销能力。然而，由一些成功的企业发起设立的社会企业，其成功的概率就要大得多，发展也要快速得多。例如韩国的 SK集团于 2010 年将内部的"社会性企业事业部"剥离出去，成立独立的社会企业，发展迅速。再比如，由碧桂园集团发起设立、隶属于广东国强公益基金会的四家社会企业——碧乡农业发展有限公司、国华文旅集团、广东凤凰到家职业技能培训学校有限公司和广州惠众小额贷款有限公司，由于得到碧桂园的技术支持、营销支持，发展非常快速。2020 年，碧乡农业、国华文旅和凤凰到家均实现利润超过 1000 万元，惠众小贷因为创立时间较短，目前总体实现盈亏平

---

① 资料来源：顺丰公益基金会官网，见 https://www.sfgy.org/。
② 孟慧文、王忠平：《中国企业志愿服务发展趋势探究》，《企业管理》2019 年第 11 期，第 114 页。
③ 朱健刚：《社会企业在当代中国的阶段定位与价值取向》，《社会科学辑刊》2018 年第 2 期。

衡，2021年全年预计实现利润400万元，① 这与我国传统社会企业的发展形成了鲜明的对比。

与传统的企业慈善方式相比，企业发起设立社会企业具有以下优点。第一，效率往往更高。传统的企业慈善行为，往往只是简单的资金捐赠与爱心表达，至于捐赠之后效果如何，企业并不太关注，以致企业捐赠往往导致慈善资源的浪费。而社会企业需要参与到市场竞争之中，并在激烈的竞争中实现财务的可持续，因此，社会企业不仅需要关注效率，而且需要不断提升效率。第二，更可持续。传统的慈善方式往往是"分蛋糕"的过程，一旦经济效益不好，企业就会大幅缩减捐款数额，这也是近年来我国企业捐赠总额有所下降的原因之一。然而，社会企业需要自负盈亏，捐赠收入只是其资金来源之一，而市场经营收入是其主要的收入来源，因此，社会企业对捐赠的依赖程度较低，财务的可持续性更高。第三，更可能实现规模化。传统的企业慈善方式依靠企业的捐赠，然而，企业的捐赠资金毕竟有限，这也导致企业传统的慈善方式难以实现规模化发展。社会企业既有盈利的动机与扩张的动力，又能够应用市场手段获得扩张所需要的资源，因此，更可能实现规模化发展以解决社会问题。

当然，与简单的资金捐赠相比，企业发起设立社会企业的成本较高、管理更为复杂，并不适合所有的企业。因此，企业慈善责任的另外一种选择是进行社会影响力投资，特别是"投资于社会企业"。企业既可以为社会企业捐赠，也可以采取股权投资等方式。当然，企业投资于社会企业，主要看重的还是社会企业解决社会问题的能力。例如，红杉资本等企业对中和农信的投资就属于社会影响力投资。中和农信是一家小额信贷类社会企业，红杉资本投资于中和农信的收益率要远低于其风险投资的平均回报率，但红杉资本等企业入股中和农信，恰恰看重的是其规模化服务于乡村弱势群体的能力。

3. 企业回报社会也可以创造共享价值

共同富裕要求企业以一种更为包容和开放的视野去思考自身的发展路径和社会价值的实现。迈克尔·波特提出的共享价值理论认为，企业要实现商业价值的最大化，应当关注重大的社会需求，在创造利润的同时解决社会问题，将

---

① 邓国胜、程一帆：《企业集团助推社会企业快速成长：案例分析与理论拓展》，《广西师范大学学报》（哲学社会科学版）2021年8月4日（网络首发）。

商业价值转化为社会价值。[①] 企业慈善也不再是短期的、不可持续的捐赠行为或者对股东利益的分割，而是与企业核心竞争力和市场环境息息相关的经济行为，成为企业长期性和战略性发展的一部分，[②] 企业慈善成为战略慈善，达到社会效益与经济效益的平衡。在共同富裕背景下，许多亟待解决的社会问题都可以成为企业实现商业增长和实施战略慈善的机会。

一方面，通过共享价值的创造，企业可以将解决社会问题作为商业机会，使企业投入慈善事业的资源实现更高的价值和取得更好的效果。在这方面，一些跨国公司进行了较好的创新探索。例如，作为全球领先的水技术公司和污水处理解决方案供应商，赛莱默（中国）有限公司于 2009 年通过与中国妇女发展基金会合作，在中国发起"水印计划"项目，旨在为缺少干净水资源的社区、家庭和学校提供集中蓄水装置或安全饮水设备，以解决社区的安全饮水问题。《"母亲水窖"品牌影响力和社会价值评估报告》显示，该项目的整体社会回报率为 5.6。截至 2019 年底，赛莱默累计捐赠资金 319.9 万美元，按照 5.6 的回报率计算，"水印计划"产出的社会价值达到 124034400 元。[③] 另一方面，以共享价值为基础从事战略慈善，可以降低企业的生产和采购成本，为企业带来更多利润。例如，家乐福（中国）自 2007 年开始尝试直采模式，深入全国欠发达地区，寻找具有当地特色的帮扶产品，在为农民提供稳定的销售渠道和增加收入机会的同时，也省去了中间商差价，降低了自身的采购成本，让利于消费者。[④]

总之，在发挥第三次分配作用的视角下，企业参与慈善事业需要有新的理念、新的方式方法。唯其如此，企业参与慈善的资源才能不断扩展，才更可持续，才能获得更大的效益。

① Porter, Michael E., and Mark R. Kramer, "Creating Shared Value," *Harvard Business Review* 89, nos. 1 - 2, January-February 2011, pp. 62 - 77.

② Porter, Michael E., and Mark R. Kramer, "Strategy & Society: The Link between Competitive Advantage and Corporate Social Responsibility," *Harvard Business Review* 84, 2006, pp. 78 - 85.

③ 《"母亲水窖"品牌影响力和社会价值评估报告》，母亲水窖网，https://www.mothercellar.cn/category/16.

④ 《家乐福农产品直采达 40% 未来 2~3 年比例将继续提高》，中国经济网，http://www.ce.cn/cysc/sp/info/201305/29/t20130529_21498614.shtml。

从转移价值到放大价值：论慈善事业在第三次分配浪潮中的增长路径[*]

苗　青　尹　晖^{**}

2021 年 8 月 17 日，中央财经委员会提出"构建初次分配、再分配、三次分配协调配套的基础性制度安排"。原本柔软的慈善事业的身躯突然有了力量，变得更加坚硬起来。这意味着慈善事业将获得更多的制度保障，成为基本分配制度的重要环节。在此背景下，如何放大慈善事业的价值，成为当前慈善学界的热点研究问题。

直面现实，客观而言，我国目前的慈善事业总量仍不足以支撑"制度安排"的提法。本团队[1]对 2001～2021 年我国的慈善事业发展状况进行分析，发现慈善事业可能受到重大事件、经济增长和制度安排的共同影响。从增量来看，我国的社会捐赠总额随着经济增长呈现出整体向上的趋势，在 2008 年汶川地震、2020 年开始的新冠肺炎疫情两次重大事件期间产生了两个捐赠高峰，2016 年《慈善法》颁布也带来了一个捐赠小高峰。但从捐赠总量来看，近 20 年来我国的慈善捐赠占 GDP 的比重始终低于 0.25%，实事求是而言，如此小规模的慈

---

* 本文系国家社科基金重大项目"发挥第三次分配作用促进慈善事业健康发展研究"（21&ZD184）的阶段性研究成果。

** 苗青，浙江大学公共管理学院教授、博士生导师，浙江大学社会治理研究院首席专家，浙江大学民生保障与公共治理研究中心研究员，教育部青年长江学者；尹晖，浙江大学公共管理学院博士研究生。

① 浙江大学社会治理研究院公益慈善发展中心。

善捐赠难以产生实质的调节社会收入分配的作用。

面向未来，第三次分配的浪潮已经滚滚而来，我们该如何规划慈善事业的发展航向？本文从慈善资源的流动视角出发，解读第三次分配过程中慈善事业的本质。在此基础上，本文以慈善捐赠、商业向善、志愿服务、慈善组织四个关键渠道为抓手，指出慈善事业在第三次分配浪潮中的价值增长路径。

一 放大慈善价值：从价值传递到价值增值

寻找慈善事业发展新航向，首先需要明确慈善事业在第三次分配浪潮中的定位。我们认为，慈善事业在第三次分配过程中扮演的不是价值的"搬运工"，而是价值的"放大器"。如何理解"慈善价值放大器"的概念？这要求我们转变传统的慈善理念。目前有很多学者站在"财富分配"的角度思考慈善的价值，认为慈善就是富人通过捐赠将财富转移给穷人，认为慈善是个人实现自我价值及社会整体福利状况改善的手段。这种观点有可能是狭隘和片面的，很容易忽略现代慈善的本质特征。

现代慈善的关键在于价值增值，即慈善的实际价值远远超越了善款本身的账面价值。理由有三个方面：一是受助者获得的实际价值被低估了，对于富人而言，100 元钱可有可无，但是对于穷人而言，100 元钱可能带来巨大的改变；二是受助者状况改善所带来的潜在价值被忽视了，受助者状况的改善将减少潜在的社会风险，带来正向的社会收益，而这些社会收益并未被纳入慈善事业的测算体系中；三是志愿服务和社会工作等慈善劳动的价值被忽略了，慈善活动中人的"无价劳动"应该融入慈善价值内涵中。

我们呼吁学界更多地关注慈善价值的科学测算的问题。慈善绝非"左手进右手出"的价值传递过程，而是"一块钱进几块钱出"的价值增值过程。本团队曾对此展开一些初步探索，对国际上流行的 SROI 测算方法做过一些介绍（苗青、石浩，2018）。以本团队正在研究的浙江省妇幼儿童基金会的焕新乐园项目为例，该组织运用专业方法将善款转化为慈善服务，这些活动显著地提升了孩子们的自信心，提升了儿童的未来期望，改善了孩子们的学习态度，这些"改变"的价值远远超过善款的账面价值。

二　补齐捐赠短板：大力弘扬慈善文化

个人捐赠是第三次分配资源的重要来源，也是当前慈善事业的最大短板。WGI（World Giving Index，全球捐赠指数）显示，若扣除 3/4 来自企业的捐赠额，我国个人捐赠额只有每人每年 28 元左右，2020 年中国捐赠指数排在被调查的 126 个国家的末位。① 如此尴尬的慈善现状与我国的文明传统和经济发展水平极不相称，这从一个侧面反映出我国在捐赠领域仍有很大的进步空间。

如何推动个人自愿捐赠？弘扬慈善文化是根本的解决办法。我们认为，大额捐赠靠制度和策略，而小额捐赠靠文化和信仰。可持续的第三次分配不能单纯靠制度驱使富人捐钱，更应该塑造人人向善、人人乐善的慈善文化。随着互联网的发展，拇指公益、随手公益、小额公益成为数字时代的慈善新形式，这既是慈善事业发展的新机遇，也是培育慈善文化的新挑战。

运用科学的助推方法是鼓励捐赠的另一个办法，值得学界进一步研究。举例而言，可以利用公众人物的示范效应，如浙江开展的"慈善一日捐"活动，省四套班子领导带头捐款，可谓助推大众慈善的科学之举；也可以通过创新慈善捐赠方式鼓励捐赠，允许股权捐赠、期权捐赠等，可以有效地降低捐赠者的"损失厌恶感"；完善对捐赠人的权益保障措施也可以促进捐赠，进一步规范筹款平台的运作机制，积极建立制度保证捐赠信息的公开透明，可以有效地提升捐赠者的安全感。

三　撬动商业向善：创新合法和可持续

一般意义的商业向善就是企业捐赠，但是商业向善不是商业繁荣的溢出，而是企业追求商业持续繁荣的必然选择。商业是社会生活的产物，商业与社会是共生共荣的关系。商业反哺社会有助于提升社会生活质量，也有利于促进商业繁荣，二者可以实现互益。

在现代社会，商业向善有了新的表现形式，包括企业基金会、社会企业、

---

① 参见 "Most Charitable Countries 2021," Charities Aid Foundation, https://worldpopulationreview.com/country-rankings/most-charitable-countries，最后访问时间：2020 年 10 月 6 日。

慈善信托等。如何理解这些新的商业向善方式？我们认为，互利共赢是撬动商业向善的关键。商业和慈善并非水火不容，运用合理的商业向善工具，也可以让两者实现平衡。具体而言，企业基金会是企业注资成立的慈善基金会，它不仅具有社会价值传递功能，还具有广告作用，能够提升企业的品牌价值；社会企业是运用商业方法实现社会目标的混合组织，它是义利并举的载体，也是可持续发展的新商业文明的体现；慈善信托是委托金融机构开展慈善项目的金融产品，它本质上是由捐赠衍生而来的金融工具，能够形成商业闭环，实现捐赠款项保值增值的效果。

引导商业向善需要"四两拨千斤"，既要有一定的灵活性，也要把握基本的原则，防止商业向善变成单纯的商业行为。这些原则包括：一是鼓励商业创新，商业创新的本质是社会创新，需要巧妙地运用商业方法，撬动更多的资源参与慈善事业；二是合法经营，任何商业向善项目存在的前提是符合法律规范和公序良俗，不得做出损害社会利益和受助者利益的事情；三是可持续运营，商业向善的质量如何要放在时间的维度中予以检验，只有那些可持续运行的商业项目才能够长久地解决社会问题。

四 激励志愿服务：志愿服务的科学管理

中国向来不缺志愿者，但是缺少志愿服务管理科学方法。全国志愿服务信息网数据显示，2021 年我国的注册志愿者人数已超过 1.9 亿人，已发布的志愿服务项目有近 450 万个。[①] 志愿服务与中华文化久远的历史一脉相承，我们从孩童时代就参加志愿服务，但是为什么我国的志愿服务仍停留在低效重复劳动的"学雷锋"阶段？我们认为，这是缺乏志愿服务科学管理办法的必然结果。

提升志愿者服务的科学管理水平，至少需要研究解决以下几个问题：一是志愿者的激励问题，包括精神激励、物质激励、荣誉激励等各种激励方式，建议运用实验方法寻找到最佳的激励组合；二是志愿者的安全保障问题，志愿者参加活动存在风险，特别是在疫情环境下，需要研究如何运用法律或者保险措施保障志愿者安全；三是志愿者的数字化管理问题，随着志愿服务参与人数越

---

① 参见《十三五期间我国注册志愿者已超过 1.9 亿人》，中国文明网，http://www.wenming.cn/zyfw/rd/202101/t20210125_5928313.shtml，最后访问时间：2020 年 10 月 7 日。

来越多，而且许多人参加的甚至是线上志愿服务，志愿者管理难度越来越大，如何运用数字化工具管理志愿服务过程的问题已经出现。随着数字化的志愿服务管理系统的完善，如果将志愿服务产生的价值纳入慈善事业进行统计测算，那么慈善事业的价值将更加可观，值得学界进一步研究。

五　赋能慈善组织：培育慈善组织和人才

专业的慈善组织是落实第三次分配的重要保障，慈善组织的专业水平将会决定第三次分配的水平。对于慈善组织而言，学界存在两种相反的声音，一种观点认为要加强对慈善组织的监管，另一种观点认为要积极向慈善组织赋能。赋能和监管就像是左手和右手的关系，但是我们认为赋能比监管重要。中国慈善组织一直缺乏人才，缺乏科学管理方法，那是因为我们对常态情境下的慈善组织赋能不足，导致慈善组织能力不足，在紧急状况下问题频出，才会引发公众对慈善组织监管的呼声不断。

如何赋能慈善组织？我们认为可以从以下几个方面入手。一是提升慈善组织的管理胜任力。慈善组织管理和企业的管理其实没有显著区别，前者也需要专业的财务管理、人力资源管理，慈善组织需要不断提升专业化水平以提高第三次分配效率。二是提升慈善组织的项目影响力。项目的影响力是顺利筹款的基础，有了影响力筹款不是问题。三是提升慈善组织的执行公信力。慈善组织需要通过行动获得公众的信任，这是慈善组织生存的底线和生命线。

总之，发展慈善事业需要把握第三次分配浪潮带来的政策机遇，从促进个人捐赠、撬动商业向善、激励志愿服务、赋能慈善组织四个方面发力，提升慈善事业本身的专业化水平，从而进一步放大慈善资源的价值。

参考文献

苗青、石浩（2018）：《撬动社会资源：公益创投评估与 SROI 实证应用》，《浙江大学学报》（人文社会科学版），第 5 期。

第三次分配的规模测算与机制设计

高 皓[*]

"允许一部分人先富起来，先富带动后富，最终达到共同富裕"是我国实施改革开放历史性决策的重要指导思想。进入新时代以来，党中央非常关心如何在确保经济社会发展和稳定的前提下实现先富带动后富，最终达到共同富裕。

习近平总书记2021年主持召开中央财经委员会第十次会议，在研究扎实促进共同富裕问题时强调，要坚持以人民为中心的发展思想，在高质量发展中促进共同富裕，正确处理效率和公平的关系，构建初次分配、再分配、三次分配协调配套的基础性制度安排。

第三次分配是有效推进共同富裕的重要路径，社会各界关注的重要问题包括：第三次分配应当达到何种规模体量，才能在国家经济社会发展中发挥重要作用？如何从资金载体、资金投资和资金运用等多个维度入手，有效提升第三次分配的效率和效能？

本文将首先分析我国三大先富群体的现状，进而通过三组数据匡算第三次分配的资金规模，最后提出三个重点发力的政策建议。

一 我国先富群体分析

高净值、超高净值与榜单级财富人群是我国三大先富群体。近几年来，我

---

* 高皓，清华大学五道口金融学院全球家族企业研究中心主任、绿色金融发展研究中心副主任。

国三大财富群体的人数和财富总量实现了快速、大幅增长，为第三次分配提供了重要的物质基础。

（一）榜单级群体（500人）

根据2021年《新财富》500富人榜，我国最富有的500人财富总额高达17.7万亿元，比上年增长70%；百亿富人数量从2019年的239名增长到2021年的439名，短短两年间百亿富人人数翻了将近一番；上榜的财富净值门槛为89亿元。①

拉长时间尺度来看，榜单级群体的财富总额无论是绝对值还是相对值都呈现大幅增长趋势。从绝对值来看，2003~2020年18年间，中国城镇居民人均可支配收入从8472元涨到了43834元，涨幅4.2倍；GDP从11.67万亿元到突破100万亿元，涨幅7.7倍；500富人的总财富从5000亿元增至17.67万亿元，增长了34倍。而同期，美国《福布斯》富豪榜总财富的涨幅仅为约4倍。从相对值来看，2003年我国500富人财富总额等于1个深圳的GDP或1/2个上海的GDP；而2020年500富人财富总额等于"北上广深+杭州"五大一线城市的GDP之和。②

即使在榜单内部，财富向头部集中的趋势也相当明显。2012年上榜前20%的人拥有1.4万亿元，占比45.6%；2021年上榜前20%的人拥有10.6万亿元，占比60%。中国最富有100人（即榜单前20%）的人均财富额首次超过1000亿元，而中国拥有千亿富人的历史还不到5年。③

（二）超高净值群体（1万~3万人）

超高净值群体是指个人可投资资产在一定阈值以上的人群。国际上对此并无统一标准，通常采用的阈值有3000万美元、5000万美元或1亿美元。根据瑞士信贷《2021全球财富报告》，截至2020年底，我国5000万美元以上的超高净值人士总人数达到28130人，比上年增长54%，仅次于美国，位居全球第二。④

根据波士顿咨询公司（BCG）数据，2020年我国金融资产在1亿美元以上的超高净值人士总人数上升了近24%，达到7800人，总财富3.6万亿美元（23

---

① 陶娟：《2021新财富500富人榜》，《新财富》2021年5月。
② 陶娟：《2021新财富500富人榜》，《新财富》2021年5月。
③ 陶娟：《2021新财富500富人榜》，《新财富》2021年5月。
④ 瑞士信贷，Global Wealth Report 2021。

万亿元人民币），比上年增长 26.5%。[1]

（三）高净值群体（约 260 万人）

私人银行是高净值人士财富管理的重要金融机构。根据招商银行《2021 中国私人财富报告》，我国可投资资产在 1000 万元以上的高净值个人总人数为 262 万人，年复合增长率 15%，可投资资产达到 84 万亿元。[2]

根据中国银行业协会、清华大学五道口金融学院《中国私人银行发展报告 2020》，2019 年我国私人银行的资产管理规模达 14.13 万亿元，比上年增长 15.3%；客户数达 103.14 万人，比上年增长 17.9%。[3]

（四）小结与评述

总结我国三大先富人群的人数和财富总量的增长率大致可得出以下结论：2020 年，我国榜单级人群的财富增速约为 70%，超高净值人群的财富增速约为 26.5%，高净值人群的财富增速约为 15%；而我国同年 GDP 的增速只有 2.3%，同时仍有 6 亿人每月收入不超过 1000 元。

以上数据印证了皮凯蒂在《21 世纪资本论》中的结论，三大先富群体的资本收益率 r（ROE）远远超过了 g（GDP 增速）。各国货币政策的超常规量化宽松又加剧了这种贫富差距，目前尚无任何市场力量能够实质性地扭转这种日益扩大的贫富差距。

财富不仅变得更加集中，而且财富本身的增长速度又快于收入和产出的增长速度。近年来，我国政府采取了多种措施提高收入水平，缩小收入差距。根据国家统计局数据，反映财富流量差距的收入基尼系数从 2008 年起就开始呈下降趋势，从 2008 年的 0.491 下降到 2020 年的 0.468。[4] 但是，反映财富存量差距的财富净值差距却呈现日益扩大的趋势，根据瑞士信贷数据，我国财富基尼系数从 2000 年的 0.599 上升至 2020 年的 0.704。[5] 再如，根据皮凯蒂等的测算，我国财富净值前 10% 的人口财富占全体国民财富的比重从 1995 年的 40.8% 增长到 2015 年的 67.4%；前 1% 的人口财富占全体国民财富的比重从 1995 年的

---

[1] 波士顿咨询公司（BCG）：《全球财富报告 2021》。
[2] 招商银行：《2021 中国私人财富报告》。
[3] 中国银行业协会、清华大学五道口金融学院中国私人银行研究课题组：《中国私人银行发展报告 2020》。
[4] http://www.stats.gov.cn/tjsj/zxfb/202109/t20210929_1822623.html。
[5] 瑞士信贷，Global Wealth Report 2021。

15.8% 增长到 2015 年的 29.6%。[1]

先富群体财富的快速增长，是市场经济发展的必然结果。这一方面反映出民企活力的激发和营商环境的改善，另一方面也折射出先富群体资源禀赋分布的不均衡。但毋庸置疑的是，财富差距过大将会影响经济社会的健康可持续发展，而行业集中度的过度提高和垄断性企业的无序扩张又会阻滞公平和竞争。一国低净值和低收入群体的规模过大，无疑会抑制消费需求，制约内需扩大，影响经济发展。同时，世界多个国家和地区的贫富差距所引发的严重社会撕裂，如民粹主义盛行、逆全球化与保护主义、社会冲突与动荡等，都应当引起我们的高度关注。

二 第三次分配规模的测算

某一新兴行业或领域的发展战略，首先要考虑当前时点（A 点）的规模，并测算未来某一时点（B 点）的行业规模，再考虑实现由 A 点到 B 点的战略路径。本文将通过三组数据从不同角度来测算第三次分配的资金规模，进而提出有效实现第三次分配的发展路径与政策建议。

（一）第一组数据：通过测算财富三次分配总量看第三次分配的数量级

第一次分配的数量级是百万亿元：2020 年我国 GDP 首次突破 100 万亿元大关，达到 101.6 万亿元，这是我们进行第一次分配的基础。第二次分配的数量级是十万亿元：2020 年我国财政收入约为 18 万亿元，税收收入 13.7 万亿元，约占财政收入的 3/4。第三次分配的数量级目前只有千亿元：根据中国慈善联合会《中国慈善捐助报告》，2019 年我国接收内地捐赠为 1509 亿元，仅占该年 GDP 99 万亿元的 0.15%。

从数量级上来看，当前第一次分配是百万亿级，第二次分配是十万亿级，如果要实现有效的第三次分配，至少要达到万亿级。换言之，如果不能实现全口径社会年度捐赠总额超过 1 万亿元，我们就很难说能够有效地实现第三次分配。目前 1500 亿元年度捐赠总额要增长到万亿元以上，意味着要实现 10 倍左右的增长。

---

[1] Thomas Piketty, Li Yang, Gabriel Zucman, "Capital Accumulation, Private Property, and Rising Inequality in China, 1978 – 2015," *American Economic Review* 109, Issue 7, 2017, pp. 2469 – 2496.

（二）第二组数据：从财富总量数据看实现万亿级第三次分配的可行性

根据《2021 中国私人财富报告》，我国国民可投资金融资产总额为 241 万亿元。[①] 根据《中国住房存量报告：2019》，2018 年我国住房市值为 321 万亿元。[②] 由于金融资产与实物资产构成了我国国民财富的主体，因此两者相加可大体估算出我国国民财富净值约为 562 万亿元。这与《中国国家资产负债表 2020》测算的我国居民部门净资产为 512.6 万亿元基本一致。[③]

根据发达国家经验数据，富裕群体在代际传承中上一代通常会将至少 10% 的自身财富投入公益慈善事业。按照我国未来 20 年间（2021～2040 年）基本完成第一代到第二代的代际传承来测算，平均每年国民传承的财富总量为 25.5 万亿～28 万亿元，按 10% 测算我国每年的捐赠总额平均可达 2.55 万亿～2.8 万亿元。即使实际有一半的折损，每年的社会全口径捐赠总额也应该能达到 1.25 万亿～1.4 万亿元。

（三）第三组数据：通过国际比较来看实现万亿级第三次分配的可行性

根据美国施惠基金会发布的《2020 美国慈善捐赠报告》，2019 年美国个人、遗产捐赠、基金会和公司的慈善捐赠达 4496 亿美元（2.88 万亿元人民币）。除去捐赠给宗教的 1282 亿美元，可比中国的其他用途（包括教育、艺术、文化、国际事务、人文组织、公益组织、环境和动物保护组织等）捐赠总额达 3215 亿美元（2.05 万亿元人民币）。[④] 这部分占到美国同年 GDP 21.43 万亿美元的 1.5%。

如果参照美国慈善捐赠占 GDP 1.5% 的比例，我国年度捐赠应达到 101.6 万亿元的 1.5% 即 1.5 万亿元，恰好是当前我国捐赠总额 1500 亿元的 10 倍。因此，不考虑两国 GDP 增长，仅以静态视角来看，如果我国第三次分配要达到美国的水平，年度捐赠总额至少应达 1.5 万亿元。

综合以上三组数据，我国第三次分配的数量级如能实现每年全口径社会捐赠总额达到 1.5 万亿元，既与第三次分配在经济社会中应当发挥的重要作用相匹配，又具有符合我国国情和与国际比较的现实可行性。

---

① 招商银行：《2021 中国私人财富报告》。
② 泽平宏观：《中国住房存量报告：2019》。
③ 李扬、张晓晶等：《中国国家资产负债表 2020》，中国社会科学出版社，2020。
④ Indiana University Lilly Family School of Philanthropy，*Giving USA：The Annual Report on Philanthropy*.

三　第三次分配制度建设的政策建议

我们可喜地看到，最近几年我国十亿级的单笔捐赠层出不穷，百亿级的单笔捐赠时有出现，显示出我国先富群体的社会担当，例如万向鲁伟鼎、福耀曹德旺、美的何享健、碧桂园杨国强、宝丰党彦宝等都是民营企业家大额公益慈善捐赠的杰出代表。但从总体上来看，目前我国全口径社会捐赠总额与第三次分配的测算规模相比仍有较大的发展空间。

为了达到万亿级全口径社会捐赠总额规模，我们就要仔细研究：我国目前的公益慈善基础设施是否能承载如此体量的资金增量？我国公益慈善组织的效率和效能是否能够获得先富人群的认可和信任？资金投向是否有助于我国经济社会重点方向的发展？笔者试图从资金载体、资金管理、资金投向等三个角度提出政策建议。

（一）从资金载体角度来看，建议进一步完善慈善信托制度，作为实现万亿级年度捐赠重要的工具抓手

第三次分配的资金载体主要有两种：基金会与慈善信托。我国基于国情对基金会实行严格的准入监管，在可预见的未来，基金会数量较难实现大幅度的增长。根据基金会中心网数据，我国截至 2020 年 6 月 30 日有 8162 家基金会，比上年增长 7.15%。而十年十倍的捐赠资金的年复合增长率要达到 26%，因此，在我国基金会数量较难在十年内增长到 8 万多家（即增长到现在的 10 倍）的前提下，基金会作为慈善资金载体的容量不足以承接如此巨量的增量资金，而作为另一种第三次分配工具载体的慈善信托就显得极为重要。

民政部与银保监会在 2018 年出台了《慈善信托管理办法》，为该项制度的应用奠定了可喜的基础，但慈善信托制度仍然需要进一步完善。我们发现，由于存在《信托法》立法缺陷、产权登记缺失、税负过高等难点问题，上市公司股票、非上市公司股权及房产等资产类别仍然难以成为信托财产，这极大地限制了信托功能的发挥。① 中国人民银行调查统计司 2019 年调查结果显示：住房

---

① 高皓、罗钧：《我国民事信托税负问题：法学视角的分析与应对》，《税务研究》2020 年第5 期。

资产占我国城镇居民家庭总资产的比重为 59.1%；[①] 而对于超高净值人群而言，上市公司股票和非上市公司股权是其资产的主要构成形式。因此，我们亟须在财产登记和税收激励等方面建立制度，畅通房产、股权等非现金资产作为慈善信托财产的重要资产类别。

建议全国人大财经委加快进行《信托法》修法，同时建议民政部、银保监会，会同财政部、住建部、国税总局、市场监管总局、证监会等相关部门，进一步修订完善《慈善信托管理办法》，明确第三次分配的税收激励机制，同时建立房产、股权、股票、知识产权等非现金资产捐赠的信托财产登记制度，以激活先富人群的捐赠热情，扩大有效的捐赠资产类别。

（二）从资金管理角度来看，建议借鉴全国社保基金的成功实践，在确保本金安全前提下实现较高投资回报率

先富人群考虑捐赠的主要因素包括：一是效果，二是效率。如果能解决这两大痛点，就能极大地推进公益慈善事业的发展。当前我国公益慈善行业的投资效益很低，这已经成为行业发展的重要瓶颈，而企业家对资金运用效率的要求是比较高的。根据中国基金会投资指数课题组的测算，2010～2016 年我国基金会全行业的资产收益率仅为 1.2%，考虑到通货膨胀等因素，这意味着我国公益慈善资金事实上面临着较大的缩水风险。

是否能在保证本金安全的前提下实现较高的投资收益？答案是肯定的！我们以全国社保基金为例进行说明。社保基金于 2000 年 8 月设立，是国家社会保障储备基金，专门用于人口老龄化高峰时期的养老保险等社会保障支出，由全国社保基金理事会管理运营。社保基金理事会要履行好党中央、国务院赋予的基金安全和保值增值的主体责任。从社保基金的性质来看，应当保证本金的绝对安全。这一点与公益慈善资金具有较强的相似性。2019 年度，社保基金权益投资收益率达到 14.06%。20 年间的年均投资收益率达到 8.14%，累计实现投资收益约 1.2 万亿元。

建议相关部门借鉴全国社保基金理事会的成功实践，设立类似的权威性、专业性、全国性专门管理捐赠资金的投资管理机构，提升第三次分配资金的管理水平。这样，一方面能够提升资金的投资效率，做大善款规模；另一方面也

---

① 中国人民银行调查统计司城镇居民家庭资产负债调查课题组：《2019 年中国城镇居民家庭资产负债情况调查》，2020。

能增强对先富人群大额捐赠的吸引力。

（三）从资金投向角度来看，建议以大学基金会为试点进行改革创新，大力发展教育基金会作为吸纳万亿级年度捐赠的重要类别

教育是最受先富人群青睐的捐赠类别。美国 2019 年捐赠总额中，教育捐赠达到 641.1 亿美元（4100 亿元人民币），是仅次于宗教的第二大捐赠投向。[①]《中国超高净值家族捐赠动机与行为研究报告》显示，家族基金会的最大捐赠投向是教育，而企业基金会的最大捐赠投向是扶贫。[②]

在大国竞争视角下，大学是解决"卡脖子"问题的主要阵地。大学基金会尽管已成为我国基金会中资金规模较大的类别，但与美国相比仍有较大差距。依据全美大学经营管理者协会（NACUBO）与美国教师退休基金会 2020 年联合发布的报告，美国 774 家大学 2019 财年的捐赠基金总资产达到 6300 亿美元（4.03 万亿元人民币）。[③]

哈佛捐赠基金是全球规模最大的大学捐赠基金，2020 年净资产达到 419 亿美元（2680 亿元人民币）。耶鲁捐赠基金过去 30 年平均年化投资回报率高达 12.4%，2020 年净资产达到 312 亿美元（1995 亿元人民币）。大学捐赠基金是建设世界一流大学的物质基础。试想如果我国数所顶尖大学可以拥有平均 2000 亿元规模的留本基金，那么将会培养引进多少领军人才、创造多少原创性重大成果？

大学基金会不但是最受中国先富人群青睐的捐赠投向载体，也是人员素质最高、最有条件获得改革成果的基金会类别之一。建议民政部会同教育部、财政部等相关部委，以大学基金会作为试点，进一步改革创新筹款、投资、项目等环节，以大学基金会带动公益慈善资金投向领域的高质量发展，从而在整体上提升我国第三次分配的水平。

---

① Indiana University Lilly Family School of Philanthropy, *Giving USA*: *The Annual Report on Philanthropy*.

② 清华大学五道口金融学院全球家族企业研究中心：《中国超高净值家族捐赠动机与行为研究报告》。

③ National Association of College and University Business Officers, *2020 NACUBO-TIAA Study of Endowments*.

发挥第三次分配作用 促进慈善事业高质量发展

谢 琼[*]

一 缩小贫富差距，需要发挥第三次分配的作用

资源与财富的配置流转有多种方式：基于商品和服务的价值与供求、通过市场竞争机制自发流转的为第一次分配或初次分配；基于政府调控，通过税收、社会保障和转移支付等措施实现资源调配的为第二次分配或再分配；在前两次分配的基础上，社会成员自主自愿地通过募捐与捐赠、服务与信托等方式在社会成员间进行利他性的资源流转的，为第三次分配。基于市场竞争的初次分配有集聚财富、产生贫富差距的天然本性，而贫富差距的无限制扩大会产生各种社会问题，甚至造成社会动荡。再分配和第三次分配便是运用多种力量和方式消弭贫富差距、推动国家和社会稳步向前发展的手段。相较于初次分配"基于生产要素的原始性"和再分配"基于整体均衡的强制性"而言，第三次分配可以称为"温良的自愿共享"。

（一）贫富差距已成为世界性问题

随着近二三十年资本偏向型经济在全球的席卷，贫富差距已成为世界性问

---

* 谢琼，北京师范大学民生保障研究中心主任、教授、博士生导师。

题。联合国秘书长安东尼奥·古特雷斯曾发言称，世界上最富有的 26 个人拥有全球的一半财富。2019 年瑞士瑞信银行（Credit Suisse）研究院的研究数据则显示，当前全球最富有的 1% 人口掌握了全球 45% 的财富，全球最富有的 10% 人口占有全球财富的 82%，而全球最不富裕的 50% 人口占有的财富不足全球总量的 1%。① 在中国，虽然基尼系数从 2009 年的 0.49 下降到了 2019 年的 0.465，但整体上一直处在贫富差距的国际警戒线之上。国民收入分配格局中，劳动收入份额持续下降而资本收入份额持续上升是造成贫富差距难以缩小的主要原因。据研究，2009 年至 2020 年的财产性收入占比从 2.5% 提高到 8.7%，而劳动性收入占比从 72.1% 下降至 55.7%；企业部门在初次分配总收入中的占比从 2000 年的 22.3% 上升到 2018 年的 26.0%，而居民部门的占比则从 64.9% 下降到了 61.2%。②

（二）贫富差距的平滑需要第三次分配助力

总体而言，调节社会财富的分配主要依靠初次分配与再分配，但实践表明，以慈善为主体的第三次分配依然可以做出独特的有益贡献。一方面，慈善能够调动相应的社会资源服务社会。其募集的款物成为援助弱势群体和支持公益事业的物质基础，是对公共资源的有益补充，尤其在重大灾难的应急救援中能够发挥巨大的补充作用；其募集的服务，如志愿服务等，能够满足社会成员的个性化需要。另一方面，慈善具有不可替代的道德功能，能够促进互助友爱和社会和谐。这是初次分配与再分配所不具备的，但恰恰是社会发展与文明进步所需要的。因此，发展慈善事业和发挥第三次分配的作用，在一切社会形态内都有必要，在我国走向共同富裕的发展进程中更加具有必要性和重要性。

统计数据显示，近十年来，我国社会组织捐赠收入整体上呈稳步上升状态，从 2011 年的 490 亿元上升至 2020 年的 1059.1 亿元，福利彩票销售收入虽有回落，但年均在 1700 亿元以上，还有上亿名注册志愿者和越来越丰富的志愿服务（2020 年服务时长为 5741.1 万小时），③ 这些来自民间的善款和服务在扶贫、教育、医疗、助残等基本民生领域发挥了重要的补充作用，但社会捐赠占 GDP 的

---

① 徐秀军：《全球财富鸿沟的演进与弥合》，《人民论坛》2021 年第 8 期。
② 任泽平：《中国收入分配报告 2021：根源、影响与建议》，《第一财经》2021 年 8 月 26 日。
③ 《2020 年民政事业发展统计公报》《2015 年民政事业发展统计公报》，民政部官网，http://www.mca.gov.cn/article/sj/tjgb/202109/20210900036577.shtml，最后访问时间：2021 年 10 月 9 日。

比重依然很小。以 2020 年为例，社会组织捐赠收入和福利彩票销售收入共约 2500 亿元人民币，即使加上志愿服务和其他个人慈善行为所产生的效益，占年度 100 万亿元左右 GDP 的比重也不超过 0.5%，这既说明我国慈善发展远远滞后于先富群体和私人财富积累的增长，也显现出慈善的发展空间和潜力。与西方慈善发达国家相比，目前我国的善款捐赠主要来源于企业，占比 61.7%，个人捐赠仅占 26.4%，个人参与将为慈善未来发展提供新的增长极。尤其是近几年，我国慈善的新形态——网络慈善异军突起，将信息技术进步、慈善事业发展和公众爱心善意紧密地结合在一起，使公众利用互联网和移动端参与行善更加便捷，这激发了公众参与慈善捐赠的热潮，也为慈善事业走向大众化、平民化并促进以个人捐赠为主体的第三次分配创造了有利条件。据统计，2015 年至 2020 年，仅参与"99 公益日"捐赠的人数就从 205 万人增长到 5780 万人，增加了 27.2 倍，筹款额从 2.27 亿元增长到 30.4 亿元，增加了 12.4 倍。①

二 发挥第三次分配的主体作用，慈善事业需要高质量发展

（一）什么是慈善事业的高质量发展？

高质量发展的慈善事业至少有以下三个标准。首先，从国家治理的角度讲，作为第三次分配的主体，慈善事业发展要能缓和、减小贫富差距，润滑、调节社会矛盾，优化收入分配结构，助力共同富裕。其次，作为一项社会事业，不论是现在的救助型还是未来的发展型，慈善事业的发展要能满足民众需要，回应社会需求，解决社会问题。再次，慈善事业的高质量发展还有赖于慈善行业本身的高质量发展，包括融洽的政社关系、活力且有序的行业环境、专业有能力的慈善组织，以及守正创新的慈善方式等。

（二）如何实现高质量的慈善事业发展？

第一，处理好三次分配之间的关系。发展慈善事业、缩小贫富差距、促进共同富裕，需要初次分配、再分配、第三次分配的协同配套。

首先，慈善事业的高质量发展，需要"富有余力"的公众的参与。慈善的

---

① 《中国网络慈善发展报告》，中国社会保障学会内部报告，2020。

本质是弘扬慈心善念的大众慈善，但没有安全预期的民众很难伸手帮助别人，因此，要进一步优化初次分配结构，提高劳动成本或劳动报酬在国民收入中的占比，保证广大普通劳动者的合理劳动收入。提高劳动报酬占比不仅可以降低贫困发生率，托住贫富差距的底线，还可以提高大众的慈善意愿和能力，这就需要深化改革就业制度，真正实现就业充分的市场化和合理的工资形成机制。

其次，慈善事业的高质量发展，需要基业长青的富裕群体的参与。富裕群体是有更厚基础、更强能力的慈善参与主体。对于企业来说，承担法定责任、保障员工权益、诚信经营、依法纳税，已是在通过市场和政府确定的方式参与经济社会建设，也只有做到以上该做的，企业基业才能长青，才能更加有力、持久地回馈社会。激发富裕群体的慈善活力需要营造良好的发展环境，稳定企业家尤其是实业企业家的信心，在保护其合法权益、稳定其生产力的基础上制定规划清晰的慈善参与路径和规则，为企业家、行业精英等先富群体发挥慈善活力提供条件。

再次，慈善事业的高质量发展，需要税收政策体系的支持。鼓励慈善发展的税收制度可以激发公众回报社会的积极性。清华大学对美国个人所得税高收入组的研究表明：等额的捐赠与等额的税收相比，前者带来的税收损失略低于后续引发的捐赠额，在经济效益和社会效益上都更优。[①] 美国遗产税法规定，对超过 65 万美元的遗产部分按照 17 个档次的累进税率，缴纳最低 18%、最高 55% 的遗产税。此外，每个公民还可享有 67.5 万美元的终身免税额，如果每人每年捐赠款超过 1 万美元，就可使用终身免税额。正是在一系列税收政策的引导和约束下，美国的慈善事业才有了长足发展的动力和条件。但目前，我国的税收政策对慈善发展的支持虽较以前有改善但仍显不足：税收仍主要针对工资性收入，大量财产性收入尚未列入纳税范围，如遗产收入、房产增值收入等；电子捐赠发票的推广、个人捐赠的个人所得税年底统一抵扣等为个人捐赠者提供便捷税收减免的服务也还有待改进。

第二，处理好中国道路与西方理论的关系。慈善无国界，慈善事业却有国界。中国慈善事业的高质量发展须置于中国传统文化和社会主义建设的背景之下。一方面，中国人民有乐善好施的传统和"老吾老以及人之老，幼吾幼以及

---

① 清华大学中国财政税收研究所所长白重恩在民政部和清华大学共同举办的"第三次分配"研讨会上的发言。

人之幼"的文化，与西方慈善建立在宗教教义与博爱文化基础之上大有不同。在西方，人们的慈善行为的原点是宗教教义，是法律规定的责任，是对弱者权利的维护；在中国，慈善的出发点是道义，是互助，甚至是光宗耀祖。不同的传统与文化滋养出来的慈善形态是不同的，慈善事业的高质量发展首先要厘清孕育母体的营养成分。另一方面，中国慈善事业的发展建立在生产资料公有制的经济基础之上和长期存在的中国共产党领导的多党合作和政治协商政治制度之下，具有中国特色社会主义性质与特点，这就决定了互助共济、先富带动后富是经济社会发展的应有之义，慈善组织的使命与为人民服务、谋民生福祉改善和公正社会建设的执政党和政府是同向的，事业目标与"消灭贫困、共同富裕"的发展目标是一致的。在这一共识和前提下，大胆借鉴西方国家慈善发展的经验与教训，探寻在社会主义国家做慈善的有效方式与路径是中国慈善事业高质量发展的根本取向。

第三，处理好政府与慈善组织的关系。慈善组织是慈善事业的主要载体，是为实现慈善目的设立的专门机构。在共同富裕的大体系里，政府负责全面而综合的工作，慈善发挥专业而精细的补充作用。有限的政府需要社会力量的协同，慈善目的的实现需要慈善组织与政府同向而行。政府之于慈善，一要促进，二要规范，要厚爱与严管相结合。政府监督管理的目的在于"规范使其不越矩"，而非"管治使其不敢为"。① 因此，需要通过政策引导、财税支持、人才培养、环境塑造等途径形成支持体系，直接或间接支持慈善组织合理合法地发展，释放慈善组织活力。在重大突发事件的应对中，政府和慈善组织还应建立联动协调机制，形成合力，最大限度地发挥救援资源的作用。

第四，处理好慈善募款与慈善服务的关系。慈善目的主要通过款物的转移来实现，但慈善活动不只是捐款捐物，慈善的"最后一公里"必定是服务的递送。慈善服务是慈善资源利用和服务递送系统的统称，是慈善资源募集后，由慈善组织或其他慈善主体使用慈善资源、服务于受益人或社会、以实现慈善目的的活动。② 因此，慈善服务既包括面向受益人提供的直接服务，如技能提升、医疗服务、陪伴和心理辅导等；也包括为实现慈善目的而提供的间接服务，如促进慈善组织能力建设的培训服务、慈善资源链接的信息服务、慈善组织的管

---

① 谢琼：《精准激发各类慈善主体活力》，《慈善公益报》2021 年 9 月 29 日。

② 谢琼：《规范慈善服务：我国慈善立法不可或缺》，《中国行政管理》2015 年第 6 期。

理服务、慈善行业生态的协调统筹服务等。可以肯定的是,随着社会保障等制度的不断完善,公众对美好生活需求的不断提高,以及慈善事业发展阶段的转换,社会对慈善服务的需求将会越来越大。因此,必须突破"募款慈善"的循旧,重视慈善服务的发展。

第五,处理好扎根与发展趋势的关系。从需求满足的角度看,慈善事业的高质量发展,一要扎根基层,培育服务于基层的慈善组织,发展社区慈善,贴近民众了解真实需求,提供真服务,解决真问题,促进民生真发展。二要跟上社会发展趋势,利用好互联网、大数据、区块链等技术发展网络慈善。

第六,处理好惩恶与扬善的关系。扬善必须惩恶,慈善事业的高质量发展离不开对乱象的整顿。各个国家的慈善事业发展中都存在一些害群之马,借慈善之名行不良行为,如骗捐、诈捐,又如披着慈善的外衣牟私利,甚至通过慈善洗钱、贪污腐败……只有对诸多违反公序良俗甚至违法犯罪的行为严惩不贷,才能肃清慈善环境,使慈心善念得到彰扬。

捐赠者的空间视角对慈善捐赠
行为的影响研究*

王汪帅　厉　杰**

【摘要】 贫富差距不断拉大成为中国在高速发展过程中面临的一大挑战。捐赠是一种有效的社会再分配形式，但是在我国，捐赠行为，尤其是个人的慈善捐赠，还处于相对新兴的发展阶段。如何促进个人的捐赠？本文基于具身认知理论，提出了一种效果显著且实施便利的手段：改变人们的视角，让人们自上而下进行俯视，即可提升捐赠意愿和行为。通过三个实验研究，这一效应在不同的操纵、样本、捐赠对象以及测量层次中均得到验证。本项研究扩展了慈善捐赠和亲社会行为等相关理论。此外，研究结论也对致力于增加个体捐赠行为的政府部门和公益组织有着重要的参考价值。

【关键词】 慈善捐赠；亲社会行为；感官；具身认知

一　引言

改革开放以来，我国的经济建设已经取得了举世瞩目的成就。但是，在高

---

* 本文为国家自然科学基金项目"社会创业合法性的形成机制及其对社会创业绩效的影响：语言期望理论的视角"（71702095）、上海市晨光计划项目"掉面子对消费者自控的负面影响与干预措施"（19CG64）的阶段性成果。
** 王汪帅，西交利物浦大学商学院助理教授；厉杰，西交利物浦大学商学院副教授。

速发展的过程中，一些社会问题也初见端倪。其中，首先要面对的就是逐渐分化的财富分配。目前，用以判别贫富差距的主要标准是基尼系数（Gini coefficient）。根据国际通行的标准，如果一个国家或地区的基尼系数达到或超过0.4，则说明贫富差距分化问题已经凸显，需要警戒（尹虹潘、刘姝伶，2011：11~20）。统计数据显示，2004年以来，我国的基尼系数一直维持在0.4以上的高位（徐映梅、张学新，2011：80~83）。根据中国人民银行最新发布的统计数据，这一指标已经攀升至接近0.51的历史高位（中国人民银行调查统计司城镇居民家庭资产负债调查课题组，2020），表明我国的贫富差距已经达到十分严重的程度。社会科学的相关研究发现，分配失衡将会产生一系列的隐患。例如，从社会氛围的角度看，贫富差距过大是影响社会稳定的一大负面因素（李军，2002：43~46），甚至会诱发违法犯罪行为（胡联合、胡鞍钢、徐绍刚，2005：34~44）。从人力资源的角度来说，贫富分化会拉大穷人和富人在生育率方面的差距，进而对整个社会的人力资本数量带来不利影响（De La Croix & Doepke，2003：1091-1113）。在经济建设层面，贫富差距还会降低居民消费内需，不利于经济增长（陈彦斌、陈军，2009：80~86）。

归根结底，贫富分化是分配过程出现问题的后果。所以，要解决这一问题，还是要通过改善分配方式的途径来完成。根据三次分配理论，市场经济条件下的收入分配共有三次：第一次是由市场按照效率原则进行的分配；第二次是由政府侧重公平原则，通过税收、社会保障等行政手段进行的分配；第三次是在道德和社会规范的影响下，通过个人自愿捐赠而进行的分配（厉以宁，1994）。现有的研究大多聚焦于前两次的分配过程，而忽视了对第三次分配的探讨（迟巍、蔡许许，2012：100~112；任碧云，2004：45~48）。实际上，相比于市场制度和行政政策的改革，提倡捐赠是比较易行而且有效的。例如，对于一些恶性的突发事件，个人发起的慈善捐赠行为不仅可以更加快捷迅速地给予受害人帮助，还能够从心理层面增强捐赠者与受赠人之间的内群体感知（in-group perception），有助于提升社会的凝聚力（田园，2019：291~310）。此外，作为一种亲社会行为，捐赠也可以成为融入社会的一种途径（Lee & Shrum，2012：530-544）。

有鉴于此，本文将探索如何提升个体的慈善捐赠。具体来说，我们将从心理学的视角，运用具身认知（embodied cognition）理论，探索一个非常微妙的因素——视觉角度的改变，是否有助于增加个体进行捐赠的态度意向和实际行为。我们认为，当处于俯视的空间视角时，人们会更加意识到社会阶层的分层，以及贫富差距的分化，进而对于社会的不公平会更加感同身受。此时，在具身认知的作用下，物理空间视角的向"下"看激发出人们心理上的向"下"看，即对于社会底层人士的关注和同理心，因此表现出更多的捐赠意愿。通过三个实验，我们采用不同的操纵方法、使用不同的测量方式、在不同的样本中反复验证了这一"俯视—捐赠"效应。

二　理论与研究假设

（一）视觉与感官

人体的基本感官包括视觉、听觉、触觉、嗅觉和味觉。正是有了感官的存在，人们才可以感知外界的刺激物。一旦缺乏感官的感知，人们的身心状态会变得极为糟糕。在经典的感官剥夺实验（sensory deprivation experiment）中，心理学家们发现，如果采取一些特殊的手段限制或剥夺人的感官能力（例如，实验在隔音室里进行，用空气调节器单调的嗡嗡声覆盖人的听觉），即便实验被试被提供了高额的物质报酬，他们依然感觉难受得无法容忍。研究发现，被剥夺感官的被试根本无法进行清晰的思考。即便在很短的时间内，也不能集中注意力。更为严重的是，一半左右的人甚至出现了幻觉，包括视幻觉、听幻觉和触幻觉等（Orne & Scheibe，1964：3－12）。可见，感官对人们的重要性无可替代。

在五种主要的感官中，视觉感官是最为重要的。据统计，人类获取的外部信息中有83％来源于视觉通道（武汇岳，2012）。在日常生活中，人们也常说眼睛是心灵的窗户，这同样体现了视觉在感官中的特殊地位。视觉感官的成分非常丰富，人们可以从肉眼的观察中获得各种形式的信息，包括物体的体积大小、距离远近、颜色形状等。同时，影响视觉感知的因素也有很多，其中一个重要的因素就是视角。通常来说，人们在观察物体的时候可能有三种视角：俯视、仰视或平视（徐联仓、方俐洛、高晶，1983：15～18）。视角会影响到人们观察的结果——即便是同一观察者对于同一观察对象的认知，也会随着视角的不同而产生变化。例如，相比于平视的状态，俯视会使得人们低估物体的体积，以及自身与物体的距离，而仰视则恰恰相反（Kausler，1991）。

（二）具身认知

具身认知理论以身体及所处的环境为核心，来解释人们的认知行为。该理论认为，认知活动与人类的身体，以及身体所处的环境均有着密切的关联。大脑、身体和环境一起，构成了认知系统的整体（叶浩生，2011：153~160）。

具身认知理论在提出之后便获得了广泛的关注，心理学家从不同的角度论证了人们的心理认知如何与生理上的感受紧密地联系在一起。在这些研究中，空间的概念具有重要的象征意义。例如，人们常常将垂直空间与社会阶层联系在一起——所谓的权贵阶层，经常被冠以"高高在上"等词，而穷困潦倒的贫民，多被称为社会底层。与这一隐喻一致，研究发现，相比于水平的呈现方式，垂直的呈现方式会使消费者认为该产品更能代表社会地位，并愿意为了获得这一产品而支付更高的价格（Rompay et al.，2012：919-928）。基于该理论，本文将探索空间视角（俯视）如何通过影响个体的心理感知提升其慈善捐赠意愿。具体而言，在具身认知的作用下，物理空间视角的"俯视"可以有效激发人们在心理上向"下"看，从而表现出对社会底层人士的同理心。

（三）捐赠与亲社会行为

亲社会行为是指那些对他人有益或者对社会有积极影响的事情，包括分享、合作、捐赠等（李爱梅、彭元、李斌等，2014：845~856）。其中，捐赠行为指的是个体的慈善捐赠，是亲社会行为中的重要一类。捐赠对于经济、社会、文化都有着非常积极的作用。首先，对于经济而言，慈善捐赠对于社会福利水平变化的注入效应远大于漏出效应，可以有效地推动经济发展（汪大海、南锐，2012：76~82）。其次，对于社会而言，捐赠是第三次分配中最为关键的一环。尽管市场和政府已经完成了前两次的分配工作，但是在这些分配的过程中，无法将公平作为唯一的原则（厉以宁，1994）。因此，在市场和政府发挥自身的作用之后，必须依靠道德的感召力，以捐赠为手段进一步促进分配的公平，缩小贫富差距。最后，提倡慈善捐赠也有利于培养人们理性的财富观，并形成互帮互助的社会文化（郭霞，2010：111~113；罗文恩、周延风，2014：2~18）。

正是因为捐赠的重要作用，学者们从社会学、心理学以及消费者行为学等不同视角对捐赠的影响因素进行了深入研究。例如，有学者发现性别是预测捐赠行为的因素之一，即女性的集体取向（communal orientation）更高，因而有着更强的同理心，也更可能进行慈善捐赠（James & Sharpe，2007：218 – 238）。此外，宗教信仰（religious belief）也被认为是一个能够增加亲社会行为包括捐赠的因素（Shariff & Norenzayan，2007：803 – 809）。在直观感觉上，因为高社会阶层的人掌握着更多更优质的资源，即便捐出一些也不会影响其生活质量，所以似乎有着更为充分的理由进行捐赠。但是研究发现，这一类人往往更加自我。而低社会阶层人群则恰恰相反，他们反而更愿意捐钱给别人。这一发现很好地解释了为什么在许多地方，捐赠都远远不如预期——有余力者不愿意捐，愿意捐赠的人本身能力却有限（Piff et al.，2010：771 – 784）。研究结果也表明，如果不能在物理空间视角上启动个体的具身认知，从而激发其"向下看"，其本身所处的社会阶层并不能够有效预测其捐赠行为。

为了呼吁民众进行慈善捐赠，政府或者非营利组织通常会设计并投放一些募捐材料和广告。学者们发现很多在细节上看似微妙的设计可以有效提升人们的捐赠意愿。例如，当个体没有意识到自己无法避免死亡这一最终命运时，以受捐人需求为重点的捐赠广告可以有效地提升对其捐赠决定的影响（Cai & Wyer，2015：101 – 112）。本文重点探讨如何在募捐材料上进行空间视角的设计，从而促进个体的慈善捐赠行为。

（四） 研究假设

基于上述的概念与理论，我们认为，视角对于人们的捐赠意愿和行为有着显著影响。具体来说，当人们处于俯视视角时，将展现出更高的捐赠意愿以及更多的实际捐赠行为。根据具身认知理论，身心的联系是普遍存在的，大脑与身体都是认知系统的有机组成部分。之前的研究表明，温度（Williams & Bargh，2008：606 – 607）、清洁状态（Zhong & Liljenquist，2006：1451 – 1452）等都存在跨身心的互通效应。类似地，生理上的俯视状态也会具身地影响到人们心理上的认知（叶浩生，2011：153 ~ 160），即在身体向下看的过程中，也进一步地带动了心理向"下"看。此时，物理空间的上下区分经由这一过程映射了社会阶层的高低差异（Rompay et al.，2012：919 – 928）。

人们如何加工和处理信息并非仅仅同心智相关，而且同整个身体及所处的环境紧密相关（叶浩生，2011：153 ~ 160）。当处于俯视视角的时候，居高临下的感觉会使人们更加意识到社会阶层、贫富差距的分化，从而对于社会的不公平会更为感同身受，甚至会在大脑中对社会弱势群体的生活困境进行形象的认知重现（mental representation）。此时，在具身认知的作用下，物理空间视角的向"下"看激发出人们心理上的向"下"看，即对于社会底层人士的关注和同理心，因此表现出更多的捐赠意愿和行为。当这些心理被激发出来的时候，其捐赠意愿和行为也随之提升（Zhou et al.，2012：39-50）。

三　研究设计

为了验证本文的研究假设，我们总共设计并开展了三项实证研究。鉴于实验（experiment）方法可以方便地对比不同视角对于捐赠意愿的差异，并且明确地确定因果关系（causal relationship）（Falk & Heckman，2009：535-538），我们在这三项研究中均采用实验室实验作为主要的研究方法。具体来说，三个实验安排的主要内容和逻辑结构如下。实验1中将采用大学生样本，通过回忆的方法操纵实验被试的视角，并观察俯视组的被试是否比控制组展现出更高的捐赠意愿。在此基础上，实验2进一步测量了被试的实际捐赠行为，从而在重复出实验1结果的同时，进一步提升了研究的外部效度。此外，实验2还排除了一些潜在的干扰因素（confounding），例如舒适程度和情绪。最后，实验3使用更为简洁的操纵方法，并在一个不同性质的样本中，加入了时间捐赠以扩展因变量的测量外延，进一步验证了效应的普遍性和稳定性。最后，我们还进行了一个单篇文献内的元分析（single paper meta-analysis，SPM），对视角对于捐赠的效应进行一个定量的总结。

四　实证研究

（一）实验1

1. 样本和实验程序

在本实验中，我们从上海某综合性大学招募了168名被试，其中，男性81名，女性87名。在实验开始之前，我们向被试保证了研究的匿名性，并说明研究结果只用于学术用途。在完成所有的实验任务之后，每名被试获得了一份小礼物作为报酬。在实验的事后说明（debrief）环节中，我们设计了一道问题，让所有的实验被试写下自己猜测的实验目的。随后实验人员阅读和分析了每位被试的答案，没有发现和真实实验目的接近的回答。因此，我们认为没有被试猜出实验的真实目的。

实验采用单因素被试间设计，我们将被试随机分配到俯视或者控制组中。为了对视角进行操纵，俯视组中的被试被要求回忆一段从高处往下看的经历，而控制组则回忆了昨天发生的事情（Wang & Zhang，2016：764）。在进行回忆的同时，被试们被要求写下他们在这段经历中的感受。接着，我们向他们展示了一些反映我国偏僻地区贫困人口生活情况的照片。最后，我们要求被试想象自己现在有 200 元现金，并汇报愿意为图片中所示地区的人们捐献多少（范围：0～200 元）。这一金额即为本研究中因变量的测量。

2. 结果和讨论

我们采用单因素方差分析（ANOVA）的方法对数据进行了统计检验。结果发现，组别对于意向捐赠金额存在显著影响 $[F(1, 166) = 4.56, p = 0.034]$。进一步分析发现，相比于控制组（$M = 32.88, SD = 41.91$），俯视组（$M = 49.81, SD = 59.18$）中的被试更愿意为偏远地区捐款。这些结果为研究假设提供了支持。

实验 1 发现，让人们回忆一段从高处俯瞰的经历就能够提升他们的捐赠意愿。但是，有研究表明，尽管心理态度和实际行为有着很强的相关性，但是在很多情形中，态度仍有可能和行为南辕北辙。例如，经典的计划行为理论（Theory of Planned Behavior）认为，态度对行为的预测作用受到感知行为控制（perceived behavioral control）等因素的制约（Ajzen，1991：665－683）。认知失调理论（Cognitive Dissonance Theory）则进一步发现，当态度和行为冲突时，人们甚至会将行为作为标杆来改变原先的态度（Festinger，1957：2112－2114）。据此，为了排除捐赠态度和行为不一致的可能性，我们设计并实施了实验 2。在实验 2 中，我们将直接测量实际的捐赠行为。另外，有研究表明视角的不同可能会导致认知和情绪上的差异（程金龙，2011：142～146），因此我们也将测量视角操纵是否会改变被试的舒适程度，以及情绪的愉悦度（valence）和唤起度（arousal）。最后，我们更换了慈善捐赠的场景（scenario），以进一步验证效应的稳定性。

（二）实验 2

1. 样本和实验程序

在实验 2 中，我们从上海某综合性大学招募了 203 位被试。需要说明的是，实验 1 和实验 2 是来自同一所大学的两批不同的样本源。其中，男性 90 名，女性 113 名。在实验开始之前，我们向被试保证了研究的匿名性，并说明研究结果只用于学术用途。在完成所有的实验任务之后，每名被试获得了 8 元的现金报酬。在实验的事后说明（debrief）环节中，我们设计了一道问题，让所有的实验被试写下自己猜测的实验目的。随后实验人员阅读和分析了每位被试的答案，没有发现和真实实验目的接近的回答。因此，我们认为没有被试猜出实验的真实目的。

实验采用单因素被试间设计，我们将被试随机分配到俯视或者控制组中。实验 2 采用了和实验 1 一致的回忆操纵方法。接着，被试填答了一份问卷，问卷中包含了当前舒适程度和情绪的测量。具体地说，舒适程度的测量题目是："你当前的感觉怎么样"。被试在五点李克特量表上进行了作答（1 = "非常不舒服"；5 = "非常舒服"）。对于情绪的愉悦度和唤醒度的测量，我们使用的是 McNair 等人的测量工具（McNair，Lorr & Droppleman，1992）。在五点李克特量表上（1 = "非常不恰当"；5 = "非常恰当"），被试汇报了各个题项是否准确描述了其当前的感受。最后，我们给被试展示了一个微公益项目"免费午餐"的宣传材料："吃上热乎乎的午饭对于我们来说是一件再平常不过的事情，而贵州黔西县中建乡红板小学的孩子，却因为路途遥远和家庭困难吃不上午饭。少数学生有较为'丰富'的午餐（烤焦的红薯，炒得发黑的玉米粒），大多数孩子连这样的午餐也没有。除了饿着肚子读书，他们别无选择。"（陈剑梅、傅琦，2016：377～383）在阅读完这一材料之后，被试被告知实验组织者正在为红板小学的孩子们组织募捐行动，他们可以将参与实验获得的 8 元报酬中的任意一部分（即捐款范围是 0～8 元）捐给这些孩子。为了保证这一实验我们测的是实际行为，实验人员特别跟被试强调了他们汇报的捐赠金额将在实验结束之后立即结算，其最终得到的实验报酬就是 8 元总额减去捐赠的金额之后所剩的余额。在所有实验内容结束之后，我们把实验的目的告知了被试，并将 8 元报酬全部支付给了他们。

2. 结果和讨论

首先，我们通过统计检验，发现视角的操纵不会显著地改变被试的舒适程度、情绪的愉悦度和唤起度。并且，是否将这些因素作为控制变量纳入主要分析中也不会改变结果。出于尽可能简洁的目的，我们在后文中将不再考虑这些变量。随后，我们采用单因素方差分析的方法，检验了视角操纵对捐赠金额的作用。结果发现，视角对于捐赠金额存在显著影响［F（1，201）＝5.69，p＝0.018］。进一步分析发现，相比于控制组（M＝3.17，SD＝2.47），俯视组（M＝4.01，SD＝2.53）中的被试更愿意为免费午餐这项公益活动捐款。这些结果再次为研究假设提供了支持。

实验2的结果表明，俯视视角不仅能提升人们的慈善捐赠意愿，还能直接增加实际的捐赠行为，这使得我们的研究结论更加具备外部效度。不过，实验2仍存在四点局限。首先，尽管回忆的操纵方法在实验室里比较简单易行，但是在实际的捐赠场景中，让人们先回忆一段过往的经历并不是一项容易实施的举措。因此，我们还需要找到更有实践性的视角转换方法。其次，实验1和实验2测量的是金钱捐赠的意愿，考虑到有研究表明人们在捐赠金钱和捐赠时间上可能有不同的偏好和表现（Lee & Piliavin，1999：276－290；柳武妹，2019：23～32），实验3将慈善捐赠的情境设置为时间捐赠，进一步考察物理视角对捐赠的提升作用是否同样适用于时间维度。再次，实验1和实验2对比的都是俯视组和控制组，没有比较过俯视与仰视的区别。最后，实验1和实验2采用的都是学生样本，这一特殊的群体难免缺乏人口统计学意义上的多样性（Sun et al.，2017：1－13）。这些局限促使我们设计并实施了实验3，这一实验将使用更为简洁的操纵方法，并在一个更具代表性的样本中，加入了仰视组的操纵以及时间捐赠的测量。有研究发现，捐赠对象的抽象化程度会影响人们的捐赠水平（谢晨岚、叶一舵、张志聪，2020：162～167）。鉴于实验1和实验2中的捐赠对象较为模糊，我们在实验3中使用了更为明确和具体的捐赠对象，以进一步验证效应的稳定性。

（三）实验3

1. 样本和实验程序

在实验3中，我们使用了问卷星网站（www.sojump.com）的付费样本服务。这一样本由近300万名具有不同人口统计学背景的用户组成，它提供可靠的众包服务，并已广泛应用于心理和行为学的相关研究中（Wang et al.，2017：1－12）。我们通过问卷星的样本服务总共招募了265位被试，其中，男性119名，女性146名，平均年龄35.19岁（SD＝9.32）。在调查开始之前，我们向被试保证了本项研究的匿名性，并说明研究结果只用于学术用途。在完成所有的任务之后，每名被试获得了 5 元的网络红包作为参与奖励。在实验的事后说明（debrief）环节中，我们设计了一道问题，让所有的实验被试写下自己猜测的实验目的。随后实验人员阅读和分析了每位被试的答案，没有发现和真实实验目的接近的回答。因此，我们认为没有被试猜出实验的真实目的。

实验采用单因素被试间设计，我们将被试分别随机分配到俯视或仰视组中。为了操纵其视角，我们向被试展示了不同的图片。其中，俯视组的被试看到的是三张从高处往下俯瞰的图片；仰视组看到的则是由自下而上的角度完成拍摄的图片。我们要求被试把自己代入图片的视角，并仔细观察图片上的内容。为了保证操纵尽可能"干净"，我们对照片做了特殊处理，以保证除了视角的不同之外，被试看到的图片内容尽可能相近。随后，我们向被试展示了一些在条件较为艰苦的敬老院中生活的孤寡老人的照片，并描述了这些老人最缺乏的就是物质保障和人力协助，所以，外界能够帮助他们缓解困境的最佳方法就是给予人力和财力的支援。最后，被试们在五点李克特量表上回答了自己有多大的可能性为孤寡老人捐款和去敬老院做志愿服务工作（1 = "不可能"；5 = "一定"）。

2. 结果和讨论

我们采用单因素方差分析的方法分别检验了视角操纵对于金钱和时间捐赠的影响。首先，我们以金钱捐赠作为因变量，结果发现，组别对于金钱捐赠意向存在显著影响 $[F (1, 263) = 10.76, p = 0.001]$。进一步分析发现，相比于仰视组（$M = 3.39, SD = 1.29$），俯视组（$M = 3.92, SD = 1.32$）中的被试更愿意为敬老院捐款。类似地，我们随后以时间捐赠意向为因变量，做了同样的统计分析。结果发现，组别对于时间捐赠意向有着显著的影响 $[F (1, 263) = 8.26, p = 0.004]$。进一步分析发现，相比于仰视组（$M = 2.93, SD = 1.37$），俯视组（$M = 3.44, SD = 1.52$）中的被试更愿意去敬老院进行志愿服务工作。以上发现再次为假设提供了一致的支持。

（四）单篇文献的元分析

元分析（meta-analysis）统计方法是对实证结果的二次统计和分析，即对统计结果的再统计。因为其结果被认为可以反映变量之间的真实关系，元分析在诸多学科中得到了广泛的运用，例如管理学、心理学、教育学、经济学等（Lipsey & Wilson, 2001）。传统的元分析方法基本上是以多篇文献为研究对象，旨在统一不一致的研究发现。而随着统计技术的不断更新和发展，对于包含多个实证研究的单篇文献，也有学者开发了相应的元分析方法，即单篇文献的元分析（single-paper meta-analysis）。和传统的元分析方法类似，单篇文献的元分析也能够为论文的实证结果做一个定量的总结，为效应的稳健性提供较强的统计支持。根据 Mcshane 和 Böckenholt 的观点，在包括多个实证研究的论文中，单独分析每个研究中的结果显著性是低效的，因为这样做放弃了综合分析所有研究的结果才能获得的研究总结、理论检验和可复制性的好处。据此，我们按照 Mcshane 和 Böckenholt 建议的方法，对实验 1 ~ 3 的发现进行了汇总分析（Mcshane & Böckenholt，2017：1048 – 1063）。结果表明，视觉角度可以显著地影响个体的慈善捐赠（Estimate = 0.59，$SE = 0.15$；$z = 3.93$，$p < 0.001$），从而又一次支持了本文的假设。

五 总讨论

（一）理论贡献

本文运用具身认知理论，探索了视觉角度对个体捐赠的影响。本研究的发现对于财富分配、个体认知、捐赠以及亲社会行为的相关理论和文献做出了相应贡献。第一，以往的研究大多从收入分配理论中的市场或政府的作用出发，探索不同的收入分配策略对国民幸福感及社会公平的影响。然而，第三次分配，即个人的慈善捐赠，并没有得到足够的重视（迟巍、蔡许许，2012：100 ~ 112；任碧云，2004：45 ~ 48）。本研究则从感官视角出发，找到了刺激个体进行捐赠的路径，这一发现为如何改善第三次分配提供了理论支持。

第二，本研究拓展了具身认知理论的应用领域。既有文献已经探讨了具身认知如何影响着人们的温度感知（Williams & Bargh，2008：606 – 607）、道德清洁（Rompay et al.，2012：919 – 928）、位置隐喻（Zhong & Liljenquist，2006：1451 – 1452）等。不过，鲜有研究使用这一理论探索生理上的感受如何潜移默化地改变人们的社会行为，例如个体捐赠。本文通过对个体视角的操纵，发现生理上的俯视也会唤起人们心理层面的"向下"变化，进而提升其捐赠的意愿与行为。这些发现扩展了具身认知理论的外延，呼吁未来有更多的研究将该理论应用在慈善捐赠等相关领域。

第三，尽管有研究聚焦于捐赠和亲社会行为，并发现了一些预测因素，包括性别（James & Sharpe，2007：218 - 238）、宗教信仰（Shariff & Norenzayan，2007：803 - 809）等。但是，这些因素都是很难通过外界力量改变的。例如，即使我们知道有宗教信仰的人可能会更加亲社会，但是一个国家或地区的宗教情况在很长时间内是较为稳定的。与之前的研究不同，本文发现的视角因素恰恰非常容易操纵，特别是在实验3中，我们发现只要让人们看一些从俯视角度拍摄的图片，就能够起到提升捐赠意愿的作用。所以，本文为如何采用微妙的变化引导捐赠和亲社会行为提供了十分可行的方法，同时弥补了这一方面文献的空缺。

（二）实际意义

除了理论贡献之外，本研究对政府或者公益组织倡导的募捐项目也具有较强的实践指导意义。由于俯视的视角有助于唤起个体的同情心及同理心，在策划募捐项目时，管理人员可以向人们展示一些由上向下俯视拍摄的照片，以增强募捐效果。在具体的实施中，募捐项目可以在海报或宣传片中展示俯视视角的图像或视频材料。这些资料既可以和受捐对象的介绍穿插在一起，也可以和捐赠本身完全无关。类似的措施同样也可以被网络捐赠平台所使用，例如通过对网页上的文字、短视频等进行有针对性的改动，让浏览者在不知不觉中处于俯视的观察状态（周俊、毕荟蓉，2018：198 ~ 199）。此外，我们也可以在募捐现场通过巧妙的布置，使参与者在捐赠之前感受到身临其境的"俯视"。例如，可以将募捐现场安排在较高的楼层，且可以使参与者很容易观察到楼下优美的风景。通过这些举措，可以显著提高募捐的成功率，从而一定程度上弥补市场及政府在收入分配方面存在的短板，促进社会公平。

（三）局限性与未来展望

需要承认的是，本研究也存在一些局限性。首先，从研究方法而言，尽管实验室实验简便易行，并且能够清晰地界定主要变量之间的因果关系，但是，实验室中模拟的捐赠场景与实际的情况多少有些出入。在实验2中，我们将因变量的测量嵌入了实验被试的报酬中：他们可以选择将报酬中的任意部分进行慈善捐赠，这一行为测量的实验设计显著增强了本文的外部效度。然而，行为实验在执行的时候较为烦琐，经济上的成本也比较高昂。在目前的条件下，我们暂时无法在每个实验中都将捐赠的测量落实在行为层面。并且，即便是在实验室中进行的行为实验,也无法完全模拟实际的情境。因此,我们鼓励未来的研究寻求与相关政府部门或组织开展合作,在完全真实的场景中,进一步检验本研究的发现,以提升研究结论的可实践性。其次,从实证样本上看,由于我们的研究场地聚焦在中国,所以研究结论是否具备跨文化的可推广性也有待验证。从以往的研究来看,中国有着十分特殊的文化背景和现实状况,例如特有的面子文化、关系文化、经济高速发展的同时面临经济转型等,一系列的本土化研究都得出了和西方不一样的结论(杨国枢,2004;吴琼恩,2004:159~166),在捐赠行为上,中国人也有着独特性(李倩,2013)。在未来的研究中,研究者可以在其他文化中继续验证本研究的结论,增强其跨文化的普适性。再次,从研究设计上看,因为本研究没有直接检验心理机制(underlying mechanism),所以对于俯视视角为何能够提升慈善捐赠这一问题,目前只能从理论的角度进行推断,这也成为未来研究的潜在延伸方向之一。类似地,今后的研究可以挖掘视角—捐赠效应的调节效应(moderation),以便更加全面和深入地了解这一效应是如何产生的(Baron & Kenny,1986:1173-1182)。此外,现阶段很多募捐项目是与突发事件相关的,例如汶川地震、玉树地震后的捐款倡议(郑远长,2008:130~142)。对于突发事件,个人发起的慈善捐赠行为不仅可以更加快捷迅速地给予受害人帮助,还能够弘扬社会正气、促进和谐社会的建设。如何将事件与募捐项目结合,并主动利用事件的强度(event strength)、空间(event space)、时间(event time)等属性(Morgeson,Mitchell & Liu,2015:515-537),刺激个体的捐赠意愿,也是未来研究中值得思考的问题。

参考文献

中国人民银行调查统计司城镇居民家庭资产负债调查课题组(2020):《2019年中国城镇居民家庭资产负债情况调查》,《中国金融》。

陈剑梅、傅琦(2016):《劝捐策略和框架效应对个体捐赠决策的影响》,《心理与行为研究》,第3期。

陈彦斌、陈军(2009):《我国总消费不足的原因探析——基于居民财产持有的视角》,《中国人民大学学报》,第6期。

程金龙(2011):《城市旅游形象感知的机理研究》,《人文地理》,第3期。

迟巍、蔡许许(2012):《城市居民财产性收入与贫富差距的实证分析》,《数量经济技术经济研究》，第 2 期。

郭霞（2010）：《我国捐赠文化生态刍议》，《理论学刊》，第 1 期。

胡联合等（2005）：《贫富差距对违法犯罪活动影响的实证分析》，《管理世界》，第 6 期。

李爱梅等（2014）：《金钱概念启动对亲社会行为的影响及其决策机制》，《心理科学进展》，第 5 期。

李军（2002）：《我国目前贫富差距问题略论》，《西南政法大学学报》，第 2 期。

李倩（2013）：《同情/内疚诉求对捐赠广告效果的影响：一项中美跨文化比较》，硕士学位论文，厦门大学。

厉以宁（1994）：《股份制与现代市场经济》，南京：江苏人民出版社。

柳武妹（2019）：《权力越高越倾向于捐赠时间吗：慈善营销中捐赠者的权力对其时间捐赠意愿的影响及机制研究》，《南开管理评论》，第 2 期。

罗文恩、周延风（2014）：《公益组织如何树立品牌信任：经验机制的视角》，《中国第三部门研究》，第 2 期。

任碧云（2004）：《贫富差距扩大条件下公平与效率关系的调整》，《中央财经大学学报》，第 1 期。

田园（2019）：《个人慈善捐赠的实验研究趋势和核心议题探析——基于西方主流学术期刊发表文献》，《中国非营利评论》，第 2 期。

汪大海、南锐（2012）：《中国慈善捐赠与经济增长关系——基于 1997～2011 的数据分析》，《中国市场》，第 46 期。

武汇岳（2012）：《以用户为中心的视觉手势个性化交互技术研究》，中山大学。

吴琼恩（2004）：《论公共行政学之本土化与国际化：知识创造和理论建构的特殊性与普遍性》，《公共管理评论》，第 2 期。

谢晨岚等（2020）：《时间距离与解释水平对捐赠参与意愿及可能性的影响》，《心理研究》，第 2 期。

徐联仓等（1983）：《采用立体应用电视补偿仰视和俯视姿势对深度视觉造成的影响》，《心理学报》，第 3 期。

徐映梅、张学新（2011）：《中国基尼系数警戒线的一个估计》，《统计研究》，第 1 期。

杨国枢（2004）：《中国人的心理与行为：本土化研究》，北京：中国人民大学出版社。

叶浩生（2011）：《西方心理学中的具身认知研究思潮》，《华中师范大学学报》（人文社会科学版），第 4 期。

尹虹潘、刘姝伶（2011）：《中国总体基尼系数的变化趋势——基于 2000～2009 年数据的全国人口细分算法》，《中国人口科学》，第 4 期。

郑远长（2008）：《汶川地震社会捐赠工作对发展我国现代慈善事业的启示》，《中国非营利评论》，第 2 期。

周俊、毕荟蓉（2018）：《互联网募捐中的组织和平台特征及其影响——基于第一批公募信息平台上 349 个公益项目的研究》,《中国第三部门研究》,第 1 期。

Ajzen, I. (1991), "The Theory of Planned Behavior," *Organizational Behavior and Human Decision Processes* 32 (4).

Baron, R. M., & Kenny, D. A. (1986), "The Moderator-mediator Variable Distinction in Social Psychological Research: Conceptual, Strategic, and Statistical Considerations," *Journal of Personality and Social Psychology* 51 (6).

Cai, F., & Wyer Jr, R. S. (2015), "The Impact of Mortality Salience on the Relative Effectiveness of Donation Appeals," *Journal of Consumer Psychology* 25 (1).

De La Croix, D., & Doepke, M. (2003), "Inequality and Growth: Why Differential Fertility Matters," *American Economic Review* 93 (4).

Falk, A., & Heckman, J. J. (2009), "Lab Experiments Are a Major Source of Knowledge in the Social Sciences," *Science* 326 (5952).

Festinger, L. (1957), "A Theory of Cognitive Dissonance," *American Journal of Psychology* 207 (4).

James III, R. N., & Sharpe, D. L. (2007), "The Nature and Causes of the U-shaped Charitable Giving Profile," *Nonprofit and Voluntary Sector Quarterly* 36.

Kausler, D. H. (1991), *Experimental Psychology, Cognition, and Human Aging*, Berlin: Springer.

Lee, J., & Shrum, L. J. (2012), "Conspicuous Consumption Versus Charitable Behavior in Response to Social Exclusion: A Differential Needs Explanation," *Journal of Consumer Research* 39 (3).

Lee, L., Piliavin, J. A., & Call, V. R. (1999), "Giving Time, Money, and Blood: Similarities and Differences," *Social Psychology Quarterly* 62 (3).

Lipsey, M. W., & Wilson, D. B. (2001), *Practical Meta-Analysis*, New York, N. Y.: SAGE publications.

McNair, D. M., Lorr, M., & Droppleman, L. F. (1992), *EdITS Manual for the Profile of Mood States (POMS)*, San Diego, C. A.: Educational and Industrial Testing Service.

McShane, B. B., & Böckenholt, U. (2017), "Single-paper Meta-analysis: Benefits for Study Summary, Theory Testing, and Replicability," *Journal of Consumer Research* 43 (6).

Morgeson, F. P., Mitchell, T. R., & Liu, D. (2015), "Event System Theory: An Event-oriented Approach to the Organizational Sciences," *Academy of Management Review* 40 (4).

Piff, P. K., Kraus, M. W., Côté, S., Cheng, B. H., & Keltner, D. (2010), "Having Less, Giving More: The Influence of Social Class on Prosocial Behavior," *Journal of Personality and Social Psychology* 99 (5).

Rompay, T. J. V., Vries, P. W. D., Bontekoe, F., & Tanja-Dijkstra, K. (2012), "Embodied Product Perception: Effects of Verticality Cues in Advertising and Packaging Design on Consumer Impressions and Price Expectations," *Psychology & Marketing* 29 (12).

Shariff, A. F. , & Norenzayan, A. (2007), "God Is Watching You: Priming God Concepts Increases Prosocial Behavior in an Anonymous Economic Game," *Psychological Science* 18 (9).

Sun, G. , Wang, W. , Cheng, Z. , Li, J. , & Chen, J. (2017), "The Intermediate Linkage between Materialism and Luxury Consumption: Evidence from the Emerging Market of China," *Social Indicators Research* 132 (1).

Wang, W. , Li, J. , Sun, G. , Cheng, Z. , & Zhang, X. A. (2017), "Achievement-Goals and Life Satisfaction: The Mediating Role of Perception of Successful Agency and the Moderating Role of Emotion Reappraisal," *Psicologia: Reflexão e Crítica* 30 (1).

Wang, W. , & Zhang, X. A. (2016), "Approach or Avoidance? The Dual Role of Face in Fashion Consumption," *Advances in Consumer Research* 44.

Williams, L. E. , & Bargh, J. A. (2008), "Experiencing Physical Warmth Promotes Interpersonal Warmth," *Science* 322 (5901).

Zhong, C. B. , & Liljenquist, K. (2006), "Washing Away Your Sins: Threatened Morality and Physical Cleansing," *Science* 313 (5792).

Zhou, X. , Wildschut, T. , Sedikides, C. , Shi, K. , & Feng, C. (2012), "Nostalgia: The Gift that Keeps on Giving," *Journal of Consumer Research* 39 (1).

The Influences of Individuals' Space Angles on Charitable Donations

Wang Wangshuai, Li Jie

[**Abstract**] The big gap between the rich and the poor has become a major challenge for China's rapid development. Donation is an effective form of social redistribution. However, donation behavior, especially charitable donation by individuals, is still in its infancy stage in China. How to motivate individuals to donate? Based on the embodied cognition theory, this paper proposes an effective and convenient method: changing people's perspective and letting people look down from top, then they will have higher donation willingness. In three experimental studies, this effect was validated using different manipulations, samples, and measurements. The study extends our understanding on charitable giving and prosocial behavior. In addition, the results have important implications for governmental sectors and public welfare organizations to motivate individual donation behavior.

[**Keywords**] Charitable Donations; Prosocial Behavior; Sensory; Embodied Cognition

NP

捐赠者的空间视角对慈善捐赠行为的影响研究

捐赠何以可能：情境认知、传播行为与非营利组织信任对个人捐赠意愿的影响

周如南　刘斯佳*

【摘要】尽管针对个人捐赠的研究与理论发展日益成熟，但目前个人捐赠行为、信息传播行为与非营利组织信任之间的关系仍缺乏实证研究的支持。因此，本文基于一项 2020 年 4 月到 7 月的调查，以公众情境理论为视角，重点探讨个人捐赠行为、信息传播行为与非营利组织信任之间的关系。研究发现，公众的情境认知对其信息传播行为产生了重大影响，与此同时，公众对非营利组织的信任在其信息传播行为与捐赠行为之间发挥了显著调节作用。本文拓展了对公共危机事件中捐赠动员机制的理解，并于现实层面提供了一种公共信任危机中促进个人捐赠行为的策略。

【关键词】新冠肺炎；公众情境理论；非营利组织信任；传播行为；个人捐赠

一　问题的提出

自 2019 年 12 月以来，全球遭遇了新型冠状病毒肺炎（COVID – 19）疫情

---

*　周如南，中山大学传播与设计学院副教授；刘斯佳，清华大学新闻与传播学院研究生。

的侵袭。这场突发性的公共安全事件迅速蔓延至全球，给公众的生命安全及生存环境带来前所未有的巨大威胁。疫情初期阶段，政府和市场在资源调配、安全监测等方面呈现出迟滞的状态，非营利组织作为"第三部门"，在此状况下及时填补政府及市场出现的空位，发挥了不可忽视的作用。面对新冠肺炎疫情造成的资源短缺，为了支持奋战在疫情防控第一线的医务人员、基层群众、公安民警和社区工作人员，我国非营利组织在疫情期间动员公众完成了多次针对钱款与防疫物资的大规模募捐。前人研究在解释慈善募捐成功的原因时，重点关注公众对非营利组织的信任（Tonkiss & Passey，1999；Osman，Mohammed & Fadzil，2016）、非营利组织公信力（Liu，Suh & Wagner，2018）、信息传播行为（Mano，2014）和社会网络（Agrawal，Catalini & Goldfarb，2015）等因素。尽管研究者已探究过多种不同的因素，但目前迫切需要综合不同的研究发现以发展出一个更加全面的理论模型，系统地测量个人捐赠行为产生的背后机制。个人捐赠行为、信息传播行为与非营利组织信任之间的关系尚不清晰，前人对三者关系的研究结果莫衷一是。例如，有学者认为非营利组织信任在人们的信息传播行为与捐赠行为中发挥了中介作用（Kang，Gao，Wang & Zheng，2016），但最近的一项研究则发现，认知信任在公众对话传播与慈善募捐效果中扮演了调节变量的角色（Behl，Dutta，Sheorey & Singh，2020）。认知信任是指个人基于自身的知识、自主自觉地选择信任对方（McAllister，1995）。因此，这项研究发现为本文探究个人捐赠行为、信息传播行为与非营利组织信任三者之间的关系带来了新的启发。本文首先对非营利组织募捐中与个人捐赠行为相关的文献进行梳理，之后综合前人研究发现构建了一个通过信息传播行为与非营利组织信任解释个体向非营利组织捐赠的意愿的理论模型。本文尝试回答以下问题：公众对非营利组织的信任、信息传播行为与捐赠行为之间存在什么关系？

新冠肺炎疫情期间，在减少聚集、居家隔离等防疫部署措施下，社交媒体成为社会大众了解疫情信息、参与公益慈善活动的重要途径。社交媒体因其公共性与圈层化的双重特点，成为慈善募捐发起和推动的主要媒介平台，并由此发散出去，辐射至全网络的媒体。如何利用技术手段通过不同媒介渠道向大众传递慈善信息和价值理念，促进个人捐赠意愿，值得进一步探究。例如，我国最大的慈善捐赠平台之一"微博公益"（gongyi. weibo. com），就是社交媒体"新浪微博"的附属募捐平台。疫情期间，近2800万人通过微博公益的医疗募捐项目捐赠了超过 834 万美元的善款以支持抗疫（Peng, Zhou, Niu & Feng, 2021）。然而与此同时，一些非营利组织却陷入了重大的信任危机。例如武汉红十字会在一线医护人员防护装备严重短缺的情况下，因其防疫物资堆积和派发不及时的问题引发社会质疑（张丽、李秀峰，2020），而其账目信息不透明的问题更加剧了负面舆论危机。这使我国非营利组织在线上信息传播与公众信任问题上具有显著的特点，因此，本文以我国的非营利组织与捐赠者为研究对象，在新冠肺炎疫情期间派发问卷并进行了半结构性访谈。

公共关系领域的经典理论——公众情境理论认为，问题认知、有限认知和参与决定了人们的信息传播行为（Grunig, 1997）。在过去二十年间，公众情境理论被广泛应用于公共关系和商业领域，以预测人们的信息传播行为（Aldoory, Kim & Tindall, 2010; Kruger-Ross & Waters, 2013），并展现出极佳的解释力。因此，本文试图通过公众情境理论来解释新冠肺炎疫情期间人们信息传播行为的内在心理机制，从而进一步为如何促进公众的信息传播行为提供建议。

本文采用定量研究方法，在 2020 年 4 月至 7 月开展了一项全国性的调查，采用滚雪球抽样法以网络问卷形式进行调查，共发放问卷 357 份，剔除无效问卷，获得有效问卷 345 份，有效回收率为 96.6%。随后，通过对 5 位在国内疫情期间捐款或捐赠物品的个人进行半结构化访谈，进一步验证了本文的研究发现。理论意义方面，本研究有助于增进学界对个人捐赠背后决策心理过程的认识，文中的理论模型为信息传播行为、非营利组织信任与个人捐赠行为三者之间的关系提供实证支持。现实意义方面，本研究为设计、执行和运营非营利组织慈善募捐提供建议，当非营利组织遭遇信任危机的时刻，慈善信息在媒介平台上的传播将会是重要的募捐动员路径。

二　文献回顾

（一）非营利组织信任与个人捐赠行为

非营利组织信任是指捐赠者相信机构会按照自己所期望的方式行动并履行自己的义务（Sargeant & Lee, 2004）。非营利组织信任作为一种隐形的资产，其培养和提升需要长期不断的系统化累积，但是任何具有负面影响的事件或公益丑闻都可能直接使其陷入低谷。这反映出非营利组织信任与社会捐赠意向之间的强烈联系，非营利组织一旦做出违背信任的行为，不仅会使公众对特定的组织丧失信任感，还可能会导致公众未来不再参与所有的个人慈善捐赠（Hind，2017）。

信任是非营利组织发展的根基，也是影响公众参与公益慈善活动的关键因素。研究发现，对非营利组织信任度高的人，更易形成捐赠行为（石国亮，2014；陈天祥、姚明，2012），捐赠者对非营利组织的信任还会影响潜在捐赠者的最大额捐赠意向（钟智锦，2015）。同时，对于有过捐赠行为的人群，信任也提高了人们未来继续进行捐赠的意向（Skarmeas & Haseeb，2011）。这背后的逻辑可能是因为，人们拥有在社会中履行好公民义务的内在需求，如果人们可以信任对方代表自己履行这种道德义务，他们就更倾向于持续与对方建立这种互动关系（Hosmer，1995）。在此基础上，本文提出以下假设：

假设 1：公众对非营利组织的信任程度越高，其个人募捐意向越强。

（二）信息传播行为与个人捐赠意向

许多研究揭示了对于灾难的新闻报道与募款行为之间的正向关系，包括直接捐款给非营利组织和通过第三方捐款渠道进行捐赠（Waters & Tindall，2011）。针对新闻与慈善捐赠的一项大规模研究揭示了美国的新闻报道如何系统地提升了美国人对国际地震灾情的捐款意向。研究发现，在 1972 年到 1990 年之间 22 次未造成人员死亡的地震中，新闻报道的数量对公众的捐赠行为有显著影响。同时，在已控制地理位置、国家补贴和国际援助这些变量的情况下，越多人员在地震中伤亡，越长时间进行新闻报道，公众捐赠的金额也就越大（Simon，1997）。

针对社交媒体的使用，研究发现使用社交媒体和社交网站越多的人，线上和线下进行金钱捐赠的总数额也越多（Mano，2014）。网络上关于非营利组织的慈善信息提升了人们对募捐项目的认识，加深了人们对非营利组织的了解。就像物理空间一样，人们在数字空间中也可以因为自己的信念和意愿加入某一个特定的群体，与世界建立联结。通过获取、转发慈善捐赠相关信息，潜在的捐赠者可以了解参与捐赠的详细情况并与非营利组织形成互动，从而进一步提升他们的个人捐赠意向。在此推论下，本文提出以下假设：

假设 2：公众对慈善募捐信息的传播行为越频繁，其个人募捐意向越强。

然而，针对信息传播行为与个人捐赠意向的研究目前仍存在许多空白，只有极少数实证研究注意到信任在信息传播行为与个人捐赠意向的关系中发挥的作用。徐延辉等人发现，慈善信息获取通过对非营利组织的信任进一步影响个人的捐赠行为（徐延辉、李志滨，2020）；基于对壹基金242名粉丝的在线调查发现，社交媒体的传播和互动对公众信任产生了显著的积极影响，从而进一步影响了捐赠意向（Feng & Ling，2017）；一项调查了1300名捐赠者的研究则发现，信任在人们对捐赠的利益感知和其捐赠行为之间起到中介效应（Sargeant，Ford & West，2006）。但是，此前的研究都只考虑了慈善信息获取这一较为单一的传播行为，并未考虑到社交媒体时代用户可以深入参与信息传播过程，进行例如转发、分享慈善捐赠信息等行为。本文中的信息传播行为包括主动的传播行为（宣传、转发或发布慈善捐赠的相关信息）和被动的传播行为（阅读慈善捐赠的相关信息），希望弥补这部分的不足。因此本文提出以下假设：

假设3：公众对慈善募捐信息的传播行为可以通过非营利组织信任进一步影响其捐赠意向。

（三）公众情境理论：信息传播行为的背后机制

公众情境理论因其对理解特定模式下公众如何以及为何做出传播行为的特殊贡献，被誉为公共关系领域的第一"深度理论"（Aldoory & Sha，2007）。公众情境理论的前提假设是：面对一个与公众生活有关的社会问题或者公共议题，个体会基于他们自身的问题认知、受限认知和涉入度认知进行信息寻求和信息处理（Grunig，1997）。通过检测当公众成员面对议题时如何感知情境，公众的传播行为就可以被理解。此理论用三个自变量来区分不同公众类型，并用两个因变量解释公众在问题情境下的信息传播行为。三个自变量分别为：问题认知、受限认知和涉入度认知。两个因变量分别为主动和被动的信息传播行为。问题认知指当人们意识到某些事情缺失而形成一个问题，且未能立即解决的一种状态。受限认知指人们意识到某一问题情境中的束缚，而这种束缚限制了自己解决问题的能力。涉入度认知指人们感知到自己与某一问题情境的关联程度（赖泽栋，2014）。公众在问题认知程度、与问题情境的关联程度和面对问题时感知的自身能力上都可能存在差异，因此对问题情境会做出不同的信息传播行为。其中，问题认知和涉入度认知与信息传播行为呈正相关，受限认知与信息传播行为呈负相关（Grunig，2006）。

国外学者运用公众情境理论解释了美国大学生及普通民众参与慈善募捐活动的相关行为，发现问题认知、涉入度和受限认知能够有效预测个体搜寻与处理慈善募捐活动相关信息的行为（McKeever，2013）。国内也有研究发现，公众对问题情境的问题认知、受限认知和涉入度认知能够预测其对慈善募捐的信息获取（曹倖、周奕欣、胥琳佳，2017）。由此，本文提出以下假设：

假设4：公众对 COVID - 19 的问题认知越强，其慈善募捐信息传播行为越频繁。

假设5：公众对 COVID - 19 的受限认知越强，其慈善募捐信息传播行为越少。

假设6：公众对 COVID - 19 的涉入度认知越强，其慈善募捐信息传播行为越频繁。

三　研究方法

本文采用定量研究方法，在 2020 年 4 月至 7 月开展了一项全国性的调查，采用滚雪球抽样法以网络问卷形式进行调查（https：//wj. qq. com），共发放问卷 357 份，剔除无效问卷，获得有效问卷 345 份，有效回收率为 96.6%。随后，通过对 5 位在国内疫情期间捐款或捐赠物品的个人进行半结构化访谈，进一步验证了本文的研究发现。招募研究对象使用滚雪球法，由于受访者居住地各不相同，对于距离较远的受访者，访谈通过视频聊天软件或电话进行。访谈中使用了半结构化的访谈提纲，每个访谈大约持续一个小时，随后通过语音转文字软件搜狗听写（http：//rec. sogou. com/voice）将录音整理为逐字稿，并对访谈文本进行分析。

根据研究问题与假设，本文通过问题认知、受限认知、涉入度认知、信息传播行为、非营利组织信任与捐赠意向六个维度，深入探究问题。除了捐赠意向外，其他五个维度的问题设置均借鉴诸多学者研究检验过的成熟量表，结合当前我国实情进行改编，组合成为本文的量表。此外，将在问卷最后附上人口学和其他相关问题，包括受访者的性别、学历、收入和对未来收入的预期。

情境认知以公众情境理论的提出者 Grunig 在健康议题研究中使用的量表为基础，本研究为问题认知、受限认知与涉入度认知各设置了三个测项，最终得到九个测项。本研究中的问卷均采用李克特四级量度法进行测量，询问受访者对自我陈述的同意程度，1 为"非常不同意"，4 为"非常同意"。问题认知、受限认知与涉入度认知量表的 Cronbach's Alpha 值分别为 0.742、0.801 与 0.832。

在公众情境理论的假设中，不同公众对问题情境会做出不同的反应，即有两个因变量：主动和被动的信息传播行为。本研究中主动的信息传播行为包括宣传、转发或发布慈善捐赠相关信息，被动的信息传播行为则包括阅读慈善捐赠相关信息。问卷中请受访者回答了"在本次新冠肺炎疫情中，我阅读过慈善捐赠的相关信息"和"在本次新冠肺炎疫情中，我宣传、转发或发布过慈善捐赠的相关信息"，并采用李克特四级量度法进行测量，1 为"从未"，2 为"偶尔"，3 为"经常"，4 为"总是"。该量表的 Cronbach's Alpha 值为 0.795。

对捐赠意向的测量通过询问受访者对"在本次新冠肺炎疫情中，我愿意进行捐赠"这句陈述的同意程度来获得，并设置了一道反向问题，采用李克特四级量度法，1 为"非常不同意"，4 为"非常同意"。

对非营利组织信任程度的测量通过询问受访者对"基金会、慈善总会、各级民政机关、民政以外的其他党政机关、公益性事业单位（如福利院）、红十字会、人民团体（如工青妇）、社会团体、宗教组织"9 类组织的信任程度来获得，均采用李克特四级量度法进行测量，1 为"非常不信任"，4 为"非常信任"。该量表的 Cronbach's Alpha 值为 0.856。

四 研究结果

（一）描述性统计结果

本研究采用滚雪球抽样以网络问卷形式进行调查，于 2020 年 4～7 月发放问卷 357 份，剔除胡乱作答的问卷，获得有效问卷 345 份，有效回收率为 96.6%。受访者中，男性 131 人（38%），女性 214 人（62%）。学历方面，初中及以下 2 人（0.6%），高中/中专/技校 7 人（2%），大学专科 29 人（8.4%），大学本科 248 人（71.9%），研究生 59 人（17.1%）。可见样本的整体教育水平较高，主要为本科和研究生。个人月收入方面，2000 元及以下的 93 人（27%），2001～5000 元的 95 人（27.6%），5001～8000 元的 59 人（17.1%），8001～10000 元的 32 人（9.3%），10001～20000 元的 44 人（12.8%），20000 元以上的 22 人

（6.4%）。其中，对未来一年的经济预期为"会变好"的有 158 人（45.8%），
"会维持现状"的有 139 人（40.3%），"会变差"的有 48 人（13.9%）。总体而
言，样本人群对自己未来的经济预期较为乐观。

样本人群所感知的新冠肺炎疫情问题认知（均值 = 3.73，标准差 = 0.562）
和涉入度认知（均值 = 3.35，标准差 = 0.707）较高，这可能与数据收集期间正
处于疫情较为严重的时间背景有关。样本人群所感知的受限认知也略高于中等
水平（均值 = 2.01，标准差 = 0.752）。样本人群的信息传播行为频率较高（均
值 = 3.07，标准差 = 0.815），表明其深入参与到了疫情期间慈善捐赠信息的网
络传播过程。与预期有所差异的是，虽然经历了武汉红十字会的慈善丑闻风波，
样本人群对非营利组织的信任程度仍略高于中等水平（均值 = 2.45，标准差 =
0.591），同时，个人进行慈善捐赠的意向较强（均值 = 3.17，标准差 = 0.810）。
各主要变量的描述性统计量如表 1 所示。

表 1 主要变量的描述性统计量

变量	样本量	最小值	最大值	均值	标准差
性别	345	1.00	2.00	1.6203	0.48602
学历	345	1.00	5.00	4.0290	0.62345
收入	345	1.00	8.00	4.2406	2.07773
收入预期	345	1.00	3.00	1.6812	0.70490
问题认知	345	1.00	4.00	3.7295	0.56226
受限认知	345	1.00	4.00	2.0116	0.75174
涉入度认知	345	1.00	4.00	3.3507	0.70735
信息传播行为	345	1.00	4.00	3.0710	0.81503
非营利组织信任	345	1.00	4.00	2.4461	0.59096
捐赠意向	345	1.00	4.00	3.1739	0.80976

（二）各变量的相关性分析

采用相关矩阵分析方法对性别、学历、收入、收入预期、问题认知、受限
认知、涉入度认知、信息传播行为、非营利组织信任和捐赠意向的关系进行探
究。各变量的相关系数如表 2 所示。

相关分析表明，公众的问题认知（$r = 0.298$，$p < 0.001$）、涉入度认知（$r = 0.262$，$p < 0.001$）与信息传播行为呈显著正相关，而受限认知与信息传播行为呈

显著负相关（$r = -0.449$，$p < 0.001$），符合公众情境理论的假设。公众的问题认知（$r = 0.278$，$p < 0.001$）、涉入度认知（$r = 0.343$，$p < 0.001$）与捐赠意向呈显著正相关，而受限认知与捐赠意向呈显著负相关（$r = -0.492$，$p < 0.001$）。受限认知是人们意识到某一问题情境中的束缚，而这种束缚限制了自己解决问题的能力，因此受限认知与捐赠意向呈负相关符合公众情境理论的假设。公众的信息传播行为（$r = 0.745$，$p < 0.001$）、对非营利组织的信任度（$r = 0.302$，$p < 0.001$）与其捐赠意向呈显著正相关，假设 1 与假设 2 得到支持。此外，个人学历与其问题认知呈显著正相关（$r = 0.180$，$p < 0.001$），也就说明，学历越高的人群，越会认识到 COVID - 19 是一个悬而未决的严重问题。此外，个人对未来收入的预期与捐赠意向呈显著正相关（$r = 0.218$，$p < 0.001$），换言之，对未来一年的收入预期更乐观的人群，更愿意在当下参与慈善捐赠的行为。

表 2　各变量的相关系数 （$N = 345$）

变量	1	2	3	4	5	6	7	8	9	10
1. 性别	—									
2. 学历	0.123	—								
3. 收入	0.094	0.264***	—							
4. 收入预期	0.070	0.061	-0.053	—						
5. 问题认知	0.056	0.180***	0.054	0.035	—					
6. 受限认知	-0.017	-0.052	-0.094	-0.102	-0.203***	—				
7. 涉入度认知	0.039	0.096	0.150**	0.026	0.527***	-0.402***	—			
8. 信息传播行为	0.076	0.045	0.089	0.160***	0.298***	-0.449***	0.262***	—		
9. 非营利组织信任	-0.017	-0.031	0.017	0.124	0.099	-0.383***	0.130**	0.321***	—	
10. 捐赠意向	0.146**	0.053	0.146**	0.218***	0.287***	-0.492***	0.343***	0.745***	0.302***	—

注：$N = 345$；** $p < 0.01$，*** $p < 0.001$，下同。

（三）信息传播行为影响因素的回归分析

本研究运用多元回归模型检验了人们面对 COVID – 19 时的问题认知、受限认知和涉入度认知对其信息传播行为的影响。回归分析模型将人口统计特征（性别、学历、月收入）纳入分析模型作为控制变量，表 3 展示了多元回归分析的结果，模型解释了"信息传播行为"这一因变量变差中 25.2% 的部分。在 0.05 水平上，三个控制变量（性别、学历、月收入）均未对信息传播行为产生显著影响；三个主要自变量中，虽然涉入度认知未产生显著影响，但是问题认知、受限认知对信息传播行为的影响十分显著。

表 3 公众捐赠信息传播行为心理影响因素的多元回归分析结果

	B	标准误	β	Sig
常量	2.789	0.396		0.000
性别	0.095	0.080	0.057	0.223
学历	− 0.046	0.065	− 0.035	0.482
月收入	0.018	0.019	0.047	0.342
问题认知	0.335	0.081	0.231	0.000
受限认知	− 0.445	0.056	− 0.411	0.000
涉入度认知	− 0.036	0.069	− 0.031	0.602
R^2			0.252	
Adjusted R^2			0.239	
F			18.992 ***	

问题认知的影响显著，与假设的方向一致。这说明越是认为 COVID – 19 构成了亟待解决问题的公众，越可能会被动阅读和主动传播慈善捐赠的相关信息。因此，假设 4 得到支持。受限认知的影响显著，并与假设的方向一致。换言之，越是感觉到应对新冠肺炎疫情问题面临的障碍程度高的公众，越不可能去接收和传播捐赠相关信息。本研究的假设 5 得到支持。

涉入度认知与信息传播行为并无显著关系，说明假设 6 未得到支持。这一结果出现，可能是由于原理论当中将"涉入度认知"的产生前提确定为人们所感知的自身与所面临问题之间的联系，在此定义指引下所使用的量表，将 COVID – 19 视为一种"社会性"的情境问题。然而，受访者可能将对涉入度的认知当作了对感染风险的认知。例如有健康传播研究在应用公众情境理论时，就将涉入度认知替换为对某种特定疾病感染风险的自我认知。与此同时，本次研究样本人群中超过半数的受访者（229人，65.2%）来自2020年4~7月疫情期间受影响较小的河南省和广东省，因此产生了涉入度认知与信息传播行为并无显著关系的结果。这也说明，新冠肺炎疫情虽然是一个公共卫生危机事件，但由于它具有传染病高传染性的特点，人们在产生更加个人化的涉入认知时，才会影响其传播信息的行为。

（四）非营利组织信任的调节效应

本研究通过层次回归分析来检验非营利组织信任在信息传播行为与个人捐赠意向之间是否存在调节效应。采用 Hayes 编制的 SPSS 宏程序 Process，依据 templates 选用模型 1，重复抽取样本 5000，默认 95% 的置信区间。模型 1 与模型 2 的各项数值如表 4 所示。

表 4　非营利组织信任对信息传播行为与捐赠意向关系的调节作用

	模型	B	标准误	β	t	Sig
1	常量	3.174	0.029		109.455	0.000
	信息传播行为	0.718	0.038	0.723	19.090	0.000
	非营利组织信任	0.097	0.052	0.071	1.868	0.063
2	常量	3.198	0.030		107.488	0.000
	信息传播行为	0.688	0.038	0.693	17.888	0.000
	非营利组织信任	0.081	0.052	0.059	1.577	0.116
	乘积项	-0.158	0.052	-0.113	-3.037	0.003

层次回归分析表明，加入信息传播与非营利组织信任的乘积项后，非营利组织信任与信息传播的交互效应对捐赠意向有显著影响（标准化斜率为 -0.1581，$p < 0.01$），对捐赠意向的解释效应明显增加（$\Delta R^2 = 0.0116$，$p < 0.01$）。

如图 1 所示，低调节、中调节、高调节三条线段的斜率变化明显，斜率趋于平缓，随着调节效应的增强，信息传播行为对捐赠意向的影响受到干扰。信息传播行为与捐赠意向之间的关系受到非营利组织信任的影响，非营利组织信任起到负向调节的作用。换言之，人们对非营利组织的信任程度越低，其信息传播行为与个人捐赠意向之间的正向关系越强，假设 3 得到支持。这说明，当公众对非营利组织的信任程度很低时，信息传播行为反而能更有效地影响人们的个人捐赠意向。

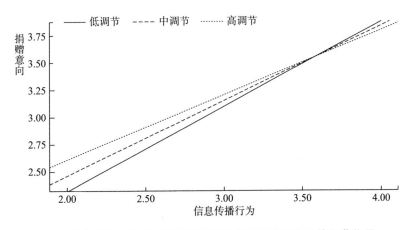

图1　非营利组织信任对信息传播行为与捐赠意向关系的调节作用

五　研究结论

在社会面临突发公共危机事件时，非营利组织如何有效进行慈善募捐动员、促进社会各界的捐赠意向十分重要。本文基于2020年4～7月针对新冠肺炎疫情的实证调查，再结合后续的半结构访谈，从情境认知，到信息传播行为，再到公众对非营利组织的信任度，针对个人捐赠意向的形成机制进行了深入的探讨。具体研究发现有以下三点。

第一，本研究发现受限认知是公众情境理论中对信息传播行为最强有力的预测变量，问题认知次之，而涉入度认知对信息传播行为的预测作用未达到显著水平，这与原理论及其他相关研究的结果存在一定差异，说明在不同的文化背景和情境问题下问题认知、受限认知和涉入度认知等认知因素对个体传播慈善信息的影响可能有所不同。来自深圳的受访者A就透露出自己的捐款意向来自对于本地非营利组织较低的受限认知："如果是深圳本地的非营利组织的募捐，我会更有意愿帮忙转发信息和进行捐款。而且我是本地人嘛，我觉得可以了解到这些善款是否真的有落到实处，也可以知道后续的信息，后面他们是怎么做的。"这反映出，地理上的接近性降低了受访者的受限认知，认为自己的捐款通过本地的非营利组织可以更有效地帮助到受助群体。这也提示我们，可以通过其他途径降低公众对例如地震、癌症等其他慈善募捐主题的受限认知，促进其传播相关慈善信息，进而产生参与募捐的行为意向。

第二，信任是影响公众做出捐赠行为的重要因素。本研究发现，人们对非营利组织的信任度与其捐赠意向呈显著正相关，这也就意味着，越是信任非营利组织的人群越愿意参与慈善捐赠。当非营利组织受到丑闻和质疑的冲击时，负面消息可能导致公众对非营利组织的公信力产生怀疑，降低对非营利组织的信任度，从而减少个人捐赠的可能性。疫情期间多次进行捐赠的受访者 B 表示："就是那段时间负面报道比较多嘛，例如可能说其实没有收到医疗资源或者是捐款其实没有收到，就感觉还是有一些灰色的环节，所以对红十字会之类的组织的信任度比较低。我当时的捐款并不是走红十字会，而是几家医院在社交媒体上整体发了一个求助信息。我认为通过这个渠道捐的话，会直接捐给医院，这样钱能直接到需要的医院手里面。"换言之，很多时候，我们的社会并不缺少爱心，而是缺少对非营利组织的信任。所以想要改善整个社会的慈善捐赠氛围，重建公众对非营利组织的信任和认可是基础。需要建立健全慈善信息公开机制，保障公众对非营利组织运作情况的知情权；同时，发挥媒体对非营利组织的监督作用，保障慈善信息的透明度，以此提升公众对非营利组织的信任感和归属感，从根本上保证慈善事业的发展进入良性的运行轨道。

第三，当非营利组织遭遇信任危机的时刻，慈善信息在媒介平台上的传播将会是重要的募捐动员路径。本研究发现，慈善捐赠信息传播行为不仅直接影响个人的捐赠行为，而且二者之间的关系受到非营利组织信任度这个调节变量的影响，即通过信息传播行为获取和参与传播的慈善信息越多，个人进行捐赠行为的可能性越大。尤其是社会上有公益丑闻曝光，损害了公众对非营利组织的整体信任，公众对非营利组织的信任程度普遍较低时，提升人们的信息传播行为能够有效促进个人捐赠行为。有长期捐赠习惯的受访者 C 表示，她所捐款的慈善项目大多来自社交媒体上看到的信息，例如新浪微博、视频网站 Bilibili 和微信公众号，"我在新浪微博上参与过那个给山区女孩子自助卫生巾的项目，另外还有给山区孩子生理知识课堂的捐赠。Bilibili 有很多 up 主，就是那种身体力行地去做慈善捐赠，我之前看的一个东北的体育老师，然后他自己一个人教育了五十几个孩子，就是慈善学校那种性质。还有就是一些公众号做旧衣物捐赠的"。尤其是在对非营利组织不太信任的情况下，说服受访者 C 进行捐款的正是慈善信息在社交媒体上的传播，"网上的那些 up 主，我觉得他们还是蛮值得信任的，因为他们会给你一个反馈嘛，会录视频之类的，这个不至于作假吧"。上文中对中国红十字会不太信任的受访者 B 也认为，如果以后看到红十字会的募捐项目"还是可能会捐款"，"但是可能在捐之前会去看更多的信息，如果在那个时间段也看到了其他媒体的报道，例如医院缺少物资，我就会觉得它更加可信。有多方面的信息汇集在一起，会觉得确实是有这个需要的。如果刚好看到有捐款渠道，我就会捐"。这为本研究中数据支持的变量关系提供了进一步的解释。

此外，慈善信息的形式和质量也是重要的影响因素。受访者 D 认为，"如果在项目的描述中有一些受捐赠者的影像资料或者是比较详细的描述的话，我觉得我会更容易被打动，就是感觉到被捐助者是一个在我面前活生生的人。所以一般有影像资料的话我捐款的意愿会更强烈"，例如她提到了公益广告片、短视频或者图片，如果募捐项目信息中有这些资料，他会更容易被说服进行捐款。受访者 E 则提到"文案合理，资金流向清楚"的慈善信息会让他更加信任一个募捐项目。这反映出，当非营利组织遭遇信任危机的时刻，慈善信息在媒介平台上的传播将会是重要的募捐动员路径，非营利组织需要更加重视自己发布的慈善信息的形式和质量。

本研究对慈善事业发展的现实意义在于，重建公众对非营利组织的信任是一个需要漫长积累的过程，在此期间，非营利组织应该充分发挥媒介尤其是社交媒体在慈善募捐信息传递过程中的作用。媒体在非营利组织的发展中扮演着监督者和协助者的双重角色。一方面，媒体可以对非营利组织的行为和表现进行实时报道，促使非营利组织建立起信息反馈机制，并及时向社会公布慈善资金的筹集、使用及运营管理情况，提高慈善组织的透明度。另一方面，媒体可以帮助非营利组织进行信息的发布与宣传，及时向社会公布慈善项目的信息、资金筹集的进度等，增进公众对慈善相关信息的了解。

此外，本研究也存在一些局限性。本研究作为一项横断研究，难以证实信息传播行为、非营利组织信任与个人捐赠意向产生的先后顺序及三者之间的因果关系。因此，未来研究可采用交叉滞后设计予以检验。本研究采用方便抽样法，因此带来的抽样偏差可能在一定程度上限制了研究结果向目标总体的推广。例如样本人群的学历主要为大学本科和研究生，教育水平与现实情况相比严重偏高。因此本研究获得结论是否适用于解释本科学历以下的受教育水平人群，还有待于进一步研究验证。

参考文献

曹偲、周奕欣、胥琳佳（2017）：《公众情境理论与理性行为理论结合视角下的中国慈善募捐：对三种模型的比较研究》，《国际新闻界》，第 6 期。

陈天祥、姚明（2012）：《个人捐赠非营利组织的行为影响因素研究——基于广州市的问卷调查》，《浙江大学学报》（人文社会科学版），第 4 期。

赖泽栋（2014）：《问题解决情境理论：公众情境理论的新进展》，《国际新闻界》，第 2 期。

李莹、林功成、陈霓（2016）：《农民工性健康信息搜寻行为影响因素与群体差异——基于公众情境理论视角》，《湖南农业大学学报》（社会科学版），第 17 期。

石国亮（2014）：《慈善组织公信力的影响因素分析》，《中国行政管理》，第 5 期。

徐延辉、李志滨（2020）：《个人捐赠何以可为：慈善信息与组织信任的作用机制研究》，《社会保障研究》，第 1 期。

张丽、李秀峰（2020）：《新冠肺炎疫情下红十字会的信用危机及公信力重塑——基于 SCCT 理论的分析》，《云南行政学院学报》，第 5 期。

钟智锦（2015）：《社交媒体中的公益众筹：微公益的筹款能力和信息透明研究》，《新闻与传播研究》，第 8 期。

Agrawal, Ajay, Catalini, Christian, & Goldfarb, Avi (2015), "Crowdfunding: Geography, Social Networks, and the Timing of Investment Decisions," *Journal of Economics & Management Strategy* 24 (2).

Aldoory, L., Kim, J. N., & Tindall, N. (2010), "The Influence of Perceived Shared Risk in Crisis Communication: Elaborating the Situational Theory of Publics," *Public Relations Review* 36 (2).

Aldoory, L., Sha, B. L. (2007), *The Future of Excellence in Public Relations and Communication Management*, N. J.: Lawrence Erlbaum.

Behl, A., Dutta, P., Sheorey, P., and Singh, R. K. (2020), "Examining the Role of Dialogic Communication and Trust in Donation-based Crowdfunding Tasks Using Information Quality Perspective," *The TQM Journal* 24 (2).

Feng, Y., Du, L., Ling, Q. (2017), "How Social Media Strategies of Non-profit Organizations Affect Consumer Donation Intention and Word-of-mouth," *Social Behaviour and Personality an International Journal* 45.

Grunig, J. E. (1997), "A Situational Theory of Publics: Conceptual History, Recent Challenges and New Research," *Public Relations Research: An International Perspective* 3.

Grunig, J. E. (2006), "Furnishing the Edifice: Ongoing Research on Public Relations as a Strategic Management Function," *Journal of Public Relations Research* 18 (2).

Hind, A. (2017), "New Development: Fundraising in UK Charities—Stepping Back from the Abyss," *Public Money & Management* 37 (3).

Hosmer, L. T. (1995), "Trust: The Connecting Link between Organizational Theory and Philosophical Ethics," *Academy of Management Review* 20 (2).

Kruger-Ross, M. J., & Waters, R. D. (2013), "Predicting Online Learning Success: Applying the Situational Theory of Publics to the Virtual Classroom," *Computers & Education* 61.

Liu, Lili, Suh, Ayoung, and Wagner, Christian (2018), "Empathy or Perceived Credibility? An Empirical Study on Individual Donation Behavior in Charitable Crowdfunding," *Internet Research* 28 (3).

Mano, Rita S. (2014), "Social Media, Social Causes, Giving Behavior and Money Contributions," *Computers in Human Behavior* 31.

Mano, R. S. (2014), "Social Media, Social Causes, Giving Behavior and Money Contributions," *Computers in Human Behavior* 31.

Minghui, Kang, Yiwen, Gao, Tao, Wang, & Haichao, Zheng (2016), "Understanding the Determinants of Funders' Investment Intentions on Crowdfunding Platforms: A Trust-based Perspective," *Industrial Management & Data Systems* 116 (8).

McAllister, Daniel J. (1995), "Affect- and Cognition-based Trust as Foundations for Interpersonal Cooperation in Organizations," *Academy of Management Journal* 38 (1).

McKeever, B. W. (2013), "From Awareness to Advocacy: Understanding Nonprofit Communication, Participation, and Support," *Journal of Public Relations Research* 25 (4).

Osman, Amirul Faiz, Mohammed, Mustafa Omar, and Fadzil, Aiman (2016), "Factor Influencing Cash Waqf Giving Behavior: A Revised Theory of Planned Behavior," *Journal of Global Business and Social Entrepreneurship* 1 (2).

Peng, N., Zhou, X., Niu, B., & Feng, Y. (2021), "Predicting Fundraising Performance in Medical Crowdfunding Campaigns Using Machine Learning," *Electronics* 10 (2).

Sargeant, A., & Lee, S. (2004), "Trust and Relationship Commitment in the United Kingdom Voluntary Sector: Determinants of Donor Behavior," *Psychology & Marketing* 21 (8).

Sargeant, A., Ford, J. B., & West, D. C. (2006), "Perceptual Determinants of Nonprofit Giving Behavior," *Journal of Business Research* 59 (2).

Simon, A. F. (1997), "Television News and International Earthquake Relief," *Journal of Communication* 47 (3).

Skarmeas, Dionysis, and Shabbir, Haseeb A. (2011), "Relationship Quality and Giving Behaviour in the UK Fundraising Sector: Exploring the Antecedent Roles of Religiosity and Self-construal," *European Journal of Marketing* 45 (5).

Tonkiss, Fran, and Passey, Andrew (1999), "Trust, Confidence and Voluntary Organisations: Between Values and Institutions," *Sociology* 33 (2).

Waters, R. D., & Tindall, N. T. (2011), "Exploring the Impact of American News Coverage on Crisis Fundraising: Using Media Theory to Explicate a New Model of Fundraising Com-

捐赠何以可能：情境认知、传播行为与非营利组织信任对个人捐赠意愿的影响

munication," *Journal of Nonprofit & Public Sector Marketing* 23 (1).

How Individual Donation is Possible: The Influence of Situational Cognition, Communication Behavior, and Trust on Individual's Donation Intention

Zhou Runan, Liu Sijia

[**Abstract**] By investigating the relationship between information dissemination behaviour, public trust of NPOs and individual donation, this study seeks to expand our knowledge of individuals' donation behaviour in NPOs' charitable crowdfunding. Through an online quantitative study nationwide from April to July in 2020, we finds that the public's situational cognition has a great impact on their information dissemination behaviour, and the public's trust in NPOs plays a moderating role in the interaction between information dissemination and donation behaviour. For academia, this research contributes to advancing our knowledge of individuals'decision-making behind donation. Our model can help researchers understand individuals' philanthropic behavior by providing empirical explanations of the relationship between information dissemination behaviour, public trust of NPOs and individuals' donation behavior. For practitioners, the research suggests appropriate design, launch, and operation strategies to facilitate individuals' donation behavior in the future.

[**Keywords**] COVID – 19; Public Situation Theory; Non-profit Organization Trust; Communication Behaviour; Individual Donation

第三次分配背景下个人公益捐赠税收优惠政策优化：基于国际比较[*]

王金凤　魏亚楠　孙维章[**]

【摘要】发挥公益事业第三次分配作用，能促进我国共同富裕，也是我国现代化高质量发展进程中的关键所在。合理的捐赠税收优惠政策是激励公益事业发展的重要手段，但目前我国个人公益捐赠税收优惠政策激励效果偏低。本文通过厘清公益组织定位及公益捐赠税收优惠政策的理论缘起，并从税收制度制定设计和税收征管设计两方面进行国内外比较分析，研究其问题可能的原因。研究发现，我国只有少数社会组织通过公益性捐赠税前扣除资格认证，且资格认证程序相对复杂，税前扣除比例单一，捐赠者自行申报税前扣除程序也很烦琐，而其他税种的优惠政策还在探索中。我国个人公益捐赠税收优惠政策在税收制度设计方面，今后亟须从扩大公益性社会组织资格认证范围，加强运作态势监管，细化个人捐赠的税前扣除比例，在税收征管设计上，适当增设遗产税和赠与税相关项目，建立互利型税收激励机制以及遵从从简、实质重于形式原则征收个

---

* 本文系山东工商学院财富管理特色建设研究项目"基于史密斯模型个人公益捐赠税收优惠政策评估及优化研究"（2019ZBKY064）的阶段性研究成果。

** 王金凤，博士，山东工商学院副教授、硕士生导师，主要研究政策评价、内部控制与风险管理；魏亚楠，山东工商学院硕士研究生，主要研究绩效评价与税法；孙维章，博士，山东工商学院副教授、硕士生导师，主要研究企业社会责任。

税等方面进行优化。

【关键词】第三次分配；公益捐赠；税收优惠政策

一 研究背景

"一方有难，八方支援"，这是中华民族的优秀传统美德，而公益捐赠又是必不可少的一种支援方式。2008 年汶川地震后，国家当年慈善捐赠总额达 1070 亿元，以后每年慈善捐赠规模都维持在 800 亿元以上。因此，有学者认为我国正在逐步进入"善经济时代"（石国亮，2015）。首先，2016 年 3 月 16 日，第十二届全国人民代表大会第四次会议通过了《中华人民共和国慈善法》（简称《慈善法》）。在《慈善法》中，分别对慈善活动、慈善组织、慈善财产以及慈善服务等概念做了明确的界定，并将慈善捐赠单独列为一章。其次，党的十九届四中全会通过的《中共中央关于坚持和完善中国特色社会主义制度、推进国家治理体系和治理能力现代化若干重大问题的决定》（简称《决定》）指出，"重视发挥第三次分配作用，发展慈善等社会公益事业"。党中央首次明确以第三次分配为收入分配制度体系的重要组成部分，确立慈善等公益事业在我国经济和社会发展中的重要地位。2021 年 8 月 17 日召开的中央财经委员会会议，再次提到"第三次分配"，促进共同富裕。由此体现出我国对公益捐赠的日益重视，标志着我国慈善事业的发展迈上了一个新的台阶。

公益捐赠是在政府和市场发挥作用的基础上，对社会财富进行的无偿性再分配，也称为继市场分配和财政分配后的"第三次分配"（曲顺兰等，2016）。近年来，公益捐赠的增加在一定程度上促进了社会资源的合理配置（周秀梅，2018），但目前我国公益捐赠水平仍不及国际上的相应水平，尤其是个人公益捐赠。在美国，2019 年的慈善捐赠达到 4496.4 亿美元，其中 69% 的捐赠来源于个人，17% 来源于基金会，10% 来源于遗产捐赠，5% 来源于企业捐赠，其人均捐赠额为 1367.52 美元。[①] 而 2019 年我国接收的捐赠为 1701.44 亿元，其中，内地接收的捐赠为 1509.44 亿元，内地个人捐赠 398.45 亿元，占比 26.40%，

---

① 数据来源于 Giving USA Foundation（2020），*Giving USA：The Annual Report on Philanthropy for the Year* 2019，Chicago：Giving USA Foundation。

人均捐赠额为 107.81 元。① 以 2019 年美元兑人民币的平均汇率 6.899 来计算的话，美国的人均捐赠额度是中国的 87.51 倍。国际上，人们会因自我发展目标而主动参与慈善捐赠，履行其社会责任；而在我国，个人公益捐赠的主要途径为参与扶贫或赈灾活动，这种"被动式、突击式、运动式"的慈善责任履行方式（朱锦程，2015），与国际慈善社会责任的发展趋势并不匹配。

税收激励是促进我国公益捐赠事业发展的重要手段。目前我国公益捐赠税收优惠政策作为公共政策领域中的一隅，主要涉及流转税、所得税（企业所得税、个人所得税）、财产税以及行为税四大类税种，而且普遍采用比例税收优惠政策，规范个人捐赠税前减免优惠，鼓励社会公益性捐赠行为。但目前我国社会公众对个人公益捐赠税收优惠政策感知度并不高（赵海益，2017），税收激励效果不明显，其原因何在？

本文正是基于此背景，首先挖掘个人公益捐赠税收优惠政策的起源，然后对国内外个人公益捐赠税收优惠政策进行比较，找到我国个人公益捐赠税收优惠政策激励效果不明显的原因，最终明确我国个人公益捐赠税收优惠的优化方向。

二 文献综述

20 世纪 80 年代以来，慈善捐赠才被学者们广泛重视，多数研究聚焦于公益捐赠的影响因素、捐赠动机和税收优惠政策效应等方面。Webb（1996）认为公益捐赠税收优惠政策会影响捐赠者的捐赠方式，因为公益捐赠税率和捐赠物类型会影响捐赠者的捐赠成本和盈利能力。因此，税收激励对捐赠能产生价格效应和收入效应，公益捐赠、收入与税收政策的相关性受二者变化的影响很大（Peloza & Steel，2005；Bönke et al.，2013）。进一步的研究表明，当捐赠价格变化的"收入效应"超过"替代效应"时，税率的提高就能降低捐赠额（Doerrenberg et al.，2017）。不过，对于国家来说，公益性捐赠税收优惠并没有减少国家财政收入，相反使财政政策更有效率（Peloza & Steel，2005）；慈善捐款的减税额度能通过"挤出效应"弥补先前的税收流失（Bönke et al.，2013）。

---

① 数据来源于《2019 年度中国慈善捐助报告》，http://www.gongyishibao.com/html/yanjiubaogao/2020/09/15648.html，最后访问时间：2021 年 7 月 20 日。

Fack 和 Landais（2016）等运用在法国进行的一个准实验，证实了税收弹性对税收政策工具的敏感性，如果忽视税收政策对税基相对于净税率弹性的影响，将会导致误导性的政策结论。此外，Duquette（2016）在研究慈善捐赠税收减免对慈善捐赠收入的影响时发现，不同的慈善机构对公益捐赠税收减免的反应具有异质性，这意味着慈善捐款的平均税收弹性并不能很好地预测单个慈善机构的税收激励效应（Robson & Hart，2020）。另外，捐赠者的捐赠动机也会产生一定的"挤出效应"，这可能高度依赖于其内在动机（Muller & Rau，2020）。

在我国，樊丽明（2008）从心理学角度出发，认为部分利他主义和混合利他主义可以更好地对捐赠行为做出解释，税收优惠政策的激励，特殊时期的需求拉动，都为中国公益捐赠的发展提供了条件。但我国公益捐赠税收优惠制度的不完善抑制了公益捐赠的热情，从而阻碍了我国慈善事业的发展（张娜，2019）。除此之外，个人捐赠战略缺乏合理定位，捐赠行为没有得到公正的认识和尊重，这也制约了微观主体的捐赠（侯俊东，2013）。不过，目前我国对个人向非政府组织捐赠的行为采取税收减免办法，还是比较成功的，但也存在各省市政策不统一、管理不规范、公益性捐赠税前扣除资格认定标准不明确、捐赠票据使用混乱、优惠政策覆盖范围有限等操作层面的问题（周秀梅，2018；靳东升，2004），同时还存在由于税法体系的不完善造成很多慈善行为"无法可依"，税收执行依据难寻，以及行政审批烦琐，捐赠者缺少票据，无法获得税收优惠或民众对税收优惠不知晓等问题（张娜，2019）。

综上所述，国内外对公益捐赠税收优惠政策的实施效果以及公益捐赠动机的研究相对广泛，甚至有学者从心理学的角度研究公益捐赠。在第三次分配背景下，本研究重点从政府与非营利组织的关系出发，探究个人公益捐赠税收优惠的理论缘起，再通过具体制度设计的比较研究，找到我国与国外的差异，这在很大程度上能够丰富公益捐赠税收优惠政策的理论基础，为今后我国公益捐赠税收优惠政策的完善提供相应参考。

三 公益捐赠税收优惠理论缘起

（一）公益组织：发展脉络演进及失灵问题

最早以英国经济学家亚当·斯密为代表创立的自由竞争理论认为，自由竞争制度是最佳的经济调节机制，政府不应加以干预（亚当·斯密，2003）。但在实践过程中发现，"市场失灵"现象是真实存在的。因为市场本身就存在一些"先天性"的缺陷，如多数市场处在不完全竞争状态，还存在内部人控制以及信息不对称等缺陷（曹沛霖，1998）。因此政府有必要伸出"有形之手"来指导整个市场的正常运作，履行其社会责任。但是政府作为公共产品的生产者，也有着固有的局限性（萨拉蒙，2008），政府并不能满足社会上的所有需求，在民主社会中，政府是大多数选民推选出的代表，只能生产出大多数选民所满意的产品（萨拉蒙，2008；周清杰、张志芳，2017），"政府失灵"问题也就随之出现，即难以有效地凭政府自身力量来维持社会稳定。

非营利组织（公益组织）一定程度上可以弥补"市场失灵"和"政府失灵"的缺陷（王名、刘求实，2007），公益组织一般由私人或协会组建而成，其自身的特征与市场和政府具有先天的异质性。其中，"合约失灵"理论认为公益组织的出现是为了解决生产者与购买者之间的信息不对称问题，保证购买者可以获得符合适当标准的商品或服务（Hansmann，1980）。而且，公益组织所提供的服务优于公共服务，更易于接触个体受益者（格罗弗·斯塔林，2003）。

（二）公益捐赠税收优惠政策：公益捐赠事业可持续健康发展的"救星"

在公益捐赠事业的发展和持续性过程中，一方面，公益组织扮演了至关重要的角色，没有公益组织的存在，公益捐赠事业如同纸上谈兵。另一方面，税法通过多层次的税收规定来促进慈善捐赠，例如，遗产税为富有的个人纳税者向非营利组织捐赠提供了经济激励（DiRusso，2011）。此外，公益捐赠税收优惠政策也能为捐赠者的经济利益提供保障，从而调动民众捐款的积极性，进而推动公益捐赠事业的可持续健康发展（曲顺兰等，2016）。

实质上，公益捐赠税收优惠政策的理论源自亚当·斯密的经典理论——"经济人"假说，即所有的主体都是理性"经济人"，每次捐赠行为的选择都基于自利的前提，始终维护自身利益最大化。在我国公益捐赠实践过程中，存在因人均收入不高、捐赠文化不浓导致公益捐赠水平低下的问题，也存在因公益捐赠社会团体未很好履职导致公益捐赠阶段性"志愿失灵"问题，例如众所周知的郭美美事件、深圳壹基金雅安捐款贪污事件、中华医学会营利性经营问题等（吴宏洛，2016），以及2020年疫情期间武汉红十字会事件，至今此类问题仍未有效解决。公益捐赠事业可持续发展过程中政府作为公益捐赠的监管者和调节者应制定一定的激励机制来影响公益捐赠行为，其中，税收优惠政策是政府发挥调节职能最典型的一种激励方式。当然"市场失灵""政府失灵""志愿失灵"三大现实问题以及对社会稳定的负面影响，不是由市场、政府和公益组织一方或两方调节就能解决的，只有通过三者的整合共治才能促进社会稳定发展，才能有效解决各种失灵问题（周凌一、李勇，2015）。

四 个人公益捐赠税收优惠政策现状及国际比较分析

上述公益捐赠税收优惠理论缘起已充分说明公益捐赠税收优惠政策是促进公益捐赠事业蓬勃发展的重要途径。但我国现行的公益捐赠税收优惠政策同西方发达国家相比，仍存在诸多差异，比如公益性社会组织的资格认定、扣除标准等方面。美国是目前世界上最发达的经济体，也是慈善事业发展最好的国家之一，英国是发展慈善事业最早的国家。因此，本文通过将我国情况与美、英两国个人公益捐赠税收优惠政策进行对比分析，以期发现我国个人公益捐赠税收优惠政策的问题根源。

（一）税收制度设计

1. 公益性社会组织税前扣除资格制度严苛

目前，世界上大部分国家均采用"先认证，后减免"的税收优惠方式。接受捐赠的组织必须经本国政府、国家税务总局等部门认定批准，且其认定标准相对明确，我国也不例外，但与西方发达国家相比，我国公益性社会组织数量少之又少（由于各国具有税前扣除资格的社会组织名称不统一，本文将其统称为"公益性社会组织"）。

在美国，具有税前扣除资格的组织除了教会和政府之外，还包括公益性社会组织①，据美国国税局（IRS）相关文件列示，其公益性社会组织涵盖了美国

---

① 美国国税局（IRS）发布的《出版物526》（2019版）规定，合格组织的类型一般包括：（1）依据美国联邦、州、哥伦比亚特区或在美国的任何属地（包括波多黎各）的法律设立的社区、公司、信托、基金或基金会，其组织运行是为了发展慈善、宗教、科学、文学、教育，为了防止虐待儿童或动物，或为了促进国内或国际业余体育竞赛等；（2）在美国或其任何属地（包括波多黎各）设立的战争退伍军人组织、附属机构、信托或基金；（3）在分会制度下运作的国内联谊会、社团和协会，且其捐款必须符合第1条所列示的目的；（4）某些非营利性墓地或公司；（5）美国或任何州、哥伦比亚特区、美国属地（包括波多黎各）、州或美国属地的政治分区、印第安部落政府或履行实质性政府职能的任何分支机构。

大多数慈善组织。一般情况下，英国社会组织首先进行注册登记，只要注册登记后始终以慈善为目的①，即可成为公益性社会组织，可见其慈善目的定义相当广泛。而截至 2019 年底，我国共有社会组织 86.7 万个，其中社会团体 37.2 万个，基金会 0.8 万个，民办非企业单位 48.7 万个②，但具有公益捐赠税前扣除资格的公益性社会组织只有 206 家③，占全国社会组织的比例不到 1%。

与英美两国相比，我国公益性社会组织的覆盖范围非常窄，且须经多部门层层审批，其认证程序相当复杂（各国公益性社会组织具体审批程序详见图1）。所以，一方面导致捐赠者的选择受限，在一定程度上可能会影响捐赠者的热情，进而影响我国个人公益捐赠事业的发展；另一方面使一些不满足认定条件的小型慈善组织无法获得认证资格，阻碍慈善组织的多样化发展（胡媛琦，2017）。

2. 税制优惠设计单一化

国内外有关个人公益捐赠税收的优惠方式以税前扣除的形式为主，但由于各国国情不同，具体政策也各不相同，在捐赠物类型、扣除标准以及结转年限等方面区别较大。美国最新相关提案显示，其税前扣除比例根据捐赠物类型④、接受捐赠的慈善组织性质⑤的不同，分为 60%、50%、30% 和 20% 四档税率，

---

① 英国政府网站发布的《2011 年慈善法案》对该慈善目的作了 13 项描述，涉及社会各个领域（如扶贫、教育、文化、宗教和科学等领域）：（1）预防或减轻贫困；（2）教育的发展；（3）促进宗教；（4）增进健康或挽救生命；（5）促进公民身份或社区发展；（6）艺术、文化、遗产或科学的进步；（7）业余运动的发展；（8）促进人权，解决冲突、和解或促进宗教、种族和谐与平等；（9）促进环境保护或改善环境；（10）救济因年少、年老、健康不良、残疾、经济困难或其他不利条件而需要帮助的人；（11）改善动物福利；（12）促进官方武装部队的效率，或提高警察、消防和救援服务或救护车服务的效率；（13）目前被认为是慈善机构的其他任何目的，或者可以类似于第 1 条到第 12 条的目的或根据英格兰法律承认为慈善的任何其他目的，或者可以按照其精神被承认为慈善机构。

② 数据来源于民政部《2018 年民政事业发展统计公报》，http://www.mca.gov.cn/article/sj/tjgb/201908/20190800018807.shtml。

③ 数据来源于《财政部 税务总局 民政部关于 2019 年度和 2018 年度第二批公益性社会团体捐赠税前扣除资格名单的公告》（财政部 税务总局 民政部公告 2020 年第 31 号），http://www.chinatax.gov.cn/chinatax/n810341/n810825/c101434/c5153301/content.html。

④ 美国国税局（IRS）发布的《出版物 526》（2019 版）规定：捐赠物类型具体分为现金、除资本收益财产之外的非现金和资本收益财产等。

⑤ 美国国税局（IRS）发布的《出版物 526》（2019 版）规定：接收捐赠的组织区分为公共慈善组织和私人基金会。

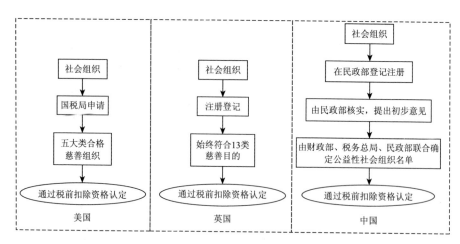

图1 美国、英国及我国个人捐赠税前扣除资格认定流程

并且对于超出本年度扣除限额的部分允许在以后五年内结转。对于合格保护捐赠①作为一项特别规定，可以享受全额扣除税收优惠待遇。由此，美国关于个人公益捐赠的税收优惠政策呈现出明显的层次性管理特点，基本涵盖了绝大多数捐赠者的捐赠行为，使绝大多数捐赠者享有税收优惠。英国有关个人公益捐赠税收优惠政策的规定虽然较少，但其优惠力度非常大，只要是以慈善为目的的捐赠事项，均可享受全额扣除的税收优惠，而且扣除范围也是最为广泛的。而我国现行税收优惠政策只分为部分扣除和全额扣除政策。部分扣除是指捐赠额未超过纳税人应纳税所得额30%的部分，可从其应纳税所得额中扣除，而超出部分当年及以后均不允许扣除；全额扣除规定只是针对特殊事件或特殊公益组织而发布的，通常情况下具有应急性、时效性和特殊性的特点（见表1）。

表1 国内外个人公益捐赠税前扣除的规定

国家	捐赠物类型	慈善组织类型	个人所得税（最高）扣除标准	超限额部分是否可结转	免征的其他税种
中国	现金、物资等捐赠物	所属相关部门联合发布的名单	30%	不可结转	见表2

---

① 美国国税局（IRS）发布的《出版物526》（2019版）对合格保护捐赠的判定标准作了详细界定：（1）本年度用现金或支票支付的慈善捐款；（2）必须是支付给公共慈善机构的慈善捐款；（3）支付的慈善捐赠必须用于合格地进行救援工作；（4）纳税人应同时从组织处获得书面确认；（5）只有有资格享受地区税收减免的纳税人才适用于该项出资。

国家	捐赠物类型	慈善组织类型	个人所得税（最高）扣除标准	超限额部分是否可结转	免征的其他税种
美国	现金	公共慈善机构	AGI（调整后总收入）的60%	可结转5年	遗产税
	非现金（资本收益财产除外）	私人基金会	AGI的30%		
		公共慈善机构	AGI的50%		
	资本收益财产	公共慈善机构	AGI的30%		
		私人基金会	AGI的20%		
	为同住的学生花费的免赔额	—	AGI的30%		
	合格保护贡献	公共慈善机构	AGI的100%	可结转15年	
英国	礼物捐赠	经英国税务与海关总署批准的慈善机构	100%	—	遗产税
	直接从捐赠人的工资或退休金中捐款			—	遗产税
	捐赠土地、建筑物			—	遗产税、印花税
	捐赠股份或证券			—	遗产税、资本利得税

与英美两国相比，我国现行税收优惠制度设计单一化现象较严重。具体来讲，目前相关会计准则指出，不同类型的捐赠物具有不同的价值计量方法，公益性社会组织对各类捐赠物的分配便捷程度具有差异性，但我国现行的税收优惠政策并未就其类型作详细区分管理，这明显具有"一刀切"的特征；对于特殊事项的规定对我国慈善事业的长远发展贡献不大（周波、张凯丽，2020）。并且，以上税收优惠只适用于间接捐赠（具体扣除流程如图2所示；关于特殊事项全额扣除的规定详见表2）。

（二）税收征管设计

1. 辅助税种激励手段缺失

美国为鼓励个人积极参与公益捐赠活动，开设了遗产税和赠与税，作为个人公益捐赠税收优惠的辅助税种。1797年，美国就出现了联邦遗产税，但在当时只是临时课征的一种税，时征时停。直到1916年，《美国收入法案》明确规定，联邦政府开征总遗产税，遗产税才正式作为一种规定税种开征。1924年，美国联邦政府考虑到偷税行为和公平税负，又开征赠与税，以此作为遗产税的补充税种。1976 年，美国《税收改革法案》中又提出合并遗产税和赠与税（Greene & McClelland，2001）。目前，其遗产税采用总遗产税制形式①，并按 21 级超额累进税率征收遗产税。具体来讲，2018 年 12 月 31 日以后去世的人其基本免税额为 100 万美元，最高税率为 40%②，受通货膨胀及其他原因的影响，免税额较以前有所提高，最高税率也在下降。目前，虽然遗产税与赠与税的税负在降低，但仍然对美国的慈善捐赠产生很大的影响。

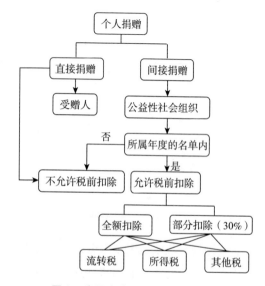

图 2　我国个人捐赠税前扣除流程

表 2　我国个人公益捐赠全额扣除的特殊规定

税收种类	特殊规定	有效期限
所得税	《关于北京 2022 年冬奥会和冬残奥会税收政策的通知》（财税〔2017〕60 号）规定：个人捐赠北京 2022 年冬奥会、冬残奥会、测试赛的资金和物资支出可在计算个人应纳税所得额时予以全额扣除	2017 年 7 月 12 日起实施，截止日期未定

① 美国国税局（IRS）发布的《706 表格》规定：总遗产税制是指，以死亡者死亡时的遗产总额为征税对象，以遗嘱执行人为纳税人，以应税遗产额作为计税依据，并允许遗产总额扣除死者的负债、葬礼及有关费用、遗产损失后，计算"经调整后的总遗产额"，继而再扣除婚姻、慈善、遗赠等税法允许扣除项目金额。

② 规定条款来源于美国国税局（IRS）发布的《706 表格》。

税收种类	特殊规定	有效期限
所得税	财政部、国家税务总局 2020 年第 9 号公告指出：个人通过公益性社会组织或者县级以上人民政府及其部门等国家机关，捐赠用于应对新型冠状病毒感染的肺炎疫情的现金和物品，或者直接向承担疫情防治任务的医院捐赠用于应对新型冠状病毒感染的肺炎疫情的物品，均允许在计算应纳税所得额时全额扣除	2020 年 1 月 1 日起实施，截止日期视疫情情况另行公告
流转税	《财政部　税务总局　国务院扶贫办关于扶贫货物捐赠免征增值税政策的公告》（2019 年第 55 号）指出：对个体工商户将自产、委托加工或购买的货物通过公益性社会组织、县级及以上人民政府及其组成部门和直属机构，或直接无偿捐赠给目标脱贫地区的单位和个人，免征增值税。在政策执行期限内，目标脱贫地区实现脱贫的，可继续适用上述政策	2019 年 1 月 1 日至 2022 年 12 月 31 日
	《财政部　海关总署　税务总局关于防控新型冠状病毒感染的肺炎疫情进口物资免税政策的公告》（2020 年第 6 号）指出：个人以及来华或在华的外国公民从境外或海关特殊监管区域进口并直接捐赠用于疫情防控的进口物资，免征进口关税和进口环节增值税、消费税	2020 年 1 月 1 日至 2020 年 3 月 31 日
其他税	《中华人民共和国土地增值税暂行条例实施细则》第二条、《财政部　国家税务总局关于土地增值税一些具体问题规定的通知》（财税字〔1995〕048 号）第四条第（二）项指出，房产所有人、土地使用权所有人通过中国境内非营利的社会团体、国家机关将房屋产权、土地使用权赠与教育、民政和其他社会福利、公益事业的，不征土地增值税	1994 年 1 月 1 日起实施，截止时间未定
	《关于北京 2022 年冬奥会和冬残奥会税收政策的通知》（财税〔2017〕60 号）指出：对财产所有人将财产（物品）捐赠给北京冬奥组委所书立的产权转移书据免征应缴纳的印花税	2017 年 7 月 12 日起实施，截止日期未定

英国开征遗产税的做法与美国一样，也是采用总遗产税制的形式，其税率为 40% 的单一税率。英国政府网站发布的有关遗产税的税收法律规定显示，其基本免征额为 32.5 万英镑。对于超过基本免征额部分捐赠给慈善组织的，免征遗产税，但前提是该慈善组织是经国家认定的，且捐赠者不得从中获得任何利益。另外，被继承人死亡日七年前的赠与，可免除遗产税。①

———————

① 规定条款来源于英国政府网站发布的《遗产税》。

遗产税与赠与税是一个国家发展到一定阶段的经济产物，也是缩小社会贫富差距的一个重要手段。目前，我国已经成为世界第二大经济体，而且已有文献认为我国可以择机增设遗产税与赠与税（李华、王雁，2015），当然也有学者认为征收此税的时机尚未成熟。遗产税有助于避免财富过于集中，调书社会收入，而遗产税与赠与税的结合，在国外有些国家已经推行，在某种程度上有助于激励个人参与社会公益捐赠活动，履行社会责任（曲顺兰等，2016），但与英美两国相比，我国目前仍未开征遗产税和赠与税，也从未发布遗产税和赠与税的相关条例或条例草案，这是我国税收法律体系未来需要完善的一个重要领域。

2. 税收征收法律程序烦琐

英美两国的个人公益捐赠税收优惠申报程序较便捷，均采用纳税人自行申报纳税的方式。具体来讲，捐赠者只需根据实际捐赠情况分别填写相应的申报表格即可，国税局只对每一纳税人的申报表格进行审核。比如，在美国，对于现金、非现金捐赠，应填写 1040 表格；若非现金捐赠扣除总额已超过 500 美元，还应填写 8283 表格等。另外，英美两国实施的关于个人公益捐赠的税收优惠政策均为法律层面上的规定条款，包括设立遗产税与赠与税来鼓励个人公益捐赠，形成了一套较为成熟的法律体系。

首先，我国个人享受公益捐赠税收优惠政策的前提包括两个方面：（1）接收捐赠的社会组织必须通过公益性社会组织资格认证，且其认证程序需经多部门层层审核；（2）捐赠者在本年度通过公益性社会组织捐赠后，获得公益事业捐赠票据。即使该项捐赠符合公益捐赠税收优惠条件，也无法直接进行税前扣除，这种税收优惠程序的复杂性无疑是对捐赠者耐心的一种挑战。其次，在法律层面上有关个人公益捐赠的条款甚少，其大部分具体细则只列示于《个人所得税法实施条例》内，或者某些具体问题只是通过通知或公告的方式下达，例如针对突发重大自然灾害和特别规定事项的个人公益捐赠税收优惠政策等。总之，此类临时性税收优惠政策不仅很难发挥激励效应，相反可能会引起老百姓的逆反心理（李晶、王珊珊，2020），最终导致税收优惠政策效果不明显，阻碍我国公益事业发展。

究其背后可能的原因，第一，我国与英美两国慈善组织发展程度具有较大差异。英美两国慈善组织发展较为成熟，在慈善组织认定方面，英美两国政府可放心放宽审核条件。而我国慈善事业发展正处于上升阶段，慈善组织发展不够稳定，因此我国政府主要依靠审批程序来规范各慈善组织的发展方向。第二，我国相关税收制度设计过于滞后。对于与会计准则冲突的部分，某些捐赠者即使参与了公益捐赠活动，也未必能享受适当的税收优惠待遇，违背了税收公平原则，导致我国个人公益捐赠税收优惠在公众层面的力度明显较小，难以引导公众的捐赠行为。第三，我国个人公益捐赠税收优惠政策的理论基础为"经济人"假说，因此，税收优惠制度只是基于捐赠者本身的利得设计，而在辅助税种方面缺乏相应激励作用。第四，税收征管体系尚未形成系统性管理模式，规范税收征管的辅助手段尚未完善，重点在税收征管程序上规范捐赠者享受税收优惠行为，显然缺乏一定合理性，甚至打击捐赠者的积极性，背离初衷。

五　我国个人公益捐赠税收优惠制度的优化措施

（一）税收制度设计方面

1. 扩大公益性社会组织资格认证范围，加强运作态势监管

第一，建议借鉴西方发达国家的成功经验，并根据我国国情，尤其是慈善公益捐赠所处的发展阶段，适当放宽公益性社会组织的资格认证条件，同时，根据公益性团体各自职责的不同，划分两类或三类准予税前扣除的公益性社会组织，扩大符合税前扣除的公益性社会组织的范围，激发这些公益性社会组织的工作积极性。需说明的是，扩大公益性社会组织的范围并不代表政府的指导性作用减弱。相反，政府应加强对公益性社会组织运作态势的监管。为此，应适当建立相应的考核机制，如要求每年披露组织内部工作报告、内部控制自评报告和信息披露报告等。第二，应继续沿用我国相应的惩罚机制，必要时可加重惩罚，直接永久禁止申请公益性社会组织资格。第三，政府还可以考虑引入第三方评价体系，这不仅体现了政府的指导监督作用，更有利于我国慈善事业长远健康发展。

2. 细化个人捐赠的税前扣除比例，实现公平纳税

从目前来看，税前扣除比例是一种最直接、最简便的税收优惠方式，也是税收优惠政策优化的首选路径。因此，税前扣除比例单一化是首先要解决的问题。

第一，建议基于对公益性社会组织的分类认证管理，个人向不同类别的公

益性社会组织捐赠，分别享受不同税前扣除比例的税收优惠待遇。第二，建议根据目前已形成的各类捐赠物，实现与各类公益性社会组织以及不同税前扣除比例的完美对接，充分体现税收公平原则。对于货币性捐赠物，有关政府部门或公益性社会组织在分配过程中的成本较低，因此可以赋予较高的税前扣除比例，而非货币性捐赠物在分配过程中需要花费的成本相对较高，因此可以赋予相对低一些的税前扣除比例。第三，建议多途径展示政府鼓励支持的捐赠方式，指导个人有效地进行公益捐赠。除此之外，政府还应根据成本效益原则和重点扶持领域，考虑制定区间税前扣除比例，比如在30%～60%区间，对于国家重点扶持的领域可实行全额扣除比例，并将各项税前扣除的规定上升到法律层面，这不仅满足了大多数捐赠者的意愿，更体现了政府对个人公益捐赠的重视程度。更重要的是，可以让更多的捐赠者了解到此项税收优惠政策，进而激发他们的捐赠动机。

（二）税收征管方面

1. 增设遗产税和赠与税项目，建立互利型税收激励机制

第一，我国未来遗产税与赠与税的具体征收标准可以根据我国地区差异、家庭或个人财富差异，制定不同的起征点和税率，也可以实行超额累进税率，同时对个人遗产的公益捐赠给予适当优惠，促进个人履行社会责任，缩小国家的贫富差距，弘扬奉献社会的正能量。第二，可以建立互利型的税收激励机制。我国开始出现老龄化趋势，对于公民及其子女向我国官方认定的公益组织进行捐赠的事项，可以给予相应的养老补贴。具体地讲，现金及现金等价物以及不动产等捐赠物的价值在5万元以下的，可以享受每月600元的养老补贴；捐赠额在5万元到10万元之间的补贴额为800元等。这既有助于我国税收法律体系的完整，又极大地促进了我国个人公益捐赠的发展。

2. 遵循从简和实质重于形式原则，激励个人履行社会责任

第一，优化税收征收处理方式。世界经济正处于网络信息时代，英美等发达国家现行的个人公益捐赠税收优惠程序均采取个人自行填报相关资料方式，而且实行网上办理，为纳税人提供了更多便利。我国也是网络经济发展的领先者，而且我国已开始实施网上办理纳税，所以，线上办理个人公益捐赠税收优惠也是必然趋势。网上办事是简化个人公益捐赠税收优惠程序的一种有效措施。第二，对公益社会团体资格认证程序的实质性简化也是有必要的。建议在扩大公益性社会组织资格认证范围的基础上，以便民利民为其工作宗旨，民政部、财政部和国家税务总局之间建立联合网络审查机制。当然，其监督机制等与捐赠相关的各方面工作服务均应进行适当调整，以适应整体管理模式。第三，对于捐赠者来讲，申请税收减免的相关程序同样有必要简化。基于我国的实际情况，建议接受捐赠的各类公益组织创建一个专门的官方社会捐赠网站，个人向公益性社会组织捐赠时，开设个人账户，并进行实名认证，采用电子凭据，既方便又快捷。或者借鉴英美两国经验，大力提倡日常捐赠，如工资薪水捐赠，由用人单位代替员工捐赠，并尝试实行直接税前扣除，让捐赠者享受真正的公益捐赠税收优惠待遇。

个人公益捐赠税收优惠政策在慈善事业发展中占有独特的地位。不管从理论层面还是现实层面考虑，税收优惠政策都是慈善事业发展过程中的动力之源，也是社会稳定的基石。但经比较发现，目前我国社会公众对个人公益捐赠税收优惠政策感知度低、税收激励效果不明显的主要原因，一方面是我国个人公益捐赠税收优惠征管政策设计的原则仍是"经济人"假说；另一方面，我国个人公益捐赠税收优惠征管政策仍存在很多细节问题，如公益性社会组织税前扣除资格制度严苛、税制优惠设计单一化、辅助税种激励手段缺失、税收征收法律程序烦琐。本文考虑从以下四个方面优化完善：（1）扩大公益性社会组织资格认证范围，加强运作态势监管；（2）细化个人捐赠的税前扣除比例，实现公平纳税；（3）增设遗产税与赠与税项目，建立互利型税收激励机制；（4）遵循从简和实质重于形式原则，激励个人履行社会责任。个人公益捐赠税收优惠政策的未来将秉持一切为了人民的发展目标，在世界范围内，通过相互学习、共同发展，向给予捐赠者更大的税收优惠力度方向不断努力，最终使我国税收法律体系更趋完善，慈善公益事业更趋健康有序，国民互帮互助氛围更加浓厚。

参考文献

曹沛霖（1998）：《政府与市场》，杭州：浙江人民出版社。

樊丽明、郭健（2008）：《社会捐赠税收激励的国际经验与政策建议》，《涉外税务》，第11期。

〔美〕格罗弗·斯塔林（2003）：《公共部门管理》，陈宪等译，上海：上海译文出版社。

侯俊东（2013）：《个人捐赠者信任受损的内涵及其决定因素》，《中国地质大学学报》（社会科学版），第 4 页。

胡媛琦（2017）：《促进我国慈善捐赠的所得税政策研究》，硕士学位论文，东北财经大学。

靳东升（2004）：《非营利组织所得税政策的国际比较》，《涉外税务》，第 10 期。

李华、王雁（2015）：《中国遗产税开征与否：基于遗产税存废之争的思考》，《财政研究》，第 11 期。

李晶、王珊珊（2020）：《社会资本慈善捐赠的所得税激励政策探究》，《税务研究》，第 8 期。

〔美〕莱斯特·M. 萨拉蒙（2008）：《公共服务中的伙伴——现代福利国家中政府与非营利组织的关系》，田凯译，北京：商务印书馆。

曲顺兰等（2016）：《国外慈善捐赠税收激励政策取向及我国优惠政策的完善》，《经济与管理评论》，第 10 期。

石国亮（2015）：《慈善组织个人捐赠吸引力的实证研究》，《行政论坛》，第 5 期。

吴宏洛（2016）：《中国特色慈善事业的历史演进与发展路径》，《东南学术》，第 1 期。

王名、刘求实（2007）：《中国非政府组织发展的制度分析》，《中国非营利评论》，第 1 期。

〔英〕亚当·斯密（2003）：《国民财富的性质和原因的研究》（下卷），郭大力、王亚南译，北京：商务印书馆。

周波、张凯丽（2020）：《促进慈善捐赠的企业所得税政策探析》，《税务研究》，第 5 期。

赵海益、史玉峰（2017）：《我国个人公益性捐赠所得税优惠政策研究》，《税务研究》，第 10 期。

朱锦程（2015）：《我国非公益性企业捐赠激励研究》，博士学位论文，南京大学。

周凌一、李勇（2015）：《公益金融：概念、体系及功能》，《中国非营利评论》，第 2 期。

周清杰、张志芳（2017）：《微观规制中的政府失灵：理论演进与现实思考》，《晋阳学刊》，第 5 期。

周秀梅（2018）：《企业慈善捐赠税收激励效应研究》，硕士学位论文，首都经济贸易大学。

Bönke, T. , et al. (2013), "Charitable Giving in the German Welfare State：Fiscal Incentives and Crowding Out," *Public Choice* 154 (1).

DiRusso, A. A. (2011), "American Nonprofit Law in Comparative Perspective," *Washington University Global Studies Law Review* 10 (1).

Duquette, N. J. (2016), "Do Tax Incentives Affect Charitable Contributions? Evidence from Public Charities' Reported Revenues," *Journal of Public Economics* 137.

Doerrenberg, P. , et al. (2017), "The Elasticity of Taxable Income in the Presence of Deduction Possibilities," *Journal of Public Economics* 151 (7).

Fack, G. , & Landais, C. (2016), "The Effect of Tax Enforcement on Tax Elasticities: Evidence from Charitable Contributions in France," *Journal of Public Economics* 133.

Greene, P. , & McClelland, R. (2011), "Taxes and Charitable Giving," *National Tax Journal* 54 (3).

Hansmann, H. B. (1980), "The Role of Nonprofit Enterprise," *Yale Law Journal* 89 (5).

Müller, S. , & Rau, H. A. (2019), "Motivational Crowding Out Effects in Charitable Giving: Experimental Evidence," *Journal of Economic Psychology*, DOI: https://doi.org/10.1016/j.joep.2019.102210.

Peloza, J. , & Steel, P. (2005), "The Price Elasticities of Charitable Contributions: A Meta-analysis," *Journal of Public Policy & Marketing* 24 (2).

Robson, A. , & Hart, D. J. (2020), "Understanding the Correlates of Donor Intention: A Comparison of Local, National, and International Charity Destinations," *Nonprofit and Voluntary Sector Quarterly* 12.

Webb, N. J. (1996), "Corporate Profits and Social Responsibility: 'Subsidization' of Corporate Income Under Charitable Giving Tax Laws," *Journal of Economics and Business* 48.

$\mathcal{N}^p$

Optimization of Tax Preferential Policies for Individual Public Donations in the Context of the Third Distribution: Based on International Comparison

Wang Jinfeng, Wei Yanan, Sun Weizhang

[**Abstract**] The mechanism of giving full play to the third distribution role of public welfare can promote China's common wealth, and is also the key to the process of China's modernization and high-quality development. A reasonable tax incentive policy for donations is an important tool to stimulate the development of public welfare, but the current tax incentive policy for individual public welfare donations in China has a low incentive effect. This study investigates the possible causes of the problem by clarifying the theoretical origins of the positioning of public welfare organizations and the tax incentives for public welfare donations, and by conducting comparative analyses at home and abroad in terms of tax system design and tax collection and administration design. It is found that only a few social organizations in China have passed the qualification certification for pre-tax deduction of public welfare donations, and the qualification certification procedure is relatively complicated, the pre-tax deduction ratio is single, and the procedure for donors to declare their own pre-tax deduction is also cumbersome, while the preferential policies for other taxes are still being explored. In terms of taxation system design, it is urgent to expand the scope of qualification certification of public welfare social organizations, strengthen the supervision of operation status, refine the proportion of pre-tax deduction for individual donations, appropriately add items related to estate tax and gift tax, establish a mutually beneficial tax incentive mechanism, and comply with the principle of simplicity and substance over form in collecting personal tax, etc. Optimization.

[**Keywords**] Third Distribution; Public Welfare Donation; Tax Incentives Policy

道德义务、募捐信任与网络慈善捐赠持续性的实证研究[*]

张　潮　邓子园　李广涵[**]

【摘要】互联网与新媒体技术的应用，给网络慈善捐赠的实践和理论研究带来了新的命题，越来越多的非营利组织采用网络作为募捐的主要手段，但是对个体参与网络慈善捐赠的具体原因和过程，尤其是如何将"一次性捐赠"转化为"持续性捐赠"还缺少足够的实证支撑。本文基于突发情境中的一手调查数据进行实证检验。研究发现：虽然突发情境激发了以大学生为代表的青少年个体的首次网络慈善捐赠，但是首次参与网络慈善捐赠的个体未来再次进行网络慈善捐赠的意愿明显低于具有多次网络慈善捐赠经历的个体。进一步区分两类人群，可以发现影响这两类捐赠者进行持续性网络慈善捐赠的关键因素也存在显著差异：对于首次参与网络慈善捐赠的个体而言，道德义务和募捐信任都具有显著的促进作用；但对具有多次网络慈善捐赠经验的个体而言，道德义务的影响并不显著，最主要的影响因素还是募捐信任。因此，在慈善募捐实践中，提高募捐主体的信任度和社会声誉，

---

* 本文受到国家自然科学基金项目（71804120）资助，为广州市青年马克思主义理论人才培养研究重点基地研究成果。

** 张潮，中山大学传播与设计学院副教授，广州市青年马克思主义理论人才培养研究重点基地研究员；邓子园，中山大学传播与设计学院硕士研究生；李广涵（通讯作者），中山大学传播与设计学院硕士研究生。

营造良好的慈善募捐环境，能有效促进个体持续性网络慈善捐赠，这是非营利组织培育现代意义持续、稳定资金来源的重要基础战略。进一步地，向有多次慈善捐赠参与经验的公众募捐时，应更加强调行为的社会实际效益，迅速公开传播募捐过程和进展信息，凸显平台媒体的及时社交性；而向慈善捐赠参与较少或潜在的慈善捐赠者募捐时，更应突出道德规范和社会基本情感。

【关键词】 道德义务；募捐信任；非营利组织；网络捐赠可持续性

一 问题的提出

移动互联网和新媒体技术的发展极大拓展了慈善捐赠的渠道，网络慈善捐赠成为我国慈善组织筹款以及动员资源的重要来源。但目前对捐赠者参与网络捐赠的原因和过程，尤其是如何提高网络捐赠的持续性还缺乏足够的关注，慈善组织在线筹款效率也有待提高。《中国在线捐赠者行为研究报告》也指出，我国在线捐赠中"一次性捐赠"问题突出，国内慈善组织应当了解捐赠者捐赠前的动机和捐赠后的感受，并制定相关的"募捐策略"，将网络捐赠中更多的"一次性捐赠"转化为"持续性捐赠"。新媒体技术采纳和使用较活跃的就是以大学生为代表的青少年群体，他们的网络接触水平最高，网络参与和表达最为活跃。同时，已有研究指出公众受教育程度越高，慈善活动参与度越高（刘能，2004），大学生是未来社会慈善捐赠的潜在主体，培养大学生网络捐赠意识既有利于推动现代慈善事业的发展，也有助于促进校园精神文明建设和大学生公民道德素质的提高（朱凌云，2015）。

本次疫情为研究青少年的网络慈善捐赠提供了合适的真实情境。一方面，由于人们普遍居家隔离，慈善捐赠主要是在线上开展；另一方面，此次全国性突发公共事件，最大程度地凝聚起全国人民共同参与的热情和意识，各种规模的慈善捐赠活动也在全国范围内开展，吸引许多没有参与过网络慈善捐赠的人进行了首次网络慈善捐赠。但突发情境下，个人除了精神获得满足，是否有可能出于情绪渲染或受到声誉动机的影响持续性参与慈善捐赠？首次参与网络慈善捐赠的个体与具有多次网络慈善捐赠经验的个体在慈善捐赠的参与动机等方面是否有很大差异？理论上如何理解这两类人群的网络慈善捐赠行为的意愿差异及其原因？实践中慈善组织如何进行后续策略性、分类化的网络慈善募捐？这些正是本研究的理论和实践焦点。研究针对突发情境中大学生网络慈善捐赠进行了系统的实证调查，试图在真实突发情境中理解青少年群体的网络慈善捐赠基本特征与规律，尤其是影响网络慈善捐赠持续性的差异机制。

二　文献综述

（一）青少年群体的网络慈善捐赠行为

人们的慈善行为可以分为两种，一是社会日常发展意义上的常规性慈善活动，二是在重大灾难情境中的应急救助类慈善活动。在传统慈善的意义上，前者是"救贫"，后者是"救急"。自2008年汶川地震后，我国各类慈善捐赠、志愿服务活动蓬勃发展，越来越多的人积极参与慈善捐赠帮助"救灾"，重大灾难会显著激发社会公众的公益慈善行为热情（罗俊等，2015）。

人具有社会性，与捐赠相关的社会信息构建了社会规范，在社会系统中的个人会遵从社会规范，因为他们期望以社会可接受的方式行动（Bekkers & Wiepking，2011），如果他们不遵从，则预期会得到负面的社会评价。社交焦虑程度高的个体既预期自己可能得到更多的负面评价，又更加恐惧负面评价，因而这些个体更有可能被捐赠相关社会信息影响。进一步地，在突发情境下，捐赠决策更容易受到预期的同侪压力影响，还可能预期获得社会舆论压力、自我心理压力等，在这种情况下，尤其是社交焦虑程度高的个体更容易被正面的捐赠信息所触动，因此此时参与慈善捐赠可以缓释社交焦虑氛围。随着突发情境严重程度加剧，社会轰动效应也不断增强，公众参与捐赠援助救灾的决策会因此受到影响，鼓励更多公众参与灾后的慈善捐赠活动。

青少年群体是网络慈善捐赠的活跃群体，以其参与抗疫的勇敢和担当受到了社会的广泛关注。青少年群体习得社会的规范和道德的约束，促进自我发展、提升社会责任感，是一种社会化的过程。而青少年时期的社会化是人经历的社会化中最重要的阶段，这一时期的青少年群体，正值成人初显期，这一阶段青少年学习的行为会对其以后适应社会环境、发挥自我价值起到极大的指引作用。近年来，随着在线银行交易和通信功能的发展，在线收款和转换货币捐赠的过程更容易，更有条理，这降低了网络捐赠的门槛，使网络捐赠具有筹资成本低和成功率高的特点（Ahn et al.，2020），在线交流也为获得潜在捐赠者和保留现有捐赠者提供了机会（Shier & Handy，2012）。在线捐赠知识和经验也会影响未来的捐赠决策，在线捐赠的知识越丰富，未来参与在线捐赠的意愿越强烈（Tseng，2009）。

（二）可持续性慈善捐赠行为

以往的研究多从个人和社会环境等角度研究个人参与慈善捐赠行为的动机。个人参与慈善捐赠会受到个人身份因素的影响，除了人口统计学因素，如性别、年龄等，还有社会角色，个人的政治面貌、宗教信仰、受教育水平等也会对捐赠行为产生影响。另外，还可从心理过程阐释个人慈善捐赠行为，包括个人对慈善捐赠的态度，主要指个人对行为结果的评估，对行为结果的评估在慈善捐赠行为上表现为个人需求所导致的捐赠动机，有给个人带来良好声誉等的利己动机和给社会带来好处的利他动机（罗俊等，2015）；还包括知觉行为控制，指个体感知到执行某特定行为容易或困难的程度，知觉行为控制在慈善捐赠行为上表现为影响捐赠的客观因素和主观规范，指个体在决定是否执行某特定行为时感知到的社会压力从而形成的社会规范，它反映的是重要的他人或团体对个体行为决策的影响，包括家人（胡荣、沈珊，2013）、朋友（Meer，2011）和自己喜欢的名人等（毕向阳等，2010），尤其在我国的社会传统文化影响下，家庭对于个体慈善行为具有聚合效应，能有效汇集家庭成员分散的慈善资源，以整体的形式参与慈善事业（杨永娇，2019）。社会环境对个人慈善捐赠行为的影响，包括制度和组织等外部因素。制度因素如税收激励政策，税收优惠是发挥税收对社会资源调节作用的重要途径，增加捐赠的总效用，激励捐赠行为（Hochman & Rodgers，1977），慈善捐赠项目本身也会影响人们的捐赠决策（Jamal et al.，2019）。组织因素如非营利组织的制度化和组织的动员、劝捐策略等都与慈善捐赠行为联系密切（张潮、张雪，2020）。

虽然我国的网络捐赠者还没形成长期捐赠的习惯，但慈善捐赠行为并不是简单的一次性的互不关联的行为。相比之下，很多外国捐赠者有自己长期信任和关注的非营利组织，会持续、固定地捐赠以支持它们发展。国外的募捐会以非营利组织为中心，非营利组织会把捐赠者当成客户来长期维护，积累捐赠者的行为数据，因为随着时间的推移，人们会将捐赠行为内化为一种例行姿态，保持长期稳定。因此，除了关注个人参与慈善捐赠的动机，我们还应进一步讨论慈善捐赠行为的持续性。目前我国已有学者从结构化理论视角来探索影响家庭捐赠持续性的因素，其将慈善个体看作家庭中的个人（杨永娇、张东，2017），个人的行为会受到社会系统中的行为规则影响，规则结构制约着人们的行动。家庭参与慈善捐赠的行为受获得社会声誉、教育子女、履行社会责任等结构因素影响。如今，公众的捐赠越来越理性，期待自己的捐赠行为更明智更有效。突发情境吸引了一批新的网络慈善捐赠者，由此有必要运用一定策略来保留捐赠者资源，有效挖掘更多的潜在捐赠者和边缘捐赠者。培育长期的慈善积极行动者是促进慈善事业发展的关键（罗婧、王天夫，2012），有利于非营利组织的建设和提高资源持续性。

（三）道德义务与网络慈善捐赠

我国的传统文化美德倡导"仁爱""友善"，因此我国公众慈善捐赠行为也受到传统文化的影响，慈善捐赠是公众自愿参与的，因此被认为是一种外化于行的道德行为。同时，相比于西方，我国集体主义的社会文化氛围更加浓厚，个人行为更易受集体道德引导，集体道德相比于个人内在价值观更能显著影响个人行为。个人道德行为决策被认为应该与社会模式、规则或规定保持一致性，追求社会利益最大化。但也有研究认为慈善捐赠行为与道德倾向无关，因为高度符合社会共识的捐赠行为会降低个人对行为对错判断的模糊性（Reynolds & Ceranic，2007）。

在此次突发情境中，公众可能会借助道德机制来化解重大突发公共事件的道德困境与风险，公众的慈善捐赠行为可能会受到道德义务的影响，个人参与捐赠容易受到集体主义动机影响，会削弱利己主义和利他主义，因此引入道德义务因素考察其对慈善者可持续捐赠行为的影响。

基于以上分析，提出假设一：

假设1：道德义务能显著正向影响参与网络慈善捐赠的人未来再次参与网络慈善捐赠的意向。

假设1a：道德义务能显著正向影响非首次参与网络慈善捐赠的人未来再次参与网络慈善捐赠的意向。

假设1b：道德义务能显著正向影响首次参与网络慈善捐赠的人未来再次参与网络慈善捐赠的意向。

（四）募捐信任与网络慈善捐赠

2008 年的汶川地震使我国的慈善募捐环境发生了巨大变化。2008 年以前，几乎所有的灾害救助都由官方组织实施，而汶川地震彻底打破了这种局面。几十万名志愿者短期内赶赴受灾现场，在紧迫的时间点自发形成合力，筹集和调度物资、安置安抚受难者、开展灾后社区重建，和地方政府官员既相互独立，又相互配合。历经十多年的成长和实践，民间慈善组织已经成为社会治理的重要力量，并且在重大灾难中发挥着重要的作用。

由于捐赠型网络众筹打破了线下传统捐赠的地理距离和社会距离，个人募捐者越来越多，捐赠人与受助人可能存在不同的社会关系，当捐赠人与受助人关系疏远甚至不认识时，捐赠人更容易关注信息本身，在捐赠型网络众筹情境下，会关注求助链接内容，面对真实可信的求助链接捐赠人也会有较高的捐赠意愿，但更倾向于向关系亲近的个人捐赠更多金钱。官方慈善组织、民间慈善组织和个人共同组成了当前我国的网络募捐主体，而慈善组织的组织能力、组织声誉等也会对慈善捐赠行为产生影响（张潮、张雪，2020），慈善组织信息披露质量的提高能促使人们做出捐赠决策（桑壮等，2019），随着信息社会的发展，慈善事业与互联网开始紧密结合，网络慈善彰显的是认同的力量，网络慈善参与者关注慈善理念。除了传播慈善理念，与其他网络活动不同，网络慈善捐赠需要参与者付出"真金白银"，而不是单纯表达意见，所以在网络慈善捐赠中信任更加重要。已有研究指出大学生参与慈善捐赠的行为受组织动员影响大，与其对捐款组织机构的信任程度密切相关，而且利他主义价值观会比利己主义价值观更直接地影响其捐款行为（朱凌云，2015）。

移动互联网普及对于慈善组织信息披露质量具有显著的推动作用，在突发情境中，互联网普及率对慈善组织信息披露质量的提高有着显著的促进作用，组织信息披露局限在特殊事件有阶段性改善（李哲，2020）。出于对募捐主体的信任，个体参与网络慈善捐赠，这种阶段性改善的信任是否会影响个体未来持续参与捐赠的意愿是本研究关注的第二个重要问题。

因此，提出假设二：

假设 2：对募捐主体的信任程度能显著正向影响参与网络慈善捐赠的人未来再次参与网络慈善捐赠的意向。

假设2a：对募捐主体的信任程度能显著正向影响非首次参与网络慈善捐赠的人未来再次参与网络慈善捐赠的意向。

假设2b：对募捐主体的信任程度能显著正向影响首次参与网络慈善捐赠的人未来再次参与网络慈善捐赠的意向。

三　研究设计与方法

（一）数据来源

本研究采用通过一手调查获取的青少年大学生网络慈善捐赠数据，问卷发放时间为2020年4月，剔除填写缺失值和异常值后，共获取有效参与网络慈善捐赠的调查数据2429份，问卷覆盖中国34个省级行政区，调查对象为在读本科大学生。

（二）变量的测量

本研究所涉及变量均借鉴成熟量表，并结合突发情境进行有针对性的修正，题项主要采用李克特七级量表（见表1、表2）。

1. 因变量

本文考察的因变量为大学生未来参与网络慈善捐赠的意愿，测量了大学生未来参与网络捐赠的行为意向，选取了打算了解、可能参与、计划参与三个题项，均使用李克特七级量表来测量其强弱（张进美等，2011）。公众的捐赠意向是其执行捐赠行为的重要预测因素。在经济能力、捐赠信息可获得性、行为机会等客观条件充分的情况下，行为意向直接决定捐赠行为。

2. 自变量

在突发情境中，参与网络慈善捐赠会受到道德义务和对募捐信任程度的影响，道德义务反映了参与捐赠时的行善信念，由其是否认同个人具有道德义务参与捐赠来测量。而对募捐主体的信任程度的测量主要包括三个方面，即官方慈善组织、民间慈善组织和求助个人，即募捐环境对个人参与慈善捐赠的影响。

3. 控制变量

从捐赠者的角度看，捐赠者的其他个人特征和组织特征也会对其未来再次参与捐赠的意愿产生影响。在组织层面，慈善组织不同的说服策略也会影响个体的捐赠决策，劝捐过程中采取情感策略，诱发的积极和消极情绪均能有助于激发捐赠意愿（陈剑梅等，2017）。

在个人层面，本文主要从社会心理和个人角色特征两方面考察捐赠者的个人特征。从社会心理学的角度看，个人的行为意向受到行为态度、知觉行为控制和主观规范的影响。

行为态度主要表现为个人对执行行为产生结果的预期，因此对慈善捐赠的积极态度越强，可能越会刺激人们做出捐赠行为。除此之外，个人的行为还会受到客观条件的影响，即个人的捐赠行为会受到个人能力和参与捐赠的难易程度的影响，当个人具备执行该行为的基础时，其会倾向于执行该行为（张进美等，2011）。个人作为社会中的人，还会受到社会系统中的行为规则的约束，个人受群体的引导和压力，易将集体、他人的标准作为价值观念的参考依据，形成的主观规范也会促进个人执行某一行为。

还有多个研究证实，人口学因素会显著影响人们的捐赠行为，如性别、年龄、教育程度、经济收入等。鉴于本文的研究对象为大学生群体，群体的年龄差距不大，且大部分人未拥有稳定的收入，因此本文主要选取性别作为控制变量。

除了人口统计学特征，个人的慈善捐赠行为还可能受到其社会角色的因素影响。已有研究表明，个人的慈善捐赠行为会受到其政治面貌的影响，共产党员还是民主党派党员的身份使他们肩负责任，也会导致人们对他们有更高的道德要求（高勇强等，2011），激励他们参与慈善捐赠。而拥有宗教信仰也能对慈善捐赠行为产生积极的推动作用，宗教信仰将与人为善的理念内化于个体，激励个体做公益性慈善捐赠（周怡、胡安宁，2014）。

表 1　变量测量

变量类型	变量名	测量题项	变量测量	参考来源
因变量	未来参与网络捐赠的意愿	·在未来一年中，我打算接触了解网络捐赠 ·在未来一年中，我可能尝试参与网络捐赠 ·在未来一年中，我已经计划好参与网络捐赠 7分题项，由强到弱赋值	各题项得分加总取均值后的连续变量	自编

变量类型	变量名	测量题项	变量测量	参考来源
自变量	道德义务	·您是否同意以下说法：我没有道德义务去参与网络捐赠 7分题项，由强到弱赋值	反向赋分后的连续变量	自编
	对募捐主体的信任程度	·您相信官方慈善组织（中国青少年发展基金会、红十字基金会等） ·您相信民间慈善组织（壹基金、自然之友公益基金会等） ·您相信求助个人 7分题项，由强到弱赋值	各题项得分加总取均值后的连续变量	自编
控制变量	主观规范	·我的家人经常参与网络捐赠 ·我的朋友经常参与网络捐赠 ·我喜欢的名人经常参与网络捐赠 ·我的家人经常分享他们参与网络捐赠的信息 ·我的朋友经常分享他们参与网络捐赠的信息 ·我喜欢的名人经常分享他们参与网络捐赠的信息 ·我的家人认为我应该参与网络捐赠 ·我的朋友认为我应该参与网络捐赠 ·我喜欢的名人认为我应该参与网络捐赠 7分题项，由强到弱赋值	各题项得分加总取均值后的连续变量	White et al.（2009）
	行为态度	·您是否同意，参与网络捐赠对社会是有好处的 ·您是否同意，参与网络捐赠能给我个人带来好处（如：增加我的声誉、以后有人也会捐赠给我） ·您是否同意，参与网络捐赠是能让自己开心愉快的 7分题项，由强到弱赋值	各题项得分加总取均值后的连续变量	Smith & McSweeney，（2007）
	知觉行为控制	·您是否同意，以下因素会影响您参与网络捐赠： 捐赠渠道和方式的便利性 个人经济条件 信息的真实性 7分题项，由强到弱赋值	各题项得分加总取均值后的连续变量	段文婷等（2008）

续表

变量类型	变量名	测量题项	变量测量	参考来源
控制变量	性别	·您的性别为	0 = 男性	胡荣等(2013)
			1 = 女性	
	政治面貌	·您目前的政治面貌是	0 = 非党员	
			1 = 党员（含预备党员、民主党派党员）	
	宗教信仰	·您是否有宗教信仰	0 = 信仰宗教	
			1 = 不信仰宗教	
	劝捐策略	当一个慈善组织进行网络募捐动员的时候，下面哪个方式让你更愿意进行网络募捐（A 为情感劝捐策略；B \ C 为理性劝捐策略）A. 重点讲述了部分受捐对象的悲惨经历和感动你的故事 B. 重点讲述了救助项目本身的严重性和社会价值意义 C. 重点呈现了真实统计数字表明现实已经参与的人带来的问题改变 单选题	0 = 情感劝捐策略	陈剑梅等(2017)
			1 = 理性劝捐策略	

表 2　变量的描述性统计（*N* = 2429）

变量名称	平均值/百分比	标准差
未来参与捐赠的意愿	5.028	1.037
道德义务	4.140	1.658
对募捐主体的信任程度	4.574	0.984
行为态度	5.706	0.863
主观规范	4.535	1.001
知觉行为控制	5.962	0.791
性别	32.6%（男性）	—
	67.4%（女性）	
政治面貌	85.7%（非党员）	—
	14.3%（党员）	
宗教信仰	8.9%（有宗教信仰）	—
	91.1%（没有宗教信仰）	

变量名称	平均值/百分比	标准差
劝捐策略	15.7%（情感劝捐策略）	—
	84.3%（理性劝捐策略）	

（三）统计分析方法

鉴于本研究的因变量为"大学生未来参与网络捐赠的行为意向"，此变量为连续变量，因此，本文采用多元线性回归方式，将自变量和控制变量纳入回归模型，分析不同维度对大学生未来参与网络捐赠行为意向的影响。

四 研究结果分析

（一）相关性分析

表3结果显示，道德义务和对募捐主体的信任程度与未来参与网络慈善捐赠的意愿间均存在显著的正相关关系（分别为 $r = 0.107$，$p < 0.01$；$r = 0.307$，$p < 0.01$）。

同时，行为态度、主观规范、知觉行为控制均对未来参与网络慈善捐赠的意愿显著正向支持（行为态度，$r = 0.357$，$p < 0.01$；主观规范，$r = 0.544$，$p < 0.01$；知觉行为控制，$r = 0.291$，$p < 0.01$）。数据还显示，女性相比男性（$r = 0.082$，$p < 0.01$）未来再次参与捐赠的意愿更高，拥有政党身份的人未来再次参与捐赠的意愿更高（$r = -0.050$，$p < 0.05$），没有宗教信仰和理性劝捐策略对未来参与捐赠意愿的影响均更小，即使相关影响并不存在显著的相关性（没有信仰宗教，$r = -0.007$，n.s；理性劝捐策略，$r = -0.030$，n.s），需要后续回归分析来进一步分析。

最后计算自变量的相关系数来诊断多重共线性问题。结果表明，在所有自变量中相关系数最大的是主观规范与对募捐主体的信任程度这两个变量，在可接受范围。

道德义务、募捐信任与网络慈善捐赠持续性的实证研究

表 3　相关性分析

变量	1	2	3	4	5	6	7	8	9	10
未来参与捐赠的意愿	1.000									
道德义务	0.107**	1.000								
对募捐主体的信任程度	0.307**	0.159**	1.000							
行为态度	0.357**	0.140**	0.262**	1.000						
主观规范	0.544**	0.130**	0.409**	0.321**	1.000					
知觉行为控制	0.291**	-0.022	0.015	0.168**	0.145**	1.000				
性别	0.082**	0.028	0.017	0.002	0.053**	0.094**	1.000			
政治面貌	-0.050*	-0.012	0.007	-0.011	0.012	0.033	-0.012	1.000		
宗教信仰	-0.007	-0.066**	-0.100**	0.024	-0.052*	0.086**	-0.024	0.099**	1.000	
劝捐策略	-0.030	-0.010	-0.094**	-0.029	-0.070**	0.050*	0.021	-0.005	0.063**	1.000

注：$N=2429$，*、** 分别表示在 5% 和 1% 的水平上显著（双尾检验）。

（二）独立样本 *t* 检验

已有研究指出，有过捐赠经历的群体相较于没有捐赠经历的群体，参与捐赠的意愿更强烈（Knowles et al.，2012），因此在对个人未来再次参与捐赠意愿的影响因素进行全面分析之前，先将样本分成突发情境中首次参与捐赠和非首次参与捐赠两类，后通过独立样本 *t* 检验来分析两个群体未来再次参与捐赠的意愿的具体差异。

表 4 显示，在突发情境中参与网络捐赠的大学生的样本中，非首次参与网络慈善捐赠的人与首次参与网络慈善捐赠的人未来再次参与网络慈善捐赠的意向存在显著差异（$t = -4.088$，$p < 0.0001$），非首次参与捐赠的人未来再次参与捐赠的意向显著比首次参与捐赠的人高，说明在突发情境中，社会效应导致的大学生网络慈善捐赠行为的可持续性不够强。

表 4　独立样本 *t* 检验

	首次参与网络捐赠	非首次参与网络捐赠	*t*	*p* 值
未来参与网络捐赠的意愿	4.819 ± 1.087	5.063 ± 1.024	-4.088	< 0.0001

（三）多元线性回归分析

表 5 和表 6 分别展示了道德义务和对募捐主体的信任程度对参与网络慈善捐赠的大学生群体未来再次参与网络慈善捐赠意愿的具体影响情况。为了便于分析和解释，在每个表格中将分析的全模型放在模型 1 的位置，并且主要借助各个表格中模型 1 的结果来进行说明。每个表格内的模型 2 和 3 分别展示了道德义务与对募捐主体的信任程度单独对参与捐赠者未来再次参与捐赠的意愿的影响，而模型 4 为只包含控制变量的模型。下面将逐一介绍表 5 和表 6 的相关结果情况。

表 5　非首次参与捐赠的样本

	模型 1	模型 2	模型 3	模型 4
道德义务	0.006	0.012		
	(0.011)	(0.011)		
对募捐主体的信任程度	0.089 ***		0.090 **	
	(0.021)		(0.021)	

续表

	模型 1	模型 2	模型 3	模型 4
行为态度	0.207 ***	0.222 ***	0.208 ***	0.225 ***
	(0.023)	(0.023)	(0.023)	(0.023)
主观规范	0.418 ***	0.447 ***	0.418 ***	0.449 ***
	(0.021)	(0.020)	(0.021)	(0.020)
知觉行为控制	0.259 ***	0.254 ***	0.259 ***	0.252 ***
	(0.024)	(0.024)	(0.024)	(0.024)
性别	0.128 ***	0.130 ***	0.128 ***	0.131 ***
	(0.039)	(0.039)	(0.039)	(0.039)
政治面貌	-0.197 ***	-0.195 ***	-0.197 ***	-0.195 ***
	(0.051)	(0.051)	(0.051)	(0.051)
宗教信仰	0.048	0.029	0.045	0.024
	(0.065)	(0.065)	(0.065)	(0.065)
劝捐策略	0.021	0.007	0.020	0.006
	(0.050)	(0.051)	(0.050)	(0.051)
Con_s	-0.131	0.092	-0.114	0.129
	(0.197)	(0.191)	(0.195)	(0.188)
N	2080	2080	2080	2080
调整后的 R^2	0.357	0.351	0.357	0.351

注：*** 、** 、* 分别表示在 1%、5% 和 10% 的水平上显著，括号中为标准误。

在非首次参与捐赠的样本中，道德义务与其未来再次参与捐赠的意愿之间存在正相关性，但是并不显著（模型 1，$\beta = 0.006$，n.s）；而对募捐主体的信任程度与其未来再次参与捐赠的意愿存在显著的正相关性（模型 1，$\beta = 0.089$，$p < 0.01$）。上述结果与两个变量单独存在时的模型 2 和模型 3 结果方向是一致的（道德义务，模型 2，$\beta = 0.012$，n.s；对募捐主体的信任程度，模型 3，$\beta = 0.090$，$p < 0.01$）。因此，假设 1a 不成立，即道德义务不能显著正向影响非首次参与捐赠者未来再次参与网络慈善捐赠的意愿，导致这一结果的原因可能是有过网络慈善捐赠经历的人对于网络慈善捐赠的认识和了解更深，行动会更加理智，捐赠决策会受行动结果和个人能力等因素的影响，而不是仅仅取决于某些必需的道德义务；假设 2a 得到验证，即对募捐主体的信任程度能显著正向影响非首次参与网络慈善捐赠者未来再次参与网络慈善捐赠的

意愿。

表5的结果显示，行为态度与其未来再次参与网络慈善捐赠的意愿之间存在显著的正相关性（模型1，$\beta = 0.207$，$p < 0.01$）；同时，主观规范与其未来再次参与网络慈善捐赠的意愿之间也存在显著正相关性（模型1，$\beta = 0.418$，$p < 0.01$）；知觉行为控制也正向影响其未来再次参与网络慈善捐赠的意愿（模型1，$\beta = 0.259$，$p < 0.01$）。除此之外，女性（模型1，$\beta = 0.128$，$p < 0.01$）相对于男性，未来再次参与捐赠的意愿更高。

表6 首次参与捐赠的样本

	模型1	模型2	模型3	模型4
道德义务	0.060 **	0.060 **		
	(0.026)	(0.027)		
对募捐主体的信任程度	0.103 **		0.104 **	
	(0.046)		(0.047)	
行为态度	0.136 ***	0.151 ***	0.152 ***	0.167 ***
	(0.049)	(0.049)	(0.049)	(0.049)
主观规范	0.513 ***	0.554 ***	0.514 ***	0.556 ***
	(0.042)	(0.038)	(0.043)	(0.039)
知觉行为控制	0.238 ***	0.236 ***	0.233 ***	0.231 ***
	(0.048)	(0.048)	(0.048)	(0.048)
性别	− 0.163 *	− 0.169 **	− 0.146 *	− 0.152 *
	(0.085)	(0.085)	(0.085)	(0.085)
政治面貌	− 0.097	− 0.075	− 0.110	− 0.088
	(0.129)	(0.129)	(0.129)	(0.130)
宗教信仰	− 0.008	− 0.050	− 0.019	0.061
	(0.139)	(0.138)	(0.139)	(0.139)
劝捐策略	− 0.133	− 0.141	− 0.094	− 0.102
	(0.111)	(0.111)	(0.110)	(0.110)
Con_s	− 0.066	0.203	0.077	0.349
	(0.415)	(0.399)	(0.413)	(0.396)
N	349	349	349	349
调整后的 R^2	0.494	0.488	0.487	0.482

注：*** 、** 、* 分别表示在1%、5%和10%的水平上显著，括号中为标准误。

在首次参与捐赠的样本中，道德义务与其未来再次参与网络慈善捐赠的意愿之间存在显著的正相关性（模型 1，$\beta = 0.060$，$p < 0.05$）；类似地，对募捐主体的信任程度与其未来再次参与捐赠的意愿也存在显著的正相关性（模型 1，$\beta = 0.103$，$p < 0.05$）。上述结果与两个变量单独存在时的模型 2 和模型 3 结果方向是一致的（道德义务，模型 2，$\beta = 0.060$，$p < 0.05$；对募捐主体的信任程度，模型 3，$\beta = 0.104$，$p < 0.05$）。因此，假设 1b 和假设 2b 均得到验证，即道德义务和对募捐主体的信任程度均能显著正向影响首次参与捐赠的大学生未来再次参与网络慈善捐赠的意愿。

除此之外，结果还显示，行为态度（模型 1，$\beta = 0.136$，$p < 0.01$）、主观规范（模型 1，$\beta = 0.513$，$p < 0.01$）和知觉行为控制（模型 1，$\beta = 0.238$，$p < 0.01$）都与其未来再次参与网络慈善捐赠的意愿存在显著的正相关性。但与非首次参与捐赠的样本不同，女性（模型 1，$\beta = -0.163$，$p < 0.1$）相对于男性，未来再次参与捐赠的积极性更低，导致这一结果的原因可能是女性的捐赠态度更不容易被影响。拥有宗教信仰和情感劝捐策略均正向影响首次参与捐赠的个体未来再次参与捐赠的意愿，但结果都不显著。

五　结论与讨论

研究基于突发情境中的大学生网络慈善捐赠的问卷调查数据，构建了个体网络慈善捐赠参与意愿模型，且区分了首次/多次参与网络捐赠两类人群样本，分别进行回归分析。首先通过独立样本 t 检验，发现具有多次网络慈善捐赠经验的个体未来再次参与网络慈善捐赠的意愿显著高于首次参与网络慈善捐赠的个体，这意味着突发情境会促进青少年慈善网络捐赠行为的"一次性"发生，但对其网络慈善捐赠行为的可持续性影响并不大。个体的网络慈善捐赠行为会受到网络捐赠习惯与经验的影响，突发情境中有多次慈善捐赠经验的个体未来再参与网络慈善捐赠的意向更强烈。有过网络慈善捐赠经验的个体，在面对突发公共事件时，对慈善募捐的问题意识更强，有利于促进其获取募捐相关的信息，提高产生网络慈善捐赠的可能性。性别的影响在首次参与捐赠和具有多次捐赠经验的群体中显示出差别。对于具有多次网络慈善捐赠经验的群体，女性未来参与慈善捐赠的意愿显著高于男性；但在首次参与网络慈善捐赠的群体中，男性未来再次参与捐赠的意愿则高于女性。

在控制了性别、政治面貌、宗教信仰以及劝捐策略等因素之后，可以发现：首次参与网络慈善捐赠的群体中，道德义务和对募捐主体的信任程度与其未来再次参与网络慈善捐赠的意愿均存在显著的正相关性；但在具有多次参与网络慈善捐赠经验的人群中，对募捐主体的信任程度能正向显著影响其未来再次参与慈善捐赠的意愿，而道德义务的影响并不显著。这意味着突发情境吸引的一批新网络慈善捐赠者，其捐赠行为会显著受到道德义务的影响，这也说明道德义务对慈善捐赠行为的影响不再是以往笼统一致的重要，而是会因为网络慈善捐赠经验的积累发生重要性的改变。道德观念的不同维度对个人网络慈善捐赠行为具有不同作用，功利导向的道德规范反而对慈善捐赠行为的进一步持续发生有负向作用。我国社会结构、社会阶层的分化使得不同群体的个体价值开始呈现一定的张力，个体价值凸显、集体道德疲倦的现象开始出现，道德说教不再是维持公众网络慈善捐赠的最有效手段。在突发情境下，集体道德对个体的行为仍然会产生重要影响，"歉疚感""情感共鸣""是否符合社会道德规范"等集体道德依然会影响网络慈善捐赠意愿。但对具有多次网络慈善捐赠经验的公众而言，对募捐主体的信任才是显著影响其再次参与网络慈善捐赠的重要因素，这可能是因为他们在网络信息、非营利组织、公益慈善等方面的专业知识比较丰富。

因此，这给非营利组织管理、公益慈善发展带来三点实践层面的启示。第一，无论是首次还是具有多次网络慈善捐赠经验的"突发公共事件"实际捐赠者，提高募捐主体的信任度和社会声誉，营造良好的慈善募捐环境，都能有效促进突发情境中的个体进行持续性网络慈善捐赠，这是非营利组织培育现代意义持续、稳定资金来源的重要基础战略。第二，突发情境中，我国公众更愿意承担社会责任，会涌现一批新的网络慈善捐赠参与者，这批参与者受到情绪渲染和社会环境的影响，在道德义务的激励下更容易尝试"第一次"参与网络慈善捐赠。所以对于非营利组织而言，要充分利用新媒体技术与移动互联网，策略性地传播社会公共信息，积极进行网络社群的社交互动，吸引网民参与网络慈善捐赠。第三，可以对两类公众进行分类化的"精准"筹款传播策略。以往有过网络慈善捐赠经历的个体在未来再次参与捐赠的可能性也会更大。因此，向有多次慈善捐赠参与行为的公众募捐时，应更加强调捐赠行为能带来的社会实际效益，积极迅速公开传播募捐过程和进展信息，凸显平台媒体的及时社交性；而向慈善捐赠参与较少的人或潜在的慈善捐赠者募捐时，更应突出慈善捐赠符合道德规范和社会基本情感，这样可以进一步促进公众将"一次性捐赠"转化为"持续性捐赠"。

参考文献

毕向阳等（2010）：《单位动员的效力与限度——对我国城市居民"希望工程"捐款行为的社会学分析》，《社会学研究》，第 6 期。

陈剑梅等（2017）：《情绪和劝捐策略对个体捐赠决策的影响》，《心理与行为研究》，第 4 期。

段文婷等（2008）：《计划行为理论述评》，《心理科学进展》，第 2 期。

高勇强等（2011）：《民营企业家社会身份、经济条件与企业慈善捐赠》，《经济研究》，第 12 期。

胡荣、沈珊（2013）：《中国农村居民的社会资本与捐赠行为》，《公共行政评论》，第 5 期。

李哲（2020）：《互联网普及、线上政务与"抗疫"非营利性组织的信息披露质量——基于居家隔离情境下"两微一端"信息披露的经验证据》，《中央财经大学学报》，第 5 期。

刘能（2004）：《中国都市地区普通公众参加社会捐助活动的意愿和行为取向分析》，《社会学研究》，第 2 期。

罗婧、王天夫（2012）：《何以肩负使命：志愿行为的持续性研究——以大学生支教项目为例》，《社会学研究》，第 5 期。

罗俊等（2015）：《捐赠动机、影响因素和激励机制：理论、实验与脑科学综述》，《世界经济》，第 7 期。

桑壮等（2019）：《捐赠网络与基金会信息公开——基于社会网络方法的实证研究》，《中国非营利评论》，第 2 期。

杨永娇、张东（2017）：《中国家庭捐赠的持续性行为研究》，《学术研究》，第 10 期。

杨永娇等（2019）：《个体慈善捐赠行为的代际效应——中国慈善捐赠本土研究的新探索》，《社会学研究》，第 1 期。

张潮、张雪（2020）：《组织能力、合作网络和制度环境：社区非营利组织参与社会治理的有效性研究》，《经济社会体制比较》，第 2 期。

张进美等（2011），《基于计划行为理论的公民慈善捐赠行为影响因素分析——以辽宁省数据为例》，《软科学》，第 8 期。

周怡、胡安宁（2014）：《有信仰的资本——温州民营企业主慈善捐赠行为研究》，

《社会学研究》，第 1 期。

朱凌云（2015），《大学生灾后捐款行为的实证研究》，《中国青年社会科学》，第 2 期。

Ahn, J. C., Sura, S., & An, J. C. (2018), "Intention to Donate Via Social Network Sites (SNSs): A Comparison Study between Malaysian and South Korean Users," *Information Technology & People* 31 (4).

Bekkers, R., & Wiepking, P. (2011), "Literature Review of Empirical Studies of Philanthropy: Eight Mechanisms that Drive Charitable Giving," *Nonprofit and Voluntary Sector Quarterly* 40 (5).

Hochman, H. M., & Rodgers, J. D. (1977), "The Optimal Tax Treatment of Charitable Contributions," *National Tax Journal* 30 (1).

Jamal, A., Yaccob, A., Bartikowski, B., & Slater, S. (2019), "Motivations to Donate: Exploring the Role of Religiousness in Charitable Donations," *Journal of Business Research* (103).

Knowles, S. R., Hyde, M. K., & White, K. M. (2012), "Predictors of Young People's Charitable Intentions to Donate Money: An Extended Theory of Planned Behavior Perspective," *Journal of Applied Social Psychology* 42 (9).

Meer, J. (2011), "Brother, Can You Spare a Dime? Peer Pressure in Charitable Solicitation," *Journal of Public Economics* 95 (7–8).

Reynolds, S. J., & Ceranic, T. L. (2007), "The Effects of Moral Judgment and Moral Identity on Moral Behavior: An Empirical Examination of the Moral Individual," *Journal of Applied Psychology* 92 (6).

Shier, M. L., & Handy, F. (2012), "Understanding Online Behavior: The Role of Donor Characteristics, Perceptions of Internet, Website and Program and Influence from Social Networks," *International Journal of Nonprofit and Voluntary Sector Marketing* 17 (3).

Smith, J. R., & McSweeney, A. (2007), "Charitable Giving: The Effectiveness of a Revised Theory of Planned Behavior Model in Predicting Donating Intentions and Behavior," *Journal of Community & Applied Social Psychology* 17 (5).

Tseng, C. Y. (2009), "Technological Innovation and Knowledge Network in Asia: Evidence from Comparison of Information and Communication Technologies among Six Countries," *Technological Forecasting and Social Change* 76 (5).

White, K. M., Smith, J. R., Terry, D. J., Greenslade, J. H., & McKimmie, B. M. (2009), "Social Influence in the Theory of Planned Behaviour: The Role of Descriptive, Injunctive, and In-group Norms," *British Journal of Social Psychology* 48 (1).

中国非营利评论

China Nonprofit Review

Moral Obligation, Fundraising Trust and Online Charitable Donation Sustainability

Zhang Chao, Deng Ziyuan, Li Guanghan

[**Abstract**] The Internet and new media technology bring a new proposition to the practice and theoretical research of online donation. More and more nonprofit organizations (NPOs) mainly fundraise on the Internet. However, there is still a lack of empirical research for the specific causes and processes of individuals' participation in online charitable donation, especially how to transform "one-time donation" into "continuous donation". Using the first-hand survey data in an emergent situation, the paper finds that the sudden situation inspired the first online charity donation of individual teenagers represented by college students, but the willingness of the individuals who participated in the online charitable donation for the first time was significantly lower than those who have multiple online charitable donation experience. What's more, there are significant differences in the key factors influencing the two groups of donors to make a continuous online charitable donation in the future. For the individuals who participated in an online charitable donation for the first time, both moral obligation and fundraising trust had significant promoting effects. However, for individuals with multiple online charitable donation experiences, the impact of moral obligation is not significant, and the most important factor is fundraising trust. Therefore, in the practice, improving the trust and social reputation of the fundraising NPOs and creating a good charity fundraising environment can effectively promote individual continuous online donation, which is an important basic strategy for NPOs to cultivate modern sustainable and stable funding sources. Furthermore, when soliciting donations from the public who have participated in charitable donations many times, NPOs could especially emphasize the actual social benefits of the behavior, disseminating the process and progress information of fundraising, highlighting the timely social nature of the platform media. However, for the charitable donors who are less involved or potential donors, NPOs should highlight the moral norms and social basic emotions.

[**Keywords**] Moral Obligation; Fundraising Trust; Nonprofit Organizations; Online Donation Sustainability

$\mathcal{NP}$

道德义务、募捐信任与网络慈善捐赠持续性的实证研究

多重制度逻辑下公益创投的内卷化机制

——基于上海市 A 区的调查研究[*]

武　静　周　俊[**]

【摘要】公益创投的快速发展并未能有效地培育和促进社会组织成长、提高公共服务水平，反而出现了"内卷化"问题。对上海市 A 区的调查研究表明，无论是看得见的"增长"，还是难以实现的"发展"，都是公益创投中不同制度逻辑交互作用的结果。科层逻辑和效率逻辑相互嵌入和影响，从正反两个方向主导着公益创投场域，对不同主体的行为选择产生影响；服务逻辑则为科层和效率逻辑让位，仅当与科层、效率逻辑相耦合时才能发挥作用。科层、效率和服务三种制度逻辑的交织与互动导致了公益创投的内卷化，克服内卷化问题的根本出路在于整合多重制度逻辑的优势。为此，政府需通过制度设计鼓励更多的社会参与，社会组织应主动适应政绩期待、整合多方资源、提升专业能力。

【关键词】制度逻辑；内卷化；公益创投；公共服务

＊　基金项目：国家社会科学基金重大项目"政府培育发展社会组织的效应研究"（18ZDA116）。

＊＊　武静，山东农业大学公共管理学院讲师，管理学博士；周俊，华东师范大学公共管理学院教授、博士生导师。

一　文献述评与问题提出

作为社会治理创新的重要实践，源自西方的公益创投旨在将商业风险投资理念引入公益慈善领域，用以支持社会组织发展与能力提升。这一模式自2009年引入我国后，在上海、南京、无锡、广州、深圳等城市迅速发展。《关于促进慈善事业健康发展的指导意见》（国发〔2014〕61号）、《城乡社区服务体系建设规划（2016—2020年）》（民发〔2016〕191号）等政策文件显示，公益创投的主要政策目标为"为初创期慈善组织提供资金支持和能力建设服务""提高社区服务质量和资金效益"。然而，在蓬勃发展的背后，公益创投的政策目标是否得以实现却饱受质疑。在实践中，主办方"命题作文"，社会组织依样申报而非自下而上地发掘服务需求（陈永杰，2017）；公益创投项目与社区居民服务需求不匹配（吴磊，2017）；政府资金扶持一结束，不少项目就散伙（杨仲，2016）；社会组织"反向迎合"政府管理诉求（吴新叶，2017），诸如此类现象屡见不鲜。这表明，公益创投在蓬勃发展的同时，不仅不能有效实现其政策目标，反而日益陷入"内卷化"境地。

"内卷化"最早是人类学研究中提出的一个概念。格尔茨借用内卷化概念解释农业生产中"对某种既定模式的过度细化与追求反而降低了这种模式的活力"（刘世定、邱泽奇，2004）。此后，黄宗智用"农业内卷化"解释有限土地上劳动力大量投入导致边际效益递减的"没有发展的增长"悖论（黄宗智，1992）。杜赞奇认为国家内卷化是指国家政权机构增长源自对国家—社会旧模式的复制、延伸和精细化，而并非由于人员等行政资源效率提升或投入增加（Duara，1987）。综合上述观点，"内卷化"是指外部扩张在各种约束条件下并不总是能够带来实质性发展，既有模式或结构内部反而会不断精细化和复杂化，导致无法向更高级的结构模式衍化。"内卷化"被引入社会学、政治学等多个学科领域之后，迅速成为研究和解释中国社会现象的一个重要词语。在社会治理中，"内卷化"包括三个层次的内容，即以发展为基本背景、以停滞甚或倒退为基本后果、以复杂化为基本现实（李祖佩，2017），具体表现为组织内卷化、利益内卷化、权力内卷化等（张晨、刘育宛，2021）。

基于内卷化概念初步观察公益创投，可以发现，作为社会治理创新实践的公益创投，其原初目标是政府通过项目化的方式满足公共服务需求，培育发展社会组织，实现社会自主力量的生长。然而，公益创投的实际运行状况却出现了政策效用弱化，政府投入并未带来社会组织能力提升与自主性生长，公共服务的专业性也因种种因素被消解，这种组织培育和服务提供的创新方式的象征意义大于实质意义，实为一种"没有发展的增长"。从现实层面看，公益创投中出现的"投入增长但效果不佳"的矛盾就是一种明显的内卷化现象。那么，这一内卷化趋势是如何形成的？

为什么公益创投不仅不能实现其政策目标反而陷入内卷化困境，学者们多从以下三个方面进行解释：一是政策环境约束，政社合作模式、社会组织双重管理体制、政府内部治理变革等（李健，2016；敬乂嘉、公婷，2015；涂开均、郑洲，2016）对公益创投的制约非常显著；二是行政力量约束，公益创投的投资主体和运作主体均被政府占据（吕纳，2012；李健、唐娟，2014），这使公益创投带有强烈的行政导向和价值偏向，不仅造成社会参与不足，甚至形成了很大的寻租空间；三是政府能力约束，政府的项目管理水平、绩效评估能力等因素（崔光胜、耿静，2015；吴新叶，2017）被认为会对公益创投的实际成效产生影响。既有研究在一定程度上解释了公益创投内卷化问题的产生原因，然而，一方面，现有研究关注到了影响公益创投成效的几个重要因素，但没有解释这些因素的作用机制；另一方面，忽视了地方政府及其职能部门、社会组织行动的复杂性，没有探讨多方主体面对复杂环境时的行为选择及其影响因素。

有鉴于此，本文将以制度逻辑为理论视角，对公益创投中的多重制度逻辑以及它们之间的交互作用进行剖析，以此探讨公益创投内卷化的形成机制，并运用该框架来刻画上海市 A 区公益创投的实践过程。本文认为，公益创投中存在科层、服务、效率等多重并且并不总是协调的制度逻辑，它们之间产生的冲突和张力使得公益创投的既定目标在执行中发生异化，由此导致了内卷化。

二 理论基础与分析框架

（一）制度逻辑理论

制度逻辑（institutional logic）是塑造组织场域内行动者认知及其行为的一

系列文化信念和规则的总称，它为分析社会系统中制度、组织和个体之间的相互关系提供了全新视角。桑顿等认为，制度逻辑包含了"如何解读组织的现实、哪些是组织的合适行为以及如何获得组织成功"等一系列原则，具体表现为社会层面的假设、信念、规范和价值观等（Thornton，Ocasio & Lounsbury，2012）。多重制度逻辑指某一场域中稳定存在的制度安排与相应的行动机制，它们共同诱发并塑造了该场域中相应的行为方式（周雪光、艾云，2010），同一场域中的所有组织都各自从属于场域中运行的不同制度逻辑，并受不同制度逻辑支配（斯科特，2010：169）。作为新制度主义理论新近发展的产物，制度逻辑理论主要有以下几个显著特征。

第一，强调制度环境的复杂性。制度复杂性是秉持不同制度逻辑的机构对组织提出的制度要求出现彼此不相容等复杂关系的一种状态，既包括制度逻辑的数量维度（Greenwood，Raynard，Kodeih，Micelotta & Lounsbury，2011），即制度体系往往由多重制度逻辑构成而非由单一制度逻辑组成；也包括制度逻辑的内容维度，即多重制度逻辑之间可能存在逻辑不相容、逻辑共存、逻辑融合、逻辑互补等复杂而多样的互动关系模式（邓少军、芮明杰、赵付春，2018）。

第二，强调制度逻辑的交互性。每种制度体系都有自己的特定逻辑，不同的制度逻辑对组织、个体的行为与社会关系具有不同的要求。处于特定情境中的组织，都要受到社会不同制度逻辑的多重影响，不同制度逻辑之间的冲突、矛盾以及互动决定了组织行为的异质性（杜运周、尤树洋，2013）。

第三，强调制度逻辑作用的方向性。具备正式权威的主导行动者，能够对多重制度逻辑的冲突和竞争进行裁定，易于使场域中的主导制度逻辑趋于一致，反之行动者所依赖和回应的制度逻辑越多，也就越可能存在冲突（Pache & Santos，2010）。这意味着制度逻辑将从两个方向发生作用：一方面，多重制度逻辑会形成一种约束性力量进而影响组织行为；另一方面，特定场域中往往存在主导性的制度逻辑给组织造成实质性的制度压力，进而对组织行为起关键性的引导作用。

就中国的公益创投实践而言，其发展主要依靠政府项目形式来推进，核心涉及社会组织的能力培育和公共服务的有效提供。因此，公益创投制度体系中包含着科层逻辑、效率逻辑和服务逻辑，这三种制度逻辑相互作用，制约或推动着公益创投的实践发展。

（二）分析框架

在公益创投的治理实践中，我们可以观察到科层逻辑、效率逻辑和服务逻辑三种不同的逻辑共同存在，并对组织行为施加不同的影响。科层逻辑是政府在行使行政职能、处理行政事务时需要遵守的政策规章和技术规范，在公益创投中，它体现为政府以项目制为载体建立起来的包含街道和政府各职能部门等实践主体的一套完整的分工体系、操作程序和治理标准；效率逻辑基于理性"经济人"假设，强调各主体的行为主要受自身利益最大化驱使，在公益创投中，它体现为社会组织希望获得生存发展的机会，政府希望维护自己的部门利益或实现政绩追求；服务逻辑是社会和公众对公益创投的一系列基本要求，即公益创投所必须具备的公共服务标准和专业主义规范，并要对群众的服务需求予以专业化和差异化的回应。

总体而言，公益创投场域呈现显著的多重制度逻辑共存的复杂特征，科层逻辑、效率逻辑和服务逻辑相互影响，不仅导致各自的边界日益模糊甚至重叠，还引导和塑造场域内不同主体的行为，最终导致公益创投的内卷化现象（见图1）。

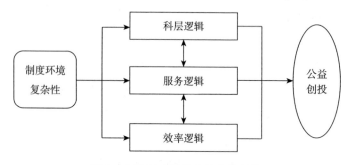

图1　多重制度逻辑中的公益创投

三　公益创投内卷化的现实表征

本研究采用案例研究法，以上海市 A 区公益创投为案例的原因在于，上海市是我国最早开展公益创投的城市，而 A 区又是上海市社会治理创新与社会组织建设的示范性区域，以此为例的研究对大多数地方具有较强的借鉴意义。自2013 年开始，上海市 A 区社会建设办公室（以下简称"社建办"）每年从区财政设立的"社会组织专项发展资金"中安排 200 万~300 万元用于公益创投的项目资助，并授权 A 区社会组织服务中心（以下简称"区社服中心"）负责公益创投的事务性、服务性工作。2016 年，A 区颁布《关于 A 区公益创投活动的实施办法》（A 社建〔2016〕9 号），进一步将公益创投的目标明确为"发现和回应民生需求，加大对社会组织的培育力度，并扶持一批有能力、讲诚信的社会组织，以推动公益事业的专业化、职业化发展"，这与中央政策中的两个目标完全一致。为深入对比 A 区公益创投的政策设计与运作成效，本研究梳理了 2013～2016 年的公益创投项目材料，并对获得资助的社会组织信息进行汇总整理，初步构成了本研究的数据基础。除此之外，本研究还在 2017 年 4～7 月对相关主体进行了面对面访谈，访谈对象包括 A 区社建办与 A 区社服中心的工作人员、相关街道负责人以及 11 家社会组织负责人，其中有 9 家曾获公益创投资助。

（一）显而易见的"增长"

自 2013 年至 2016 年底，A 区公益创投已举办四届，资助资金从 2013 年的 300 万元左右提升到 2016 年的 400 万～500 万元，累计有 71 家社会组织共计 98 个项目获得资助，[①] 资助金额累计达到 1301 万元。A 区公益创投项目涵盖的领域不断扩大，在传统的为老服务、助残服务、救助帮困、青少年服务、心理关爱等项目外，不少项目聚焦于满足白领青年、就业青年、社区女性、康复人群等不同群体的个性化服务需求，以及提升社区自治水平、培训社区工作者、培育草根社会组织等内容（见表 1）。

表 1 2013～2016 年 A 区公益创投的项目统计

单位：个，元

年份	项目数量	资助总额	项目范围
2013	23	2790486	为老、助残、青少年、救助帮困、心理关爱、社区发展、文化服务、戒毒康复、公益扶持、白领青年
2014	23	2929136	为老、助残、青少年、救助帮困、心理关爱、社区发展、文化服务、
2015	21	2884412	为老、助残、青少年、救助帮困、心理关爱、社区发展、戒毒康复、白领青年、青年就业
2016	31	4407811	为老、助残、青少年、救助帮困、心理关爱、社区发展、文化服务、公益扶持、女性服务、临终关怀

① A 区 2013～2016 年共计 99 个项目获得立项，但 2014 年立项的项目中，有 1 个项目因实际愿意参与服务的人数远低于预期，加之执行机构原因，项目资助被提前终止。

自 2013 年起，A 区逐渐对公益创投运作流程进行调整与优化，逐渐形成了包括项目征集与申报、项目评选与资助、项目实施与督导、项目评估与验收等四个阶段的运作流程（见图 2）。但 A 区每年仍会对运作流程进行灵活调整，以适应新的环境变化。例如，2015 年受腾讯公益首个"9.9 公益日"网上募捐活动的启发，A 区将"互联网 + 公益"的概念引入公益创投，在项目评选之中考察项目的网络众筹计划和对项目进行网络投票；在 2016 年的项目评选中，A 区安排了"需求调研讲堂""社区需求对接会""项目优化辅导"等三场训练营，旨在帮助社会组织提升需求调研和项目申报能力；2019 年 A 区公益创投活动又加入了社会化合作环节，鼓励社会组织积极寻求企业资源支持公益创投项目，当年就获得 37 家企业、40 余万元的资金支持。

总体而言，经过几年的实践，A 区的公益创投在项目数量、项目金额、项目领域和项目程序安排等方面获得了明显发展，公共资源的持续输入为社区公共服务的改善和提升创造了条件，也为社会组织能力建设提供了一定契机。

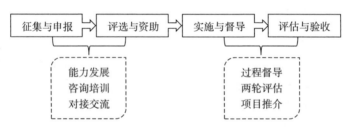

图 2　A 区公益创投运作流程

（二）难以实现的"发展"

如果从推进社会组织能力建设、培育发展社会组织、满足社区服务需求等重要目标出发审视 A 区的公益创投实践，不难发现，社会组织并没有获得显见的发展，满足公共服务需求的目标也未真正达成。从总体上看，公益创投在促进社会组织发展和满足社区服务需求两方面的绩效都极为有限。

1. 社会组织难以借力发展

其一，社会组织的总体参与水平低。按照公益创投的资助逻辑，社会组织需要发挥能动性，主动挖掘社会需要并自行设计服务项目，然后通过创投评选获得支持。这既是服务供给过程，也是社会组织的自我成长过程。但数据显示，A 区社会组织参与公益创投的积极性总体上仍处于较低水平，甚至申报项目的社会组织数量占所有社会组织数量的比例在逐年下降，能够获得公益创投资助的社会组织更是少之又少（见表2）。

表2 2013～2016 年 A 区公益创投的组织数量统计

单位：家，%

年份	社会组织总数	申请组织数量及比例		获资助组织数量及比例	
2013	453	56	12.4	23	5.1
2014	472	53	11.2	23	4.9
2015	816	60	7.4	21	2.6
2016	856	61	7.2	30	3.5

注：2015 年 Z 区、A 区两区"撤二建一"，是当年社会组织数量大幅度增长的主要原因。

资料来源：数据源自调研资料与上海市 A 区民政局。

其二，体制内与体制外社会组织参与不平衡。将体制内、外社会组织获得资助的情况进行对比，可以看到，体制内社会组织有更高的参与热情并能够频繁获得公益创投资助。我们根据注册资金来源、负责人背景和财务收入构成等因素，对获资助的 71 家社会组织进行了筛查、评估与分类，最终确认体制内或与政府关系紧密的社会组织 37 家、体制外的社会组织 34 家，数据表明，前者所获资助总额远远大于后者。在获得两次以上资助的社会组织中，体制内的有13 家，体制外的只有 5 家。这表明，在社会组织总体参与水平较低的情况下，公益创投资金大部分流向体制内社会组织。公益创投的资金投入与政策支持并没有带来成比例的社会自治力量的成长，各种资源依旧在政府和体制内社会组织循环，政社边界在不断的财政资金投入中没有更加清晰，反而愈发模糊。

其三，专业能力发展受到项目化管理的钳制。公益创投以项目运作方式，即政府通过绩效指标、财务管理、文件控制等一系列规范管理手段实现对公益创投的整体规制，使社会组织的服务生产过程演变为满足项目评估形式要求的过程，其后果是社会组织将公益创投项目的执行都聚焦于容易显现和量化的指标上，"软"服务的公共性被置于次要位置甚至被忽略，难以精准回应公众的服务需求。在 A 区，这一问题具体表现在三个方面：一是强调各种台账报表的规范和翔实，忽视专业服务供给；二是重视活动频次（次数）等数字化指标，忽略服务对象的实际改善；三是关注受益人数（次）、资金使用等结果变量，忽视公众在服务过程中的获得感。在接受访谈的 9 家社会组织中，负责人均表

示完成有关部门要求的各项考核材料"占据了很大的工作量",某位社会组织负责人更是指出:

> 本来人就少,有关部门设了很多严格的程序,我们必须腾出人手来做这部分工作和各种表格,没有精力来社区调研、做活动了,有时候也很无奈。(20170427YZ)

2. 难以真正满足服务需求

在 A 区公益创投中,社会组织对服务对象的关注更多是感性层面的,缺乏对服务需求的深入而理性的分析。社会组织往往利用自身的信息优势,挑选最容易出效果或服务成本最低的服务对象,而有关部门基于凸显服务成效的考虑常常放任这种做法。由此产生的后果,一是服务对象选择上的倾向,这种现象在为老、助残、青少年服务等领域尤为普遍。二是社会组织无法招募到预计数量的服务群体,导致项目延期或提前终止,如"口述家史""公益组织创业扶持计划""白领上海话培训计划"等项目,均因没有达到计划的服务人次而延期;面向残障人士的"职场新生代"项目因实际愿意参与的服务对象远低于预期,加之原项目负责人离职,项目提前终止,服务成效无从谈起。

这种基于便利而非专业的做法难以精准定位服务对象,无法满足真正的服务需求。以资助规模最大的为老服务为例,公益创投为老项目以老人社区沟通与融入、失能失智老人服务、养老服务平台升级改造为主;服务方式以上门服务、建档、培训、讲座、会演等为主;主要采用签到表、活动记录、照片等形式记录服务形式;以"服务人次""活动频次"等反映服务效果;大多数项目的实际执行时间只有 10~11 个月,极少数项目在结束之后因符合街道需求得以延续。总体而言,为老服务项目更多地停留于救助类或普及性服务,项目同质化现象突出、专业化程度低。

四 公益创投场域的多重制度逻辑

上海市 A 区公益创投中存在四方主体——资助方、运作方、执行方与合作方,各主体有着自身的角色定位和行为特征,至少存在科层、服务和效率三种制度逻辑，并且资助方和运作方具有一定的主导性，存在中心化特征，科层逻辑和效率逻辑的作用相对突出（见图3）。

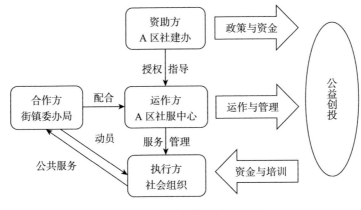

图3　A区公益创投主体间关系

（一）正向支配的科层逻辑

公益创投是国家强行进入社会治理领域的制度安排，政府的政策支持与资金输入是公益创投获得迅速发展的重要原因。科层逻辑支配公益创投制度实践主要体现在三个方面。第一，政府制定统一的政策规则对公益创投整个过程进行集中管控和约束。A区社建办出台《关于A区公益创投活动的实施办法》，并制定了《项目申请书》《项目预算报表》填写指南，对项目封面、基本信息、申请机构信息、详细信息、项目预算等5大项共30小项的内容做出了细致的填写规定，要求社会组织严格按照指南规范填写。这无形中提高了公益创投的进入门槛，导致社会组织参与意愿不高，一些初创期社会组织难以满足考核压力和规范管理而望而却步，成熟的或体制内的社会组织更容易获得资助。第二，政府制定详细的治理标准使项目管理更具操作性。A区社建办对公益创投的项目领域、项目要求、申报流程等都进行了详细的规定，如"项目实施计划"要求社会组织清晰具体地列明每一次活动的时间、名称、目的、形式、地点、参与人员、活动频次等信息。通过项目征集、申报、评选、实施、评估、验收等流程的程序性规定和管理细则，政府达到了强调理性化的目标管理和过程控制（渠敬东，2012）的项目治理目标。这使社会组织在项目执行中只有迎合政府的各项管理规则，才能通过项目评估获得资助。第三，借助自上而下的科层体系对创投项目进行监督。A区公益创投将14个街镇和各政府职能部门作为项目合作单位，不仅要在项目申报和评审中考察项目内容，还要对获选项目的实施情况进行日常监督。

除了对社会组织行为形成约束外，科层逻辑还会作用于公共服务供给过程中。按照统一的规章文件和治理标准来申请和执行项目，而忽视服务属性、人群特征、服务需求等方面的巨大差异，必然导致资源投入后的项目运作和服务供给收效甚微。尽管公益创投鼓励社会组织自主挖掘社会需求、设计具有创新性的服务项目，但政府基于科层逻辑对项目范围、服务人群、活动频次等设置了严格的技术标准，使公益创投更多地受到政府导向而非社会导向的影响。比如，为老项目一直在 A 区公益创投中居资助首位，这无疑与 A 区日益严峻的老龄化趋势有关；而 A 区团区委、区残联等部门深度参与公益创投，也使青少年、助残等服务项目成为"创投大户"。这表明科层逻辑向公共服务领域渗透导致两个异化结果：一方面，旨在约束公益创投的各项规则在服务供给过程中逐渐演变成目标本身；另一方面，公益创投带有明显的实用主义色彩，其目的是帮助政府解决一些社会问题，而非满足迫切需要供给的公共服务需求。

（二）反向控制的效率逻辑

效率逻辑强调行动者行为主要受自身利益驱使。街道和社会组织并不是完全被动地接受上级政府的科层管理逻辑，而是在自身利益最大化的驱使下对公益创投项目进行"反向控制"：其一，政府将自己的部门利益渗入公益创投项目的执行中，以打造本部门的政绩亮点；其二，社会组织希望从公益创投中获取一定的利益以实现组织生存，即使这种选择有悖于组织的专业服务精神。效率逻辑的反向控制模糊了科层逻辑与效率逻辑的界限，使科层逻辑难以有效落实，依托项目制的公共服务功能也日渐式微。

就政府而言，压力型体制从经济领域扩散至社会管理领域，使基层政府面临来自三个维度的压力：自上而下的政绩要求压力、自下而上的满足需求压力以及水平方向的发展速度压力（杨雪冬，2012）。官僚的自利性表明，只有在公民的服务需求能够有效满足基层政府的理性目标函数时，政府才会积极回应（姚金伟等，2016），因此，追求部门利益的效率逻辑会优先于提供更好服务的服务逻辑，与此同时，政府依旧是对上负责的，其主导思维仍是服从自上而下的行政控制体系。在 A 区，这种效率逻辑具体体现为：社建办希望强化公益创投项目管理，要求社会组织严格按照项目合同提供服务，以保证财政资金的安全性和使用效果；各街镇和委办局则将公益创投视为打造部门"政绩亮点"的有效工具，如 2015 年的"健康久久助老计划"项目，其合作单位 CJ 街道就将街道养老护理员培训工作放在了项目当中，这种做法提高了项目显示度，却超出了项目的应有内容。

社会组织的效率逻辑主要体现在对创投项目能否给组织带来较高的投入产出比的考虑上。社会组织往往制定过高的服务目标以在项目评审中胜出，但在实际执行中却无力完成，服务成效大打折扣；获得资助的社会组织则常常会按照政府制定的各项标准进行项目设计和运作，以获得好的评估结果和顺利领取项目余款，很少考虑如何依托项目进行组织改造和能力提升，这与 A 区并未出台明确的对社会组织内部治理的考核指标也有一定关系。A 区社服中心负责人表示："很多组织参加创投就是着眼于这个资金的，而不是这个参加过程能获得哪些提高，我们开了几场训练营提升能力，他们几场活动都懒得来参加，只是想获得那笔资金而已。"（20170414ZQL）在效率逻辑的驱使下，社会组织的公共服务生产目标很容易被获得项目和满足评估要求的目标所替代，从而陷入"有增长无发展"的困境。

（三）夹缝中的服务逻辑

服务逻辑是指公益创投应具备公共服务供给的专业能力，以提高公共服务水平、有效满足公众需求为项目实施目标。就政府而言，服务逻辑体现在政府以公益创投这种自下而上的方式发现公共服务需求，并能给予专业化、社会化和差异化的回应。就社会组织而言，服务逻辑体现为社会组织所提供的公共服务的公益性和专业性。在公益创投中，服务逻辑受科层逻辑和效率逻辑的双重限制，仅在与后两种逻辑的要求相一致的时候才能发挥作用。

其一，服务逻辑让位于科层逻辑。政府试图通过公益创投鼓励社会组织自下而上地发现并回应社区需求，解决社区服务困境。但科层逻辑主导着公益创投的制度设定和运行机制，服务逻辑在科层化的管控规则、治理标准和分工体系中呈现脱耦状态，即公共服务价值追求让位于理性化的管理规则。科层逻辑和服务逻辑的冲突很多时候是隐性的，但在公益创投中却体现明显，并对社会组织造成实质性的压力。这主要是因为，资源的稀缺性会使潜在的制度逻辑冲突显现出来，并进一步触发绩效悖论（Smith & Lewis，2011）。具体而言，依附政府资源的社会组织会在自身效率逻辑的驱使下选择优先遵从科层逻辑，即为了获得资助，依照政府自上而下制定的种种量化指标来设计和执行项目，从而陷入文牍主义、形式主义之中。比如，A 区的 Y 机构原本旨在为自闭症、学习障碍等特殊儿童及其家庭提供专业的康复训练与辅导，但受项目制的牵引，在其"爱与你同在"的创投项目中将服务内容设定为自闭症知识普及。该机构负责人表示：

> 当初是想要这笔资金……参加创投算是打擦边球，因为它讲究受益人群，当时就是为了迎合创投设计的，与我们自闭症的康复训练关系并不大，街道也只要我们搞几个活动宣传下就好了。（20170418YB）

其二，服务逻辑让位于效率逻辑。尽管资金拨付和项目管理权限都在区一级政府，但街道在公益创投项目的需求调研、项目评审、项目评估等程序中掌握着话语权，甚至创投资助周期结束之后项目能否延续也由街道决定，这为街道将公益创投资源为我所用创造了机会。效率逻辑支配下的街道会更倾向于维持与内生型社会组织的既有关系，或与乐于顺从的社会组织合作，因此，街道与创投项目实施者非常容易达成"共识"和采取一致性行动。比如，在能够打造政绩亮点的项目中，社会组织会迎合街道的偏好，更加关注活动规模、参加人数、上级评价等要求而非公共服务的质量；在较少涉及政绩的项目中，街道可能默许社会组织通过降低服务标准甚至欺瞒、作假等行为应付项目管理与评估。接受访谈的社会组织负责人均认为这两种情况都"不可能避免，多少都会有"。

其三，服务逻辑与科层、效率逻辑的耦合。无论是对政府还是对社会组织而言，服务逻辑的最终指向都是为服务对象提供专业化的服务，在服务逻辑让位于科层和效率逻辑的情况下，服务逻辑只可能体现在官僚技术性上，这即是说，只有相关管理人员具备一定的专业素质，能够提出或接受专业性的项目要求，服务逻辑才可能呈现，而这种情况的发生以对科层逻辑和效率逻辑的遵从为前提。在 A 区的公益创投中，服务逻辑与科层逻辑、效率逻辑的这种耦合也一定程度地存在。比如，2016 年 Z 机构申报的"长者生活体验"项目的主要内容是让年轻人穿戴模拟身体退化装置提前体验老化感受，以提高对老年人的同理心，该项目计划被立项方认为具有较强的专业性，有可能在促进代际关系、提升社会对老人的关爱上产生重要影响，因此获得资助。在项目实施过程中，

CJ 街道帮助 Z 机构将街道辖区内的社区居民、银行、零售等行业的服务人员都发展为服务对象。在双方的合作下，项目进展顺利，并且取得了良好的社会评价，Z 机构也因此获得了承接 CJ 街道政府购买服务项目的机会。

综上所述，通过对公益创投的多重制度逻辑及其交互作用的考察，不难发现，科层逻辑和效率逻辑之间相互嵌入和影响，在科层逻辑的正向支配中，服务逻辑与政策话语出现脱耦，公共服务价值被理性化规则取代；在效率逻辑的反向控制中，服务逻辑只能发挥有限功能；服务逻辑在与科层逻辑、效率逻辑的交互作用中常常被消解，但当它与后两种逻辑相耦合的时候，也能发挥有效作用。

五　结论与讨论

有学者认为公益创投为我国社会组织发展注入了多种资源，政府与社会组织关系得以重塑，公共服务供给的合作治理也得以初步形成（朱晓红，2016）。但本文通过对上海市 A 区的案例研究发现，公益创投非但没有促进社会自治力量的成长壮大，提高公共服务水平，反而可能通过科层逻辑的正向支配性作用使政府行政权力的触角延伸至公共服务供给领域，将基层政府和社会组织引致对形式效率的追求，并消解了社会组织的公益性和专业服务精神，使公益创投陷入内卷化状态。

本研究表明，多重制度逻辑从两个方向制约着公益创投的实践效果：一方面，我国公益创投在投资主体、项目管理、绩效评估等环节均表现出浓厚的政府本位色彩，这种"政府在场"的社会治理创新实质上是一种场域权力的中心化，在多重制度逻辑冲突时，政府诉求易成为主导逻辑，扼制了其他制度逻辑张力；另一方面，面对制度复杂性，组织仍可发挥能动性对多重制度逻辑的优势进行兼容和整合，以满足多元主体对公益创投的目标期待，促进了公益创投的持续发展。上述两个方向的作用交织在一起，使公益创投陷入"投入增长但效果不佳"的内卷化困境。

本文的理论贡献在于，为公益创投内卷化现象提供了新的解释框架。既有研究大多是从规范角度呈现公益创投"如何做"以及"怎么做"的实践方案，研究重心在于公益创投在社会组织培育和社会治理创新中的作用，尽管关注到了公益创投的现实困境，但仍未突破偏重实践的"窠臼"。本文结合"组织响应制度复杂性"这一新制度主义研究的前沿领域，以及政府主导的公益创投这一具有鲜明中国场景特征的治理实践，构建了多重制度逻辑下公益创投内卷化机制的理论框架。这一框架不仅拓展了内卷化概念的适用领域与解释力，而且力图对公益创投中内卷化现象的成因进行分析，还加深了对复杂制度环境中社会组织行为的理论认知。此外，在某种程度上，本文对多重制度逻辑相互之间的竞争和互动如何影响组织行为选择的审视，也是对"国家与社会关系"传统分析视角的突破，它提出了在当前社会治理创新背景下，对组织响应制度复杂性进行讨论的必要性和重要意义。

本文的实践启示在于，克服公益创投内卷化问题的根本出路在于，实现对不同制度逻辑的兼容与整合。基于上述结论，我们建议通过如下方式实现公益创投的良性发展。第一，政府应树立正确的公益创投理念，即充分认识公益创投的社会属性，通过制度设计鼓励更多的社会参与。具体而言，政府应发挥引导者、合作者、监管者的角色，提高项目治理能力，应鼓励社会力量自主进行项目设计，规范项目设计流程，降低项目申报门槛，实现项目申报的公开、公平与公正，减少对项目实施过程的参与和控制，在量化考核的同时加强对项目质量的评估，等等。第二，社会组织应主动适应政绩期待，整合多方资源，提升专业能力。一方面，社会组织应积极争取政府的各类支持，主动适应政府的政绩期待，实现与政府的良性互动；另一方面，社会组织要不断提升专业服务能力、组织管理能力和资源整合能力，通过市场化、志愿化手段的组合使用整合多方资源。第三，应发挥社会公众在公益创投中的应有作用。公益创投的根本目标是满足公共服务需求，建立一定的机制，发挥公众在需求表达、过程监督和服务评价中的作用，无论是对于限制政府权力还是督促社会组织改善服务都有不言自明的作用。

最后需要指出的是，本文只是对公益创投内卷化的初步考察，虽然提出了公益创投实践中的三种制度逻辑，但仅基于上海市 A 区公益创投的案例对多重制度逻辑数量维度和内容维度的交互作用进行了讨论。事实上，多重制度逻辑的冲突和张力是持久性的，组织应对制度复杂性也是一个动态变化的过程。此外，个案研究的局限也制约着本文结论的普遍性。因此，未来的研究需要增加案例样本，提炼不同制度情境中公益创投的多重制度逻辑，建立更具解释力的动态理论框架，并以此为基础进行横向比较与纵向追踪，深入探讨多重制度逻辑的交互作用与动态变化对组织行为的影响，以拓展研究的广度和深度，获得更具普遍性的结论。

参考文献

陈永杰（2017）：《中国式公益创投何去何从》，《中国社会工作》，第 7 期。

崔光胜、耿静（2015）：《公益创投：政府购买社会服务的新载体——以湖北省公益创投实践为例》，《湖北社会科学》，第 1 期。

邓少军、芮明杰、赵付春（2018）：《组织响应制度复杂性：分析框架与研究模型》，《外国经济与管理》，第 8 期。

杜运周、尤树洋（2013）：《制度逻辑与制度多元性研究前沿探析与未来研究展望》，《外国经济与管理》，第 12 期。

黄宗智（1992）：《长江三角洲小农家庭与乡村发展》，北京：中华书局。

敬乂嘉、公婷（2015）：《政府领导的社会创新：以上海市政府发起的公益创投为例》，《公共管理与政策评论》，第 2 期。

李健（2016）：《公益创投政社合作模式研究》，《社会建设》，第 5 期。

李健、唐娟（2014）：《政府参与公益创投：模式、机制与政策》，《公共管理与政策评论》，第 1 期。

李祖佩（2017）：《乡村治理领域中的"内卷化"问题省思》，《中国农村观察》，第 6 期。

刘世定、邱泽奇（2004）：《"内卷化"概念辨析》，《社会学研究》，第 5 期。

吕纳（2012）：《公益创投的本土实践分析》，《价值工程》，第 24 期。

渠敬东（2012）：《项目制：一种新的国家治理体制》，《中国社会科学》，第 5 期。

涂开均、郑洲（2016）：《论我国公益创投项目政策决策逻辑的理论解释——以 15 个副省级城市为例》，《中共福建省委党校学报》，第 2 期。

〔美〕W. 理查德·斯科特（2010）：《制度与组织——思想观念和物质利益》，姚伟等译，北京：中国人民大学出版社。

吴磊（2017）：《公益创投的运作困境及推进路径》，《中国社会组织》，第 2 期。

吴新叶（2017）：《政府主导下的大城市公益创投：运转困境及其解决》，《上海行政学院学报》，第 3 期。

杨雪冬（2012）：《压力型体制：一个概念的简明史》，《社会科学》，第 11 期。

杨仲（2016）：《公益创投项目如何破掉"短命"魔咒?》，《苏州日报》，8 月 25 日，第 A06 版。

姚金伟、马大明、罗猷韬（2016）：《项目制、服务型政府与制度复杂性：一个尝试性分析框架》，《人文杂志》，第 4 期。

张晨、刘育宛（2021）：《"红色管家"何以管用？——基层治理创新"内卷化"的破解之道》，《公共行政评论》，第 1 期。

周雪光、艾云（2010）：《多重逻辑下的制度变迁：一个分析框架》，《中国社会科学》，第 4 期。

朱晓红（2016）：《社区公共服务合作治理的风险与制度建设——以公益创投项目为例》，《湖南社会科学》，第 2 期。

Duara, P. (1987), "State Involution: A Study of Local Finances in North China, 1911 – 1935," *Comparative Studies in Society & History* 29 (1).

Greenwood, R., Raynard, M., Kodeih, F., Micelotta, E. R., & Lounsbury, M. (2011), "Institutional Complexity and Organizational Responses," *The Academy of Management Annals* 5 (1).

Pache, A. C., Santos, F. M. (2010), "When Worlds Collide: The Internal Dynamics of Organizational Responses to Conflicting Institutional Demands," *Academy of Management Review* 35 (3).

Smith, W. K., Lewis, M. W. (2011), "Toward a Theory of Paradox: A Dynamic Equilibrium Model of Organizing," *Academy of Management Review* 36 (2).

Thornton, P. H., Ocasio, W., Lounsbury, M. (2012), *The Institional Logics Perspective: A New Approach to Culture, Structure and Process*, Oxford: Oxford University Press.

The Involution and Its Institutional Logic of Venture Philanthropy: Based on the Study of District A in Shanghai

Wu Jing, Zhou Jun

[**Abstract**] The rapid development of venture philanthropy has not effectively promoted the growth of social organization and improved the quality of public services. Meanwhile it has caused the problem of "involution". The investigation and analysis on the A district in Shanghai showed that, the visible growth and the unrealized development are both the results of the interaction of different institutional logics. The bureaucracy and efficiency logic are embedded and influenced by each other, which dominates the field of venture philanthropy from two directions, and influences the behavior of dif-

ferent subjects in the same field. In the positive control of the bureaucracy log-
ic, the service logic is decoupled from the policy discourse, and the value of
the public service is replaced by the rationalized rules; in the reverse control
of efficiency logic, the service logic can only play a limited function when
coupling with bureaucratic and efficiency logics. The interaction of three kinds
of institutional logic leads to the involution of venture philanthropy. Therefore,
the fundamental way to overcome the problem of involution is to integrate the
advantages of multiple institutional logics. To this end, the government should
encourage more social participation through system design. More importantly,
social organizations should actively adapt to the expectation of governmental
performance, integrate resources from multiple sources, and enhance profes-
sional capabilities.

[**Keywords**] Institutional Logic; Involution; Venture Philanthropy;
Public Service

NP

多
重
制
度
逻
辑
下
公
益
创
投
的
内
卷
化
机
制

组织成本治理：农村基本治理单元的结构逻辑[*]

李松友[**]

【摘要】 破解基层治理内卷化难题，关键是找准基本治理单元。研究发现，基本治理单元主要是组织内、外部成本共同作用的产物，而不同组织内、外部成本均衡形态塑造出基层治理结构的差异，导致对应基层治理主体在实践中多元化，而且构造了基本治理单元的两维属性：行政性和自治性。这一发现在传统向现代转变过程中被进一步证实。因此，在组织内、外部成本最优的前提下，促使农村实现善治，要求在认清基本单元治理结构的同时，充分重视行政村作为基本治理单元的地位，找到适度规模的基本治理单元，构建多元化的治理形式，在推进城乡融合过程中，逐步实现社区自治。

【关键词】 有效治理；治理结构；基本单元；组织成本

---

* 本文得到广西民族大学科研基金资助项目"替代性介入：基层自主治水与国家治理逻辑研究"（2018SKQD04）和广西民族大学校级科研项目（人文社科类）"共同生产视角下广西边境农村公共基础设施管护机制研究"（2020MDSKYB01）的资助。

** 李松有，广西民族大学政治与公共管理学院讲师、院长助理，研究方向：基层民主与群众自治制度。

一 问题的提出

十九届四中全会昭示了中国之治的制度价值,对乡村治理体系的构建和治理能力的提升具有启发性。值得注意的是,乡村有效治理的关键在于找到基本治理单元。当前对于乡村治理有效与基本单元的研究,主要表现为以下三个方面:一是缩小基层单元,开展村组自治。徐勇和邓大才等提出,由于财政资金有限,政府难以包揽公共事务办理(徐勇,2019),要求自治单元下沉(邓大才,2019a),成立自治组织,实施自我治理。二是保留基层单元,推行行政村治理。项继权和唐鸣等则批评以村组为基本单元开展自治试点(项继权、王明为,2019),认为此举措落实存在体制、组织、财政和人事等方面的困难和问题,行政村作为基本单元地位不容取代(唐鸣,2020),不过,容易导致自治单元的行政化。三是扩大基层单元,实现片区或者城镇治理。康有为通过比较欧美俄日的地方自治制度优势,指出"古者之治,起化于乡",将乡视为地方自治的基本单位(康有为,1905:11)。陈明等也强调,当前"单元下沉"的自治探索与现代民主国家建构原则相悖,认为村民自治的改革方向应是"单元上移"(陈明,2014),设立行政性很强的"管理区域"或"服务中心"等,有的甚至提出实行"乡镇自治"或"乡派镇治"。这不仅有违现行政策,而且也无实践的必要性(沈延生、张守礼,2003:36)。可见,已有研究为探索基本治理单元提供了理论基础,不过,缺少对基本治理单元与治理结构的深层次探讨。

到底何为基本治理单元?如何确定基本治理单元?2014年中央一号文件首次提出,以村组为基本单元开展村民自治试点,随后从2015年到2018年连续4年中央一号文件都明确规定这一任务。但是,2019年中央一号文件不再强调继续以村组为基本单元推进村民自治。2020年中央一号文件明确强调,行政村是基本治理单元。以上诸多举措为各界探索有效治理的基本单元提供导向。但是,基本单元是政治社会关系的基本构成单位,其组织成本构成不同,导致构造不同的组织单元性质。已开展研究多从单一向度考虑基本治理单元的选择标准,其实有效的基本治理单元可以多元并存,既可以实现行政自治(邓大才,2019b),又能达成社会自治。那么究竟如何找准基本治理单元?在此,试图从基本治理单元形成的组织内、外部成本视角出发,窥见基本治理单元及其治理

结构，进而探索基层治理有效的实现形式。

二 组织成本与基层治理有效的关系

任何一项组织活动都会产生交易成本，最低组织交易成本才是基本治理单元的考核标准。根据交易成本经济学观点，基本治理单元抉择就是实现节约交易成本的结果。而且基本治理单元是指对特定空间之内的公共事务进行组织、协调和管理的单位。在此，尝试通过对不同基本治理单元内、外部成本的度量和考察，揭示其治理的效率，并且解释在不同的基本治理单元下如何规避"搭便车"行为和控制有限理性，从而提高治理有效性的程度。

（一）基层治理过程中组织成本的构成

在基层场域之内，组织的集体行动是基本治理单元功能的实现方式，组织成本的高低又是衡量集体行动产生是否有效的标准。按照组织学理论观点来看，组织成本主要包括内部组织成本和外部组织成本两个方面。内部组织成本主要包括管理成本、合作成本和监督成本等。其中，管理成本是指规避组织范围内行动者行为失范时的成本；合作成本是指促成组织内部行动者之间达成共识时的成本；监督成本是指防止和控制行动者投机行为过程中产生的成本。外部组织成本主要包括协调成本、信息收集成本和谈判成本等。协调成本是指各组织之间交往过程中促成一致行动时产生的成本；信息收集成本则是指组织决策前收集各种信息（公民需求偏好信息、公共产品供给与使用状况信息、参与者或合作者信息等）产生的成本；谈判成本是指公共产品供给者或者拥有者与使用者之间在沟通过程中所产生的成本。

（二）组织成本与有效治理的关系

确定有效治理的基本单元，要求遵循的基本原则就是组织成本选择，即在一定约束条件下达到交易成本最小化的单元。以基本治理单元有效性（E）为因变量，以不同基本治理单元产生的成本（C）为自变量，其中成本包括内部组织成本（Ca）和外部组织成本（Cb）。根据交易成本理论可知，外部组织成本是指为了强化基层单元行政性而增加的成本，如政府与农户互动成本等；内部组织成本是指为了弱化基层单元行政性而增加的成本，如村委会与村民小组协作成本等。同时，外部组织成本（Cb）和内部组织成本（Ca）都是基本治理单元有效性 E 的函数，即外部组织成本和内部组织成本交叉直线。如图 1 所示，两条成本直线的交叉点 O 是总成本的极小取值点，该处则是基本治理单元最佳取值点。

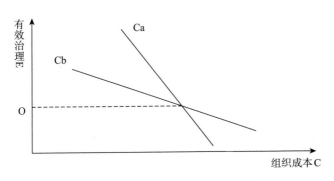

图 1　组织成本与有效治理的关联

1. 内部组织成本与有效治理的关联

基本治理单元规模越小，所处层级越低，组织自治性质越强，集体行动的内部组织成本越低。所以组织内部成本来自基层治理过程中的投机行为，比如行为者拒绝配合，以及过分谋利破坏集体合作等不良行为，这些成本集中体现在管理、交际、监督和处罚方面。进而构建关系模型，基本治理单元有效性（E）是内部组织成本（Ca）的函数，随着内部组织成本（Ca）的减小而增强。而当基本治理单元规模扩大时，大多数行动者的自主权增强，在公共产品供给过程中，很难达成共识，采取"搭便车"行为的可能性增大，导致监督和管理成本很高。可见，自治地域规模以便于互助、集会和紧急动员为衡量标准，意味着治理规模过大，必然会增加治理成本，削弱自主参与积极性。不过，如果基本治理单元的内部组织成本太高，超出单个农户承担范围，会削弱组织治理能力。为了规避这种问题，要提高基本治理单元层级，采取行政规制手段，降低机会主义行为产生的可能性，减少组织内部交易成本。

2. 外部组织成本与有效治理的关联

基本治理单元规模扩大，决策主体层级提高，组织调配资源能力增强，外部组织成本也随之减少。由于外部组织成本源自满足受益村民需求，当基本治理单元扩大，涉及主体数量增多时，为了实现共同利益，需要强化组织行政控制，克服信息失真和歪曲问题，实现供需一体化，促成公共事务治理中的集体行动。但是，如果基本治理单元的规模过小，覆盖空间太小，难以形成规模效应，谈判达成妥协困难，导致公共服务的供给成本增加，反而会降低公共服务的质量。因此，人类社会不同单元，规模越大，其支配的物质资源越多，行动能力越强（曼，2002：78）。同样，基本治理单元越大，决策主体层级越高，与其他组织的议价和谈判能力越强；而且可以承接外部资源越多，能够压服公共物品供给中少数反对者，提高组织决策者的博弈能力，即形成行政的制约力量，克服治理过程中的阻力，提高公共服务效率，进而降低外部组织成本。可见，基本治理单元有效性（E）是外部组织成本（Cb）的函数，随着外部组织成本（Cb）的减少而增强。

（三）基本治理单元、组织成本与有效治理结构的关系

基层是国家治理社会的最低单位。到底选择哪一层级单元开展治理才有效，需要考虑基本治理单元规模、组织成本与有效治理结构之间的关系，构建这些变量的关系模型，把握不同关系形态的优势与特点。

1. 基本治理单元规模、组织成本及有效治理结构的关联

（1）不同规模基本治理单元与内部组织成本及有效治理结构之间的关系

根据不同规模基本治理单元与组织内部成本及有效治理结构之间的关系（见表1），基本治理单元的规模越小，相关行动者数量越少，更加便于村民直接参与公共事务和乡村建设，进而激活内在力量，增强他们的自主参与意识。比如村落范围之内，便于产生集体行动，所需内部组织的成本少，耗费较低就能获得公共物品。反之，当基层单位范围和人口超出一定的规模时，公民很难实现对公共事务的直接参与。可见，以上诸多协作都是按照受益程度选择合作单元，规模单元大小在于交易成本多少。随着基本治理单元规模的扩大，覆盖的行动者变多，比如跨越村落边界提供公共产品和开展公共事务管理，如果仅仅依靠村民自组织实施，会超出自身独立带动和服务能力范围，导致个体承担较高成本。这时由联合组织或行政组织开展治理，有助于减少投机行为，降低共同分享成本，达到帕累托最优。同样，基本治理单元规模再度扩张，涉及行动者的范围扩大，需要以行政组织为主，运用正式制度对基层公共事务实施治理。如果继续依靠村民自组织或联合组织开展治理，将会导致内部组织成本的迅速增加，更无法满足村民对于公共利益的需求。因此，随着基本治理单元规模变小，内部组织成本减少，容易产生有效的集体行动。

表 1　不同规模基本治理单元与内部组织成本及治理结构之间的关系

类型	内部组织成本	治理主体	集体行动有效性
小型	Ca 小	村民组织	强
中型	Ca 中	联合组织	中
大型	Ca 大	行政组织	弱

（2）不同规模基本治理单元与外部组织成本及有效治理结构之间的关系

根据不同规模基本治理单元与外部组织成本及有效治理结构之间的关系（见表2），基本治理单元规模越小，可支配的资源越少，提供公共物品时，超出个体承担能力而难以组织，导致外部组织成本很高，实力不足以有效承接乡村治理的正规事务。同时，公共物品的非排他性导致机会主义行为，所以无法采取有效行动，外部组织成本增加，自愿供给公共物品程度低。而当基本治理单元规模扩大时，集体行动通过扩大公共物品的受益范围，使更多的使用者和消费者能够共享这些公共物品带来的好处。比如，由于地域范围大，村民居住距离较远，需要组建"乡村共和国"才能够筹建公共设施。同理，组织集体行动需要依靠其所支配的资源来达到各自目的和促进发展。基本治理单元规模更大时，拥有的治理资源相对丰富，便于有效地协调辖区内的其他组织机构参与基层治理，而且议价、谈判和磋商能力增强，从而提高公共物品的供给效率。可见，基本治理单元随着规模的扩大，可支配和动员资源的能力增强，规模效益优势明显，外部组织成本逐渐减少。

表 2　不同规模基本治理单元与外部组织成本及治理结构之间的关系

类型	外部组织成本	治理主体	组织能力
小型	Cb 大	村民组织	弱
中型	Cb 中	联合组织	中
大型	Cb 小	行政组织	强

2. 基本治理单元层级、组织成本及有效治理结构的关联

（1）不同基本治理单元层级与内部组织成本及有效治理结构之间的关系

根据不同基本治理单元层级与内部组织成本及有效治理结构之间的关系（见表3），基本治理单元层级越低，自治越接近底层个体需求，在公共物品供给过程中更容易达成共识，所需的内部组织成本越少，越能及时获得公共物品，

解决农村公共治理"最后一公里"的难题。在地理环境和技术条件下,协作需求的不断扩大促使更大的群体合作产生,借助更高层级治理单元满足村民的利益需求,反之,在缺乏更高层级外部支持的条件下,具有共同行动能力却需要支付高昂的组织成本。可见,多样需求促使实现治埋层次和形式多元化。比如生产性、生活性、秩序性和管理性等方面的低层次需求,以村民联合为基础提供公共物品,耗费合作成本最小。随着村民需求的多样化和个体自主性的增强,比如安全性、环保性、保障性和福利性等高需求出现,仅仅依靠村民自治往往难以满足,假如没有其他更高层级力量支持,很难提供适宜的公共物品,进而影响基层社会的发展。这时,依靠层级关系有助于促进多数人的共同利益需求实现。因此,基本治理单元规模越小,内部组织成本越少,治理结构层级越低,基层自治性质越强,较小村社的服务回应率和供给效率可能更高。

表3　不同基本治理单元层级与内部组织成本及治理结构之间的关系

类型	内部组织成本	治理主体	治理层级	自治性质
I	Ca 小	村民组织	低	强
II	Ca 中	联合组织	中	中
III	Ca 大	行政组织	高	弱

(2)不同基本治理单元层级与外部组织成本及有效治理结构之间的关系

根据不同基本治理单元层级与外部组织成本及有效治理结构之间的关系(见表4),有效治理依赖公共资源配置方式,而公共资源配置方式归结于治理体制。一个治理体制包含多个层级,既包括组织内生的治理结构与权力配置,也包括与外部组织之间的关系。因而,当基本治理单元层级较低时,由于自治身份和地位因素制约,有效整合与配置的资源较少,自治缺乏常规化的激励和制度化的约束会导致自我管理的动力不足。基本治理单元层级提高,便于依靠高层级参与者采用强制力促成村庄间的合作和共同行动,同时,输入财政扶持资金为合作提供动力。可见,该层级合作效度与外来力量的强度之间呈正相关。通过外部施压把原子化的个体整合进组织体系中并强制它们达成合作意愿,这种外部压力来自有效政府自身具备的适当的强制性权力,而且在公共治理过程中出现分歧时,能够发挥治理层级公共权威较高的优势,来保证个体履行承诺,运用强制性组织保证共同利益实现,降低外部组织成本。因此,随着基本治理单元层级提高，该单元支配和承接的资源增多，而谈判和议价能力增强，促使外部组织成本减少。

表4　不同基本治理单元层级与外部组织成本及治理结构之间的关系

类型	外部组织成本	治理主体	治理层级	行政性质
I	Cb 大	村民组织	低	弱
II	Cb 中	联合组织	中	中
III	Cb 小	行政组织	高	强

实践证明，组织成本和治理结构取决于基本治理单元，而基本治理单元变化主要包括治理单元规模的变化和治理单元层级的变化两方面。一方面，治理单元规模和治理单元层级具有一致性。一个治理单元体系由不同层级单元构成，不同层级单元中存在不同治理主体和不同治理结构。另一方面，治理单元规模和治理单元层级也具有差异性。由于国家地域的异质特征，同一层级中存在治理单元规模差别。因此，组织成本会随着基本治理单元的变革而发生相应变化，组织成本高低同时也被用作衡量基本治理单元是否具有效率的标准。有效的基本治理单元能够以较低的组织成本来实现治理目标。进一步发现，有效治理就是满足个体或者群体利益需求的同时消耗总成本最小，或者说消耗总成本固定时，治理能够最大程度满足个体的需求。当内部组织成本等于外部组织成本时，治理结构是组织成本最小的均衡结构，进而形成有效的基本治理单元。如图2所示，在多数情况下，集体行动的结果在很大程度上涉及组织的类型，在小型单元的内外部组织成本均衡点 O_1 开展村民自组织治理，由农户直接参与组织发展，在中型单元的内外部组织成本均衡点 O_2 开展联合组织治理，受到国家和地方体制影响，在大型单元的内外部组织成本均衡点 O_3 开展行政组织治理，由地方政府控制和支持发展。这种情况下三种治理形式及其选择的基本治理单元均处于最低交易成本点。

三　历史视野中农村基本治理单元与治理结构嬗变

乡村治理问题并不是凭空产生的，都必须处在一定的时空中发生、发展与变化，研究有效治理单元应将其放置在特定的历史进程中。在乡村治理改革时

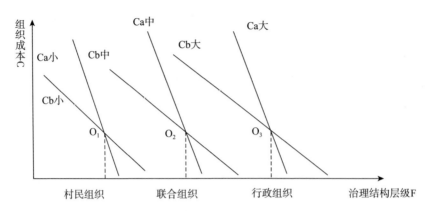

图 2　农村基本治理单元与最优治理结构的关联

期，基层组织内、外部成本一定程度上决定基本治理单元与治理主体的关系结构。对于不同历史时期，我们更要结合地理规模、组织成本与治理结构，依据文献进行逐一探讨。

（一）传统时期：基本治理单元较小与治理结构层级较低

传统农业时期，一个地域的村民在简单的自治形式下生活。由于地域相近，以共同祖先为纽带形成的血缘共同体是社会的基本组织单位（普里查德，2014：222），这样的村庄单元的规模不大，有 300～3500 人，1000 人以下的村庄占大多数（萧公权，2014：12）。这些村庄围绕生产和生活等方面事务，以基于共同血缘关系的宗族组织进行治理，所需治理成本最低，这也是他们自组织的生产单位和经济单位。碰到超越村落范围的公共事务时，外部监督成本和管理成本增加，需要组建村落的联合组织进行治理。因为涉及主体数量多，容易出现"搭便车"的问题，为了规避该问题，需要建立相应处罚制度，提高治理结构层级。另外，在地域关系上存在税役单位，即政治共同体。比如维持乡村治安、征收赋税和募集徭役时，就需要行政组织实施治理，比如在乡镇层面设有乡、耆、都保、保甲等乡村组织，负责教育、治安和防卫等公共事务，其代表国家为乡村秩序稳定提供公共产品，实现对乡村社会的控制。正如吉尔伯特·罗兹曼指出的，"所有城镇和农村的家庭，以几十户或几百户为单位实施管理，下派给一定的维持治安和赋税的任务，该任务通过有组织的集体行动来达成"（罗兹曼，1989：78）。

（二）集体时期：基本治理单元大与治理结构层级高

新中国成立以后，国家权力进场，要求对基层社会进行重构。毛泽东曾经断言，在农民群众方面，几千年来都是个体经济，一家一户就是一个生产单位，这种分散的个体生产，就是封建统治的经济基础，而使农民自己陷于永远的穷困，克服这种状况的唯一办法就是逐渐地集体化（毛泽东，1991：931）。1953年中共中央颁布的《关于农业生产互助合作的决议》强调，为了解决农户在农业生产中的经营困难，在自愿互利基础上建立的劳动互助组织，按照七八户或十几户为单位组建。互助组成员不仅进行农事活动上的换工互助，而且在工副业和小型水利方面开展互助合作。可见，互助组是基于家户的组织形式，再加上组织规模小，方式灵活，不需外部强制，能产生有效的集体行动。

1953年之后，为支持城市化和工业化，国家加大对乡村资源的汲取，与几千万农民打交道，其交易成本会高到无法交易的程度。因此，在互助组的基础上，个体农民自愿组织起初级合作社。其特征是以土地入股，耕畜、农具作价入社，并由合作社统一经营和管理，社员共同劳动。1955年，中共中央颁布《关于农业合作化问题的决议》，要求加快农业合作化的步伐，基于生产资料集体所有制组建高级合作社，而且实行民主管理，选举社员大会或社员代表大会，以及管理委员会管理社务。可见，高级合作社不仅完全取消家户经营，打破传统村落血缘关系的地理边界，而且也不再按照自然村建立生产组织，彻底摒弃传统小农经济制度组织载体。

1958年，中国农村又开创性地实现人民公社制度，掀起农业高度集体化的高潮。人民公社体制的基本特征是"一大二公"和"政社合一"，由若干个高级社组成一个公社，2000户左右，构成一个经济核算单位，强调组织军事化、行动战斗化、生活集体化。同时，通过政治运动和行政命令等形式，基层民众被极大地动员和组织起来，进行农业生产，完成很多大型水利工程建设，大大地改善了地方排灌系统和提高了防御水害的能力。可见人民公社不仅是农民生产和生活的单位，也是经济核算和行政管理的单位。但是，由于公社单元规模过大，很难实施管理，需考虑多方面因素。1962年，中共中央颁布《农村人民公社工作条例（修正草案）》，强调人民公社的基本管理单位是生产队（邓大才、张利明，2017），要求实行"三级所有，队为基础"的制度。这时生产队复归为基本的生产单元、经济核算单元与自治单元。

（三）改革开放时期：基本治理单元较大与治理结构层级较高

人民公社的管理体制在运行过程中弊端进一步凸显，要求对基层管理体制实施改革，人民公社伴随着农村推行家庭联产承包责任制而解体。1983 年，中共中央、国务院发布《关于实行政社分开、建立乡政府的通知》，规定各地建立乡政府作为农村的基层政权组织单元，乡以下设立村民委会，行使原来大队的行政职能。这时，一改集体时期国家通过公社体制对农民进行治理的方式，比如工分扣减、政治动员、办学习班、开批斗会等，而是逐步推行乡政村治体制。同时，公社体制的瓦解给乡镇政权实施治理带来挑战。对于乡村公共管理和公共服务，比如计划生育、农田基建和修桥铺路等，乡政府主要依靠乡镇统筹和村级提留方式向村民摊派。① 但是，农民以账目不清或没有分享使用该设施等，拒绝付费，并以躲藏、欺瞒、动用关系、以钱铺路等方式应对。为了解决以上问题，1986 年中央陆续出台文件，鼓励地方乡镇合并，直至 1996 年全国乡镇数量撤并为 45227 个，比 1986 年减少 26905 个。这一举措一定程度上减轻了财政的压力和农民的负担。不过，如果管理面积过大、人口过多，也会使管理鞭长莫及，工作难以到位，影响基层政府的服务能力。

同样，随着人民公社体制式微，生产大队组织和生产功能失效，乡村公共事务治理出现真空。80 年代广西罗山等县率先成立村委会开展自治。到 1984 年末，中国 70 多万个生产大队已被 95 万个村委会取代。其主要负责内容包括禁止酗赌偷盗、调解矛盾、管护农田水利、架桥修路、扶助孤寡和军烈属、保护耕地和森林、投工投劳重修村校等等，可见村委会是农民自我管理、自我教育、自我服务的组织单位。随着城镇化和工业化加快，青壮劳力进城，导致乡村空心化，村庄人少，居住分散，管理成本高。同时，由于政府土地财政理念主导，逐步推行合组并村。建制村合并后，村级人口规模平均应达到 3000 人左右，为生产要素的集聚和资源的合理配置创造了条件，缩减了村级运行管理成本，比如村两委干部职数的调减幅度近 40%，减轻村集体负担。但是，村干部由非脱产转变成脱产干部，甚至提倡编制化管理，加剧村两委的行政化和官僚化，而且行政村范围扩大两倍，管理人口规模更大，开展自治活动成本增加。

---

① 摘自 1983 年中共中央、国务院印发的《关于实行政社分开、建立乡政府的通知》。

四　新时期农村基本治理单元与治理结构的重构

新时期各地逐渐开展农村基本治理单元的研究，比如西藏自治区的日喀则市、湖北秭归县和广西壮族自治区荔浦市等对此进行有益探索，促使乡村治理呈现出较强活力，主要表现为涌现新的基本治理单元和治理实现形式，在此采用个案描述和深度访谈等研究方法，主要对下面几种样态进行具体阐述。

第一，基本治理单元下移，开展联户单元治理。西藏自治区日喀则市，海拔较高，气候寒冷，环境恶劣，交通不便。全市面积18.2万平方公里，总计人口87万人，下辖203个乡，1760个村（居）委员会。由于地处农牧区，地理面积广阔，人口集中度较低，户与户之间、村与村之间距离遥远，每个行政村管辖多个村民小组，造成管辖范围有几十平方公里甚至上百平方公里，加上几个村干部能力有所不及，致使行政村治理成本高，出现疲于应对、处置延误等问题。为了解决这些问题，西藏自治区实施基本治理单元下沉的改革创新，与我国历史上的间邻制度、保甲制度中邻里连坐互管的做法相类似（扎洛，2016）。根据住户相邻和邻里守望的地缘原则，由每50户改成5～10户就近组建一个联户单位，每个联户单位民主选举一名联户长，辅助村组干部对联户单位进行有效管理，重点实施"联户促增收、联户保平安"的工程，联户内部各户之间相互监督、相互服务，真正实现基层有效治理。据统计，2018年以来，全区共划分联户单位92666个，推选户长92666名，涉及80余万户300余万人。

第二，划小基本治理单元，开展村组单元治理。湖北省秭归县是集老、少、边、穷、库、坝区于一体的山区农业大县，下辖12个乡（镇）186个行政村，总面积2427平方公里，总人口38.2万人，其中农村人口31.6万人。2001年全县实行合村并组后，减少村级行政成本，但也带来诸多治理难题——行政村的平均面积达到10平方公里以上，平均人口1700多人，山高人稀，居住分散，村民会议难召开，村民意见难统一，农村政策宣传难到位，矛盾化解不及时，农村服务半径过大，基础设施等公益事业建设很难惠及所有农户等，加大了农村治理与服务的难度。为了解决这些问题，秭归县按照地域相近和规模适度的原则，在广泛征求村民意见的基础上，以30～50户为单位、地域规模为1～2平方公里的标准，将全县186个行政村1152个村民小组，重整为2035个自然村落。缩小村落单元，围绕国土整治、居民点建设、公路建设、田间道修建、安全饮水、农电升级改造等公益项目，让村民能更有效地组织起来，容易达成合作行为。同时，通过党领共治，促使村民自治运转起来，构建多层级、立体式的基层治理体系。这样既有效解决了村委会服务半径过大、管理服务难等问题，又大幅降低和减轻了行政成本和财政负担。

第三，扩大基本治理单元，开展片区单元治理。广西壮族自治区荔浦市双安村，地势险峻、四面环山，村民居住地分散，全村总面积 7 平方公里，总计 990 户 3240 人，下辖 5 个自然屯，每个屯平均面积为 1.4 平方公里。由于该村人口数量大，各自然屯距离较远，加上该村仅有 6 名村干部进行管理，遇到突发事件时，行政村事务治理滞后。为了解决以上问题，该村制定片区管理制度，按照就近管理原则，1~2 名村干部管理一个片区，节省管理成本。片区治理负责人住在该片区，身为该片区村民，对于该地村民知根知底，便于取得信任，提高了处理事务的效率。而且大片区往往以大族为单位，人口数量多，在落实上级政策任务时，一旦将大片区村民的思想做通，就能起到很好的示范作用，这样其他片区工作可以逐步推进，减少政策落地的阻力。因此，开展片区治理，能够克服已有自治内卷化与治理绩效较低的问题。

因此，基本治理单元不是一成不变的，而是发展的。不同历史时期，基本治理单元设置的变化，促使农村治理结构呈现不同样态（见表5）。传统农业时期，由于国家很少在场，村落因血缘和地缘而认同度高，围绕生产和生活事务，自治成本很低；当公共事务超出村落范围时，容易出现消极参与的集体行动困境问题，需要提高基层治理结构的层级才能够克服，实现有效治理。集体时期，国家权力向基层延伸，通过互助组形式发展生产，解决家户内劳动力和资源不足问题，可见互助组是一个有效的自治单元。为了进一步适应生产需要，以生产队为劳动组织，实行民主管理，而且公益事业建设未超出自然村范围，同样，生产队也是一个有效的自治单元；而生产大队和人民公社规模太大，地理范围很广，劳动生产和政策落实的合作成本很高，要想消除机会主义，需要政府强制，提高治理结构层级。改革开放以后，国家及时撤出，为了填补农村治理主体的空缺，又节约财政成本，推行乡政村治的治理体制。这时，乡镇是较大区域的服务和管理力量，乡镇人口规模在几百至几千人之间，是较为理想的管理单元。在村治方面，在行政村设置村委会开展自治。但是，由于乡镇政府职能转嫁，村委会行政化，治理结构层级逐步提升；后来，合村并组的举措更是加剧了这一趋势。由于行政村的规模扩张，农民参与公共事务的成本增加，导致村民自治悬浮。

另外，新时期各地都在进行基本治理单元探索，比如联户单元和村组单元，其倡导划小治理单元，鼓励治理结构层级下沉，提高自治效率，节约管理成本，回归自治本来属性，最大程度减少资源的耗散。介于行政村与村民小组之间的片区单元，强调片区统一管理，促使治理结构层级上移，便于产生基本治理单元的规模效应，增强单元自治能力，而保留行政村单元开展自治，本身治理结构层级较高，虽然存在行政化的趋势，但是，有助于国家服务职能下延，提高服务和管理效能。

表5　农村基本治理单元与治理结构变迁

时期	治理单元	治理组织	治理层级	自治性质
传统农业时期	村落、保甲、垸等	宗族、联保处、修防处等	低	强
集体时期	互助组、生产小队、生产大队、公社等	党支部、行政组织等	高	弱
改革开放时期	村民小组、行政村等	村委会等	较高	较弱
新时期	自然村、村民小组、片区等	议事会、户长会、理事会等	中	中

五　结论与探讨

当前城镇化、工业化步伐加快，在传统文化向现代文化过渡的时期，乡村治理既需要继承传统的治理智慧，又要关注现代元素嵌入。因而，新时代基层治理既不是对传统路径过分依赖，也不是一味强调现代治理技术功能，而是对于两者的积极借鉴和发挥。因此，要解决乡村治理悬浮问题，关键在于找到基本治理单元，组织内、外部成本均衡点即为基本治理单元取值点。还要兼顾基本治理单元规模性和层级性，找到有效治理结构与实现形式。

（一）找到适宜规模基本治理单元，降低乡村治理成本

任何一项治理活动都需要成本，到底是行政还是自治，需要从组织成本角度进行考量，具体路径就是找到适度规模的基本治理单元。公共物品的生产与供给要在适宜规模中实现，以此保证公共产品的供给效率，降低合作成本。如

果基本治理单元扩大，"搭便车"行为遭受惩罚风险小，就会出现集体不行动的现象。同样，由超越适宜范围的外部主体提供本可以由内部主体提供的公共物品，往往会挫伤基层内部参与积极性，形成低效率的治理机制。而划小基本治理单元有助于解决这种低效率问题，促成支撑组织的公共物品生产的高效机制。因为适度规模的基本治理单元，能够产生熟人社会的道德压力，有效约束村民的行为，从而降低监督成本。而且增强了公共产品供给和管理中的"搭便车"行为支付道德压力以外的成本的制约力量，例如，筹办公益事业时，村民能够采取"惩罚"手段，禁止他们享受部分公共物品，大大增加了村民的违约成本。不过，如果基本治理单元规模过大，会稀释自发"惩罚"方式的功能，以致其无法起作用。这时，集体行动成功与否很大程度上取决于行动者采取的激励方式和制度执行方面的能力高低。

根据基本治理单元规模和组织成本关系，可以对基本治理单元做进一步研判，找到适度规模的基本治理单元，有助于实现有效治理。虽然家户是基层治理根基，但遇到大型公共事务筹办时，单家独户或者联合的若干家庭因实力不足而很难担当重任，可见它们不是有效的基本治理单元。而自然村（村落）和村民小组，以及规模更大的片区，由于基本治理单元规模较小，便于产生集体行动，而且投机现象较少，它们是较为有效的基本治理单元。但是，它们大部分不是独立的和合法的组织实体。最后，行政村既是村民自治的主要载体，又是基本治理单元。它是宪法规定的开展群众自治的合法实体，在国家对乡土社会介入不断增强的情况下，尤其是那些缺乏集体经济的空壳村，通过县乡村多级联动，将更多资源输入乡镇和村庄，大大提升了乡村治理效能。因此，"规模适度"作为一种相对概念，是随着村民居住范围以及村民需求的变化而调整的，这就需要做到因地制宜、因时制宜，探寻适宜自治的适度规模。

（二）形塑多层级治理结构，实现治理形式多样化

摩尔根提出，"基本单元的性质规定了它所构成的组织性质，只有重视基本单元的性质，才足以阐明整个组织体系"（摩尔根，1997：234）。小型的基层单元，距离政权中心远，接近底层民众生活，受内生规则支配强，自治性质强。比如村组或者社区单元，较小规模的宗法关系和人缘评价，对于村民的规范压力远胜于村外主体。正如康有为所阐述的，国民关系并不是国与民直接面对面，而是国家直接面对小团体，小团体系由民自治，而且国家管理并非民直接所为，事实上主要由小团体实施（刘雪婷，2010）。基本治理单元规模扩大，覆盖群体数量增加，治理结构层级提高，与民众距离拉远，促使村民服从和配合的强制性增强。比如行政村单元，超越传统村落范围，村民直接参与村庄治理较难，需要外部权威力量补充，比如国家介入力度加强。同样，基本治理单元乡或区，规模很大，向着政府部门延伸，治理层级很高，谈判和议价能力较强，便于发挥其调配资源优势，开展公共事务治理。比如乡镇单元，不仅是基层政权实体，便于为乡村提供公共服务和公共物品，而且是党和国家推行政策、落实任务的基层组织载体，是国家控制基层社会的政权单位。

基本治理单元具有多样性，直接表现为治理结构与实现形式的多样性。在具体的实现形式上，当前基层社会治理选择怎样的治理结构？一方面，尊重自治传统，重视基本治理单元功能，提高基层自治效能。但是，不容忽视的是，随着乡村开放程度提高，工业化步伐加快，传统乡村文化功能逐渐被消解，需要正视时代变迁过程中，重新被生产出的多元基本治理单元存在的合理性和必要性。另一方面，在国家力量进村入户的情况下，不能忽视行政村和乡镇单元的作用，如基层社会稳定的维持，国家法律法规的贯彻，大型公共基础设施的管护，人口政策的实施，发展规划的订立。上述治理内容仅依靠单个家庭乃至整个村组织都是很难完成的，尤其强调服务重心下沉，亟须对乡镇公共服务职能重新定位。

（三）推进城乡有效融合，逐步向社区自治迈进

在城镇化大潮中，不少地方合村并居，发挥集中居住的规模效应。2018 年中央一号文件提到，深化村民自治实践，继续开展以社区为基本单元的村民自治试点工作。调查发现，社区很少由单个村民小组建成，多为若干个村民小组联合组建。比如山东、浙江等不少地方实行"一村一社区"或者"多村一社区"模式（民政部基层政权和社区建设司，2011：9）。以农村社区为基本治理单元开展的村民自治，则是村民自治规模的扩大，同样会碰到社区治理困境。这主要表现为打破血缘关系、"熟人社会"变成"陌生社区"和空间转变困难、社区融入度低等。要摆脱这一困局，不仅要靠政府进行制度创新和政策调整，而且要农民主体主动适应新角色。因而，要在身份再造过程中，外部动力和内生活力双向借力，由村民自治转变为居民自治，强化居民间的横向联系和居民与政府之间的互动。

在传统深厚的农耕文化中，农民长期处在稳定的"熟人社会"网络里，培育

了良好的自治传统。拆危房建社区，合并小居民点，转置为城镇体系之后，现代化的生活方式很难发挥传统自治的价值，新型社区治理亟须深化自治，进而激发社区自治的新活力。对于社区规模，如居民委员会在100户到700户之间，并下辖居民小组，在15户和40户之间，这样规模的社区可以为居民自治提供更多资源，自治能够满足更多居民的多样化需求。而且培育服务组织，促使居民进行自我管理和自我服务，很大程度上节约了管理成本。因为要形成集体行动，需要激活居民的主体和参与意识，培育其公共精神。另外，社区是居民自我管理和自我服务的单元，具有直接参与性。自治的直接参与性要求适度的组织规模。在社区党组织领导下，推行社区居民委员会、网格管理站、楼栋长三级共管模式，围绕社区楼宇文化和环境卫生等公共事务，统一收集居民需求信息，并开会讨论解决方案，依靠居民间平等的交流、沟通、讨论、妥协等协商民主方式，最后达成一致，发挥凝聚居民的积极作用，克服社区有效集体行动困境。

总之，以村组为单元进行的村民自治试点实践，证明村民小组或自然村自治仍然存在制度、组织和财政等方面的困难。当前国家强调行政村是基本治理单元[1]，要求因地制宜设置基本治理单元，重视多单元并存的价值。值得肯定的是，在村组单元设置理事会或者议事会等进行自治实践，在一定程度上扩大了自治权。但我们不能忽视行政村作为基本治理单元的法律性和合理性价值。未来基层治理改革方向应该是发挥基层多层级单元的价值和功能，并结合城乡融合背景，由"村组自治"向"社区自治"转变。

参考文献

陈明（2014）：《村民自治："单元下沉"抑或"单元上移"》，《探索与争鸣》，第12期。

邓大才（2019a）：《有效参与：实现村民自治的递次保障》，《财经问题研究》，第4期。

邓大才（2019b）：《均衡行政与自治：农村基本建制单位选择逻辑》，《中共中央党校（国家行政学院）学报》，第1期。

---

[1] 《关于抓好"三农"领域重点工作确保如期实现全面小康的意见》，2020年1月2日，中华人民共和国中央人民政府网，http://www.gov.cn/zhengce/2020-02/05/content_5474884.htm。

邓大才、张利明（2017）：《多单位治理：基层治理单元的演化与创设逻辑——以中国农村基层治理单元演化为研究对象》，《学习与探索》，第5期。

〔美〕吉尔伯特·罗兹曼主编（1989）：《中国的现代化》，"比较现代化"课题组译，上海：上海人民出版社。

康有为（1905）：《公民自治篇》，《康南海官制议》（卷八），广智书局。

刘雪婷（2010）：《作为地方自治基本单位的"乡"——论康有为〈公民自治篇〉中的政体设计》，《中国乡村研究》，第2期。

〔美〕路易斯·亨利·摩尔根（1997）：《古代社会》（上册），杨东莼、马雍、马巨译，北京：商务印书馆。

〔英〕迈克尔·曼（2002）：《社会权力的来源》（第1卷），李少军、刘北成译，上海：上海人民出版社。

毛泽东（1991）：《毛泽东选集》（第3卷），北京：人民出版社。

民政部基层政权和社区建设司编（2011）：《中国农村社区发展报告（2009）》，西安：西北大学出版社。

〔英〕普里查德（2014）：《努尔人——对一个尼罗特人群生活方式和政治制度的描述》，褚建芳译，北京：商务印书馆。

沈延生、张守礼（2003）：《自治抑或行政：中国乡治的回顾与展望》，《中国农村研究》，北京：中国社会科学出版社。

唐鸣（2020）：《从试点看以村民小组或自然村为基本单元的村民自治——对国家层面24个试点单位调研的报告》，《中国农村观察》，第1期。

项继权、王明为（2019）：《村民小组自治的实践及其限度——对广东清远村民自治下沉的调查与思考》，《江汉论坛》，第3期。

萧公权（2014）：《中国乡村：论十九世纪的帝国控制》，台北：联经出版社。

徐勇（2019）：《以服务为重心：基层与地方治理的走向——以日本为例及其对中国的启示》，《深圳大学学报》（人文社会科学版），第1期。

扎洛（2016）：《增加福利递送、缩小管理单元：西藏的村庄治理创新——洛扎县案例分析》，《西藏民族大学学报》（哲学社会科学版），第3期。

Organizational Cost Governance：The Structural Logic of Basic Rural Governance Units

Li Songyou

[**Abstract**] Effective governance is an important way to solve the suspension problem of rural governance. To achieve effective governance, it is necessary to determine the basic unit of effective rural governance. The survey found that the basic unit of effective governance is mainly the product of internal and external costs, and different internal and external transaction costs Different governance structures are shaped to connect different governance entities. It is necessary to match the differences in regulatory systems and strengthen the administrative or autonomy of governance units. This discovery was further confirmed in the process of transforming tradition to modern. In order to improve the efficiency of grassroots social governance in the new era, it is necessary to recognize the grassroots social governance structure and at the same time pay full attention to the status of the administrative village as the basic governance unit, find a moderately large-scale governance unit, allow diversification of governance forms, and gradually promote the integration of urban and rural areas. Realize community autonomy.

[**Keywords**] Effective Governance; Governance Structure; Basic Unit; Transaction Cost

体育型倡导：基于公共性的概念界定与案例分析[*]

王盈盈　甘　甜　王　名[**]

【摘要】在体育强国战略和大众消费背景下，社会组织愈发倾向于通过体育赛事实现倡导功能，然而，学术界尚未形成学理解释。基于体育赛事的公共性，本文提出"体育型倡导"概念，建构了包含表演、竞赛、平台和利益四个维度的理论框架，并以姚基金在武汉举办的第十届篮球慈善赛为案例，阐释框架应用及其治理逻辑。研究发现：社会组织在常规功能之上附加倡导功能，主动寻求更加有效的倡导行为策略，是组织从生存到成长的积极表现。社会组织通过体育型倡导向社会表达特定观点，特别是传达体育拼搏精神的价值，并且通过观演释放压力、竞赛催生斗志、平台促进信任和利益促成互惠四条机制发挥作用。体育型倡导实现了国家主导与社会自主、公民需求与社会供给、体育赛事与公益慈善三方面耦合，展现了社会成长及其与政府和市场的互动关系，为社会组织实现良治的行为逻辑提供了新认识。

---

* 本文为国家社科基金重大项目"中国特色社会体制改革与社会治理创新研究"的阶段性成果（16ZDA077）。

** 王盈盈，清华大学公共管理学院博士后，研究方向：国家治理、组织协作；甘甜（通讯作者），清华大学公共管理学院博士研究生，研究方向：基层治理、公共政策；王名，清华大学公共管理学院教授，研究方向：社会组织与社会治理、公益慈善。

【关键词】社会组织；体育型倡导；公共性；体育赛事；姚基金；慈善赛

一 问题提出

倡导（advocacy）是社会组织的核心使命，主要分为政策倡导（policy advocacy）和社会倡导（social advocacy）两类。虽然政策倡导因影响政策议程和政治过程备受关注，但社会倡导围绕社会现象或议题的公共表达同样非常重要。中国情境下的社会组织因政策参与和倡导功能受到一定程度的规范和限制（张勇杰，2018），因此多数组织选择策略性地减少政策倡导行为，以减少组织生存的制度性障碍，更热衷于"去政治化"的社会倡导行为（王诗宗、宋程成，2013）。而且社会组织还会将倡导功能与志愿服务等常规功能相结合，以满足表达和组织生存的需要。

有关社会组织倡导行为，已有研究主要关注倡导目的及其影响，却忽略了一个重要问题：在同样的倡导目的下，为什么有些行为策略有效，而另一些却没有？学者们已识别的策略涵盖媒体、公众、专家、募捐及活动等，比如，曾繁旭（2006）发现社会组织会通过严谨和弹性的媒体策略来掌握媒体框架，从而改变议题走向。伴随全民健身和体育强国的提出，我国体育赛事活动日渐丰富活跃，越来越多的社会组织倾向于通过举办体育赛事来完成组织使命。然而，学术界多将这一行为解读为社会组织的服务功能，比如，体育慈善赛的筹款和募捐具有资源动员功能，体育课程支教具有公益服务功能等，尚未深度剖析其蕴含的倡导功能。综上，本文试图从倡导视角分析社会组织举办体育赛事活动的行为意义。

体育赛事的强大感染力和广泛群众基础，彰显出"公共性"，具有实现倡导的条件。它与发起议题、宣传报道、邻避运动等倡导策略不同，其公共表达层次因赛事组织的复杂程度而更加多元化。第一层次，体育赛事是一项技能比拼活动，技能越高，获得的荣誉也越高，能向观众传达竞赛拼搏精神，使观众认同通过拼搏战胜困难的行为意义，实现精神鼓舞的倡导功能；第二层次，体育赛事与慈善活动叠加形成一项复合活动，票款及周边配套产业收入成为捐赠来源，实现互帮互助的倡导功能；第三层次，体育赛事在特定时代背景下公开举办，还具有向国家和社会公开表达特定观点的倡导功能。这些倡导功能均依托体育赛事活动来实现，本文将社会组织通过体育赛事实现倡导功能的行为策略称作"体育型倡导"。下文将对体育型倡导的概念内涵、作用机理及治理逻辑进行分析，以期对实践中社会组织通过举办体育赛事实现倡导功能的行为形成学理解释。

本文首先从社会组织倡导理论和体育赛事的公共性出发，提出体育型倡导的概念框架；然后以姚基金的篮球慈善赛为案例，阐释这一理论框架的应用价值，检验其对社会组织通过体育赛事实现有效倡导行为的解释力；再者，进一步阐释体育型倡导行为所反映的国家和社会治理逻辑；最后归纳实践启示并提出政策建议。

二 文献综述

社会组织倡导是指个人或组织通过一定的行动策略向社会公众或政府部门营销特定理念，从而有效影响公共政策或社会发展的行为（Andrews & Edwards，2004）。在社会组织倡导行为的研究方面，主要存在结构功能和行为互动两大视角。

首先，结构功能视角关注倡导行为是否发生。在国家与社会关系中，社会结构对行动者具有决定性影响（吉登斯，1998）。因此，拥有合适的社会基础，成为社会组织倡导行为发生的关键因素（王诗宗、宋程成，2013）。当前相关研究大体可分为制度关联、社会动员和个人领导力三个方面：（1）关于制度关联，一方面社会组织主动与政府建立联系，包括寻找挂靠单位或承接政府任务（和经纬等，2009），主动进入国家机关工作（李朔严，2018）或依靠非正式关系与国家机构人员建立联系（张紧跟、庄文嘉，2008）等，另一方面国家也主动寻找并吸纳社会组织，为它们提供制度化的倡导渠道（纪莺莺，2016）；（2）关于社会动员，一方面社会组织积极发动媒体，包括策略性地发起议题（曾繁旭，2007）、改变议题发展方向（曾繁旭，2006）或依托新媒体扩散传播（邹东升、丁柯尹，2014）等，另一方面社会组织积极鼓励公众参与，通过各种方式尽可能动员不同类型的社会公众参与进来（王洛忠、李奕璇，2016；邹东升、包倩宇，2015）；（3）关于个人领导力，国内外学者均发现社会组织领导者的经验（Berry，2010）、能力（Schmid，2013）及认知（Garrow & Hasenfeld，2014）等因素影响着倡导行为的发生概率。结构功能作为静态的研究视角，虽有助于我们理解为什么有些社会组织倡导行为更容易发生，但却无法动态地考察倡导行为策略生效的过程。

其次，行为互动视角关注倡导行为是否有效。社会组织实施倡导行为过程中的国家与社会互动影响着倡导效果（纪莺莺，2013）。回应权威部门政策是社会组织获得政府支持并促进倡导有效的重要策略（郁建兴、沈永东，2017）。通常，社会组织采取一种折中策略，既与政府保持合适距离，又能保证自身相对独立性，从而实现有效倡导（杨佳譞、孙涛，2019）。而且，部分已实现生存的社会组织，会选择在常规功能之上附加倡导功能，从而实现公共表达目标（Child & Grønbjerg，2007）。这样的行为体现了社会组织从生存到成长的意义。此外，许多学者致力于建构指标体系，以此评估社会组织的倡导行为效果，形成 APC 评估模块（邓国胜，2004）、结果导向的公共服务评估指标体系（朱晨海、曾群，2009）等。这些研究虽有助于理解社会组织的倡导行为，但当前，社会组织通过体育赛事实现倡导的作用机制仍是"黑箱"，亟待进一步解释。

为此，本文聚焦社会组织的体育赛事活动，重点考察社会组织举办体育赛事的倡导意涵、作用机理与治理逻辑。这样的理论探索工作，有助于形成行为互动的微观解释机制，捕捉社会组织倡导过程中的动态关系（金太军、张健荣，2016），进而形成对社会组织倡导行为作用效果的理论增益。

三　概念框架：公共性与体育型倡导

体育型倡导是指社会组织通过体育赛事实现公共表达的行为。这类行为主要依托体育赛事的公共性（publicity）来实现表达目标。公共性的核心内涵是创造公共利益而非私利。从场域视角来看，公共性产生于不同场域的主体行为互动中，是这类行为互动中符合正义价值的成分（张法，2010）。李友梅等（2012）将公共性宽泛地理解为"参与"，划分为政治参与和社会参与两类。本文则增加了市场视角，将公共性区分为国家公共性、社会公共性和市场公共性。其中，国家公共性强调国家行政机关依托公共权力和层级结构创造公共利益；社会公共性强调社会组织受使命驱使创造公共利益；市场公共性则强调企业在营利之余承担社会责任而创造公共利益。体育赛事活动是一项多方参与的综合性集会，按照哈贝马斯（1999）对公共性的界定，体育赛事活动具备公共群体、公共信息和公共场所"三要素"，因此是典型的公共领域，具有公共性特征。

体育赛事的公共性有多个面向。体育赛事自古以来受到人们热爱且与大量历史事件关系密切，比如，奥运会起源于古希腊人民增进民族认同感的活动，马拉松比赛起源于雅典人菲迪皮茨跑步回家通报战役胜利喜讯而牺牲的故事。而且，体育赛事能在两国交往中发挥"体育外交"作用（李德芳，2008）。可以说，体育赛事涉及国家和社会诸多领域，群众基础广泛，传播渠道开放，感染力独特，具备在短时间内爆发巨大传播力、产生巨大影响力的可能，是产生公共性的重要载体。实践中的体育赛事活动举办主体可以是国家（如奥运会）、企业（如超级联赛）或社会组织（如体育慈善赛）等单方或联合体，因此其公共性在实践中呈现为国家公共性、社会公共性、市场公共性或三者复合的特征。

体育赛事活动虽然是体育型倡导的重要载体，但并不都具有倡导功能。我们基于社会组织行为特征和公共性"三要素"两个原则来做判断：一是由社会组织（这里指民办社会组织）牵头举办，基于特定社会背景或议题发起；二是具备公共性的"三要素"，包括非特定的受众且公众既可以参加比赛（如马拉松比赛），也可以观看比赛（如篮球赛），向全社会开放的公共信息及舆论，以及供参赛、观赛和讨论的场地及媒介平台等公共场所；三是赛事活动不以营利为目的，收入主要用于慈善公益。基于这一标准，国家举办的奥运会、全运会等赛事，民间举办的校内运动会、单位运动会等小规模封闭赛事，以及企业举办的美国职业篮球联赛（NBA）、足球中超联赛等商业赛事均不属于体育型倡导。综上，体育型倡导是社会组织基于体育赛事的公共性，向社会公众表达体育拼搏精神价值的倡导行为策略。下文将分别阐释四个维度的公共性及作用机制。

（一）表演的公共性：公共消费

公众观看体育赛事会产生精神愉悦，具有欣赏体育之美、享受娱乐并暂时逃离日常生活琐事等作用（Won & Kitamura，2007）。从消费角度看，公众购票观看表演并产生精神愉悦的行为属于精神消费（陈华，2013）。体育赛场上的竞技行为是人类精神愉悦的动态象征，这是体育赛事的表演属性功能（李祥林，2021）。而且，公众对体育明星的崇拜，进一步强化了这一消费效用（谢劲、孙南，2017）。观众欣赏自己所喜爱的体育明星时，将他们视作受敬仰的英雄，与他们共同享受胜利的喜悦，有助于观众释放内心压力。新媒体技术扩大了体育赛事的传播范围，增强了观赛群体的多元性，从而扩大了精神消费规模（王相飞、张巧玲，2015）。根据公共性特征，体育消费可以划分为个人心灵放松和压力释放的私人效用，以及群体共同观演产生社会正义的消费（李采丰、杨宗友，2016），即私人消费和公共消费。其中，公共消费构成体育赛事的表演公共性，促使观众形成彼此理解的公共记忆，产生积极社会预期。

（二）竞赛的公共性：公共精神

在体育赛事中，无论是参赛者还是观赛者均能体验到体育精神的力量（吴国栋、殷怀刚，2021）。这种体育精神的作用机制在于化解不确定性，即参赛和观赛者通过拼搏和努力来实现确定性结果（Fink et al.，2002）。而且人类天生具有身体对抗的欲望，需要通过排遣它来维持身心平衡，参加或观看体育比赛成为广为接受的方式（刘润生，2007）。对于参赛的运动员、教练员及利益相关方，竞赛带来直接的胜负体验，激发精神层面的荣辱感或产生物质得失；对于观众，观看体育赛事具有竞赛模拟的戏剧体验（Robinson & Trail，2005）。因此，体育赛事的竞赛属性在于其所象征的化解不确定性的精神面貌。人们对于体育赛事或竞技的强烈爱好，源于对竞赛精神的向往。根据公共性特征，这种竞赛精神可划分为个体之间零和博弈下胜负结果的私人精神，以及人类共同化解外部不确定性的公共精神。私人精神催生了个体独立人格和价值观，公共精神则形塑了群体共同价值观念（陈琦等，2006）。这种公共精神构成体育赛事的竞赛公共性，有助于激发参赛和观赛群体的斗志，产生拼搏精神并通过投射效应形成积极的社会预期。

（三）平台的公共性：公共领域

体育赛事还提供了特定空间和时间段内自由交流的平台。古代奥运会作为古希腊各城邦之间为打破小国寡民阻隔而建构的经济文化交流平台，既是个体信息交互的私人领域，也是不特定个体之间共享公开信息的公共领域。在哈贝马斯（1999）看来，报刊、沙龙、咖啡馆等不同空间媒介所形成的公共领域，成为自由讨论公共问题的平台，因此具有社会舆论及政治功能；他还指出，人们对公共空间的探讨正是源于对古希腊体育活动场所的研究。在古希腊的集体宗教活动中，体育以竞技大会形式出现，帮助人们形成集体认同感及城邦价值感（于华，2008）。在体育赛事构成的公共平台中，人群涌动、语言呐喊及赛事进程激发共同体意识，形成群体内共通的公共表达符号和文化意识，成为现代社会中最为盛大的庆典符号。而且，社会组织举办的体育赛事活动，还往往带有公益慈善功能，比如捐赠、支教等，有助于建构关怀广阔的公共平台。这种公共领域构成体育赛事的平台公共性，有助于全社会不特定个体之间的信息共享和充分表达，产生公共交往和紧密联系的社会资本，促进人们获得公共人格及对公权力的信任（帕特南，2011）。

（四）利益的公共性：公共利益

促进体育赛事专业化、商业化发展的机制是相互交换利益。全球范围内的体育赛事商业化运作日臻成熟，例如搏击赛、足球联赛、职业篮球赛等（江小涓、罗立彬，2019）。多方利益诉求的耦合，是公益慈善属性的体育赛事活动成功举办的关键。一方面，体育赛事项目管理的商业运作包含球员经纪、教练经纪、装备产业及医护产业等（Pfitzner & Koenigstorfer，2017）；另一方面，公益慈善项目运作逻辑促进体育慈善事业的完善（Palmer & Dwyer，2019）。体育赛事所形成的门票及周边收入，一部分成为体育赛事商业运作的收益，另一部分成为公益慈善募捐的资金来源。二者均是互惠互换通道中的利益往来，前者是私人利益，后者是公共利益。公共利益的根本特点是具有间接或直接的可共享性。这种公共利益构成体育赛事的利益公共性，有助于建立引导各方组织协作行为的重要准则（Eisenberger et al.，1987），最终实现公共利益及互惠互换。

综上，本文提出体育型倡导的概念框架，如图 1 所示。

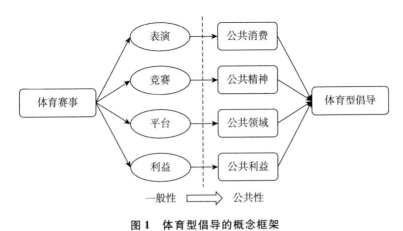

图 1　体育型倡导的概念框架

基于这一概念框架，我们能够解释现实中不同的体育赛事类型，比如，社区发起的家庭健身跑活动，是一项小规模表演、轻量级竞赛、小范围平台及小体量利益的活动，旨在倡导百姓热爱生活、加强锻炼、和睦相处；还比如，2014 年由美国波士顿学院前棒球选手发起的冰桶挑战①，是一项表演成分很强、竞赛属性轻微、平台范围广泛且利益网络庞大的活动，旨在倡导社会关注"渐冻症"并达到募款帮助治疗的目的。伴随中国社会的发展，民间及民办社会组织愈发热衷于通过体育赛事实现对社会的公共表达。考虑到"体育型倡导"是学界尚未深入系统剖析的新领域，下文将通过典型个案来阐释这一概念框架的应用效果。

四 框架应用：基于姚基金篮球慈善赛的个案分析

（一）研究设计：个案方法与资料收集

个案研究可以深入了解事件发生的全过程，有助于学界从中获得对同类事件或行为的深刻理解（殷，2004），实现"从故事到知识"的飞跃（张静，2018）。由于本文致力于构建概念框架，探索体育赛事公共性与社会组织实现倡导使命之间的作用机制，因此使用案例分析最为合适。所选案例发生于 2020 年暴发新冠肺炎疫情的武汉市，属于公共危机应对情境。2020 年，第十届姚基金慈善赛在方舱医院之一的武汉体育中心举办，在完成常规支教捐赠服务的基础上，通过确定慈善赛主题"武·YAO 动起来"，向全社会表达了武汉人民抗疫过程中的顽强品格、乐观态度以及对美好生活向往的精神面貌（新华社，2020a）。一家民办社会组织——姚基金成功举办篮球慈善赛，由此倡导武汉及全国复工复产，早日从疫情"阴霾"中走出来（新华社，2020a）。

研究者采用了多种渠道收集一手及二手案例资料。一方面，研究者于 2020 年 10 月 3 ~ 5 日，在慈善赛活动现场近距离观察赛事活动的全过程，并通过现场交流获得访谈资料。另一方面，研究者通过网络、报纸等媒体收集相关资料，了解案例进展及多方评价信息。慈善赛包含正赛（即篮球赛）、公益论坛等一

---

① 说明：该活动要求参与者在网络上发布自己被冰水浇遍全身的视频内容，然后该参与者便可以要求其他人来参与这一活动。活动规定，被邀请者要么在 24 小时内接受挑战，要么选择为对抗"肌萎缩侧索硬化症"捐出 100 美元。

系列活动，其组织过程如表 1 所示。

表 1 第十届姚基金慈善赛的组织过程

日期地点	具体活动
8 月 28 日北京	启动新闻发布会
10 月 3 日武汉	火神山医院探访、赛前新闻发布会、慈善晚宴
10 月 4 日武汉	公益论坛、篮球嘉年华、奥林小学探访、正赛（篮球赛竞演）
10 月 5 日武汉	返程

（二）案例分析：姚基金篮球赛的倡导作用

姚基金举办武汉篮球慈善赛，既是一次常态化帮扶弱势群体，为希望小学提供教育服务的活动，也是一次向社会公众传递体育精神，为武汉市民注入体育热情和活力的社会倡导活动。这场活动的倡导命题是"助力抗疫、致敬武汉"（光明网，2020），并被新华社评为"2020 年中国体育十大新闻"之一（新华社，2020b）。这证明社会组织通过体育赛事完成了倡导使命，实现了"体育型倡导"。下文将围绕体育型倡导的四个维度，阐释这项赛事实现倡导的作用机制。

1. 观演有助于公众释放压力

姚基金通过电视频道、网络平台直播等多渠道传播方式，让武汉民众、全国观众，甚至全球公众看到了篮球慈善赛的盛况。在新冠肺炎疫情期间，姚基金选择在武汉举办这场比赛，成为疫情暴发之后全国最盛大的公开活动之一，引起了广泛的关注。尤为特殊的是，由于本次疫情带来极度压抑与紧张的情绪，这场比赛凸显了观众观演的心灵放松作用。

> 这场比赛真的太及时了，我在现场边看边哭，感动于我们热爱的生活又回来了。①
>
> 我以前经常来体育中心打篮球，可眼看着体育中心变成了方舱医院，我内心特别不是滋味。所以一看到这场篮球赛宣传，我就马上买票要来看，今天能在现场看球真是太高兴了。②

---

① 访谈资料：观众代表 C，20201004。
② 访谈资料：观众代表 D，20201004。

人们暂时脱离疫情的阴霾，短暂地忘却失去亲人的痛苦，通过嘶喊、尖叫的观众角色来宣泄疫情之下的紧张情绪，并释放封城带来的心理压力。"这场比赛的视频报道发到网上后，多家官媒转发报道，还上了微博热搜。"① 可见，这场篮球赛成为疫情期间的一个文化符号，是社会公众对武汉及中国必将战胜疫情的积极预期象征。

2. 竞赛催生战胜疫情斗志

姚基金篮球赛虽然与普通篮球赛一样设置四节比赛，但上场成员更具开放性。其中，第一节和第四节由受邀的专业篮球队员对决，第二节则由武汉本地医护人员与专业运动员混合对决，第三节是希望小学的小队员对决。通过第二节和第三节特殊的参赛成员设置，篮球赛不仅让观众体验到竞赛快感，还让更多代表性群体参与到比赛中，进一步强化竞赛体验。

> 第二节比赛是地方企业组织武汉医护人员和国际队员，对抗 CBA 中国篮球明星队，这几乎成为当晚全场的高潮。②

观众们看到奋斗在一线的医护人员上场比赛，不仅产生敬意，更是通过他们在场上的奋斗拼搏体验到他们与病毒抗争的精神。同时，小队员的上场及积极拼抢，也让观众产生为祖国未来拼搏的斗志。而且，篮球赛作为以投篮为中心的身体对抗性活动，让观众看到高水平篮球运动员展现出的身体强健力和爆发力，使得观众产生对战胜疫情信念的投射。每一次篮球入篮，都带给观众欢呼的机会和战胜疫情投射的积极体验。这场篮球赛之后，武汉体育中心正式恢复体育活动，武汉公众战胜疫情的斗志更加昂扬。

3. 平台促进相互信任达成

姚基金篮球赛在武汉新冠肺炎疫情防控期间，外化为短暂的沟通媒介，成为帮助政府动员公众、宣传武汉坚持抗疫的公共平台。一方面，这场活动通过公开售票购票、慈善晚宴募捐及篮球嘉年华等环节，为公众建立了公共联络平台，让武汉通过体育与外界产生联系；另一方面，这场慈善赛延续了往届的服务功能，为公众关心希望小学弱势群体提供了表达机会。姚基金对于希望小学

---

① 访谈资料：组织方代表 A，20210210。
② 访谈资料：组织方代表 A，20210210。

的关注和资助，为贫困家庭送去了关怀和温暖，弥补了政府能力的不足。

> 我们协办的是街边的篮球嘉年华活动。社会公众特别愿意参与进来，跟篮球明星互动，也跟我们互动。我们感受到百姓都太想走出家门了。所以这场活动来得太及时了，而且武汉市政府觉得我们在帮他们，武汉公众也认为我们帮助了他们，我们也很有获得感。[①]

篮球慈善赛系列活动，促进社会公众彼此信任和交往，还促进公众对公权力的信任，而相互信任有助于形成公共危机治理期间的集体行动，促进公众对政府安排的制度遵从（徐彪等，2020）。

4. 利益促成多方协作互惠

姚基金与中国青少年发展基金会、武汉市人民政府三家作为主办单位，邀请中国篮球协会联合发起，并选择数十家单位参与赛事运营、合作及传播报道等活动协办，通过建立互惠互换的利益渠道促成组织协作，完成赛事及系列活动的运作。多元组织协作的实现，有赖于各方利益互惠，体育商业、公益慈善及危机救助等多元利益的权衡和流通，促成了政府、企业、社会组织及公众等多方之间的组织协作。据新华社报道，这届赛事成为中国体育与慈善跨界融合的范例（新华社，2020a）。姚基金日臻成熟的组织运作能力，也是这场比赛能实现倡导功能的客观基础。

> 筹办最初几届慈善赛的时候，姚明需要亲自挨个儿给国际球员打电话，如果能邀请到的球员是10个，他需要打出去电话沟通的对象可能是30个，甚至50个，而现在我们已经和多家知名运动品牌形成结对合作关系，也逐渐形成慈善赛邀请球员的规范机制。[②]

公共利益的互惠互换主要体现在四个方面：帮助政府化解公共危机，既动员了辖区公众，也向外宣传了武汉抗疫的坚定意志；提升了社会组织在体育、慈善和教育领域的影响力；满足了社会公众释放压力和参与社会活动的需求，

---

① 访谈资料：组织方代表B，20201201。
② 网络资料：姚基金公众号报道，20201004。

为武汉城市"重启"起到了重要的动员作用；为体育赛事商业化运作提供了新的经典案例和实践范本。

五 进一步阐释：基于姚基金体育型倡导的治理逻辑

姚基金的篮球慈善赛，为本次疫情期间扭转社会情绪、化解公共危机起到了催化作用。从举办大型活动到宣扬体育精神，姚基金实现了向全社会公开表达的倡导使命，对社会治理起到了积极作用。本文通过进一步阐释，来归纳这一典型案例所蕴含的治理逻辑，从而拓展体育型倡导的理论应用价值。

（一）国家主导与社会自主的治理耦合

中国体育文化事业运作体现了强烈的国家主导治理逻辑。国家意志通过层级化组织自上而下贯彻到社会，维持和延续了现有的社会秩序。体育赛事作为文化教育的载体，成为国家整合社会价值观念的重要手段，也是现代国家有效治理的基石。我国体育事业长期处于举国体制管理模式中，这种体制促进了体育事业的快速发展，但也限制了体育事业的多元化和创新式发展。体育型倡导的出现，意味着我国体育事业正从举国体制中走出来，向垂直分化的国家与社会相结合体制转型，以建构水平分化的国家管体育、社会办体育新格局（熊文等，2016）。而且，体育赛事的倡导功能是社会组织在常规服务功能之上附加倡导功能的复合机制体现，彰显民间智慧的创新力，反映自下而上的自主治理逻辑。国家赋予社会自主空间，是对国家主导逻辑的有效补充。国家为社会自主治理赋能，特别是寻求自上而下主导逻辑与自下而上自主逻辑的耦合，是社会活力及可持续发展的保障。

在武汉新冠肺炎疫情危机情境下，姚基金的篮球慈善赛排除万难并成功举办，彰显了国家主导与社会自主的治理耦合。武汉市因疫情封城的管控解除后，虽逐步恢复了正常生产生活秩序，但疫情防控工作已耗用了大量行政资源，导致原先部分工作因行政资源短缺而暂时无法恢复。例如，大部分方舱医院虽然已拆除，但恢复到往常功能还需要新的资源和组织工作。在这种困境下，作为民办社会组织的姚基金向武汉市政府提出合办篮球慈善赛的想法之后，得到了武汉市政府的大力支持。"现在的武汉市是最安全的城市之一，现在的武汉是全面向好的城市，我们非常感谢姚基金能把本届慈善赛带到武汉，这对武汉体育事业的复苏有着重要作用。"[1] 政府在公共危机治理的社会重建环节，面临公共行政资源极度短缺的治理困境，这为社会组织自主治理发挥作用提供了机会。

（二）公众需求与社会供给的供求耦合

公民对于体育赛事活动的需求，既是强身健体的需要，又是文化精神层面的需求。相比于其他公共文化事业，体育赛事活动不完全受国际政治经济关系的影响，如全球定期举办的奥运会、足球联赛等一系列赛事。过去十多年来，中国体育事业发展迅猛，体育产业增加值的增长速度一直显著高于 GDP 的增长速度（江小涓，2019）。中国公共文化体育事业及产业发展迅猛的背后，是公众对体育热情的日益高涨及体育消费能力的提高。而且公众对体育项目的需求呈现多元化和高端化态势，从过往的体育健身、培训项目，逐渐向马术、攀岩等中高端项目，甚至电子竞技等新业态项目扩展。体育型倡导在这一宏观背景下产生，为社会组织回应公民对美好生活的向往提供了可能。而且，社会组织成功实现政策倡导并非由于其能够改变政府的政策意图，而是在于其政策方案能够回应权威部门方案（杨佳諲、孙涛，2019）。因此，社会组织发挥了智库咨询而非干预决策的功能。体育型倡导对于社会组织的意义在于当体育赛事活动恰好契合公众渴望被鼓舞、被激励的心灵需求时，其行动逻辑便发挥作用。

在社会大型活动普遍中断、疫情防控常态化的情况下，公众积聚了不安情绪，需要合适的排解途径，姚基金武汉篮球赛的举办恰逢其时。武汉市采取长达 76 天的封城措施，要求全城公交、地铁、轮渡、长途客运暂停运营，市民不得离开武汉（新京报，2020）。2020 年 4 月 8 日武汉解禁后，政府仍旧采取地毯式追踪与网格化管理的方式（徐彪等，2020）。武汉公众遵从制度安排，但也产生了害怕感染的恐惧心理，并且通过互联网、亲友网络进一步传播和放大，导致摆脱不安情绪、释放压力成为社会普遍需求。尤其是，武汉封城重创公众的正常生活秩序，公众渴望恢复常态的需求为体育赛事供给提供了窗口。而且武汉的体育群众基础深厚，"武汉的体育产业向来就拥有广泛的群众基础，而疫情后大家对生命的敬畏、对健康的理解及对体育的向往更是达到了一个新的平

台"。① 相比于看电影、看画展、听音乐会等活动，观看大型体育赛事成为武汉复原的最佳选项。此外，武汉医护人员 2015 年自发成立的"男丁格尔"篮球队在这次篮球赛中上场，成为公众接受篮球赛作为"启动键"的关键。②

（三） 体育赛事与公益慈善的功能耦合

体育赛事专业化运作的渐进成熟，为其进一步扩大影响力奠定基础。首先，姚基金的体育赛事运作离不开姚明的个人作用。姚明在国内体育明星指数排名中位居前 10（江小涓，2019）。他既是中国篮球协会主席，也是亚洲篮球联合会主席，具有很强的明星效应和体育号召力，这使得姚基金相比其他社会组织拥有更多和更强的体育资源及调集能力。其次，姚基金已举办十届篮球慈善赛，形成了一套相对成熟和完善的项目管理模式，包括赛事项目管理、公关运作及慈善募集资金等。而众多机构愿意为这场活动加持，也源于对姚明个人和姚基金品牌的认可，"姚基金慈善赛是中国影响力最大的体育公益赛事"。③ 姚基金的慈善赛和希望小学篮球季活动构成一个公共服务的完整体系。体育赛事的专业运作为赛事附加倡导功能奠定了基础。

社会组织的公益慈善使命是其发挥倡导功能的关键。姚基金最初设立在青基会之下，是青基会的孵化项目，逐渐成长，最终独立注册运作。这成为社会组织与政府形成平等合作模式的重要基础，也是社会培育和政社合作新常态的体现（王名等，2014）。向社会倡导议题，是社会组织从生存到成长的重要标志。姚基金通过体育型倡导，既帮助政府动员本地公众遵从危机管控制度，也向外界宣传武汉精神面貌，还能倡导公众积极乐观，释放公众心理压力。这些效用成为社会组织实现使命价值的象征，提高了社会组织合法性。

综上所述，体育型倡导实现社会治理的内在逻辑启示，如图 2 所示。

社会组织通过体育型倡导实现社会良治的行为逻辑，是现有国家与社会格局之下的内生产物。公共性与体育型倡导之间，是相互促进而非简单的因果关系，前者既是后者的本质内涵，又是其根本动力。因此，体育型倡导所能发挥的治理功效，取决于体育赛事公共性发育的充沛程度。换言之，上述揭示的治理逻辑，构成体育型倡导发挥更重要作用和形成更深刻逻辑的重要基础。

---

① 访谈资料：组织方代表 A，20201201。
② 访谈资料：组织方代表 B，20201201。
③ 网络资料：姚基金公众号报道，20201004。

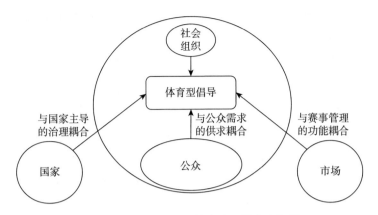

图 2　体育型倡导实现社会治理的内在逻辑

六　结论与讨论

本文基于体育赛事的公共性，首先建构概念框架，然后通过案例阐释框架应用及治理逻辑，主要形成以下理论贡献：（1）提出"体育型倡导"概念，丰富社会组织倡导策略类型；（2）将体育赛事的公共性分解为表演、竞赛、平台和利益四个维度，解构体育型倡导的作用机制；（3）阐释社会组织通过体育型倡导参与社会治理的内在逻辑，为未来社会组织实现良治的行为逻辑提供了新认识。

本文通过揭示社会组织的体育型倡导行为，发现了社会组织在常规功能之上附加倡导行为的复合功能，这一现象展现了社会组织从生存到成长的强烈发展意愿。当社会组织的常规功能日趋稳定时，便萌生发挥更大作用的成长动机，开始追求实现倡导这一更本质意义的组织功能，而这也是社会建设和发展的积极表征。体育型倡导在案例中表现为社会公共性和市场公共性的复合，在一定程度上构成对体育领域"国家公共性"的超越及取代，展现出广阔的实践潜力。为此，我们对体育型倡导实践提出如下政策建议：（1）在体育举国体制向国家与社会相结合体制过渡的过程中，国家除依托足协、篮协等官办社会组织管理体育事业之外，可出台鼓励性政策，支持有条件的民办社会组织更多地举办体育赛事活动；（2）国家出台强制性政策，限定社会组织与市场主体联合举办体育赛事活动的收益率，保证体育型倡导的公共性特征；（3）国家体育总局与民政部联合出台政策，明确社会组织在举办体育赛事活动中的行为规范，一方面引导培育社会组织提高生存与成长能力，另一方面鼓励市场主体和专业机构发挥专业技能，提高体育赛事专业化管理及运作水平。

以对社会组织倡导行为逻辑的认知为基础，研究者未来可进一步推进对体育型倡导行为的研究。在本文案例中，体育型倡导虽能实现公共表达，但无法规避政府干扰倡导议题的风险，这构成了体育型倡导行为的议题干扰难题，有待进一步求解。此外，未来研究者在关注体育型倡导理论效度的时候，应意识到本文案例中组织领导者姚明的个人身份也许是使这一个案成立的重要因素。那么，在中国情境下，未来如何克服体育型倡导受国家控制社会逻辑的干扰，以及如何验证多元情境下体育型倡导的适用性，构成这一理论概念拓展的研究方向。

参考文献

〔英〕安东尼·吉登斯（1998）：《社会的构成：结构化理论大纲》，李康、李猛译，北京：三联书店。

陈华（2013）：《体育消费力理论探索》，《广州体育学院学报》，第 4 期。

陈琦、杨文轩、刘海元、鲁长芬、邓星华、张细谦、冯霞（2006）：《我国当代体育价值观的研究》，《体育科学》，第 8 期。

邓国胜（2004）：《非营利组织"APC"评估理论》，《中国行政管理》，第 10 期。

〔德〕哈贝马斯（1999）：《公共领域的结构转型》，曹卫东等译，上海：学林出版社。

光明网（2020）：《助力抗疫 致敬武汉——姚基金携手武汉拉开 2020 姚基金慈善赛帷幕》，8 月 31 日，https://economy.gmw.cn/2020－08/31/content_34136327.htm。

和经纬、黄培茹、黄慧（2009）：《在资源与制度之间：农民工草根 NGO 的生存策略——以珠三角农民工维权 NGO 为例》，《社会》，第 6 期。

纪莺莺（2013）：《当代中国的社会组织：理论视角与经验研究》，《社会学研究》，第 5 期。

纪莺莺（2016）：《国家中心视角下社会组织的政策参与：以行业协会为例》，《人文杂志》，第 4 期。

江小涓（2019）：《体育产业发展：新的机遇与挑战》，《体育科学》，第 7 期。

江小涓、罗立彬（2019）：《网络时代的服务全球化——新引擎、加速度和大国竞争力》，《中国社会科学》，第 2 期。

金太军、张健荣（2016）：《重大公共危机治理中的 NGO 参与及其演进研究》，《华中师范大学学报》(人文社会科学版),第 1 期。

李采丰、杨宗友(2016):《体育赛事文化价值初探》,《广州体育学院学报》,第 5 期。

李德芳(2008):《体育外交:公共外交的"草根战略"》,《国际论坛》,第 6 期。

李朔严(2018):《新制度关联、组织控制与社会组织的倡导行为》,《中国非营利评论》,第 2 期。

李友梅、肖瑛、黄晓春(2012):《当代中国社会建设的公共性困境及其超越》,《中国社会科学》,第 4 期。

李祥林(2021):《中国体育竞赛表演产业发展的历程、逻辑与趋势——基于政府行为变迁视角》,《体育科学》,第 3 期。

刘润生(2007):《体育行为根源的历史演变过程》,《北京体育大学学报》,第 S1 期。

〔美〕罗伯特·K. 殷(2004):《案例研究:设计与方法》,周海涛主译,重庆:重庆大学出版社。

〔美〕帕特南(2011):《独自打保龄:美国社区的衰落与复兴》,刘波等译,北京:北京大学出版社。

王洛忠、李奕璇(2016):《信仰与行动:新媒体时代草根 NGO 的政策倡导分析——基于倡导联盟框架的个案研究》,《中国行政管理》,第 6 期。

王名、蔡志鸿、王春婷(2014):《社会共治:多元主体共同治理的实践探索与制度创新》,《中国行政管理》,第 12 期。

王诗宗、宋程成(2013):《独立抑或自主:中国社会组织特征问题重思》,《中国社会科学》,第 5 期。

王相飞、张巧玲(2015):《大数据背景下大型体育赛事新媒体的传播研究》,《武汉体育学院学报》,第 11 期。

吴国栋、殷怀刚(2021):《训练、竞赛、观众:疫情下竞技体育如何可能?——"没有赛事的训练"与"没有观众的赛场"工作坊综述》,《体育与科学》,第 3 期。

谢劲、孙南(2017):《体育观众观赏运动竞赛动机研究》,《北京体育大学学报》,第 3 期。

新华社(2020a):《十届姚基金慈善赛,成为中国体育与慈善跨界融合的范例》,10 月 21 日,https://xhpfmapi. zhongguowangshi. com/vh512/share/9484095? channel = weixin。

新华社(2020b):《新华社体育部评出 2020 年中国体育十大新闻》,12 月 29 日,https://baijiahao. baidu. com/s? id = 1687338608894079855&wfr = spider&for = pc。

新京报(2020):《从封城到解封,武汉 76 天经历了什么?》,4 月 8 日,https://baijiahao. baidu. com/s? id = 1663403038237789696&wfr = spider&for = pc。

熊文、张兴梅、文海燕、季浏(2016):《我国体育体制若干元理论问题研究》,《上海体育学院学报》,第 3 期。

徐彪、张士伟、郭宏骞、朱安钦(2020):《公众疫情防控制度感知对遵从行为的影响机理研究——基于新冠肺炎疫情的理论和实证分析》,《公共管理评论》,第 4 期。

杨佳諼、孙涛(2019):《回应性倡导:政策倡导中社会组织有效行动的解释框架——

基于 T 市与 S 市的双案例研究》,《公共行政评论》,第 2 期。

于华（2008）:《从宗教节日到体育盛会——从公共空间视角对古代奥林匹亚竞技会的再解读》,《成都体育学院学报》,第 10 期。

郁建兴、沈永东（2017）:《调适性合作:十八大以来中国政府与社会组织关系的策略性变革》,《政治学研究》,第 3 期。

曾繁旭（2006）:《NGO 媒体策略与空间拓展——以绿色和平建构"金光集团云南毁林"议题为个案》,《开放时代》,第 6 期。

曾繁旭（2007）:《环保 NGO 的议题建构与公共表达——以自然之友建构"保护藏羚羊"议题为个案》,《国际新闻界》,第 10 期。

张法（2010）:《主体性、公民社会、公共性——中国改革开放以来思想史上的三个重要观念》,《社会科学》,第 6 期。

张紧跟、庄文嘉（2008）:《非正式政治:一个草根 NGO 的行动策略——以广州业主委员会联谊会筹备委员会为例》,《社会学研究》,第 2 期。

张静（2018）:《案例分析的目标:从故事到知识》,《中国社会科学》,第 8 期。

张勇杰（2018）:《邻避冲突中环保 NGO 参与作用的效果及其限度——基于国内十个典型案例的考察》,《中国行政管理》,第 1 期。

朱晨海、曾群（2009）:《结果导向的社会工作评估指标体系建构研究——以都江堰市城北馨居灾后重建服务为例》,《西北师大学报》（社会科学版）,第 3 期。

邹东升、包倩宇（2015）:《环保 NGO 的政策倡议行为模式分析——以"我为祖国测空气"活动为例》,《东北大学学报》（社会科学版）,第 1 期。

邹东升、丁柯尹（2014）:《微话语权视域下的微博舆情引导》,《理论探讨》,第 2 期。

Andrews, K., & Edwards, B. (2004), "Advocacy Organizations in the U. S. Political Process," *Annual Review of Sociology* 16, pp. 479 – 506.

Berry, J. M. (2010), *The New Liberalism: The Rising Power of Citizen Groups*, Brookings Institution Press.

Child, C. D., & Grønbjerg, K. A. (2007), "Nonprofit Advocacy Organizations: Their Characteristics and Activities," *Social Science Quarterly* 88 (1), pp. 259 – 281.

Eisenberger, R., et al. (1987), "Reciprocation Ideology," *Journal of Personality and Social Psychology* 53 (4), pp. 743 – 750.

Fink, J. S., et al. (2002), "An Examination of Team Identification: Which Motives Are Most Salient to Its Existence," *International Sports Journal* 6, pp. 195 – 207.

Garrow, E. E., & Hasenfeld, Y. (2014), "Institutional Logics, Moral Frames, and Advocacy: Explaining the Purpose of Advocacy Among Nonprofit Human-service Organizations," *Nonprofit and Voluntary Sector Quarterly* 43 (1), pp. 80 – 98.

Palmer, C., & Dwyer, Z. (2019), "Good Running? The Rise of Fitness Philanthropy and Sports-Based Charity Events," *Leisure Sciences* 42 (1), pp. 1 – 15.

Pfitzner, R., & Koenigstorfer, J. (2017), "Corporate Running Event Participation Improves Organisational Climate in Employees," *Journal of Global Sport Management* 2 （4）, pp. 275 – 292.

Robinson, M. J. , & Trail, G. T. (2005), "Relationships among Spectator Gender, Motives, Points of Attachment, and Sport Preference," *Journal of Sport Management* 19 （1）, pp. 58 – 80.

Schmid, H. (2013), "Nonprofit Human Services: Between Identity Blurring and Adaptation to Changing Environments," *Administration in Social Work* 37 （3）, pp. 242 – 256.

Thornton, P. H. , & Ocasio, W. (2008), "Institutional Logics," in Greenwood, R. , Suddaby, R. , & Sahlin, K. （eds. ）, *The Sage Handbook of Organizational Institutionalism*, SAGE, pp. 99 – 129.

Won, J. , & Kitamura, K. (2007), "Comparative Analysis of Sport Consumer Motivations between South Korea and Japan," *Sport Marketing Quarterly* 16 （2）, pp. 93 – 105.

NP

Sports-based Advocacy: Concept Definition and Case Analysis from Publicity Perspective

Wang Yingying, Gan Tian, Wang Ming

[**Abstract**] In the context of *Strengthening the Country through Sports Strategy* and mass consumption era, non-governmental organizations （NGOs） are increasingly inclined to realize their advocacy functions through sports events. However, academic explanations have not yet been formed. Based on the publicity of sports events, this paper puts forward the concept of "sports-oriented advocacy" and the theoretical framework including performance, competition, platform and benefit, and takes the Yao Fund's 10th basketball charity game in Wuhan as a case to explain the framework application and governance logic. It is found that NGOs attach advocacy function to conventional functions, to seek more effective advocacy behavior strategies, which is the positive of organizations from survival to growth. NGOs express specific views to society through sports advocacy, especially convey the value of sports fighting spirit, and play a role through four mechanisms: watching performances to release pressure, competition to promote fighting spirit, platform to promote trust, and benefit to promote reciprocity. Sports-based

体育型倡导：基于公共性的概念界定与案例分析

155

advocacy achieves the coupling of state-led and social autonomy, citizens' de-mand and social supply, sports events and charity, showing the social growth and its interaction with the government and market, which provides a new understanding for NGOs to achieve good governance.

[**Keywords**] Social Organizations; Sports-Based Advocacy; Publici-ty; Sports Events; Yao Fund; Charity Game

《民法典》背景下社会服务机构的
"身份危机"及其法律化解[*]

王怀勇　　王鹤翔[**]

【摘要】 学界对于社会服务机构的观察多止步于其营利行为的违法性，而缺乏对之非营利性与法人形态限定的质疑。借助法条归纳与裁判梳理，可以发现社会服务机构在《民法典》职能主义的法人制度下面临"营利禁止"与"法人限定"的双重束缚但却难以退出的合法性困境；而捐助法人的"社团化"倾向又使之丧失了财团优势，因而不敌公司的制度竞争，造成自身的合理性危机。检视社会服务机构的规范特征，需重新厘定应然意义上的组织载体，解放其营利性，包容多种法律形态，并将之重新归为结构主义下的财团法人。出于民法既已成典的事实，较为务实的路径是对《民法典》第八十七条第二款与第九十五条分别作限缩解释与目的解释，并配以单行法修订的思路，但这并不排斥未来以结构主义法人分类彻底解决社会服务机构身份危机的可能。

【关键词】 社会服务机构；民办非企业单位；法人分类；财团法人；捐助法人

---

* 本文系国家社会科学基金重点项目"创新社会治理背景下社会企业法律规制研究"（18AFX018）的阶段性研究成果。

** 王怀勇，西南政法大学经济法学院教授、博士研究生导师，重庆市巴渝学者；王鹤翔（通讯作者），西南政法大学经济法学院博士研究生。

《民法典》的出台宣告了中国法治新征程的开启。一方面，慈母般的《民法典》广泛地确认和保护私权，尤其是财产权，赋予了个人对抗格劳秀斯所谓"征收权"的基本能力（孟德斯鸠，2012：579~580）；另一方面，百科全书式的《民法典》又呈现出对社会百态的规范与调整，否认了部分既存事实与自发秩序，表现出些许父权制的色彩。在《民法典》的二元面向下，社会服务机构既享受法律对于其"独立财产"的确认和保护，又面临法典中建构理性的剪裁与形塑，逐渐偏离了自身的现实面貌。

具言之，《民法典》以第八十七条给予了社会服务机构非营利法人身份，并结合第五十七条、第五十八条等确认了其民事权利能力、民事行为能力，保护了其所属财产；同时，在非营利法人概念的统辖下，《民法典》剥夺了其营利性，而以第九十二条、第九十五条等对其植入公益性、财团性与资产锁定性。可以认为，社会服务机构的民法构成是此前公法规制结果的法典投射，这当然体现出立法者对于法律衔接、统合体系的考量与高超技艺，但同时也引人思索公法本身对于社会服务机构的调整是否合理、准确。更进一步，社会服务机构的实际运行状态是怎样的？此前一系列条例、意见等公法规范适用效果如何？是否存在基于法律得以改良的空间？如果存在，如何迎合不同的法人架构？以及最为务实且重要的，上述一切应如何在民法既已成典的背景下作出回答？

一 《民法典》背景下社会服务机构的身份危机

社会服务机构源于所有制决定论背景下"国有"与"民营"在第三部门的分家。前者过渡发展成为事业单位法人，以主要"利用国有资产举办"为规范特征。[①] 后者则历经多种称谓，最终在《慈善法》中被命名为"社会服务机构"，并以"主要利用民营资产举办"为规范特征，在实现社会公益与结社自由等方面发挥作用。[②] 民政部《2019 年民政事业发展统计公报》的数据显示，

---

① 参见《事业单位登记管理暂行条例》第二条。
② 后者首先在部分条例、规范性文件中被称为"民营事业单位"；1996 年 7 月，中共中央政治局常委会专题研究民间组织管理工作，决定将这类组织命名为"民办非企业单位"，随后民政部颁布的《关于加强社会团体和民办非企业单位管理工作的通知》首次将其作为规范名称使用；为回应理论界的质疑，2016 年《慈善法》修订时再度将之更名为社会服务机构。

截至 2019 年在民政部门登记的社会服务机构已有 48.7 万家，约占全部登记社会组织①的 56%。这些机构广泛活跃于社会服务的各个领域，尤其是医疗、养老与教育领域以民办医院、社区诊所、养老机构、民办学校与培训机构等形式集中了 70% 以上的机构与 90% 以上的注册资本。不难看出，社会服务机构的整体发展趋势可谓欣欣向荣。然而，《民法典》的出台再次将之曝光在理论视野中，其合法性顽疾与合理性新症交相暴露，为自身的长期发展埋下隐患。

（一）"营利禁止"与"法人限定"：社会服务机构的合法性困境

《民法典》遵循职能主义，以组织成立目的为依据，将法人区分为营利法人、非营利法人以及起补充作用的特别法人。这种构建体系革新了《民法通则》中"企业""非企业"的二分法，又与之一脉相承。然而，在职能主义法人制度的规范下，社会服务机构的行为与样态具有明显的脱法倾向，渐成自身的合法性困境。

1. 非营利性困境

基于《民法典》第八十七条，"不向出资人、设立人或者会员分配所取得利润"成为机构的内在规定性。这是多年来公法规制思维的法典复写。在公法框架下，1998 年颁布、现行有效的《民办非企业单位登记管理暂行条例》第四条第二款规定了最广泛意义上的非营利性，② 第二十一条第二款规定了严格的收入分配指向，③ 第二十五条规定了包括警告、撤销登记在内的严厉罚则。④ 相关类似内容也在《社会服务机构登记管理条例》（《民办非企业单位登记管理暂行条例》修订草案征求意见稿）（以下简称"草案稿"）中得以承继。总的来看，"非营利性"是公法对机构的核心规范目的，而《民法典》扬弃了宽泛意义上的"非营利性"，将之限缩于利润分配层面，减少了法律对其发展的不当

---

① 此处"社会组织"包括社会团体、基金会与社会服务机构。详情参见《2019 年民政事业发展统计公报》，民政部官网，http://www.mca.gov.cn/article/sj/tjgb/。

② 《民办非企业单位登记管理暂行条例》第四条第二款规定：民办非企业单位不得从事营利性经营活动。

③ 《民办非企业单位登记管理暂行条例》第二十一条规定：民办非企业单位开展章程规定的活动，按照国家有关规定取得的合法收入，必须用于章程规定的业务活动。

④ 《民办非企业单位登记管理暂行条例》第二十五条规定：民办非企业单位有下列情形之一的，由登记管理机关予以警告，责令改正，可以限期停止活动；情节严重的，予以撤销登记；构成犯罪的，依法追究刑事责任：（六）从事营利性的经营活动的。

干扰。但即使如此，现实中的社会服务机构仍难以满足《民法典》的规范要求。

在理论界，几乎所有对社会服务机构法律政策有所关注的研究成果均谈及其营利现象。有学者将之作为现状予以描述，"当前中国民非的……营利色彩非常突出"（邓国胜，2005：15～21）；亦有学者以之为研究对象，并区分为"正当营利与不正当营利"行为（赵春雷，2017：42～47）；还有学者以案例梳理的方式展现社会服务机构的营利路径，并力图使之符合《民法典》对于非营利法人的要求（谢鸿飞、涂燕辉，2020：31～37）。纵然观点各异，但学者通常认为社会服务机构的营利现象已相当普遍，达到了监管部门力所不及的程度（谢海定，2004：26）。实务界的反馈也基本证明了这些学术判断。著名公益实践人士徐永光曾在多个场合表明："中国民办非的背后均有投资人在期待利润。"（徐永光，2017：47）通过对成都市相关部门的电话调研，笔者发现"社会服务机构营利或者变相营利的现象相当常见"。不过，碍于公法对之营利行为的严厉罚则，各方对此均讳莫如深，致使准确的量化数据难以呈现，但已有研究及实践反馈已能够印证这一典型事实。此外，社会服务机构营利现象也可以从司法裁判中一窥端倪。根据相关司法案件的裁判文书，① 可以发现机构的营利行为有两种实施路径：一是在章程中直接规定利润分配条款；二是在机构成立后，以合同的方式达成利润分配合意。颇为吊诡的是，在不适用《民法总则》的司法案件中，尽管存在严厉的公法管制，法官对于社会服务机构营利行为的态度仍十分开放，涉诉案件中支持营利行为的判决甚至占据多数。② 与上述现象形

---

① 笔者在北大法宝、无讼、中国裁判文书网等网络信息平台键入"社会服务机构"、"民办非企业单位"与"利润分配"、"盈余分配"以及"分红"等关键词交叉检索，共得到1217份裁判文书。经过筛选，选取其中法官在案件事实认定与裁判说理中表明是否支持社会服务机构营利行为的133份裁判文书，并根据其适用《民法总则》之情况予以分类。

② 法官支持的理由主要包括：基于社会服务机构章程认为其可以参照合伙企业分配利润，如龚国林与龚国升合伙协议纠纷案，参见南雄市人民法院（2017）粤0282民初771号判决书；基于社会服务机构章程认为其可以参照公司分配利润，如郭明等企业出资人权益确认纠纷案，参见北京市第三中级人民法院（2015）三中民终字第10557号民事判决书；认为公法中的相关规定为非效力性强制性规定而拒绝认定所涉合同、协议无效，如厦门鸿仁泰商贸有限公司与厦门两岸区域合作交流中心合同纠纷案，参见厦门市中级人民法院（2014）厦民终字第1001号判决书。

成对比的是，在适用《民法总则》的案件中，仅有 1 例得到司法支持，① 其余案例中法官均引用《民法总则》第八十七条表达了不予支持的态度（见表 1）。不难发现，在《民法总则》与《民法典》将社会服务机构归于非营利法人后，法官失去了该问题的"自由裁量权"，使裁判结果渐趋一致。

表 1　社会服务机构营利行为的司法认定

单位：件

	支持利润分配	不支持利润分配
适用《民法总则》的案件	1	20
不适用《民法总则》的案件	61	51

综上，在《民法典》背景下，社会服务机构的利润分配行为势必得不到司法的支持，加之一贯严厉的公法管制，普遍营利的社会服务机构将面临两难困境：如果保持营利性继续经营，则需要面临被民政部门查封、相关责任人被追究刑事责任、相关利润分配协议被认定无效的巨大风险；如果选择放弃营利而转向民法勾勒的非营利法人，也存在因过去的营利行为而被查处的可能。如果选择不再经营，依照《民法典》第九十二条、第九十五条以及相关公法规范，具有公益法人身份的社会服务机构在终止时的剩余财产需按照章程规定或者权力机构的决议继续用于公益目的，或由主管机关主持转给相同、相近宗旨的法人。换言之，举办人的全部资产投入、机构运行期间的全部增益将基于公益目的而被征收，民法的私权保护屏障将被击穿。倘若在机构退出的过程中强行适用该套法律，有可能引发一系列严重的社会问题（苏力等，1999：151）。

2. 法人形态困境

在《民法通则》时代，社会服务机构的前身"民办非企业单位"并不特指一类法人。这归因于《民办非企业单位登记管理暂行条例》第十二条规定举办人可选择法人、个体与合伙三种形态，并依法承担有限或无限民事责任。《民法典》第八十七条第二款规定如下："非营利法人包括事业单位、社会团体、基

---

① 在适用《民法总则》的案件中，仅有四川省泸县得胜建筑工程有限公司、白虹案外人执行异议之诉案所涉社会服务机构的营利行为得到了司法支持。但或有适用法律错误之嫌，在判决说理部分法官首先认定了涉案金色童年幼稚园民办非企业单位的身份，但却依据《民法总则》第七十六条将之认定为营利法人，详情参见泸州市中级人民法院（2019）川 05 民终 753 号判决书。

『民法典』背景下社会服务机构的『身份危机』及其法律化解

金会、社会服务机构等。"这是对"草案稿"的一个回应。"草案稿"取消了个体与合伙型，仅保留了法人型机构，并在立法说明部分要求存量的非法人型民办非企业单位在两年过渡期内完成主体变更。可见，在《民法典》背景下，社会服务机构似乎被立法者视作一个子集，全部纳入非营利法人的范畴。

截至 2020 年上半年，全国仍有接近 50 万家民办非企业单位属于非法人形态，要对这些单位予以转型存在较大阻碍。具体而言，依据《民法典》第九十三条的规定，法人型社会服务机构须具备理事会（决策机构）与执行机构，同时依据"草案稿"第二十七条与第三十条的规定，理事会最低人数为 3 人，被认定为慈善组织的机构还应当设立监事或监事会。调研发现，既存的个体型民办非企业单位基本上仅有 1 名在职人员，即担任法定代表人的举办人；合伙型则大多数由 2 人合伙出资，其中一人担任法定代表人。如要满足上述法律，转型单位必须招纳理事、执行人员甚至监事，该举成本并非注册资本普遍介于 3 万至 5 万元的转型单位可以承担的；同时这种对治理结构的重大调整所带来的治理权力变迁，也很难让举办人接受。职是之故，完备的治理结构虽然必有裨益，但也增加了法人型机构的设立成本，阻碍了非法人形态的转型。同样，基于《民法典》第九十五条的规定，无法及时完成转型的民办非企业单位亦有可能面临被征收的命运。

（二）"社团化"引发的制度竞争：社会服务机构的合理性危机

沿着职能主义的建构方式，《民法典》在非营利法人内部再度依据设立目的建立起捐助法人制度。我国独创的捐助法人概念，其实也仅是结构主义中"财团法人"的本土表达（尹田，2010：373）。所谓法人建构中的结构主义，即"从法人本质出发，依据意思自治程度与方式分为公法人和私法人，私法人可分为社团法人与财团法人（或捐助法人）"（谭启平，2017：76）。这种构造能够反映法人主体贯彻自治原则的程度与方式（谭启平、黄家镇，2016：34），更好地与民法的"意思自治"及"过错归责"原则相契合（李永军，2016：35），并且减少对法人的不当管制（蔡立东，2012：114），促进法人组织法与行为法脱钩，释放法人的能力（宋亚辉，2020：132），因而自身具备强大的逻辑优势。我国《民法典》尽管没有选择结构主义的道路，却也受之影响，捐助法人由学理步入法典即是明证。但捐助法人也在此过程中背离了财团法人的本愿，使得社会服务机构面临深刻的合理性危机。

1. 捐助法人的"社团化"倾向

在《民法通则》弃用社团法人的背景下，为了洗练"财团法人"之嵌入性，表称"以基金会相称的各种财团法人组织"，"捐助法人"一词首次见诸国内（江平，1994：49~51）。换言之，"捐助法人"是对财团法人的更名式继承，并未有其他实质性改变，二者在主流学说中几乎相等，财团法人亦即捐助法人（谭启平，2017：76）。基于此，我国理论界基本认为社会服务机构与社团构造的社会团体相对，系财团法人（葛云松，2003：173~191），而《民法典》第九十二条框定了其捐助法人身份，是对学界的回应。基于德国立法例，在财团中，为了使个人的意思长期存续，捐赠人确定下来的捐赠行为的宗旨可由财团法人章程承载超越时间的限制。只有在不可能实现或予以实现将损害公共利益的情况下，财团宗旨才可变更。即使作出变更，也务必考虑捐赠人的本愿（梅迪库斯，2013：865）。置言之，章程在财团法人内部至高无上，理事会在内本质上仅为捐赠目的的执行机构，须按照章程"明确且专一地开展工作"（基金会中文网，2015：4）。究其根本，还是源于法律对捐助人意思之尊重（王名等，2006：301）。《民法典》适用前，我国法官普遍依据社会服务机构的章程支持营利行为的做法也有这种"章程至上"的影子。同时，实用地看，这种"章程主义"对于维持财团发展十分必要。只有高度尊重承载捐赠人意思的章程，才能够使外界认为捐赠人的意志将长期持续，进而使潜在的捐助人对财团法人持久地从事特定事业充满信心。

然而，《民法典》第九十三条设置的理事会等"决策机构"却对捐助法人与财团法人的关联构成了威胁。结合"草案稿"第二十八条之规定，理事会可随时修改机构章程而不受任何制约，使得理事会的决策高于章程，即理事会之决议高于捐赠人之意志，其本身演变为具有一切权力的社团内独有的成员大会，导致社会服务机构他律性衰弱而自律性渐强，跨越了财团与社团的本质区别（罗昆，2017：55）。因此，《民法典》中的捐助法人已不再是财团法人的延续，而是有着鲜明的"法继受环境"的色彩。这本身无可厚非，法律创新与法律移植始终是相伴相随的，秉承"法律必须随时间之经过而演进"的方法论，社会服务机构的自律倾向仅是偏离了结构主义的经典构造，并不当然被否定（李晓倩，2018：69）。但也正是这种"社团化"使其在与其他社团法人——尤其是公司——的竞争中易于落败。

2. "社团化"引发的竞争失败

《民法典》设置的捐助法人制度并非结构主义中的财团，更像是一种禁止分配利润的社团。而同为社团的公司，在《民法典》第八十六条规定的企业社会责任加持下已经大规模涌入公益领域（宋亚辉，2020：125）。当公司进入医疗、养老、教育等社会服务机构密集分布的行业后，将产生难以避免的竞争。两者相较，社会服务机构的设立与运行成本极高，使其陷于不利境地。在设立目的层面，社会服务机构必须在教育、卫生、文化等领域申请登记，① 而公司没有如此严格的规定。在监管机构层面，我国对社会服务机构采取双重管理体制，即以民政部门为登记管理部门、以其他部门为业务主管部门。② 该体制存在弊端，除去业务主管部门在机构成立过程中的审批控制外，现实中存在筹办人找不到业务主管部门而无法登记或者被迫在市场监管部门登记的乱象。公司则一般仅需在市场监管部门登记，营商环境持续优化下的"商事登记制度改革"更将公司的登记成本压至新低。在治理结构层面，社会服务机构须有最低人数为 3 人的理事会，③ 在被认定为慈善组织后须设立监事或最低人数为 3 人的监事会，其灵活性不敌人力成本较低的有限责任公司，后者可仅由 2 人分担股东、董事与监事角色，承担治理责任。④ 在利润激励层面，社会服务机构的举办人或不分配利润，或冒着极大风险分配利润，且其投入与增益在机构解散时无法回收；而公司股东可分红，并在公司解散后享用应得权益。在税制优惠层面，社会服务机构所享优惠幅度较低（景朝阳，2011：178），部分免征企业所得税项目由其他社会组织专享；⑤ 而从事社会公益与公共服务领域的公司在各类税收支持政策下持续减轻税收负担，二者的税收优惠差距并不明显。加之"社团化"的社会服务机构并无财团优势，公司的挑战并非空穴来风。

实际上，社会服务机构在制度竞争中的落败早有端倪。"用商业手段来解决社会问题"（毛基业、赵萌等，2018：12）的社会企业本土化历程可为例证。

---

① 参见《民办非企业单位登记暂行办法》第四条。
② 参见《民办非企业单位登记管理暂行条例》第三条、第六条与第七条，"草案稿"第六条与第十条。
③ 参见"草案稿"第二十七条与第三十条。
④ 参见《公司法》第五十条、第五十一条与第五十七条。
⑤ 有关社会服务机构、事业单位以及社会团体的税收优惠集中规定在《事业单位、社会团体、民办非企业单位企业所得税征收管理办法》中，其中第三条列举出九项免征企业所得税收入项目，而第五项到第八项由事业单位与社会团体专享。

社会企业兴起于欧洲，在世界范围内掀起波澜，又依循创新社会治理的需求进入中国，泛起法律制度变革的涟漪。① 社会服务机构因为自身秉持的公益目的，以及较基金会等更为灵活的组织架构与经营策略而备受理论界青睐，被认为是我国天然的社会企业。与之相对的公司则因为存在较强的营利动机，无力承载社会企业的公益目标，而不被认为是社会企业在我国的典型表现。② 但笔者通过对国内获得认证的社会企业进行统计，③ 发现331家社会企业中，有226家为公司形态；而备受瞩目的社会服务机构仅有86家，不足前者的1/2。由此可见，公司在将经营方向转向医疗、养老、教育等领域后，极易吸引举办人的注意并持续提供高质量的公共服务，从而在制度竞争中胜出。《民法典》的企业社会责任条款与公益市场的开拓将进一步释放公司的能力，而社会服务机构则可能如旧有的乡镇企业与福利企业一般，于法律制度的进步中逐渐消解。

二　社会服务机构的应然定位及其存续依据

实际上，无论是社会服务机构的合法性困境，还是其面临的合理性危机，都不是新鲜问题。前者是我国社会组织适法情况的一个缩影，后者则早在与社会团体的制度比较中就被提及，只是《民法典》的适用与捐助法人的理论探讨将这两个问题重新提炼，并对社会服务机构的组织存在与制度存在同时提出了质疑，形成了难以解决的身份危机。组织体的身份也使其无法像自然人一般成为自身的存在因，只有经外界的解释才能获得合理性。故对社会服务机构应然定位的探讨，也正是重新赋予其存续依据的过程。

（一）放弃目的管制：社会服务机构营利的可然性

营利与非营利都不是社会服务机构的本质属性，这一点可以经由非营利性的证伪到可营利性的证成论出。

---

① 域外如英国、法国、意大利、韩国等国家均对社会企业的诞生与发展有立法回应，而丹麦、日本等国家则予以了政策回应。国内来看，台湾、香港均出台了相应政策体系，大陆地区则建立起地方政府（佛山、成都、北京等地）与社会组织的合作规制体系。

② 学界普遍认为社会服务机构（民办非企业单位）是我国天然的社会企业形态，较有代表性的学者有时立荣、樊云慧等。

③ 本文统计对象为历年中国慈展会及其执行机构深圳社创星、北京市社会企业发展促进会、北京市昌平区社会组织发展服务中心、成都市市场监督管理局、顺德社会创新中心与美国B Lab认证的中国社会企业。

1. 社会服务机构非营利性的理论证伪

（1）"非营利性"的历史梳理

历史地看，社会服务机构的非营利性来自其与事业单位的比较。在二者以所有制为标准分隔前，任何承担公共职责的社会组织都可以称为"事业单位"，其中利用非国有资产举办的部分演变至今成为社会服务机构，并在制定规范之初被认为是现今事业单位的民间翻版，因此对其予以规范应当参考事业单位（国务院法制办政法司，1999：5）。而事业单位的根本特点正如其名，是与企业相对的非营利性组织，因此社会服务机构便经由设计与选择，栖身于非营利法律框架中。[①] 然而，与事业单位同出一脉并不代表二者应有相同的法律定位。首先，如果仅将社会服务机构之前身视作事业单位的翻版，则无必要分别立法，取消相关定义中的所有制成分后，继续沿用事业单位的统一规制更为合理。社会服务机构受到独特礼遇，是政府促进社会公共服务供给多元化的体现。与事业单位相比，社会服务机构不占用财政与编制资源，减轻了政府提供公共服务的经济与伦理责任，这是政府推动其广泛建立的原意，也表明社会服务机构制度在设立之初就与事业单位存在极大不同，不应套用后者的规范框架。此外，即使二者同为旧有"事业单位"改革的产物，但最初的"民办事业单位"也并非非营利的。有学者在还原彼时的法律环境后，借助分析个案得出结论："（许可主义下）只有社会团体才能设立非营利组织"，而个人基于"未有法律授权"，"无法成立非营利的民办事业单位"，举办者在"谁投资，谁所有"的原则下对设立的单位享有产权（齐红，2003：3）。因此，从历史发展的角度认为社会服务机构须继承事业单位非营利性的观点并不成立。

（2）"非营利性"的现实成因

将社会服务机构限定于非营利领域的现实原因是我国民政登记制度与工商登记制度之间的微妙竞争。社会服务机构在全国的庞大数量虽然让民政部门在管理上头疼不已，但也为之扩大了管理的空间。社会服务机构一旦选择了营利方向，则需要在市场监管部门登记，这种行政相对人的大量流失是民政部门不

---

① 这颇有公司法学者邓峰提出的中国的公司制度是对现有政治架构简单模仿的意味，社会转型期内以既有组织构成为模本进行法律复写的现象不一而足，甚至如民法学者葛伟军所言，《民法典》中的营利法人就是经由公司法律制度叠床架屋而来的。详情参见邓峰（2013）、葛伟军（2017）。

愿看到的。因而，即使在温州地区对社会服务机构的产权归属作出颠覆式变革后，① 由民政部主要起草的"草案稿"仍显保守。这种出于部门权力的考量与上述莫须有的制度依赖同样不能作为证成社会服务机构非营利属性的依据。

2. 社会服务机构可营利性的理论证成

（1）人性论的底层拓扑

"任何一种社会秩序类型都以对人性的特殊设定和估价为前提"（叶传星，1997：102），社会服务机构依存的法秩序亦是如此。在对人性的探讨中，以休谟的人性论最为全面，其温和而不失指引力的人性理论，成为自由主义经济学的哲学前提。基于知识论与心理学的深厚积淀，休谟在步入对法律影响深远的财产权论证前，提出了对于人性的三大预设：一是自然资料的相对匮乏，二是人的本性是自私自利的，三是人在第二种境况下仍然对他人保有有限同情（高全喜，2007：63）。由此，对公共利益的呼唤不再是某种对人性的苛责，但必然具有顺序性，即人们只有在追求私益的过程中认识到公共利益（例如公共产品）对于私益最大化的重要性，才能够主动放弃对自身利益的唯一关注并献身公共利益，进而在私益与公益的相互促进中形成稳定、可持续的发展秩序。因此，首要的公共利益工具便是一套普遍保护私人利益尤其是财产权的法律规则（高全喜，2007：64）。只有财产权置于法律的保障下，这种植根于人性的自发秩序才能够萌发，公共利益才能长久的实现。

回顾历史，那些蔑视财产权，呼吁公益绝对优先于私益的政治实体（如斯巴达）中的人们，往往是腐败而且普遍背德的（罗素，2017：124～125）。以上观点对于社会服务机构非营利性的探讨极为重要。只有尊重人自私的本性，保障举办人在机构创办中分得适当利益的权利，才能够保证机构的稳定存续，并在不违背章程目的的前提下扩大规模、提高服务质量，持续协助解决医疗、教育、养老等社会痛点。否认举办人的任何出资利益，以非营利性苛求，使社会服务机构常年处于违法运行状态，甚至使其财产面临被征收的风险，只会造成

① 《中共温州市委温州市人民政府关于加快推进社会组织培育发展的意见》第二部分第（七）条规定：明确资产所有权。对登记为民办非企业单位的学校、医疗机构、养老机构，明确出资财产属出资人所有；投入满 5 年后，在保证不撤资、不影响法人财产稳定的前提下，出资人产（股）权份额经单位决策机构和行业主管部门同意，可以转让、继承、赠与；在扣除举办成本、预留单位发展基金以及提取其他有关费用后，尚有结余的，允许出资人取得一定的合理回报。

举办人无心于公益，社会服务机构大量退出或异化，并为监管部门寻租提供空间，① 任何公共利益的图景均无法实现。当然，使社会服务机构保有适当营利性更符合人性，但仍不能构成法律上的苛责，是否营利应当交由其自身选择，这源自对结社自由的追溯。

（2）结社自由的当然要求

法人制度的目的之一在于容纳公民的结社自由，然而结社自由本身蕴含着自我限制的辩证面向（李龙、夏立安，1997：6），如托克维尔所言："即使说结社自由没有使人民陷入无政府状态，也可以说它每时每刻都在使人民接近这种状态。"（托克维尔，1991：217）为此，法人制度必须兼顾管制与自由。但管制并非不证自明，必须有存在的必要性。我国社会服务机构的运营主要集中于教育、医疗、养老等与政治无涉的公共服务领域，直接从利润分配维度限制其自由选择有违法律常理，不符合国家介入自由过程中的比例原则。为此，需要采取更少管制的法人分类来承接现实所需的结社自由。在结构主义法人构造下，社团与财团并不必然营利或非营利，例如公司可选择投身公益，不分配利润；而各类财团可通过章程设定（葛云松，2003：180）等方式转移利润实现实质上的利润分配（罗昆，2016：135）。这种法人建构在收获逻辑美之余，也取得了尊重结社自由的价值善，在无目的管制的法律环境中，一方面有限责任公司、股份公司、基金会等多种形态均可成为非营利组织，致力于慈善；另一方面也保障了营利的各类家庭财团、宗族财团的生存空间，持续服务于特定利益，实现不朽的捐助目的（史尚宽，2000：144～147）。总而言之，在可然的空间中印证了自由与功利的统一。

（二）破除法人偏好：社会服务机构形态的或然性

仅认可法人型社会服务机构是近年来的修法动向，这源自早年理论界的批评，但如同非营利性一般，该种观点既不利于现实发展，也无法在逻辑上成立。

1. 法人形态限定的逻辑证伪

"草案稿"第二条仅保留了法人型机构。"草案稿"立法说明部分阐明原因有三：一是与《民办教育促进法》的规定保持一致，该法中规定民办学校为法人组织；二是使举办人权利义务对等，改变非法人型组织中举办人承担无限连

---

① 徐永光：《万亿社会投资止于"民非"制度》，https://gongyi.qq.com/a/20130806/017819_
1.htm。

带责任却禁止分配利润的权义失衡状态；三是法人治理结构有利于保证其非营利性。① 然而，上述理由均难以成立。首先，即使"草案稿"需要关注《民办教育促进法》的相关规定，但二者规范的对象毕竟有异，后者以民办学校为对象，而选择设立营利性学校的在市场监管部门登记，选择设立非营利性学校的登记为社会服务机构或事业单位。置言之，《民办教育促进法》的规范对象并非社会服务机构，以之对"草案稿"所规范的全部社会服务机构提出法人形态的要求有越俎代庖之嫌。"草案稿"可以不予回应，让登记为社会服务机构的民办学校适用《民办教育促进法》，采取法人形态即可。其次，克服"权义失衡"的理由来自理论界对非法人型民办非企业单位的激烈抨击，在责任－产权失衡的制度安排下，"从事公益行为的出资人可谓危如累卵"（税兵，2008：99）。然而，修正权义失衡的方式有二：一是削减多余义务，即学者主张的法人限定思路，消灭社会服务机构中的无限连带责任；另一是补足权利，这一路径却完全被理论界所忽视，即放开非法人型的营利权利，让举办人参与利润分配，从而抵消无限连带责任的苛责。因此立法理由中的第二点也并不当然成立。最后，认为法人治理结构更有利于非营利性的保持，这一点正如前文所述，营利与否不是社会服务机构的本质属性，该制度的最终目的不在于使我国非营利组织数量增长，而是实现社会公益。仅有非营利组织才能够实现公益的观点已是明日黄花，《民法典》承认的企业社会责任与近年来风起云涌的社会企业运动均与之相背离。至此，修法的三点理由都难以证成社会服务机构的法人限定。

2. 法律形态多元化的逻辑证成

保留既有的非法人型民办非企业单位（社会服务机构）除可以保障举办人财产安全并体现结社自由的理念外，还能够降低社会服务机构的设立与运作成本。根据《民办非企业单位登记暂行办法》，个体型民办非企业单位由个人出资且担任法定代表人；合伙型民办非企业单位由两人及两人以上合伙出资成立；法人型民办非企业单位由两人及两人以上共同举办，或是由企事业单位、社会团体等社会力量举办。② 将三种形式的成立资质横向比较，不难发现，个体型在人力成本与治理权归属方面对举办人的吸引力极强，现实中大量仅有一人维

---

① 详情参见"草案稿"立法说明第三部分。

② 详情参见《民办非企业单位登记暂行办法》第二条。

持运作的民办非企业单位基本均采取这类形式，甚至在早年占据全部民办非企业单位的半数以上（50.4%）（邓国胜，2005：16）；合伙型则在人力成本上几乎与法人型持平，以两人为最低要求，并未体现出特殊优势。但是合伙型在出资方式、组织决策等方面仍体现出更大的灵活性，在与法人型的竞争中依旧能取得一定优势。至此，便能够理解为何大量举办人并未选择法人型，这是举办人的现实能力与其经济人本性使然。不对现实进行解释，认为选择非法人型的举办人均是"贪求单位财产"（税兵，2008：99），是否有过多法律父爱主义的色彩？公司之成立条件与运作方式和法人型民办非企业单位类似，均是法人制度的演化，需要具备相同的客观基础与两权分离的治理结构。若法律予以保留，理性的举办人仍有选择个体型与合伙型的动机，这也使得社会服务机构在与公司的竞争中取得优势，甚至能够加强公共服务领域的竞争，产生更多的消费者福利、经济效益与社会创新。

（三）向财团法人的部分回归：法人型社会服务机构的应然归属

法人型社会服务机构的理想化塑造应当考虑如下两方面要素：首先，应保障其选择是否分配利润的权利。这使得其不能嵌套于目前的职能主义构造中，须在结构主义中寻找栖身之所。然而在《民法典》颁布的背景下，该要求仅能部分实现。其次，应保障其在与公司竞争中不落败。这一方面可交由非法人型机构在成本上取得优势，另一方面需要法人型机构为想实现某种特定目的、服务特定人群利益的举办人提供优于社团的方案，因此，向财团法人的回归便是唯一的选择。基于财团对捐赠目的的忠实性，财团内设的理事会等实质上仅是执行机构（罗昆，2017：53），其修改章程的权力严格受限，除非捐赠目的已无法完成或完成有损公共利益，否则不可侵扰捐赠目的，这种"不达目的不罢休"的制度设计也将使财团本身长久延续下去。由此，回归财团的法人型社会服务机构不会因为目的变更、资本兼并、控股股东压制、内部人控制以及破产等公司特有情况偏离捐赠目的，消除了捐赠行为没有收获的风险，对于潜在的举办人具有独特的吸引力。

三　社会服务机构发展的法制去障

法律的背后均有国家的充分在场，民法中的法人制度与公法中的规制条款概莫能外。民法既已成典的时下，较为务实的态度是利用解释论工具尝试在文义范围内与国家意思达成一致，引导社会服务机构向多种法律形态回归，并将出资人权益保留于非法人型机构之中；同时把握修订单行法的契机，填补《民法典》职能主义模式对财团法人的留白，以解社会服务机构合理性的燃眉之急。

（一）合法性困境的解释论纾解

1. 法人形态困境的纾解：以"外延条款"为中心的解释论展开

《民法典》第八十七条第一款为非营利法人的内涵条款，清晰地规定了分配维度下的"非营利性"及其与非营利法人的同在性，未留有解释空间。而该条第二款则在非营利法人与社会服务机构之间建立起种属关系，仍有部分解释余地，应该基于现实中尚存有非法人型机构作限缩解释，理解为并非全部社会服务机构都属于非营利法人，仅法人型适用《民法典》关于非营利法人与捐助法人的一系列规定。

非法人型则纳入第一百零二条规定的非法人组织中的"不具有法人资格的专业服务机构"。非法人型机构在成立方式、责任承担方式与治理方式上均满足第一百零三条、第一百零四条与第一百零五条规定的对非法人组织的要求。①同时修订中的《社会服务机构登记管理条例》须对此作出相应回应，保证单行法与该解释相匹配。

2. 非营利性困境的纾解：以"资产锁定条款"为中心的解释论展开

经由上述解释，非法人型社会服务机构的形态困境与非营利性困境均得以化解，并符合权利义务相对等的理论预期，但法人型机构的营利行为仍具有违法性，这意味着对其出资人而言，《民法典》确立的非营利法人架构，尤其是第九十五条规定的资产锁定，将成为"征收"其出资人权益的制度途径。

如前文所述，营利与非营利均不是社会服务机构的应然属性，其非营利性困境源自公法的规诫与《民法典》对之的延续。为此，需要在尊重法典与尊重价值之间采取中庸的态度，合法而有效地保护出资人利益。《民法典》第九十

---

① 从设立的方式来看，须经过行业主管部门批准，适用双重管理体制的非法人型机构与第一百零三条中的许可制成立要件相匹配，适用直接登记制度的机构与第一百零三条中的规范登记制成立要件相匹配。在责任承担方式上，设立人对非法人型机构财产不足以清偿债务的部分承担无限连带责任与第一百零四条中的责任形式相一致。对于治理结构，个体型仅有一名法定代表人行使相关权力，合伙型则基于协议可委托一人或者数人代表该组织从事民事活动，亦符合第一百零五条的要求。

五条规定，在无法按照章程与决议处置公益法人剩余财产时，主管机关可将剩余财产"转给宗旨相同或者相近的法人"。此条款为主管机关扮演纾困解难的角色提供了契机。主管机关可通过政策通告的方式，告知各社会服务机构可在固定期限内以"终止"的方式向营利法人"转型"；需"转型"的社会服务机构首先修改章程以符合"无法根据章程终止"的前提条件，再依据程序办理终止，同时其举办人另设立经营领域类似的营利法人以做资产承接准备；此后，在主管机关的监督下清算债务，并将剩余财产在主管机关主持下转移至举办人所设营利法人名下。最终来看，"转制"符合第九十五条形式的要求，仍然处于该条文的文义范围内，因而不具有违法性。同时，余留下的社会服务机构也将是真正意义上的非营利法人，为法典的忠实遵行与主管机关的统一执法扫清障碍。

至此，解释的功效已经用尽，社会服务机构的合法性困境也得以化解。但在职能主义下法人型社会服务机构仍无存在之必要，其在与公司的制度竞争中也必然落败。为此需借助立法论，以单行法修订为进路在非营利法人概念下构划有财团本色的捐助法人。

（二）合理性危机的立法论克服

1. "社团化"的有限克服：以单行法修订为契机

真正使社会服务机构产生"社团化"异变的是"草案稿"第二十八条，该条款的全能赋权式规定使得"理事会"等决策机构成了实质意义上的成员大会，可在符合程序的情况下随时变更机构的目的，使之丧失了财团特有的稳定优势，与从事公益的公司等无本质差异。为此，务必修订"草案稿"，使"理事会"等决策机构转变为捐赠目的的执行机构，并明确其职权范围。除非捐赠目的已然实现、无法实现或者强行实现有悖于公序良俗，否则不得更改章程所载目的，亦不得决定财团的合并、分立、终止与解散。上述权力须经一系列严格法定程序并经由政府主管机关或者人民法院在充分尊重捐赠人原意的情况下谨慎决定（金锦萍，2005：202）。如此，尽管居职能主义之下的公司（社团）、社会服务机构（财团）与结构主义相比仍有不足，但两者间确实出现了制度意义上的实质区分性，得以吸引不同目的投资人的青睐。

2. 公平竞争环境的塑造：以公法修订为基础

在修订单行法、引导社会服务机构回归财团性的设计下，还需进一步营造其与公司公平竞争的环境。具言之，在经营领域方面，公法对社会服务机构限制严苛，将之视为实现公共服务政策的工具。《民办非企业单位登记暂行办法》将社会服务机构的经营限定于教育、卫生、文化等九大领域，[①] 并辅以"其他"作为兜底条款。在社会快速发展的时下，越来越多的服务需求涌现，这九大类别越来越难以涵盖，比如致力于乡村扶持、社区发展的机构就难以在其中寻找适合的领域。此外，虽然该文件中存在具有开放性的"其他"条款，但根据调研，该兜底条款几乎从未被使用过。为符合财团法人尊重捐赠人意思的本质，务必改变这种正面列举的立法方法，仅通过《民法典》第八十七条中的"公益目的"兜底，并以负面清单方式规定机构不得涉足的禁区即可。在降低设立与运行成本方面，首当其冲的是目前的双重管理体制。在立法上，运用"法无禁止即自由"的理念将"何种机构适用直接登记制度"[②] 转变为"何种机构适用双重管理体制"，减轻社会服务机构的设立与监管负担；在法律运用上，推动直接登记制度覆盖到存量的社会服务机构。根据调研情况，大量社会服务机构符合直接登记条件，但仍处于团委、政府机关、社团团体与事业单位等业务主管部门的管辖下。"徒法不足以自行"，修法过后，务必重视直接登记制度的实施，保证社会服务机构与其主管部门脱钩。

不难看出，在《民法典》的规制下，社会服务机构为克服自身的身份危机须分裂为法人型与非法人型两类，二者在设立、激励、监管与退出层面均有不同，这一方面对适配的单行法提出了极高的要求，使本就捉襟见肘的社会组织监管力量更加不敷需求；另一方面以同一名称统御两种本质不同的法律主体颇显笨拙，凸显了修法中的未竟之功。为此，仍可展望未来在结构主义的分类下，社会服务机构可以抛去非营利性与公益性的束缚，设立目的由捐赠人自行决定，成为真正意义上的财团法人；是时，非法人型社会服务机构便无存在的必要，结构主义下的无权利能力社团、人合会社与无权利能力财团（附负担的赠予）在功能上可实现替换（李昊，2015：86），在运用激励性的政策工具引导其转型后，社会服务机构将具有鲜明的意蕴边界，成为规范的法律概念。

---

① 分别为：教育、卫生、文化、科技、体育、劳动、民政、社会中介服务、法律服务。

② 参见《国务院机构改革和职能转变方案》"改革社会组织管理制度"部分。

四　结语："慈母"的寓意

人们对统一法典的呼唤在于期望借助它实现真正幸福的市民生活（蒂堡、萨维尼，2009：85），或者说，一部法典的伟大在于它最终保护了大量权利，抵挡了来自各方尤其是国家的侵扰。这是将民法视作慈母而与常和父权制、父爱主义等联系起来的国家相对立的文学想象。一部温柔如慈母般的民法，正像圣地亚哥口中女性化的大海一般关爱人类（海明威，2010：121），呵护社会的自发秩序。在尊重个人与社会的民法视野下，社会服务机构所面临的困境是不应有的，它是大量结社在国家的期许下丧失了主体性的代表。为此，立法与法学的当代使命便应当是帮助《民法典》逐步回归慈母的面貌，实现《民法典》基本的人文关怀，而以结构主义的法人构造克服社会服务机构的危机与困境正是这一使命的题中之义。

参考文献

蔡立东（2012）：《法人分类模式的立法选择》，《法律科学（西北政法大学学报）》，第 1 期。

邓峰（2013）：《中国法上董事会的角色、职能及思想渊源：实证法的考察》，《中国法学》，第 3 期。

邓国胜（2005）：《民办非企业单位与中国社会事业的发展》，《学会》，第 12 期。

〔德〕迪特尔·梅迪库斯（2013）：《德国民法总论》，邵建东译，北京：法律出版社。

〔德〕蒂堡、萨维尼（2009）：《论统一民法对于德意志的必要性》，朱虎译，北京：中国法制出版社。

樊云慧（2016）：《论我国社会企业法律形态的改革》，《法学评论》，第 5 期。

高全喜主编（2007）：《西方法政哲学演讲录》，北京：中国人民大学出版社。

葛伟军（2017）：《民法典编纂视野下民事主体与商事主体的衔接》，《上海财经大学学报》，第 4 期。

葛云松（2003）：《中国的财团法人制度展望》，《北大法律评论》，第 1 期。

国务院法制办政法司（1999）：《〈社会团体登记管理条例〉〈民办非企业单位登记管理暂行条例〉释义》，北京：中国社会科学出版社。

〔美〕海明威（2010）：《老人与海》，黄源深译，南京：译林出版社。

基金会中心网编（2015）：《德国大型基金会》，北京：社会科学文献出版社。

江平主编（1994）：《法人制度论》，北京：中国政法大学出版社。

金锦萍（2005）：《非营利法人治理结构研究》，北京：北京大学出版社。

景朝阳主编（2011）：《民办非企业单位导论》，北京：中国社会出版社。

李昊（2015）：《我国民法总则非法人团体的制度设计》，《暨南学报》（哲学社会科学版），第12期。

李龙、夏立安（1997）：《论结社自由权》，《法学》，第12期。

李晓倩（2018）：《捐助法人治理的中国逻辑——以基金会决策机构为中心的考察》，《当代法学》，第4期。

李永军（2016）：《以"社团法人与财团法人"的基本分类构建法人制度》，《华东政法大学学报》，第5期。

罗昆（2017）：《捐助法人组织架构的制度缺陷及完善进路》，《法学》，第10期。

罗昆（2016）：《我国民法典法人基本类型模式选择》，《法学研究》，第4期。

〔英〕罗素（2017）：《西方哲学史》（上卷），何兆武、李约瑟译，北京：商务印书馆。

毛基业、赵萌等（2018）：《社会企业家精神——创造性地破解社会难题》，北京：中国人民大学出版社。

〔法〕孟德斯鸠（2012）：《论法的精神》（下卷），许明龙译，北京：商务印书馆。

齐红（2003）：《单位体制下的民办非营利法人——兼谈我国法人分类》，博士学位论文，中国政法大学。

时立荣、徐美美、贾效伟（2011）：《建国以来我国社会企业的产生和发展模式》，《东岳论丛》，第9期。

史尚宽（2000）：《民法总论》，北京：中国政法大学出版社。

税兵（2008）：《民办非企业单位制度质疑》，《河北法学》，第10期。

宋亚辉（2020）：《营利概念与中国法人法的体系效应》，《中国社会科学》，第6期。

苏力等（1999）：《规制与发展——第三部门的法律环境》，杭州：浙江人民出版社。

谭启平、黄家镇（2016）：《民法总则中的法人分类》，《法学家》，第5期。

谭启平（2017）：《中国民法典法人分类和非法人组织的立法构建》，《现代法学》，第1期。

〔法〕托克维尔（1991）：《论美国的民主》（上卷），董果良译，北京：商务印书馆。

王名、李勇、黄浩明编著（2006）：《德国非营利组织》，北京：清华大学出版社。

谢海定（2004）：《中国民间组织的合法性困境》，《法学研究》，第2期。

谢鸿飞、涂燕辉（2020）：《民法典中非营利法人制度的创新及评价》，《社会治理》，第7期。

徐永光（2017）：《公益向右　商业向左》，北京：中信出版社。

叶传星（1997）：《论法治的人性基础》，《天津社会科学》，第2期。

尹田（2010）：《民法典总则之理论与立法研究》，北京：法律出版社。

赵春雷（2017）：《民办非企业单位的不正当营利问题及其化解对策》，《中国行政管理》，第9期。

The "Identity Crisis" of Social Service Agencies and Its Legal Resolution in the Context of the Civil Code

Wang Huaiyong, Wang Hexiang

[**Abstract**] Most of the academic's observations on social service agencies were just focus on the illegality of it's profit-making behaviors, but short of the doubts about it's non-profitable or limitation of legal person. Under the functional legal person classification established by the Civil Code, social service agencies had to confront the legitimate dilemma which means they were bound by "profit-making prohibition" and "legal person limitation", whereas could not exit without benefit damage. Additionally, due to the "corporatization-trend" of donation legal person, social service agencies did not compare with companies on legal system level, which caused it's rationality crisis. By reviewing the legal characteristics of social service agencies, it was necessary to re-determine an ought-to-be organization carrier which could tolerate it's profitable as well as multiple legal forms and belonged to the consortium legal person from structural classification. According to the fact that the Civil Code had been promulgated, the pragmatic resolution of this problem was based on the restrictive interpretation of article 87 paragraph 2 and the teleological interpretation of article 95 of the Civil Code. However, it was still possible to solve the identity crisis completely with the effect of structural legal person classification.

[**Keywords**] Social Service Agency; Private Non-Profit Organization; Legal Person Classification; Consortium; Donation (Stiftungen)

泰国华侨报德善堂的慈善动因变化：道德经济、庇护关系、社会地位补偿[*]

赖钰麟[**]

【摘要】海外华人慈善研究需要从全球视角来分析他们在居住国的慈善工作。华人合法性受到泰国政府的质疑或否定，使得华侨报德善堂依赖政府的合法性资源。然而，它缺乏政治权力来要求政府提供，于是提供慈善资源来与政府进行交换。合法性资源包括法律合法性、皇室合法性与行政合法性。在不同时期，善堂与政府的资源交易的着重点不同，反映出它的慈善动因产生了变化。1944 年到 1970 年，主要是满足道德经济要求。自 1958 年起，新增了与官员建立庇护关系，以及补偿社会地位。慈善动因的出现与变化受到泰国政治环境的影响，特别是排华政策的开始与结束、泰中两国的联系暂时中断以及有影响力的盟友出现。本文的创新点在于研究华人组织对居住国的慈善动因，进而分析它的变化趋势及其影响因素。

【关键词】华人慈善；资源交易；庇护关系；道德经济；社会地位补偿。

---

* 笔者感谢责编与评审专家的修改建议，它对于厘清本文思路非常有帮助。此外，感谢泰国华侨崇圣大学图书馆提供华侨报德善堂的资料。文责自负。

** 赖钰麟，博士，汕头大学法学院副教授。

一　前言

随着潮人大量移民海外，潮人善堂出现在泰国、新加坡、马来西亚、印尼、越南等东南亚国家，并为当地的慈善事业做出重要的贡献，它们是海外华人慈善的重要案例。研究它们可以增加我们对两个议题的认识。一是中国社会组织走出去，以往学者主要研究 2000 年以来的新发展，忽略了华人早已将中国社会组织带到居住国，并在各国华人组织之间建立起跨国网络。例如，泰国在 1910 年之前就出现了许多华人组织，包括秘密会社、宗教组织、地缘性社团、业缘性社团、血缘性社团、慈善性社团、政治性社团（潘少红，2008：17~27）。一是海外华人慈善，以往学者受到研究视角与案例资料的影响，主要研究其在中国（特别是侨乡）的慈善工作，较少研究其在居住国与其他国家的慈善工作，以及较少进行历时与比较研究。从后面的文献综述可知，其动力机制研究大多数探讨关于侨乡的部分，而且部分研究时期较短，无法反映变化趋势。本文以海外潮人善堂为研究对象，聚焦于动力机制中的慈善动因，并探讨关于居住国的部分。此外，将研究时间拉长为六十年，探讨变化趋势及其影响因素。未来希望在这个研究的基础上，比较它们在居住国与侨乡的慈善动因，它们在居住国不同时期的慈善动因，以及它们在不同居住国的慈善动因，并探讨这些比较结果的影响因素，借此形成更加完整全面的认识。海外潮人善堂在居住国的慈善对象包括华人与当地民众，本文提出三个研究问题：第一，早期它们作为华人移民组织，透过对当地民众的慈善工作与居住国政府进行了哪些资源交易？第二，在不同时期，它们与居住国政府进行资源交易的动因是什么？也就是它们对当地民众的慈善动因是什么？第三，慈善动因如何受到居住国政治环境变化的影响？研究案例是泰国华侨报德善堂（以下简称善堂），它是全世界慈善贡献最大与资料保留最完整的潮人善堂，1910 年正式成立于曼谷，在至今一百多年的历史中，最重要的发展是从华人移民组织转变为泰籍华人组织。研究时间定为它的前六十年（1910 年到 1970 年），这是基于三个理由：首先，直到 1970 年，它的董事会中的绝大多数成员仍是第一代移民，它在性质上还是属于华人移民组织。① 其次，相较于泰籍华人组织，华人移民组织在资源交易与慈善动因上具有特殊性，研究后者可以探讨华人移民因素的影响。最后，在这段时期，它的政治环境出现了剧烈的变化，适合观察这项因素对慈善动因的影响。

二 文献综述

国内学者对海外华人慈善的文献综述主要讨论中文研究，本文将补充一些英文研究。首先，一些学者进行宏观分析。例如，张秀明（2018：23）分析海外华人慈善的背景因素、阶段性发展、特征，并总结相关政策、法规，捐赠管理的特点。黄晓瑞（2015：108～130）分析了海外华人慈善的捐赠本质，并讨论它对中国捐赠的状况与模式。邢菁华与张洵君（2019：26～32）分析了海外华人慈善的捐赠领域、捐赠动因、代际差异、社会话语建构。费约翰与叶汉明（Fitzgerald & Yip，2020：1－16）分析了1850年到1949年它在环太平洋地区的运作与网络。何与袁（Ho & Yuen，2010：90－95）分析了美籍华人的移民慈善，包括慈善特点、兴趣领域、捐款途径、信息来源、未来趋势。

其次，一些学者讨论海外华人慈善的捐赠模式。例如，高飏与施九如（Young & Shih，2004：148－167）分析海外华人的捐赠模式，也就是中国官办非营利组织、中国大学、中国香港非营利组织、美籍华人慈善组织、归国慈善家。李达三（Deeney，2002：168－175）分析美籍华人的捐赠模式，也就是个人、联谊会、基金会、其他组织，后者包括慈善组织、行业协会、社会组织、宗教团体。尹晓煌与蓝志勇（Yin & Lan，2004：93－109）先分析美籍华人的捐赠模式，再讨论它们的重要转变，也就是扩展到美国主流社会与跨国华人社群的网络。

最后，一些学者讨论海外华人慈善的动力机制。例如，柯群英（Kuah-Pearce，2011：125－128）将道德经济用于分析新加坡华人与安溪侨乡的关系，也就是前者应该帮助后者发展。安溪侨乡运用文化妥协、标签化、道德劝说等

---

① 在1910年的十二位发起人中，十位出生于中国，一位是出生于泰国，一位是出生于新加坡。在1970年的十六位董事中，除了一位出生地不详之外，十三位出生于中国，两位是出生于泰国的第二代移民。之后，董事会的组成逐渐出现了变化，第一代移民日益凋零，第二、三代移民陆续递补。需要说明的是，六十周年纪念特辑认为发起人郑智勇出生于泰国，然而林悟殊经考证后提出他出生于中国（华侨报德善堂，1971：65；林摩尼，1996：54）。

方式，努力争取新加坡华人的经济支持。陈杰与黎相宜（2014：153、162）以五邑侨乡为例，研究"馈赠－补偿"道义传统的形成、维系、断裂、重建。周敏与黎相宜（Zhou & Li，2018：4）以五邑侨乡与文昌侨乡为例，提出海外华人对侨乡的文化馈赠是一种社会地位补偿机制，它受到跨国环境与制度因素的影响。朱健刚与景燕春（Zhu & Jing，2019：282）以顺德侨乡为例来研究移民慈善的推拉机制，特别是海外华人社团与中国地方政府发挥着促进作用。陈美月（Harper，2019：258）以东南亚华人为例来研究动力机制的变化，也就是当他们对居住国产生感激之情时，其忠诚、慷慨、慈善事业的对象会从中国转向居住国。

这些研究有两个趋势值得注意：一是少数学者开始研究华人在居住国的慈善工作。例如，鲁尔（Rule，2020：138－153）研究澳大利亚华人早期参与当地慈善募款活动的情形，郭美芬（Kuo，2020：154－172）研究澳大利亚华人妇女早期在当地所发挥的慈善交谊作用。二是从捐赠模式到动力机制，研究的理论分析逐渐深入。一些学者运用道德经济、社会地位补偿、推拉机制等概念，解释海外华人在侨乡的慈善动因。这些概念在经过适当调整之后，也可以用于分析他们在居住国与其他国家的慈善动因。

三　理论观点

第一个研究问题是，善堂透过对当地民众的慈善工作与泰国政府（以下简称政府）进行了哪些资源交易？华人合法性受到政府的质疑或否定，使得善堂依赖政府的合法性资源。然而，它缺乏政治权力来要求政府提供这种资源，于是提供慈善资源来与政府进行交换。就资源依赖而言，这个理论有三个核心观点：首先，组织需要从环境获取资源，这使得它依赖外部资源。其次，虽然组织会受到环境的限制，但它也会管理对外部资源的依赖。最后，资源依赖会影响组织之间与组织内部的权力关系（Pfeffer & Salancik，2003：xi－xiii）。合法性是组织所需要的重要资源，有助于组织与环境的资源交易（O'Regan，2001：242），指在社会建构的规范、价值、信念与定义体系中，一个实体的行为是值得的、正确的与合适的。以性质来区分，合法性可以分为实效合法性、道德合法性与认知合法性（Suchman，1995：571、574）。就权力关系而言，资源依赖的影响因素除了资源本身的重要性，以及它是否有其他来源之外，还包括组织是否有权力去要求环境提供（Saidel，1991：545）。

第二个研究问题是，善堂与政府进行资源交易的动因是什么？也就是它对当地民众的慈善动因是什么？它的慈善动因主要是满足道德经济要求，后来增加了建立庇护关系与补偿社会地位。就道德经济而言，斯科特提出它是指富人应该帮助村民生存，当前者资源用于满足后者生存需求时，前者地位才被认为具有合法性。它的主要原则是互惠规范与生存权利。第一个是指一个人应该帮助恩人，或者至少不要伤害他们。第二个是指当村民生存受到威胁时，富人有义务提供资助与帮忙。此外，村民运用道德赞许或道德谴责来推动道德经济发展（Scott，1976：41、167）。就庇护关系而言，艾森施塔特与罗尼格提出它具有以下特点：以交换不同类型的资源为特点，并通过"一揽子交易"的方式来进行。它具有强烈的团结精神要素，通常表现为人际忠诚与拥护。它不按照法律或合同的规定，原则上可以自愿进出关系。此外，它是在个人或网络之间以垂直方式建构，并基于不平等与权力差异的要素（Eisenstadt & Roniger，1980：49－50）。就社会地位补偿而言，周敏与黎相宜提出移民与居住国民众相比会感受到社会地位差距，或者与在侨乡相比，移民在居住国会感受到社会地位丧失。当他们在居住国被边缘化时，地位很难获得当地社会的肯定。因此，他们在侨乡寻求社会地位补偿，它的一种机制是对侨乡的文化馈赠（Zhou & Li，2018：10）。

第三个研究问题是，慈善动因如何受到泰国政治环境变化的影响？它影响慈善动因的机会与偏好。埃尔斯特提出可以将所有行为视为两个连续筛选操作的结果。第一个筛选是由行为者所面临的各种约束（自然规律、经济、法律与其他）组成，符合这些约束要求的所有行为构成了机会集合。第二个筛选在机会集合中决定最终采取的行动，行为者根据偏好来选择将会产生最佳结果的行动。换句话说，行为者的机会与偏好共同决定了他的行动（Elster，2007：165）。接下来，本文将运用上述理论观点来进行案例分析。

四　善堂与政府的资源交易

政府强制同化或排斥华人，质疑或否定他们的合法性，这反映在政府的相关政策上，例如同化政策、国籍政策、华文教育政策、经济政策、公民权政策等（王绵长，1989：87～140）。因此，善堂需要进行合法性管理，来获得政府的合法性资源。然而，华人无法得到中国政府的有力支持，长期以来处于"国际孤儿"的处境。他们无法享有与泰人平等的法律权利，许多基本权利并未获得保障。因此，善堂处于权力弱势的地位，无法要求政府提供合法性资源。它的应对策略是提供慈善资源，并强调扶助对象不分华泰。它以有益于政府（评价者）的利益来获得实效合法性，以有益于泰人的利益来获得道德合法性，让政府愿意提供合法性资源（法律合法性、皇室合法性与行政合法性）。值得注意的是，国外针对非政府组织的资源依赖研究主要关注它们对外部财务资源的依赖（O'Brien & Evans，2017：1403 - 1404、1416），本文关注的是它们对外部合法性资源的依赖。

（一）法律合法性

法律合法性是指组织满足法规而获得的合法性（高丙中，2000：108），这里是指善堂的合法身份。政府管制使得善堂需要合法身份，只有这样它才可以对外筹集捐款、招募会员、与政府接洽（Skinner，1958：23）。例如，《国家文化院管制公会及社团规则》规定，未获批准成立或不准继续存在的公会或社团进行宣传、招收会员以及从事任何活动都将被视为违法（泰国中华总商会，1951：壬5）。由此可知，善堂拥有合法身份是它与环境进行资源交易的前提条件。善堂起初并未向政府申请注册，因此无法获得相应的法律保障，堂务工作也有诸多不便之处（中华民报，1938）。1937年善堂将内部划分为宗教机构与慈善机构，并以后者"暹罗华侨报德善堂"的名义申请注册（华侨报德善堂，1954a：6～7），这样做是为了取得政府的合法认可（林风，1997：84）。它提交给政府的章程第二条规定："本堂以崇祀大峰祖师，矜恤贫苦，救济灾难，收埋尸骸，创设医院，本仁爱之精神，办理慈善事业为宗旨。"（耿素丽、张军，2011：245）① 合法性是指受到环境的认可，其获得策略可以分为顺应环境、选择环境与操纵环境（Suchman，1995：587 - 593）三种。善堂选择顺应政府的要求，遵守法律规定并承诺提供慈善资源，来换取政府赋予的法律合法性。

（二）皇室合法性

参考高丙中对行政合法性的定义（高丙中，2000：105），本文提出皇室合

---

① 然而，1937年到1943年，善堂较少对泰人的慈善工作。

法性的概念，也就是皇室以某种方式将自身合法性传递给组织，例如拨款赞助、莅临参观、主持揭幕、御赐命名、授予勋章等（华侨报德善堂，2010）。善堂获得它的策略是与皇室进行资源交易，以及重新诠释历史事件的意义。前者将在补偿社会地位的部分说明。1946年拉玛八世偕同皇弟（拉玛九世）参观善堂及其华侨医院，这是它成立以来最重要的事件之一。当日照片不只出现在第六、七届堂务报告书中，还出现在四十周年、六十周年、八十周年、九十周年、一百周年的纪念特刊中，反映出善堂高度重视这件事情。起因是1945年华人与军警发生了冲突事件（谢培屏，2008：137），拉玛八世为了表示对待华人一视同仁，促使他们与泰人和睦相处，决定巡视曼谷最大的华人聚居区，并沿途参观主要的华人组织，其中包括善堂及其华侨医院（王伟民，1993：13~14；修朝，2003：212）。过去与现在相互影响，对于过去的诠释是关注现在的产物，它反过来也会影响现在的发展（Tarkulwaranont et al.，2001：264－265）。原本是拉玛八世表示公平对待华人，却被善堂诠释为他赋予善堂皇室合法性，并在多个重要场合中被不断强调。善堂大力支持皇室的慈善倡议，使得皇室后来没有否认它的诠释。

（三）行政合法性

行政合法性是指官员以某种方式将自身合法性传递给组织（高丙中，2000：105），善堂邀请官员出席活动、提供贺词与担任赞助人，借此获得行政合法性。以卫生部部长出席活动为例来说明。善堂的早期工作以公共卫生与医疗援助为主，在所有官员中与卫生部部长关系最为密切，双方在工作上也有进行一些合作，因此后者多次出席华侨医院的活动。例如，1947年参观华侨医院，1949年主持解剖室落成剪彩礼，1950年主持留产室揭幕礼，1952年与1953年主持护士毕业生授证礼（耿素丽、张军，2011：591；华侨报德善堂，1953：7；华侨报德善堂，1954a：32）。善堂大力协助政府的相关工作，使得卫生部部长愿意表示支持。一方面，善堂负责埋葬公共场所的无亲属尸体，为民众提供清洁饮水与感冒药，救援二战空袭的受伤者（华侨报德善堂，1954a；华侨报德善堂，1957：92~95）。一方面，它经常赞助一些政府医院，并协助它们收殓病患尸体。例如，1944年与1945年向法政大学附设空袭受伤难民临时医院捐助经费，1946年向曼谷传染病院捐助建筑费，1946年与1948年向吞武里传染病院捐助膳食费与建筑费，1950年向是叻叻医院捐助经费，1955年开始按月捐助曼谷肺癞病院，以及在每年盂兰盆会赠米给各政府医院等（耿素丽、张军，2011：218、238；华侨报德善堂，1954a：32；华侨报德善堂，1957：102～103）。此外，提供贺词将在满足道德经济要求的部分说明，担任赞助人将在建立庇护关系的部分说明。

（四）慈善资源

善堂通过提供慈善资源开展社会福利与救灾恤难等工作，包括收殓与火化尸体、创办华侨医院、救济灾害（旱灾、火灾、水灾）、协助泰国政府解决移民困难等（林悟殊，1996：104～129）。由于善堂并未完整披露数据，因此本文尽量收集数据加以说明。例如，1921年到1971年（1938年无资料）收殓尸体126292具，1936年到1971年火化尸体73233具，1936年到1950年施济金额为920244.77铢，1948年到1971年（1955年无资料）救灾金额为25251651.3铢，1958年到1971年救济金额为31422746.91铢，1957年到1971年救济火灾灾民189835人，等等（华侨报德善堂，1954a；华侨报德善堂，1954b；华侨报德善堂，1957：134；华侨报德善堂，1971：125～127、251；华侨报德善堂，1990：115）。善堂还联合华人组织来动员华人资源。1952年，它发起"华侨报德善堂暨各侨团报社联合救灾机构"，从此它在救灾中更多地扮演着组织、领导与协调者的角色（夏玉清，2018：263）。1952年到1971年，联合救灾机构救济灾民22万人以上，发出赈款2250万铢（华侨报德善堂，1971：42）。此外，泰国政府也透过它来动员华人资源。例如，1958年、1961年与1963年陆军要求善堂联合华人组织代销春节慈善拳赛门票（华侨报德善堂，1961：90；华侨报德善堂，1963：19）。1960年曼谷市政府号召市民美化仑披尼公园，善堂联合华人组织募集修葺费（华侨报德善堂，1961：99）。

五　善堂的慈善动因变化

在不同时期，善堂与政府的资源交易的着重点不同，反映出它的慈善动因出现了变化。1944年到1970年，主要是满足道德经济要求。自1958年起，新增了与官员建立庇护关系，以及补偿社会地位。它们的出现与变化受到泰国政治环境的影响，特别是排华政策的开始与结束、泰中两国的联系暂时中断以及有影响力的盟友出现。

（一）满足道德经济要求

1944 年，善堂开始增加对泰人的慈善工作，希望得到重要人物的道德赞许，来证明自身满足道德经济的要求。一方面，泰人运用道德谴责与道德赞许来推动道德经济发展；另一方面，华人受到政治环境的影响，先是为了减轻排华政策的压力，后是为了获得泰国社会的接纳，愿意满足道德经济的要求。华人在泰国的道德经济具有特殊性，与斯科特、柯群英的上述研究不同，是指华人应该在经济上帮助泰人，只有这样他们在泰国的生存权与财产权才可以获得合法性。从互惠规范来说，华人在泰国安居乐业与积累财富，应该回报泰人所给予的恩惠。从生存权利来说，当泰人面临生存危机时，华人也应该提供帮助。

这可以分为三个阶段。第一，1910 年到 1943 年。善堂身为华人移民组织发挥着华人互助的作用，它的慈善工作主要针对华人，较少针对泰人，因此有些泰人发出道德谴责。它往往以种族化（racialization）论述的形式出现，也就是强调华人无法同化，将华泰差异本质化、自然化，并将华人贬抑为系谱学上的他者（蓝佩嘉，2010：45）。以拉玛六世的《东方犹太》为例，他认为华人在泰国积累财富却忘恩负义，并对这种情况感到愤愤不平。华人的目的是赚钱后回到中国，从未想要就所获得的恩惠进行回报。他们要求享有泰国公民的特权，却不想承担相应的义务。他们在金钱事务上没有道德与仁慈，并将爱心与同情心作为祭品献给财神（Landon，1973：35 - 40）。[①] 换句话说，他认为华人的所作所为不符合道德经济的要求，这些想法后来产生了重要的影响。第二，1944年到 1953 年。自 1944 年起，陈振敬担任善堂董事长，着力于发展救济事业，善堂开始增加对泰人的慈善工作（华侨报德善堂，1954a：5；耿素丽、张军，2011：220）。两个因素导致了这个转变。就偏好来说，1938 年到 1944 年是第一个排华时期，1945 年华人与军警发生了冲突，1948 年到 1953 年是第二个排华时期（陈建敏，2004：196~198），善堂希望透过慈善工作来减轻排华政策的压力。就机会来说，1944 年善堂的经济状况逐渐宽裕，使得它可以扩大慈善工作的对象。第三，1954 年到 1970 年。1954 年之后排华政策逐渐缓和（陈建敏，2004：198~199），使得减轻排华政策压力的重要性下降。然而，1949 年新中国成立，两国的联系暂时中断，善堂逐渐将泰国视为安身立命的地方，希望透过

---

① 除了这本书之外，他的其他书也有排华思想，例如《十项意见》《九项意见》《醒吧暹罗》，排华思想是他的民族主义理念的重要部分（谢犹荣，1947：101~104）。

慈善工作来获得泰国社会的接纳。副董事长郑午楼后来表示，华人离乡背井到海外谋生，就像一个出嫁的女儿，不能只对娘家（祖籍国）尽忠，还要对婆家（居住国）孝顺。他们要为赖以为生的居住国造福，尽到作为社会一分子的责任（子凌，2003：24）。

最后，泰人道德赞许的变化反映出泰国社会逐渐接纳善堂。在1954年出版的四十周年纪念刊中，官员勋词还有华泰两族的区别，他们称赞善堂的慈善工作不限于华人，无私地跨越了民族界限，"不分畛域，一视同仁"，"使中泰人民永膺多福"，"济弱扶倾中外同"，"施粥施水惠中泰"，"无畛域宗教之分"，"真正造福人民而无民族界限"（华侨报德善堂，1954a）。然而，在1971年出版的六十周年纪念特辑中，所刊登的全部贺词（包括拉玛九世、僧王、副僧王、慈善联谊会主席）并未提到华泰两族的区别，而是说善堂的慈善工作显示了"全国人民的团结"、"舍己为群"、"为社会人群造福"、"基于人类互助的原则"（华侨报德善堂，1971：31～32）。

（二）建立庇护关系

自1958年起，善堂受到政治机会开放的影响（Tilly & Tarrow，2015：59），不仅争取政府高层的道德赞许，还邀请内务部部长与国务院院长夫人担任赞助人，与他们建立更为亲密的庇护关系。善堂需要政治保护与行政支持，以及有影响力的盟友（沙立派）出现，使得慈善动因新增了建立庇护关系。建立庇护关系是指地位不平等的行为者交换彼此不同类型的资源，它在泰国具有重要的影响力，不但是维系社会关系的基本支柱，也是社会结构的核心部分（周方治，2011：21～22）。以往研究较多关注官员与华商的庇护关系（Skinner，1957：360－361），较少关注官员与华人组织的庇护关系。庇护关系具有两项基本的条件：在控制财富、地位和权力上持续存在明显的不平等，这些不平等或多或少被认为具有合法性；缺乏对人身安全、身份、地位和财富可靠的、客观的保障，因此需要建立庇护关系来提供保障（Scott，1972：101）。华人在泰国的庇护关系具有特殊性。一方面，华人身为外来少数族群并缺乏中国政府保护，在政治权力与法律保障上处于更加弱势的地位；另一方面，华人在泰国经济中占据重要的地位，拥有大量经济资源来争取庇护关系。

就偏好来说，先前两个排华时期凸显出善堂需要政治保护。虽然1954年之后排华政策逐渐宽松，但当时并不确定是否还会出现第三个排华时期。此外，善堂在第二个排华时期受到来自警方的许多压力。例如，1952年针对善堂所领导的临时救灾机构，警方要求它提供剩余善款来购买消防车。善堂本来一开始拒绝提供，最终在压力之下被迫屈服（Skinner，1957：334）。① 后来，善堂受到曼谷警总指挥的指示，联合华人组织成立"各界协助消防募捐委员会"，希望募集200万铢来协助政府工作（华侨报德善堂，1954b：34）。此外，善堂的各项慈善工作也需要行政支持，特别是涉及政府对华人的公权力部分，像是协助华人办理随身证，以及遣送华人往内地谋生。就机会来说，1957年沙立元帅发动军事政变，政府从披汶派、屏—炮派、沙立派三足鼎立转变为沙立派一枝独秀（周方治，2011：120）。沙立派对于善堂较为友善，愿意与它建立庇护关系。

当时，最重要的官员是内务部部长巴博上将与国务院院长他侬元帅，以下说明善堂如何与他们建立庇护关系。② 就前者而言，1958年善堂邀请他担任赞助人，他表示"愿尽最大的力量来襄助善堂"。他不但出席善堂的欢迎会，还两次主持善堂的火化先友法会点火礼。相对地，善堂多次呈献捐款与赈物给他，请他代为转赈各地受灾灾民，这包括各地水灾的赈物、南部风灾的捐款与赈物。此外，善堂还呈献给他防止霍乱病基金捐款，以及第三、四世皇金属佛大门修建费（华侨报德善堂，1961：40～41、85、87、92、103；华侨报德善堂，1963：18、22；华侨报德善堂，1969：172、200）。就后者而言，善堂邀请他的夫人担任赞助人，他也出席善堂的儿童节招待会。相对地，善堂在慈善性纪念日经常谒见他们，呈献捐款与纪念品给他们，请他们代为分赠各慈善组织。此外，善堂还呈献给他儿童节礼物与儿童宫建筑费。1966年北部与东北部发生严重水灾，他出面号召民众合力救济。善堂邀集华人组织开会商议，积极响应他的救灾号召（华侨报德善堂，1969：34、36、98、103、171、190；星暹日报，1967）。③

（三）补偿社会地位

自1958年起，善堂受到政治机会开放的影响，积极响应拉玛九世的慈善号召，使得善堂领导多次获得勋章。善堂领导将参照体系转向泰国，以及有影响

---

① 由于这个事件非常敏感，善堂在当年堂务报告书中只字未提（华侨报德善堂，1953：4）。

② 善堂还邀请内务部的内政厅厅长与民助厅厅长担任赞助人（华侨报德善堂，1961：11、13）。

③ 庇护关系与市场关系不同，它不只是单纯的利益交换，还包括情感关系的建立。因此，内务部长将善堂称为我堂，善堂还参加他儿子的遗体火化礼，并向国务院院长夫人祝寿（华侨报德善堂，1961：85；华侨报德善堂，1963：17；华侨报德善堂，1969：96）。

力的盟友（拉玛九世）的出现，使得慈善动因新增了补偿社会地位。华人在泰国的社会地位具有特殊性，它与周敏、黎相宜与陈杰的上述研究不同，其社会地位差距可以分为两个部分：一是善堂领导（华商）的社会地位低于政府高层（Skinner，1957：301），一是他们在泰国的社会地位低于经济地位。

就偏好来说，除了上述社会地位差距所带来的补偿需求之外，善堂领导将泰国视为安身立命的地方，并陆续归化成泰国人，[①] 使得其参照体系逐渐从中国转向泰国，更加重视后者的社会地位评价，这提升了皇室合法性的象征价值。就机会来说，1952年到1957年拉玛九世受到政府高层的压制，1957年沙立元帅政变后选择与他合作，使得他的政治权力开始提升。他的重要资源是皇室合法性，可以通过授勋等方式给予其他人，这是政府高层所没有的资源。此外，受到素可泰王朝的佛教"法王"观念的影响，他也需要倡导慈善工作来证明自身具有"国君十德"，借此持续加强他的皇室合法性（周方治，2011：11）。因此，他选择与善堂领导合作，将皇室合法性给予他们，来交换其慈善捐款与政治效忠。

以授勋与颁旨为例来说明善堂领导如何补偿社会地位。善堂不仅协助政府与救济灾民，还多次响应拉玛九世的慈善号召。例如，1958年他诏谕臣民为防止霍乱病基金筹款，善堂联合华人组织举办联合义演。1961年他诏谕臣民扩大救济水灾灾民运动，1962年他诏谕臣民合力救济南部风灾，善堂邀集华人组织共商救济办法（华侨报德善堂，1961：86、92；华侨报德善堂，1963：71；星暹日报，1963）。因此，他多次授勋给善堂领导，例如1959年与1967年授予董事长陈振敬一枚二等勋章与一枚三等勋章（王伟民，1993：123），1960年到1968年授予副董事长郑午楼两枚二等勋章与两枚三等勋章（莎哇妮·郑差沛汶等，2008：282）。[②] 此外，在1970年善堂六十周年庆典期间，他颁布谕旨来嘉勉善堂。善堂表示这"是泰华社会中首次获得泰皇陛下的宠幸，同时也是报德善堂以工作表现所获得无上的荣誉"（华侨报德善堂，1971：31）。

六　结论与讨论

本文研究发现，华人合法性受到政府的质疑或否定，使得善堂依赖政府的

---

① 例如，陈振敬1958年归化为泰国人（王伟民，1993：122）。
② 郑午楼后来还陆续获得七枚各级勋章（莎哇妮·郑差沛汶等，2008：282）。

合法性资源。然而，它缺乏政治权力来要求政府提供这种资源，于是提供慈善资源来与政府进行交换。合法性资源包括法律合法性、皇室合法性与行政合法性。在不同时期，善堂与政府的资源交易的着重点不同，反映出它的慈善动因产生了变化。1944 年到 1970 年，主要是满足道德经济要求。自 1958 年起，新增了与官员建立庇护关系，以及补偿社会地位。慈善动因的出现与变化受到泰国政治环境的影响，特别是排华政策的开始与结束、泰中两国的联系暂时中断以及有影响力的盟友出现。善堂的慈善动因同时包括利他与利己成分。本文并不否认它具有宗教信仰、利他主义与价值观等利他动因。然而，由于本文将慈善工作视为资源交易，因此较为关注物质利益、声誉、心理利益等利己动因（Bekkers & Wiepking，2011：932 - 942）。潮人善堂研究主要强调利他动因，本文着重于利己动因正好可以作为补充。

就潮人善堂的慈善动因而言，本文研究只是一个开始，未来可以比较它们在居住国与侨乡的慈善动因，它们在居住国不同时期的慈善动因，它们在不同居住国的慈善动因，并探讨这些比较结果的影响因素，借此形成更加完整全面的认识。例如，善堂最重要的发展是从华人移民组织转变为泰籍华人组织，本文研究早期华人移民组织的慈善动因，未来还可以研究后期泰籍华人组织的慈善动因，进而探讨国家认同与同化程度对慈善动因的影响。此外，比较华侨报德善堂与修德善堂养心社可知，在后者的前六十年（1916 年到 1976 年）的发展历程中（李声标，1985），它并没有像前者一样，以外来少数族群身份开展对当地主要族群的慈善工作，借此与当地政府进行资源交易。因为华人本身就是新加坡的主要族群，而且新加坡早期被英国殖民。由此可知，族群关系与政治因素影响着它们在不同居住国的慈善动因，因此它们在东南亚各国的慈善动因不能一概而论。

就潮人善堂的跨国比较而言，多数学者研究一个国家的潮人善堂，少数学者同时研究几个国家的潮人善堂（Tan，2012；志贺市子，2016），然而并未进行系统性的跨国比较。它们从中国扩散到许多东南亚国家，是海外华人慈善中非常有趣的案例。它们受到不同国家环境的影响，呈现出部分相同、部分不同的特性。例如，它们主要由宗教仪式与慈善工作组成，前者具有惊人的共同性（志贺市子，2016：169），后者有比较大的差异。这个现象提出了两个问题：为什么宗教仪式比慈善工作的变异程度小？哪些因素导致了慈善工作的不同发展？

最后，海外华人慈善研究需要摆脱中国中心的研究视角，不但研究他们在中国的慈善工作，还要从全球视角来研究他们在居住国与其他国家的慈善工作，比较他们在不同时期与国家的慈善工作（Zhou，2019：196），分析他们在不同国家的慈善工作的相互影响，并探讨他们通过慈善工作与利益相关者的互动情形等议题，来丰富我们对全球华人慈善的认识。此外，研究华人社会组织在居住国的慈善工作，可以为中国社会组织在国内的发展提供建议以及"走出去"的借鉴经验，促进双方在"一带一路"民心相通上的跨国合作，进而建构全球华人慈善共同体。

参考文献

〔日〕志贺市子（2016）：《潮人善堂仪式文化在东南亚华人社会的传承与转化》，张禹东、庄国土主编《华侨华人文献学刊》（第二辑），北京：社会科学文献出版社。

〔泰〕陈建敏（2004）：《泰国对华侨政策与泰华社会变化》，华侨崇圣大学泰中研究中心主编《泰国华侨华人史》（第二辑），曼谷：华侨崇圣大学泰中研究中心。

〔泰〕华侨报德善堂主编（1953）：《华侨报德善堂第十届堂务报告书》，曼谷：华侨报德善堂。

〔泰〕华侨报德善堂主编（1954a）：《华侨报德善堂建堂四十周年纪念刊》，曼谷：华侨报德善堂。

〔泰〕华侨报德善堂主编（1954b）：《华侨报德善堂堂务报告书佛历二四九七年》，曼谷：华侨报德善堂。

〔泰〕华侨报德善堂主编（1957）：《泰国华侨报德善堂堂务报告书二四九九年至二五〇〇年度》，曼谷：华侨报德善堂。

〔泰〕华侨报德善堂主编（1961）：《华侨报德善堂堂务报告书佛历二五〇一年至二五〇四年度》，曼谷：华侨报德善堂。

〔泰〕华侨报德善堂主编（1963）：《华侨报德善堂堂务报告书佛历二五〇五年至二五〇六年度》，曼谷：华侨报德善堂。

〔泰〕华侨报德善堂主编（1969）：《华侨报德善堂堂务报告书佛历二五〇七年至二五一〇年度》，曼谷：华侨报德善堂。

〔泰〕华侨报德善堂主编（1971）：《华侨报德善堂庆祝六十周年纪念特辑》，曼谷：华侨报德善堂。

〔泰〕华侨报德善堂主编（1990）：《华侨报德善堂成立八十周年纪念特刊》，曼谷：华侨报德善堂。

〔泰〕华侨报德善堂主编（2010）：《华侨报德善堂100周年纪念特刊》，曼谷：华侨报德善堂。

〔泰〕莎哇妮·郑差沛汶等主编（2008）：《郑午楼博士纪念册》，曼谷：泰威信印刷有限公司。

〔泰〕泰国中华总商会主编（1951）：《泰国重要法令汇编》，曼谷：泰国中华总商会。

〔泰〕谢犹荣（1947）：《中暹亲善关系间的毒瘤》，《南洋杂志》，第 1 卷第 5 期。

〔泰〕星暹日报（1963）：《华侨报德善堂暨各侨团四华文日报社遵奉泰皇谕诏救济泰南风灾征信录》，《星暹日报》，1 月 1 日，第 18、19 版。

〔泰〕星暹日报（1967）：《响应国务院长号召　救济各府大水灾民》，《星暹日报》，1 月 1 日，第 15 版。

〔泰〕修朝（2003）：《921 耀华力事件始末》，华侨崇圣大学泰中研究中心主编《泰国华侨华人史》（第一辑），曼谷：华侨崇圣大学泰中研究中心。

〔泰〕中华民报（1938）：《报德善堂昨开常年大会》，《中华民报》，3 月 21 日，第 6 版。

〔泰〕子凌（2003）：《郑午楼博士研究》，曼谷：华侨崇圣大学泰中研究中心。

〔新〕李声标主编（1985）：《修德善堂养心社七十周年纪念特刊》，新加坡：修德善堂养心社。

陈杰、黎相宜（2014）：《道义传统、社会地位补偿与文化馈赠——以广东五邑侨乡坎镇移民的跨国实践为例》，《开放时代》，第 3 期。

高丙中（2000）：《社会团体的合法性问题》，《中国社会科学》，第 2 期。

耿素丽、张军选编（2011）：《民国华侨史料汇编》（第 11 册），北京：国家图书馆出版社。

黄晓瑞（2015）：《华侨华人对中国慈善捐赠的现状及其模式研究》，贾益民主编《华侨华人研究报告（2015）》，北京：社会科学文献出版社。

蓝佩嘉（2010）：《跨国灰姑娘》，台北：行人文化实验室。

林风（1997）：《论"五缘"关系与泰国社会华侨华人族群》，《泰国潮州人及其故乡潮汕研究计划》（第二辑），曼谷：朱拉隆功大学亚洲研究所。

林摩尼（1996）：《二哥丰郑智勇史实补正》，《泰中学刊》，第 3 期。

林悟殊（1996）：《泰国大峰祖师崇拜与华侨报德善堂研究》，台北：淑馨出版社。

潘少红（2008）：《泰国华人社团史研究》，博士学位论文，厦门大学。

王绵长（1989）：《战后泰国政府对华侨、华人的政策》，暨南大学东南亚研究所、广州华侨研究会编著《战后东南亚国家的华侨华人政策》，广州：暨南大学出版社。

王伟民编译（1993）：《泰国华人面面观》，昆明：云南大学出版社。

夏玉清（2018）：《华侨报德善堂与善堂文化在泰国的传播》，《宗教学研究》，第 1 期。

谢培屏（2008）：《1945 年泰国军警枪杀华侨事件》，《"国史馆"学术集刊》，第 16 期。

邢菁华、张洵君（2019）：《华侨华人、港澳同胞现代慈善事业探究与展望》，《八桂侨刊》，第 2 期。

张秀明（2018）：《改革开放以来华侨华人对中国慈善事业的贡献探析》，《华侨华人历史研究》，第 4 期。

周方治（2011）：《王权·威权·金权——泰国政治现代化进程》，北京：社会科学文献出版社。

Bekkers, R. , & Wiepking, P. (2011), "A Literature Review of Empirical Studies of Philanthropy," *Nonprofit and Voluntary Sector Quarterly* 40 (5).

Deeney, J. J. (2002), "A Neglected Minority in a Neglected Field," Peter H. Koehn & Xiao-huang Yin (eds.), *The Expanding Roles of Chinese Americans in U. S. – China Relations*, New York: M. E. Sharpe.

Eisenstadt, S. N. & Roniger, L. (1980), "Patron-client Relations as a Model of Structuring Social Exchange," *Comparative Studies in Society and History* 22 (1).

Elster, J. (2007), *Explaining Social Behavior*, Cambridge: Cambridge University Press.

Fitzgerald, J. , & Yip, H. (2020), "Introduction," John Fitzgerald & Hon-ming Yip (eds.), *Chinese Diaspora Charity and the Cantonese Pacific, 1850 – 1949*, Hong Kong: Hong Kong University Press.

Harper, M. T. (2019), "Philanthropic Action of Chinese Diaspora in Southeast Asia," *The China Nonprofit Review* 11 (2).

Ho, A. T. , & Yuen, D. S. (2010), "Chinese American Diaspora Philanthropy," *Journal of Asian Business* 24 (1 – 2).

Kuah-Pearce, K. E. (2011), *Rebuilding the Ancestral Village*, Hong Kong: Hong Kong University Press.

Kuo, M. (2020), "The 'Invisible Work' of Women," John Fitzgerald & Hon-ming Yip (eds.), *Chinese Diaspora Charity and the Cantonese Pacific, 1850 – 1949*, Hong Kong: Hong Kong University Press.

Landon, K. P. (1973), *The Chinese in Thailand*, New York: Russell & Russell.

O'Brien, N. F. , & Evans, S. K. (2017), "Civil Society Partnerships," *Voluntas* 28 (4).

O'Regan, A. (2001), "Contexts and Constraints for NPOs," *Voluntas* 12 (3).

Pfeffer, J. , & Salancik, G. R. (2003), *The External Control of Organizations*, Stanford: Stanford University Press.

Rule, P. (2020), "Chinese Engagement with the Australian Colonial Charity Model," John Fitzgerald & Hon-ming Yip (eds.), *Chinese Diaspora Charity and the Cantonese Pacific, 1850 – 1949*, Hong Kong: Hong Kong University Press.

Saidel, J. R. (1991), "Resource Interdependence," *Public Administration Review* 51 (6).

Scott, J. C. (1972), "Patron-client Politics and Political Change in Southeast Asia," *The American Political Science Review* 66 (1).

Scott, J. C. (1976), *The Moral Economy of the Peasant*, New Haven: Yale University Press.

Skinner, G. W. (1957), *Chinese Society in Thailand*, Ithaca: Cornell University Press.

Skinner, G. W. (1958), *Leadership and Power in the Chinese Community of Thailand*, Ithaca: Cornell University Press.

Suchman, M. C. (1995), "Managing Legitimacy," *The Academy of Management Review* 20 (3).

Tan, C. (2012), "Shantang," *Asian Ethnology* 71 (1).

Tarkulwaranont, P. , et al. (2001), "Wang Thong," Tong Chee Kiong & Chan Kwok Bun (eds.), *Alternate Identities*, Singapore: Times Academic Press.

Tilly, C. , & Tarrow, S. (2015), *Contentious Politics*, New York: Oxford University Press.

Yin, X. , & Lan, Z. (2004), "Why Do They Give," Peter F. Geithner, et al. (eds.), *Diaspora Philanthropy and Equitable Development in China and India*, Cambridge: Harvard University Press.

Young, N. , & Shih, J. (2004), "Philanthropic Links between the Chinese Diaspora and the People's Republic of China," Peter F. Geithner, et al. (eds.), *Diaspora Philanthropy and Equitable Development in China and India*, Cambridge: Harvard University Press.

Zhou, M. (2019), "Promoting Research on Global Chinese Philanthropy," *The China Nonprofit Review* 11 (2).

Zhou, M. , & Li, X. (2018), "Remittances for Collective Consumption and Social Status Compensation," *International Migration Review* 52 (1).

Zhu, J. , & Jing, Y. (2019), "Push and Pull," *The China Nonprofit Review* 11 (2).

The Causes of Poh Teck Tung Foundation's Philanthropy Change: Moral Economy, Asylum Relationship, Social Status Compensation

Lai Yulin

[**Abstract**] The research on overseas Chinese philanthropy needs to analyze their philanthropic work in the countries of residence from a global perspective. The legitimacy of the overseas Chinese is questioned or denied by

泰国华侨报德善堂的慈善动因变化：道德经济、庇护关系、社会地位补偿

the Thai government, which makes they depend on the legitimate resources of the government. However, it lacks political power to ask the government to provide them, so it provides philanthropic resources to exchange with the government. Legitimacy resources include legal legitimacy, Royal legitimacy and administrative legitimacy. In different periods, the focus of resource transaction between the foundation and the government is different, which reflects that its philanthropic motivation has changed. From 1944 to 1970, it mainly met the requirements of moral economy. Since 1958, the establishment of patron-client relations with officials and the compensation of social status gap have been added. The emergence and change of philanthropic motivation are influenced by Thailand's political environment, especially the beginning and end of the anti-Chinese policies, the temporary suspension of the ties between Thailand and China, and the emergence of influential allies. The innovation of this paper is to study the philanthropic motivation of overseas Chinese organizations in their countries of residence, and then analyze its changing trend and influencing factors.

[**Keywords**] Overseas Chinese Philanthropy; Resource Exchange; Patron-Client Relation; Moral Economy; Social Status Compensation

志愿者参与社区封闭管理政策执行偏差探析

——以河南省 X 县 A 社区为例

邢宇宙　　徐晋升[*]

【摘要】2020 年初新冠肺炎疫情暴发以来，志愿者参与的社区防控体系在阻断疫情扩散等过程中发挥了重要作用，但是实践中也暴露出若干问题。通过对河南省 X 县 A 社区社区封闭管理政策的描述，聚焦志愿者参与政策执行的偏差现象，主要表现为对外来居民违规探视的变通、对人员凭证通行政策的误读和对商铺私自营业行为的串通等执行偏差现象。进一步分析发现，基层政府主导的志愿者动员存在日常管理工作悬浮、责任追究制度虚置和必要激励手段缺失等制度化不足问题。因此志愿者的政策执行偏差，实则是当社区防控政策与疫情环境风险不相适应，并与居民生活需求发生冲突时，基于伦理道德、社会关系和职业身份等社会情境逻辑，对刚性政策的柔性执行，由此也缓和了社区封闭管理政策对社会生活秩序的冲击。

【关键词】突发公共卫生事件；志愿者；社区封闭管理；政策执行偏差

---

* 邢宇宙，北京工业大学文法学部副教授，研究方向：公益慈善、社会组织与社会治理；徐晋升，北京工业大学文法学部硕士，研究方向：社会治理。

一 问题的提出

2020 年初新冠肺炎疫情暴发以来,社区封闭管理作为阻断疫情扩散的重要手段之一,成为我国的重要经验。2020 年 2 月,习近平总书记在北京调研指导新冠肺炎疫情防控工作时强调,社区是疫情联防联控的第一线,也是外防输入、内防扩散最有效的防线,把社区这道防线守住,就能有效切断疫情扩散蔓延的渠道。

具体而言,社区在疫情防控中的重要作用主要表现为可以高效地收集信息、执行政策和社会动员,为社区居民提供精细化服务供给,以及构建多主体协同的社会管理模式等(张霄艳等,2020;郭圣莉,2020;刘春呈,2020)。然而,由于社区在治理结构、治理手段和治理资源等方面存在薄弱环节,社区疫情防控体系也存在"层层加码""一刀切"等现象。如在社区封闭管理前期,个别社区教条性地禁止必要的人员进出、对湖北籍返乡人员采取歧视性做法,或是忽视弱势群体的特殊需求等,因而社区防控存在治理主体较为单一、治理方式简单粗暴、社区干部工作超载等现象,容易产生污名和牺牲弱势群体、过度限制大众自由等问题(刘润秋,2020;郭伟和,2020)。

因此,动员社会力量参与疫情防控,在一定程度上可以弥补社区疫情防控中的不足,如冲抵政策"一刀切"执行造成的社会生活损失等,但是由于科层体制末梢对动员而来的社会力量未能有效容纳、衔接,社区对志愿者的管理、控制和激励不足,甚至容易滋生权力滥用现象(谭秋成,2020)。因此关注志愿者参与政策执行的过程,探究社区封闭管理政策执行偏差的表现和原因,有助于深化对突发公共卫生事件中基层政策执行与社会治理的认识。

二 文献回顾

20 世纪 70 年代以来,以普雷斯曼和威尔达夫斯基于 1973 年出版的《执行:华盛顿的伟大期望如何在奥克兰落空》为标志,公共政策学者越来越多地关注政策执行问题,并在不同领域的执行影响因素分析中,既关注正式的制度安排,也强调执行对象和环境等非制度性因素(杨宏山,2020:108~112)。在研究路径上，政策执行研究愈发关注从"政策形成"到"政策结果"的行政管理过程，形成了"自上而下"与"自下而上"两条路径，并愈加强调政策执行场域中不同主体的互动关系和影响（希尔、休普，2011：58~80），从而更加全面地认识到政策执行的不同类型及其后果，如 R. E. 马特兰德提出了模糊 – 冲突模型，从政策目标和内容两个维度出发，区分了行政执行、政治执行、试验执行、象征执行等四种模式（Matland，1995），极大地拓展了相关研究。

20 世纪 90 年代以来，国内外公共政策学者基于中国经验和场景，也在理论层面提出对于我国政策执行过程的概括和阐释，如压力型体制中的层层加码与变通执行（王汉生等，1997）、选择性执行（O'Brien & Li，1999）、不同层级政府之间的"共谋"（周雪光，2008）等等。但这部分研究主要从府际关系角度出发，探讨政策在不同层级政府或职能部门之间目标、手段和策略的变异。与此相关的是，在许多公共政策执行链条的末端，政策执行者必然面对普通民众、遭遇基层社会，使得社会反过来形塑基层政策执行。

因此，政策执行不仅是自上而下的科层治理，也深受社会情境逻辑的塑造（崔晶，2020；凌争，2020）。如基于项目制的制度分析中，权力、关系以及二者的非正式运作等"非制度化"因素，使得"正式制度失灵"（周飞舟，2019），又如基层社会治理中的"乡土逻辑"，权威、关系、面子等发挥着非正式制度的作用，使得政策执行者与执行对象产生共谋行为（王猛，2016），以至于东、中、西部不同区域的基层社会性质，也深深地影响着基层治理过程和政策执行结果（桂华，2019），由此展开了更为细致的经验研究和讨论。

一是社会性因素往往诱发政策执行偏差甚至是冲突的后果。如基层扶贫工作中，由于上级政策精准执行与基层治理资源之间存在矛盾，以及熟人社会中政策执行者的双重身份困境，扶贫政策出现执行偏差（陈辉、陈讯，2018）。

二是在政策执行过程中，基层政府常常通过对政策执行对象的吸纳化解社会的抵抗，更有力地推进政策。如产业扶贫政策中的"扛着走"，将作为政策执行对象的贫困户基于利益链接机制绑定到产业发展中来（梁晨，2020），等等。因此，我国政府主导下的社会动员，往往伴随着行政吸纳、化解冲突、利益协调的过程，呈现出不同程度的制度化特征，并与科层体制末梢相衔接，从而达到政策治理的目标。

三是政策执行者也会主动进行社会动员，扩大公众参与，来实现特定的政策目标。因此基层政策执行与基层社会治理之间相互嵌套，层级控制与社会动员相辅相成，其边界及关系因政策绩效需要而演变，总体上呈现出调适性社会动员的特征（王诗宗、杨帆，2018）。如基于垃圾源头分类政策执行的经验研究表明，基层政府通过一系列连带关系和奖惩、激励机制的设计，将各方力量整合到政策执行过程中，并通过身份建构将各方利益主体的行为和认知合理化，以期达到政策执行的目标（王诗宗、李鹏，2019）。因此行政吸纳社会一方面是政策执行中适应社会情境逻辑的需要，具有工具合理性；另一方面是源于特定政策目标中基于政－社合作的策略创新（王诗宗、李鹏，2019），具有价值合理性，或是两者兼而有之。

当然，通过社会动员将政策执行对象转变为政策执行主体，使得其接近于"准街头公务员"，必然涉及素质和能力、资源和条件、执行过程中的"自由裁量权"、政策的解释空间等一系列影响执行效果的问题。在志愿者参与疫情防控的相关研究中，已有学者注意到多数社区缺乏志愿者参与的制度化渠道，志愿者多属于临时性、非正式招募，能力参差不齐，任务安排随意，当面临复杂情况时容易出现任务紧张与沟通不畅的问题（张军、刘雨，2020）；志愿者的行动权力边界也有待确定，常常难以保证其行动的合理、合法且有效（任文启，2020），但是对于志愿者参与社区疫情防控政策执行的具体表现及其背后的逻辑还有待进一步的讨论。

三　研究设计

（一）案例介绍

X县位于河南省南部，距离突发疫情的武汉市较近，春节返乡人数较多，因此面临疫情防控的严峻形势。据统计，2020年春运期间从武汉市返回X县的超过1万人，[①] 截至2020年1月22日武汉市宣布封城时，X县已有2例确诊病例。

在党中央、国务院的统一领导和省、市两级政府的周密部署下，X县委县政府做出一系列应对举措，旨在健全应急领导机制，控制全域人员流动，1月

---

① 　X县疫情防控工作指挥部办公室，《每日快报》2020年2月11日。

23日宣布成立县级疫情防控工作指挥部，从1月24日至1月30日，X县疫情防控工作指挥部接连发布第1号至第7号通告，要求在全县范围内实行佩戴口罩、暂停公交车运营、暂停经营性场所营业（除必要机构外）、限制机动车上路、关闭火车站进站通道等管控措施。

社区封闭管理是X县疫情防控工作的重中之重。如表1所示，在X县疫情防控工作指挥部发布的第8、9、11、12号通告和X县疫情防控工作指挥部办公室发布的第22、32号通知中，对社区封闭管理做出了详细规定，主要措施为：设置防疫卡口和障碍物，在全域建立疫情防控物理屏障；制定人员凭证通行政策，加强对人员流动的有效管理；动员居民成为志愿者，弥补基层防疫人力的不足，逐步构建起执行社区防控政策的由退役军人、下沉干部、居民积极分子组成的疫情防控队伍。

表1　X县社区封闭管理政策一览

时间	名称	内容
2020年1月31日	关于对城乡居民小区实行封闭式管理的通告（第8号）	每个居民小区保留一个进出口；设置门岗检查点；严禁非本小区居民进入
2020年2月2日	关于进一步加强全县住宅小区疫情防控管理的通知（第22号）	各住宅小区要确定管理责任人，没有物业的小区及散居户由辖区办事处负责。各住宅小区人员一律不准走亲访友、串门、扎堆、聚会，针对必要外出上班人员可发放出入证明；如需外出采办日常必需用品，每户每天只能固定1人1次进行采办；小区门岗要加强值守，严格落实进出人员登记上报制度
2020年2月2日	关于加强城区人员出行管控的通告（第9号）	每户家庭每天可指派1名家庭成员上街采购生活物资，其他人员除生病就医、正常上班之外，不得外出
2020年2月6日	关于转发《某市疫情防控指挥部关于进一步强化疫情防控期间各类社区管理的通告》的通知（第32号）	全面实施社区封闭式管理，所有社区居民无特殊情况（参加疫情防控工作、重大病情就医、购买生活必需品等）一律不得随意外出，出入必须登记，外人不得入内；禁止各小区居民无事出门逛街、在公共场所逗留聚集；小区只保留一个出入通道，设置24小时疫情监测值班岗，所有进出小区人员必须佩戴口罩，严禁不戴口罩人员出入；所有进出小区人员一律测量体温，实行登记管理

续表

时间	名称	内容
2020 年 2 月 7 日	关于进一步加强城区人员出行管控的通告（第 11 号）	每户家庭每 2 天可指派 1 名家庭成员上街采购生活物资。居民无特殊情况（参加疫情防控工作、重大病情就医）不得外出。确需外出的，必须佩戴口罩
2020 年 2 月 7 日	关于在全县住宅小区全面使用"疫情防控通行证"的通告（第 12 号）	各街道办事处印制"疫情防控通行证"发放给住户。小区住户凭通行证每户 2 天可指定 1 人 1 次外出，携带该证才能通行，卡口值守人员要进行出行人员信息的登记和报送。各住宅小区工作人员外出时，需随身携带本单位工作证明

资料来源：根据 X 县社区防控政策文献整理而成。

其中，在防疫卡口值守的志愿者的主要工作内容如下：一是为本小区居民办理通行证；二是登记和上报出入本小区人员的身份信息；三是落实社区防疫规定，维持卡口周边秩序，如制止居民无证外出或违规进入，以及监督附近商家不得私自营业等。

（二）研究方法

本研究是基于案例的实地研究，主要采用参与观察、深度访谈等方法收集资料。研究者之一以大学生党员的身份，与 2 名退役军人、1 名机关单位下沉干部等居住在本地的志愿者，共同负责某居民自建房小区与县城主干道交接处的卡口值守。其中研究者参与的时间从 2020 年 3 月 1 日起，至 2020 年 3 月 23 日止。

在疫情防控志愿服务期间，笔者不仅亲身经历了 A 社区封闭管理政策的执行过程，获得了大量直接经验，观察到社区封闭管理政策的执行偏差现象，也同社区工作人员、多位居民志愿者建立了联系，他们成为本研究主要的访谈对象，分别是 A 社区工作人员 P，居民志愿者 L、W、G，以及政府机关干部 X。由于疫情影响，后续访谈通过微信、电话进行，采用非结构式访谈法，主要了解其参与社区封闭管理的经历和认识。

此外，笔者从政府官方网站、机关单位工作人员处收集到 X 县委县政府、X 县疫情防控工作指挥部发布的百余份通知、通告等文件，时间跨度为 2020 年 1 月 23 日至 2020 年 3 月 23 日，涵盖了 X 县在疫情防控期间的主要工作安排，构成了本文讨论社区疫情防控政策执行的基础。与此同时，在分析过程中对文献材料、访谈材料等调研资料进行交叉验证，并以案例的形式加以呈现和讨论。

（三）研究框架

如图 1 所示，在社区疫情防控中，社区居委会、志愿者和居民构成政策执行的多元主体，作为行政末梢延伸的社区居委会与志愿者之间形成组织管理关系，围绕着管理、监督和激励，双方一定程度上形成了制度化的联结。更重要的是，由于社区封闭管理政策的执行对象是社区居民，志愿者参与的政策执行受到社区封闭管理政策、疫情风险感知和居民生活需求的共同影响，因此志愿者的行为嵌入准行政性的组织管理关系与社会性的社会生活情境之中，使得社区封闭管理政策执行过程充满了张力。

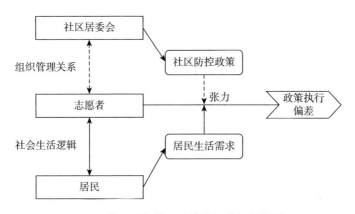

图 1　社区封闭管理政策执行的解释模型

四　志愿者参与社区封闭管理政策执行的偏差

从新冠肺炎疫情暴发到 X 县正式响应，再到 2020 年 2 月 23 日出现最后 1 个确诊病例，X 县共计 21 人确诊。1 个月后的 3 月 23 日，X 县宣告解除全县城乡社区封闭管理。在确诊最后 1 个病例与解除封闭管理措施的 1 个月时间内，X 县城乡社区整体上持续执行了各项封闭管理政策。但是随着 3 月后全国抗疫形势迎来拐点，居民对于恢复社会生活秩序的需求日趋强烈。与此同时，由于本地疫情信息公开透明，资讯传播渠道通畅，居民和志愿者达成了明确共识："防控仍有必要，但已经不太可能有疫情了。"由此，开始出现种种社区封闭管理政策执行偏差现象。

（一）对外来居民违规探视的变通

无论是探望老人，还是走亲访友，许多外来居民也会向志愿者提出进入小区的请求，但是他们的请求通常得不到志愿者的同意，部分外来居民因此迟迟不愿意离开。志愿者 L 对此解释道，因为"一般的人都有个看望的念头"，所以她能够理解外来居民进入小区的愿望。然而在"进与不进"的问题上，她感觉对居民"一下子严起来了"，即无论外来居民以何种理由请求，志愿者都不会允许其进入小区。此时，有志愿者会建议通过电话把希望探望的居民约出来，双方在卡口前见面，来化解与外来居民在卡口前僵持的局面。

在这一局面中，志愿者面临"咋样在人情和法理中找到平衡"的问题，因为如果无法取得平衡，就意味着"剑拔弩张，顶起来了"，L 意识到，"老百姓疫情期间心里憋着一股气，弄不好就炸了，这中间有分歧，一个想要进，一个不让进，矛盾就容易激化，最后闹不好要报警"，而把矛盾激化到"要报警"的地步，是居住在当地的志愿者所不愿意见到的。

一方面，身为执行社区封闭管理政策的志愿者，L 认为自己"肩上的担子肯定有"，但是这种"担子"并不是机械地执行政策，而是"你既然要管，就要有理由、有底气做好"，"做好"的标准是"不是原则上的事，尽量让大家都满意"，这样"也算尽到责任了"。在 L 看来，居民能够基本遵守社区封闭管理规定、服从志愿者的管理，是因为"没有到那一步"。她说的"那一步"意指志愿者严格按照政策文本执行相关规定，对居民的诉求不做回应。她认为这样做不仅使得矛盾激化，也会造成"你再管，你也管不了"的结果，达不到疫情防控的目的。

另一方面，志愿者清醒地意识到在面对居民时，"咱也是底层老百姓"，而老百姓之间"应该互相理解"，如 L 担心出现令人难堪的场景：

> 老百姓不跟你对事，他跟你对人。咱没接受过一天培训，说了不该说的话了，他就揪着你不放。前面卡口的那个小伙子，不让老温家的儿媳妇进，结果爹娘三代挨绝①，狗血喷头的。老百姓素质有高有低，好的让进屋里喝茶，99%的老百姓都是配合的，不幸碰到1%，给你碰得乌烟瘴气。

因此，当卡口前发生就"进与不进"问题引发的争议时，志愿者常常主动

---

① 在 X 县方言中意为"挨骂"。

建议居民"打个电话约出来，未必非要进去"，尽力避免与居民发生正面冲突。这样既不违反"严禁非本小区居民进入"的政策规定，又能满足居民的探望需求。

（二）对人员凭证通行政策的误读

在社区封闭管理政策的具体执行过程中，志愿者不仅拥有一定的自由裁量空间，也时常需要自行解读上级下发的政策，从而导致对政策的误读。

一是关于居民外出频次的规定。X县人员凭证通行政策对居民外出频次做出如下规定："每户居民每两天可以出门一次。"而笔者所观察的卡口，退役军人志愿者对这一规定的解读则是"每户居民每隔两天可以出门一次"。不难看出，一个"隔"字之差，居民的外出频次从两天一次被降至三天一次，许多居民实际上符合外出条件却被劝返。笔者曾试图说服两位退役军人志愿者，在经历了从语言解释到画图说明之后，虽然最终使其明白该规定的正确含义，但是对方认为"一直是这样办的，改了人家会说咱"。

二是关于居民通行证件的管理。X县人员凭证通行政策要求"各街道办事处印制'疫情防控通行证'发放给住户"。而笔者所在的卡口，通行证被退役军人志愿者在卡口处集中保存。居民每次外出时需要提出请求，志愿者翻找出属于该户居民的证件，并登记身份证、出行信息后，才准许其外出。当居民返回小区时，还需要将通行证交还。在笔者到来前，这一"土办法"便已施行。面对居民经常表示出的疑惑，笔者曾询问采取这一做法的志愿者，对方认为这个卡口内的居民素质差，如果把通行证发到居民手中，将难以阻止其绕过卡口监管而私自出行。在实践中，这一严格的"土办法"看似减少了居民的出行频次，降低了居民私自出行的可能性，但也造成诸多通行证未经消毒堆放在一起，形成交叉传染的安全隐患。直到3月中旬，距离社区封闭管理措施解除一周左右，坚持集中保存通行证的志愿者才同笔者商量，将通行证发放给居民，由居民自行保管。

（三）与私自营业商铺的串通

按照河南省重大突发公共卫生事件I级响应要求，X县疫情防控工作指挥部发布通告要求"除必要机构外，经营性场所一律暂停营业"，由公安、城管部门进行检查。A社区内有一排临街店铺，绝大多数都按照上述要求暂停经营，只有一家小型烟酒商店将卷帘门拉下一半，做出"将关未关"的样子，不仅偶尔会有居民入内购物，店主还时常骑电动车向外运送货品，然后空车返回。

首先，该商店距离卡口仅有数米，虽然从值守棚内可以清楚地观察到该商店营业的现象，但是并没有志愿者对此加以约束，甚至有志愿者与店主相谈甚欢，并亲切地称其为"老五"，双方主要交流对疫情发展形势以及受此影响的国际关系走势的看法，在交谈中偶尔还会提及双方的熟人，这表明他们在疫情发生前就已熟识。

其次，面对公安和城管部门的检查时，该社区率先发现相关车辆行踪的志愿者会在社区志愿者微信群中做出提醒，内容为检查车辆的路线和方向。卡口志愿者看到微信群内的提醒后，会走进"老五"的店铺，提醒其拉下卷帘门，以免被巡查人员发现异样。

最后，社区工作人员也未对此表示"异议"。一般每天下午 4 点左右，社区工作人员会来到卡口为志愿者分发口罩、酒精等防疫物资，并在值守棚停留一段时间，意为对卡口值守情况进行不言自明的监督。但即便是社区工作人员，也未曾对近在咫尺的商店私自营业的情况表示出质疑。

五　社区对疫情防控志愿者的组织管理困境

居民志愿者在参与社区封闭管理政策执行的过程中，面对不同身份和需求的居民，在严格执行防控政策的同时，也会对具有现实合理性的情况采取必要的妥协，以软化政策执行对象的抵制，进而衍生出默许、变通、误读、串通等执行偏差现象。从制度性根源来说，这种执行过程中的弹性空间恰恰源自志愿者作为社会力量未被行政完全吸纳，从而使社区面临着组织管理上的困境。

（一）日常管理工作悬浮

在社区封闭管理政策的执行过程中，街道和社区负有疫情防控的属地管理权责，面对疫情防控中繁重的工作任务，由于缺少足够的治理资源，作为行政末梢延伸的社区无法单纯依靠自身力量落实社区封闭管理政策，因此卡口一线的防控工作高度依赖志愿者的参与。通过自下而上的主动参与和自上而下的广泛动员，吸纳退役军人、下沉干部、居民积极分子作为志愿者，赋予其相应的卡口管辖权，极大地补充社区疫情防控力量。与此同时，街道、社区对志愿者的日常管理却基本处于悬浮状态。

一是对于志愿者的工作内容没有培训。志愿者参与疫情防控以来，工作人员除了对志愿者进行简单的身份信息登记，根据人员使用需求将志愿者分派到各个卡口以外，既没有对志愿者进行能力培训，也甚少对志愿者履职情况做出反馈。

二是对志愿者在岗情况缺乏足够的监督。志愿者只需白天按照规定时间到岗、夜间离岗时在志愿者微信群中打卡，便能完成一天的工作内容。社区工作人员除了每天下午4点到卡口进行例行检查外，上午和夜间从未检查志愿者是否在岗。

三是对于志愿者工作记录没有跟进检查。在进行社区封闭管理期间，志愿者每日记录和上报居民出行信息，而记录人员出行情况的登记本作为最重要的工作凭证，从未被社区工作人员组织检查，直到社区封闭管理措施解除以后，才以保存档案的名义上交。

（二）责任追究制度虚置

责任追究制度是政策执行控制的重要手段。作为一项正式制度，它规范了相关职权的拥有者在权力行使过程中需要承担的责任和义务，如果权力行使不当将面临党纪或法律的处罚。但是总体而言，X县疫情防控责任追究制度对于居民志愿者处于虚置状态。

一是党内问责手段不能适用于参与疫情防控的居民志愿者。X县疫情防控的责任追究工作主要由县纪委监委开展。在《关于加强对疫情防控工作监督执纪问责的通知》① 中，X县纪委监委将"不服从组织安排，擅离职守，违抗命令，临阵退缩，推诿扯皮，行动迟缓，贻误工作""重要信息瞒报、漏报、迟报、错报、谎报导致疫情蔓延"等情况纳入执纪问责范围，对涉事人员进行"失责必问""问责必严"式的查处。但是在卡口一线，有相当数量的志愿者来自普通居民，他们中的许多人既非公职人员，也非党员。

二是法律层面对志愿者责任界定存在解释空间。由于志愿服务具有特殊性，同义务帮工、好意施惠等行为类似，因此对志愿者侵权行为的处理不被等同于一般侵权行为（袁文全、杨天红，2012）。有法律学者认为，考虑到社会效益，应当鼓励无私奉献的志愿服务行为，对志愿者因一般过失造成的损害应予以免

---

① 中共X县纪委X县监察委员会：《关于加强对疫情防控工作监督执纪问责的通知》，2020年1月30日。

责，只有在故意或存在重大过失时，才应该承担责任（孔东菊，2012）。尽管执行防疫规定责任重大，但是否担责却较为模糊。

三是特殊时期对志愿者的追责还需要考虑到社会舆论的影响。如果政府部门处罚志愿者，特别是主动参与疫情防控志愿服务的居民，有可能引发特殊时期的舆论关注。政府机关干部 X 解释道：

> 疫情期间，大家都怕自己"出名"，一出名事情就大了。这个东西它毕竟比较敏感，一听"志愿者""处罚"，大家都紧张得很，舆论再一关注，那可能整个县都出名了。内部的事都好说，搞到外面，那就任人评说，被动了。

在政府官员眼中，对志愿者追究责任有可能会得不偿失。因此地方政府会避免处罚志愿者从而避免承担社会舆论压力。

（三）必要激励手段缺失

对于参与政策执行的街头公务员而言，必要的激励是一项重要需求，因为这些基层官员身处行政体系末梢，职务等级低微，工作内容琐碎，一方面处于行政机构的压抑下工作，另一方面又拥有相当大的自由裁量权和自主权（希尔、休普，2011：74）。居民志愿者作为被紧急动员而来的社区封闭管理政策执行者，具有许多类似的特征，在一定意义上可以被视为"准街头公务员"，因此当他们缺乏必要的激励时，不易保持工作的积极性，甚至可能产生消极怠工行为，致使工作内容偏离目标。

首先，A 社区的多数志愿者缺乏物质激励。在社区封闭管理初期，社区党组织号召辖区内的退役军人、党员发挥先锋模范作用，参与疫情防控志愿服务工作。当卡口防疫人力不足，急需人力补充时，才采用支付报酬的方式招募部分社会人员。此外，志愿者中下沉干部和居民积极分子多为响应党和政府的号召，主动向社区报到参与疫情防控。A 社区对于退役军人、下沉干部和居民积极分子均未提供物质激励。

其次，绝大多数志愿者未获得本就稀缺的荣誉激励。X 县委组织部曾发布通知，由县直各单位根据名额推选抗疫"先进个人"，由县里统一予以表彰。全县共计表彰 166 人，A 社区所属的街道办事处共有 5 个名额。在参与疫情防控之初，A社区主任曾感慨于笔者踊跃参加社区疫情防控的行为，主动提出待抗疫结束后为笔者授予"先进个人"称号，这一许诺后来受限于有限的名额而未能兑现。

最后，通过对比不同招募渠道的志愿者发现，有无激励对志愿者的工作态度具有明显影响。A社区一位通过付薪招募而来的志愿者声称，自己不仅负责照看防疫卡口，还冒着危险到各个小区喷洒消毒剂，等于干了两份工作，并时常向其他志愿者炫耀自己将以此争取双份酬劳。尽管如此，相比之下，这名志愿者在日常工作中态度更为积极，还屡次与其他志愿者产生矛盾，起因多为批评其他志愿者不够尽责，他还曾向社区主任举报部分卡口存在管理松懈等问题。

与之相对的是，部分志愿者由于缺少激励而产生懈怠情绪。特别是在社区封闭管理后期，两位志愿者时常关注"发钱"的消息，在手机上传看关于为志愿者提供补助的文章，而现实中的"补助"却杳无音讯。偶尔，他们会发出"每天都在这坐着，要是去干活，能挣多少钱?!"的感慨。这些志愿者是在疫情最危险的时候参与社区封闭管理的，但是两个月来他们除了简单的防疫物资外，没有得到任何物质或荣誉激励，巨大的反差使他们的心态发生了很大的变化，表现为日常工作中的懈怠，甚至逃避。在社区封闭管理的最后时日，他们分别因复工、旅游等原因向社区主任请辞。

六　社区封闭管理政策执行的社会情境逻辑

在疫情防控中，对于这支临时组建的社区志愿者队伍，街道和社区因为日常管理、责任追究、激励手段等制度化不足，难以有效地将志愿者规训为完全恪尽职守的政策执行者。因而，在面对刚性政策与居民多样化需求之间的紧张关系时，志愿者往往采用社会情境逻辑加以应对。

（一）价值冲突下的伦理妥协

中国社会传承千年的伦理道德传统，对人们的日常社会生活产生深远影响。政策执行内嵌于社会生活情境之中，一线政策执行者时常面临伦理道德的选择困境，需要在多种善、多重义务和责任之间做出抉择，由此产生道德目标、道德规范、道德权利和义务的冲突（朱海林，2020）。社区封闭管理政策为志愿者规定了有限且确定的责任，如执行"严禁非本小区居民进入"规定，社会生活情境则向志愿者提出了复杂而多变的需求，如老人需要外来人员照顾等。

虽然在理论上，同一道德体系由高低不同层次的价值准则组成，以较高的准则作为依据有利于判断道德冲突的优劣之分（罗国杰，2014：354），但是在实践上，要对不同道德体系的价值准则做高低大小的精确排序是非常困难的。因此当难以做出区分时，往往以"最大的善的目的"与"最小的恶的手段"相结合的原则进行化解（朱海林，2020）。

当志愿者需要在均为"善"的伦理价值中做出非此即彼的选择时，其结果可能带有一定程度的妥协意味。一方面，执行社区禁入规定是为了保障居民的生命健康安全；另一方面，放行外来人员则可以使老人免遭困厄。相比之下，前者属于集体的、重要的伦理价值，后者属于个人的、紧迫的伦理价值。在政策执行中，价值选择的"最优解"往往意味着投入更多的资源和精力，而"满意解"则意味着更小的执行阻力。因此，当两种"善"的价值选择发生冲突时，政策执行者更有可能选择执行阻力较小的一个，即出现伦理妥协行为。伦理妥协往往表现为政策执行者在两种正向伦理价值之间"弃大善择小善"的非理想选择（陈第华，2011），是不得已而为之的举动，由于其主观上具有的公利目的，客观上面临着压力环境，也被认为具有一定的合理性。

（二）关系社会中的人情与面子

传统中国是以差序格局为特征的关系社会，社会关系是私人联系的增加，道德只有在这种私人联系中产生意义（费孝通，2012：48），以至于中国社会运作的核心概念就是"关系"，以及由此延伸出来的人情、面子与权力运作（翟学伟，2013：2），人际交往是以关系亲疏远近和人情大小多寡为原则，正式制度运行也受其影响。虽然21世纪以来传统的社会形态发生了较大变化，社会愈发多元化和具有异质性，人们的熟悉程度降低，地方性共识逐步丧失（朱凤霞、陈昌文，2018），由"熟人社会"演变为有别于传统社会的"半熟人社会"（贺雪峰，2013）。但在县域社会中，由于人员结构相对稳定，社会交往较为密切，因此仍然具有熟人、半熟人社会的特征，乡村的亲密性、情感性、普遍性与城市的理性化、专业化、契约化互相融合（王春光，2016）。人们交往过程中普遍存在人情面子等因素，勾勒出熟人之间"低头不见抬头见""做事留有余地"等行事逻辑。

首先，既存社会关系中的人情、面子观念为开门营业打开了"方便之门"。

由于烟酒商店店主"老五"与志愿者早已熟识，由志愿者要求其暂停营业，不仅会给"老五"带来经济损失，也会损害熟人之间的面子。在退役军人志愿者G眼中，为了防范几乎已被控制的疫情而关闭熟人的店铺，是一件"其实没多大用"的事，并且会造成"以后不好相处"的结果。恰恰是因为人情和面子，志愿者会帮助"老五"逃避监管以避免其可能受到的处罚，一方面是通过展示自己的能力以挣得面子，另一方面是通过维护"老五"的利益赠予人情，其中隐含的期待是双方在持续的社会交往中相互回馈，使得社会关系愈发稳固。

其次，志愿者与居民在互动中发展出新的社会关系，使得凭证通行政策对部分居民形同虚设。随着卡口存在时间的推移，志愿者与居民之间愈发熟悉，政策执行的严格程度在悄然降低。由于从卡口经过的上下班居民较为固定，在经历多次信息登记以后，志愿者基本掌握了这部分居民的出行规律。反之，居民对志愿者也有着打量、熟悉和接纳的过程，他们试图了解志愿者来自哪个单位，年龄多大，住在哪里。在长期的互动中，双方习惯了彼此的存在。在卡口前，志愿者与居民时常以点头、微笑、问候等方式进行互动。在值守棚内，志愿者听到车辆驶来的声音，无须探头查看，便能根据通行规律猜中来人的名字。当志愿者遇到熟悉的居民时，往往不再检查其工作证件，而是点头微笑之后便放行，并在登记本上熟练地记录下该居民的信息。

最后，志愿者的志愿服务参与建立在与社区工作人员的互动关系基础上，遵守着双方基于朴素价值观念形成的权利义务共识。如在关于志愿者应否承担疫情防控责任的问题上，不论是志愿者还是社区工作人员，均表现出对这类价值观念的重视。退役军人志愿者G声称，在疫情防控之初"社区的人叫俺过去顶着，俺不是过去了吗，一直到3月十几号才回去上班"，为回应社区工作人员的号召而付出了大量的时间和精力，因此"至少说咱参与了，尽力了，就对得起那些人"，而如果因"找着谁算谁倒霉"的疫情扩散导致自己被处罚，那么社区将面临"以后（没有）谁还敢来（当志愿者）"的局面。在社区工作人员P看来，对疫情防控责任的追究，很有可能会落在社区工作人员身上，"要是真出了事，我们可能是第一责任人"，而志愿者则会"拍拍屁股走了"，因为"本身都是学生、当兵回来的，还能抓起来？"由此表明居民志愿者参与卡口值守工作，带有赠予社区工作人员人情的意味，两者之间的互动仍然基于人情观念上的权利义务共识。

七 结语

在应对新冠肺炎疫情的社区防控体系中，尽管志愿者深度参与了社区封闭管理政策的执行，体现了我国政府社会动员体制的巨大优势，但是由于作为行政末梢延伸的社区对志愿者的组织管理存在困境，临时组建的志愿者队伍未能完全被行政所吸纳，社会动员未能完全制度化。因此，当刚性的社区防控政策与居民生活需求产生冲突之时，兼具政策执行者和居民双重身份的志愿者往往基于社会情境逻辑，在弹性空间内进行柔性政策执行，从而缓和了严格的社区封闭管理政策对社会生活秩序带来的冲击。概而言之，志愿者参与的政策执行中存在以下三重张力。

一是基层治理资源与有效治理需求之间的张力。基层处于科层结构的最末端，其治理资源和治理能力有限，难以满足新冠肺炎疫情防控带来的治理需求。作为疫情联防联控与群防群治机制的交会点，社区不仅要承担政府下派的大量工作任务，还要应对居民的多样需求。尽管通过动员居民志愿者弥补了防疫人力的不足，但是县域社区往往缺乏动员组织群众的经验，对志愿者的培训、管理、监督和激励存在明显不足，基层应急管理体系中志愿者的有效参与还有待完善。

二是政策执行与社会情境之间的张力。疫情防控中政府自上而下地将工作任务传递至基层，这种层层贯彻落实的社区防控政策具有内在的统一性，而社会情境则具有外在的差异性。新冠肺炎疫情的发展态势作为社区防控政策的制定环境，其阶段性的动态变化能够影响公众的风险感知，进而影响着政策执行的效果。当社区防控措施与疫情风险不相匹配时，尤其是在本案例中数周无新增病例而僵化维持社区封闭管理的情形中，较低的疫情风险感知便诱发公众对封闭管理的不满，执行社区封闭管理政策的阻力增强。由此，在科层结构的执行压力与社会情境的生活逻辑之间，政策常常在妥协或变通中被柔性执行。

三是志愿者双重身份之间的张力。社区疫情防控志愿者兼具政策执行者和居民的双重身份：作为政策执行者，志愿者需要落实各级政府关于社区封闭管理的政策规定，因而实质上也具有一定的政策解释权和自由裁量权，他们的身份属性、能力素质、性格特质和经验多寡影响着政策执行的最终效果；作为居民，志愿者与其他居民共享本地的规范性共识，不仅受到社会关系、角色期待的约束，他们本身也是政策执行受众。当社区封闭管理和居民生活需求之间发生冲突时，志愿者便无法回避其中的矛盾，出现身份和角色的紧张和调适，进而衍生出政策执行中的种种"偏差"。

总之，在充满张力的政策执行过程中，基层常常出现"偏差"，并非仅仅因为志愿者能力不足或者受到利益驱使，更是当面临自上而下的正式制度不足的组织管理困境时，基层政策执行者按照社会情境逻辑应对复杂社会需求的结果，在这个意义上政策执行"偏差"是柔性执行的表现，由此在理论层面的挖掘和提升还有待未来进一步的研究，在实践层面的启示是即使对政策进行"纠偏"，也需要基于中国基层社会的底色展开，通过多中心治理与科层治理的互补增强社区的结构韧性（蓝煜昕、张雪，2020），以此来完善我国应对突发公共卫生事件的社区治理体系。

参考文献

边燕杰（2004）：《城市居民社会资本的来源及作用：网络观点与调查发现》，《中国社会科学》，第 3 期。

陈第华（2011）：《行政伦理妥协的生成机制考辨》，《济南大学学报》（社会科学版），第 3 期。

陈辉、陈讯（2018）：《扶贫工作中的政策执行与基层治理》，《领导科学》，第 36 期。

蔡禾、赵钊卿（1995）：《社会分层研究：职业声望评价与职业价值》，《管理世界》，第 4 期。

崔晶（2020）：《"运动式应对"：基层环境治理中政策执行的策略选择——基于华北地区 Y 小镇的案例研究》，《公共管理学报》，第 4 期。

邓燕华、张莉（2020）：《"捆绑式政策执行"：失地社保与征地拆迁》，《南京社会科学》，第 12 期。

费孝通（2012）：《乡土中国》，北京：北京大学出版社。

桂华（2019）：《论政策精准执行的社会基础——以农村低保政策为例》，《贵州社会科学》，第 9 期。

郭圣莉（2020）：《疫情防控常态化对社区治理网格化提出哪些新要求》，《国家治理》，第 22 期。

郭伟和（2020）：《新冠肺炎疫情中的社区治理：模式、优势与短板》，《社会治理》，第 3 期。

贺东航、孔繁斌（2011）：《公共政策执行的中国经验》，《中国社会科学》，第 5 期。

贺雪峰（2013）：《新时期中国农村社会的性质散论》，《云南师范大学学报》（哲学社会科学版），第 3 期。

孔东菊（2012）：《志愿者服务行为致人损害的责任承担——基于 16 个省、自治区、直辖市地方立法的实证分析》，《理论月刊》，第 2 期。

蓝煜昕、张雪（2020）：《社区韧性及其实现路径：基于治理体系现代化的视角》，《行政管理改革》，第 7 期。

雷望红（2019）：《政策吸纳：理解农村低保政策执行偏差的新视角——基于黔西南 M 县 Y 乡的田野调查》，《西南大学学报》（社会科学版），第 1 期。

李春玲（2005）：《当代中国社会的声望分层——职业声望与社会经济地位指数测量》，《社会学研究》，第 2 期。

梁晨（2020）：《"扛着走"：精准扶贫政策过程中的"选择性执行"及其分析》，《北京工业大学学报》（社会科学版），第 3 期。

凌争（2020）：《主动"加码"：基层政策执行新视角——基于 H 省 J 县的村干部选举案例研究》，《中国行政管理》，第 2 期。

刘春呈（2020）：《疫情社区防控中对网格化管理的再审视》，《理论月刊》，第 6 期。

刘润秋（2020）：《抗疫"中国经验"的一大亮点　疫情防控社区治理机制的探索、反思与优化》，《人民论坛》，第 15 期。

罗国杰（2014）：《伦理学》，北京：人民出版社。

〔英〕迈克·希尔、〔荷〕彼得·休普（2011）：《执行公共政策》，黄健荣等译，北京：商务印书馆。

任文启（2020）：《自下而下与微观正义：抗疫国家动员下的社会工作行动空间》，《社会与公益》，第 3 期。

孙云峰（2013）：《公共政策执行者的身份矛盾与理性失衡》，《学海》，第 4 期。

谭秋成（2020）：《大型公共卫生事件发生时社区最优防控水平及社会动员》，《学术界》，第 4 期。

王春光（2016）：《对作为基层社会的县域社会的社会学思考》，《北京工业大学学报》（社会科学版），第 1 期。

王汉生、刘世定、孙立平（1997）：《作为制度运作和制度变迁方式的变通》，《中国社会科学季刊》，冬季号第 21 期。

王猛（2016）：《经济理性、制度结构与乡土逻辑：农村政策执行中的"共谋"现象研究》，《湖北社会科学》，第 2 期。

王诗宗、李鹏（2019）：《基层政策执行的创新：自主性建构与合法性叙事》，《治理研究》，第 6 期。

王诗宗、杨帆（2018）：《基层政策执行中的调适性社会动员：行政控制与多元参与》，《中国社会科学》，第 11 期。

韦庆旺、俞国良（2009）：《权力的社会认知研究述评》，《心理科学进展》，第 6 期。

杨宏山编著（2020）：《公共政策学》，北京：中国人民大学出版社。

袁文全、杨天红（2012）：《志愿者侵权行为的责任分配》，《天津大学学报》（社会科学版），第 2 期。

张军、刘雨（2020）：《新冠肺炎疫情防控中的"志愿者＋社区社会组织"模式服务效力及其反思》，《天津行政学院学报》，第 3 期。

张霄艳、孙枫华、方鹏骞（2020）：《城市社区在"新冠肺炎"疫情防控中的基础作用与思考》，《中国卫生事业管理》，第 5 期。

翟学伟（2013）：《人情、面子与权力的再生产》（第 2 版），北京：北京大学出版社。

周飞舟（2019）：《政府行为与中国社会发展——社会学的研究发现及范式演变》，《中国社会科学》，第 3 期。

周雪光（2008）：《基层政府间的"共谋现象"——一个政府行为的制度逻辑》，《社会学研究》，第 6 期。

朱凤霞、陈昌文（2018）：《中层设计：基层协商民主的制度化探索——对成都彭州市社会协商对话的考察》，《行政论坛》，第 5 期。

朱海林（2020）：《"新冠"疫情防控中的伦理冲突及道德选择》，《齐鲁学刊》，第 3 期。

宗刚、李盼道、孙晨晨（2016）：《改革开放以来我国职业声望排序及变迁研究》，《北京工业大学学报》（社会科学版），第 2 期。

O'Brien, K. J., & Li, Lianjiang (1999), "Selective Policy Implementation in Rural China," *Comparative Politics* (2), pp. 167 – 186.

Matland, R. E. (1995), "Synthesizing the Implementation Literature: The Ambiguity-conflict Model of Policy Implementation," *Journal of Public Administration Research and Theory* (2), pp. 145 – 174.

Analysis on the Deviation of the Implementation of the Closed Management Policy of Volunteer Participation in the Community

—Take Community a of X County in Henan

Province as an Example

Xing Yuzhou, Xu Jinsheng

[**Abstract**] Since the outbreak of COVID – 19 epidemic in early 2020, community prevention and control system participated by volunteers has played an important role in the process of blocking the spread of the epidemic and achieving victory in the fight against the epidemic. However, several problems have been exposed in practice. Through the description of community closed management policy of A community in X County, Henan Province, this paper focused on the deviation of volunteers participating in policy implementation. It found that there were policy implementation deviations such as volunteers' acquiescence in public officials entering into the community illegally, flexibility in foreign residents visiting illegally, misreading of the policy on access credentials, and collusion with private business behavior of stores. The further analysis showed that volunteer mobilization led by grassroot governments has the problems of inadequate institutionalization, such as suspension of daily management, accountability system existing in name only, and lack of necessary motivating measures. Therefore, policy implementation deviation of volunteers is actually flexible execution of rigid policy in elastic space when prevention and control policies of community are out of keeping with environmental risks of epidemic and conflict with living needs of residents, and can be attributed to social logic such as moral principle, social relations and professional reputation. And hence it eased the impact of prevention and control policies of community on the order of social life.

[**Keywords**] Public Health Emergencies; Volunteers; Community Prevention and Control; Policy Implementation Deviation

分类嵌入与多层整合：社会组织参与
基层社会治理的探究*

——基于三种不同类型社会组织的比较分析

何　瑞　朱健刚**

【摘要】 本研究从"嵌入性"出发，通过对伊市乐施基金会、启阳社会工作服务中心和庆区社会组织孵化基地三种不同类型社会组织的调查研究发现，组织的生存类型和服务模式直接影响其社会参与路径，在组织内部、政府与组织之间形成自主型单向嵌入、半依附型单向嵌入和依附型双向嵌入等不同类型的组织参与嵌入模式，进而形成多层次的社会协同治理路径。政府、社会、组织、资源和制度共同构成协同治理生态，而基层政府的行政能力、契约精神和社会组织自身的资源获取能力成为影响协同治理可持续性的核心因素。

【关键词】 社会组织；社会参与；基层治理；嵌入；整合

社会组织参与基层社会治理是推进治理体系和治理能力现代化的内在要求。

---

* 基金来源：国家社科基金一般项目"城市社区应对突发公共事件的韧性评估与能力提升研究"（21BZZ090）

** 何瑞，中山大学社会学与人类学学院博士研究生，研究方向：基层社会治理、社会组织等；朱健刚，南开大学社会学系教授，博士生导师，中国社区建设研究中心主任，研究方向：公益社会学、发展人类学、非营利组织发展。

十八大以来，党和国家提出了要解放和增强社会组织活力，正确处理政府与社会关系，将社会组织参与社区治理纳入社会治理创新的重要范畴。尤其是提出了重心下移，推动多元主体参与社区治理，有效激发基层活力的重要目标。基层社会治理改革成为国家治理体系和治理能力现代化的重要目标。习近平总书记强调："推动管理重心下移，推动服务和管理力量向基层倾斜，实现从管理向治理转变。"①

党的十九届五中全会《中共中央关于制定国民经济和社会发展第十四个五年规划和二〇三五年远景目标的建议》指出："发挥群团组织和社会组织在社会治理中的作用，畅通和规范市场主体、新社会阶层、社会工作者和志愿者等参与社会治理的途径。"② 民政部于 2020 年 12 月发布的《培育发展社区社会组织专项行动方案（2021—2023 年)》中提出"推动社区社会组织在建设人人有责、人人尽责、人人享有的社会治理共同体中更好发挥作用"。③ 党和政府将社会力量参与社会治理作为新时代推动基层社会治理创新的重要范畴，同时，国家也为社会组织在党建引领、结构优化、组织能力提升、组织多元化等方面提供了从政策到资源等方面的大力支持，并出台了一系列具体举措进行落实，如民政部的"三区项目""福彩基金公益创投项目""政府购买"等推动治理创新发展的行动计划。"社区社会组织被视为社区治理的重要参与主体，对社区治理结构转型具有战略性意义"（康晓强，2012），体现出与国家"互相嵌入"的特点，组织在制度、资源及合法性方面嵌入国家，而国家的意志与目标嵌入组织运作中（纪莺莺，2017）。

从实践发展来看，以社会组织为主体的社会力量在社区治理转型和政府职能转移中的作用日益凸显，成为社会治理的重要依托（蔡禾，2018）。截至 2020 年 11 月 30 日，全国登记在册社会组织总数为 898483 个，其中在民政部登记的社会组织数量为 2276 个，④ 并呈现出明显的区域差异。基层社会治理场域形成以党群服务中心为枢纽的党建网络、居委会和各个楼组成的行政网络以及由专业社会服务机构和居民自组织所构成的社区社会组织网络等三叠网络，组

---

① 中国共产党网，http://cpc. people. com. cn/n1/2017/0307/c64387 – 29129375. html。
② 中国共产党网，http://cpc. people. com. cn/n1/2020/1104/c64094 – 31917780. html。
③ 民政部官网，http://www. mca. gov. cn/article/xw/tzgg/202012/20201200030935. shtml。
④ 数据来源：中国社会组织网，http://data. chinanpo. gov. cn/，最后访问时间：2020 年 11 月 30 日。

成社区治理中新的权力结构。在这一权力结构中，社会组织的嵌入作为基层社会治理中新的结构要素备受学界关注（徐永祥、曹国慧，2016）。社会组织如何参与社会治理，尤其在中、西部政府财政不足、社会资源相对匮乏的地区，如何有效地实现社会动员是摆在政府、学界和实务界面前的重要难题。本文以 N 省三种不同类型的社会组织为观察案例，通过对组织生存模式、参与方式、互动关系的分析，探讨社会组织参与基层社会的行动逻辑和路径。

一　问题的提出

纵观世界各国的共同趋势，社会多元化治理格局是社会发展到一定程度的必经阶段。社会治理的重点凸显了国家对社会管理理念的民主化、治理主体的多元化、治理方式的科学化和治理结果的共享化。中国经过了四十余年的改革开放，从传统时期到工业化逐渐迈向信息时代，经济、社会、文化等发生了天翻地覆的变化。在此背景下，中国的社会组织快速成长，业已成为社会治理不可忽视的补充力量，社会组织的发展在改变社会治理结构的同时，也推动基层社会中国家与社会关系的转变。这一治理体系的转型引起国内外学界的广泛关注。

20 世纪 80 年代以来，随着治理理论的出场，西方学界从国家与社会关系视角出发，强调国家与社会力量的多元互动与合作。大量研究主要围绕社会力量与社会治理的途径和权力来源（曼，2007：40）、社会组织（主要是 NGO）参与社会治理的作用（萨拉蒙，2008）、社会治理主体的多元化与民主化（帕特南，2011）等议题展开。自滕尼斯提出社区共同体与社会二分的观点以来，大量西方学者聚焦于城市基层社会治理研究，认为政府是治理的重要行为者，但不是唯一主体，政府应放权并逐步提升其他治理主体的地位，形成多元参与的基层社会治理主体结构（奥斯特罗姆，2012：36～53）。围绕这一主题，形成了诸如市民社会（Civil Society）、法团主义（Corporatism）等丰富的理论成果，以此描述和解释政府与社会力量的关系，尤其是政府与社会组织之间的共生和共长的理论逻辑（Perry，2014）。

市民社会理论从"社会主体论"的视角出发，反对国家本位，强调国家与社会相分离，提出"要在逐渐确立国家社会二元化结构的基础上，形成一种国家与社会的'良性的互动关系'并对国家进行监督"(邓正来、景跃进，1992)。市民社会的出现对于促进社会多元化和保证社会秩序、分配平等和机会平等，以及克服市场经济的负面影响和防止国家权力的过分膨胀都具有积极的作用（张庆熊，1998）。法团主义则被视为是对国家与社会间常规性互动关系的概括，这一理论模式超越了传统的国家与社会二元对立分析视角，认为法团是社团形式组织起来的民间社会的利益同国家的决策结构联系起来的制度安排（Schmidt，1977：86）。这一理论强调国家的主体性和制度性，即"在国家与社会中，国家处于较强的主导和支配地位，社会团体拥有相对的自治权，通过发挥'社会力量'的功能和作为团体成员与国家利益的双重代表身份，利用体制内资源求得自身的发展"（张静，1998）。大量研究在这一理论的指导下，在实践探索中形成了社会组织参与社会治理的不同生成逻辑和路径（Unger & Chan，2015）。这两种理论虽然为考察中国社会组织的发展及国家与社会关系带来一定启发，但因其从概念到结构都是基于西方土壤建构而来，在体制、文化传统、现代化路径迥异的中国，适用性在实践中遇到了极大的挑战和水土不服的问题，难以解释复杂多变的社会互动关系。

20世纪90年代以来，微观行动领域成为分析和考察政府与社会组织之间互动关系的主要视角，主张政府与社会的互动与合作以解决社会问题的研究视角迅速受到了我国学界的青睐，社区作为社会治理的神经末梢成为考察社会治理创新和改革的主要场域。学者们从社区中基层政府和社会"双向赋权增能"的视角探讨基层结构变迁中的国家与社会多元参与主体之间的关系问题，从而形成了包括居民自治与社区民主（徐晓明、许小乐，2020）、社会组织培育和发展（李友梅，2019）及发展社会工作（王思斌，2001）等为基层社会赋权增能的研究成果，强调自主性组织内部有效互动的重要性。朱健刚从社会组织的主体性视角出发提出"在制度红线内，社区基金会、枢纽型组织、专业服务机构等社会组织形成的公益价值链是社会组织能够相对自主的、持续性的介入社区治理的基础"（朱健刚，2021），也有学者从政府与居民良性互动（魏娜，2003）、政府与社会组织的合作机制和制度建设（郁建兴、滕红燕、沈永东，2017）、社区的公共空间与权力结构（朱健刚、何瑞，2017）等视角，对政府与社会组织双向协同合作进行解释性研究并取得成果。

十八大以来，大量社会组织如社会工作服务机构通过政府购买服务方式进入基层社会治理场域，政府与社会组织之间形成相互依赖又不信任的复杂关系，学界用多元合作、调适型关系来解释新时期社会治理转型的新现象。郁建兴指出，当前中国政府与社会组织以及其他基层治理主体之间的合作关系是一种相互调适的结果（郁建兴、滕红燕，2018），这就表明基层社会中政府和社会组织关系的动态性。而所谓"三社联动"，指在社区治理中，以社区为平台、社会组织为载体、社会工作专业人才为支撑并实现"三社"相互支持、协调互动的过程和机制。这一模式的提出和推广，虽然依然强调社会服务而非社会建设，但为社会组织介入基层社会治理提供了合法性。

现有研究表明，政府主动调整角色与社会组织开展合作，实现有效社会治理，社会组织采取策略性行动实现自我发展，这种"相互增权"的社会治理模式，已然是未来中国阶层社会有效实现资源整合和解决社会治理问题，实现社会治理体系和治理能力现代化的主要方向。尽管学界围绕基层政府与社会组织关系，从经验现象到理论探讨，取得了丰富的研究成果；然而，在中国，国家与社会在基层社会呈现出了复杂的权力关系和模糊的行动边界，不同类型组织之间及组织与政府之间的互动模式和参与机制不同，呈现出多元的嵌入方式和资源整合路径。而现有研究中关于组织类型与参与路径的关系讨论较为鲜见。

本研究尝试从波兰尼和格兰诺维特的"嵌入性"理论视角，[①] 探讨不同类型社会组织的参与模式与嵌入路径呈现出怎样的特点，这一特点对基层社会有效动员有什么样的启发和意义。本文将通过对伊市三个不同类型的社会组织的实证研究就上述问题进行讨论，尝试从学术研究角度对几种不同类型组织的参与路径和嵌入模式进行理论建构。本研究基于笔者从 2017 年开始以项目督导、基金会顾问和社会组织能力建设讲师等身份参与伊市乐施公益基金会（以下简称乐施基金会）、启阳社会工作服务中心（简称启阳中心）和庆区社会组织孵化基地（简称孵化基地）三个不同类型社会组织的运作过程。

---

① 波兰尼在研究市场与社会关系时提出"嵌入性"概念，他认为"市场嵌入社会是二者的本质关系"，体现了"本体论嵌入观"。格兰诺维特则从霍布斯的困境出发，即经济理性人或组织是如何通过规避风险来追求其利益的，从策略上分析了组织或个体行为如何有效地嵌入社会网络之中。格兰诺维特认为既不是制度安排，也不是概化道德（generalized moral），而是嵌入性使人们产生信任并避免违法乱纪，体现了"方法论上的嵌入观"。

二　案例呈现：多样性的组织参与及地方实践

（一）个案选取

本研究选取位于西部伊市的乐施公益基金会、启阳中心、庆区社会组织孵化基地作为考察对象，原因有三：其一，笔者连续几年在三家组织分别担任顾问、讲师和社工督导，在工作之余多次就机构运作、服务情况进行深入交流，也多次因社科项目工作到地方有关政府部门调研，掌握了大量一手资料；其二，三家组织均为在民政部门注册成立的合法性组织，制度背景相似；其三，三家组织的成立背景、生存类型及服务模式均存在显著差异，且在同一个地域，自然规避了经济水平、文化差异、区域发展不平衡等因素的影响，具有可比较研究的现实意义。

乐施基金会是由一家私人企业资助成立的非公募公益基金会，服务经费主要通过如腾讯公益、公募基金会等平台自筹获取，社会参与方式为既直接提供社会服务，也开展如公益创投项目评选等活动，提供行业支持。启阳中心是由个人成立的专业社会工作服务机构，主要提供政府岗位购买服务，法人代表先后获得中国优秀社工、省五四青年先进个人、伊市五四青年先进个人等荣誉，这些殊荣也间接地成为社工机构获取更多政府和社会资源的政治资本。庆区孵化基地由庆区民政局牵头、个人注册成立，围绕区民政部门的社会组织培育规划如社会组织孵化发展、社会组织能力建设、社会组织信息交流、公益资源供需对接、社会组织党建等提供服务。各组织信息如表1所示。

表1　三个组织的基本情况

组织名称	注册资金	办公地点	组织类型
乐施基金会	企业资助	个人租用	基金会
孵化基地	个人出资	政府提供	民办非企业单位
启阳中心	个人出资	个人租用	民办非企业单位

（二）社会组织多元生存模式与多样化的参与路径

社会组织的资金来源即生存模式直接影响其服务内容、服务对象及活动区域等。对于自筹经费的社会组织，在服务对象选取、内容确定等方面自主性更强，依赖项目购买维持运作的组织，其服务内容及服务对象直接受资助方限制，因此生存模式不同，参与路径也不尽相同。

1. 乐施基金会

乐施基金会属于非公募型基金会，主要活动资金来源于企业、公募型基金会赞助和自筹。与传统支持型基金会相比，该基金会社会参与模式以直接提供服务为主，扎根于困境儿童陪伴与困境老人益养领域，联合公募基金会等资源丰富、专业能力强的公益组织及社会各界公益慈善力量，搭建保障困境儿童和困境老人基本权益的社会支持网络。以困境儿童和老人的多样化需求为出发点，整合社区内外资源，从学习生活费用资助、心理关爱、开阔视野、阅读习惯培养、健康保障等方面回应儿童和老人的不同需求，致力于友好型成长和养老社区建设。主要服务项目如表 2 所示。

表 2 乐施基金会服务项目

项目名称		项目地点	组织合作	项目时间	经费来源
助童服务	困境儿童信息平台	全省	中华儿慈会、斯文慈善爱心协会、腾讯公益平台等	2017 年至今	基金会资助社会众筹
	圆梦光明宝宝行动				
	吉童助学	宁市 N 镇、灵州市 L 镇			
	吉童图书角				
	乡村儿童之家				
助老服务	点亮空巢的温暖	N 省南部山区、宁市 N 镇	志愿服务队、腾讯公益平台等	2018 年至今	自筹经费
	温暖老人				
	吉庆善行包				
社区服务	绘本故事会	宁市 N 镇、灵州市 L 镇	荒野语言社、项目地村委会	2019 年至今	自筹经费
	乡村公益图书馆		鸟巢助学、四信科技有限公司		
	暑期夏令营		大学生志愿者		
	新时代文明实践阅读空间		深圳市爱阅公益基金、县委宣传部		
其他	省慈善公益项目	全省	高校、民政部门	2017 年	自筹经费
	联合抗疫		居委会和村委会	2020 年	

资料来源：根据调查资料整理。

2. 启阳中心

启阳中心从 2010 年成立以来，主要业务以政府购买服务为主，偶尔承接基金会或枢纽型组织的委托项目，呈现出服务区域广、服务内容多元和服务周期较短的特征。主要服务项目及经费来源如表 3 所示。

表 3　启阳中心服务项目

项目类别	项目名称	经费来源
社会组织评估	西区社会组织孵化培育评估项目	西区民政局
	残联个性化服务项目评估	青市残疾人联合会
	H 县社区社会组织孵化培育项目	伊市民政局
社工人才培养	2018 年庆区社会工作者考试考前培训	庆区民政局
	2019 年庆区社会工作者考试考前培训	庆区民政局
为老服务类	2017 年伊市社区公益创投爷爷奶奶一堂课项目	伊市民政局
	2016 年伊市社区公益创投老来伴试点项目	伊市民政局
	2017 年三留守社会工作服务项目	伊市民政局
	2017 年吉县田坪乡三留守社会工作服务项目	G 市民政局
	2016 年海阅养老中心为老服务项目	西区民政局
	2017 年西区三社联动为老服务项目	西区民政局
	2018 年庆区居家养老服务项目	庆区社会福利院
	2019 年庆区居家养老服务项目	庆区民政局
为少服务类	2015 年海镇留守儿童关爱项目	民政厅
	2017 年原区困境儿童社会工作服务项目	民政厅
	县特教康复培训中心困境儿童社会工作服务项目	G 市民政局
	乡困境儿童社会工作服务项目	伊市民政局
	庆区城市社区儿童之家政府购买服务项目	庆区民政局
	伊市救助管理站儿童之家政府购买服务项目	伊市救助管理站
青少年服务类	西区向阳花特需关爱青少年服务项目	西区团委
	H 县特需关爱青少年服务项目	H 县团委
	L 中学控辍保学项目	瑞银基金会
救助帮困服务类	伊市一级特困残疾人个性化服务	伊市残疾人联合会
	事实孤儿救助帮扶项目	海南成美基金会
救助扶贫服务类	HY 县红井村贫困人口社会工作服务项目	HY 县民政局
	HY 县高湾村贫困人口社会工作服务项目	ZW 市民政局

项目类别	项目名称	经费来源
流动人口服务类	XG 社区外来务工人员子女职业生涯规划项目	民政厅
社区矫正服务类	2017MC 社区矫正社会工作服务项目	伊市民政局
	2018HY 县社区矫正社会工作服务项目	HY 县民政局

资料来源：笔者根据调查机构获取的资料整理。

3. 庆区社会组织孵化基地

社会组织孵化基地虽然属于民办非企业单位，但是其产生是庆区区政府为了推动社会组织发展而出台相关政策的直接结果，运营场地和资金均由庆区政府直接提供，因此服务内容也直接受到政府政策的影响，协助政府开展社会服务工作，按照政府要求培育社会组织，并为社会组织提供相关服务，规范社会组织管理制度，促进社会组织行业良性发展，具体内容如表 4 所示。

表 4　庆区社会组织孵化基地服务项目

服务类别	服务内容	持续时间	经费来源
服务政府	协助区政府开展社会组织党建和工青妇工作； 协助政府部门接待上级部门的调研、考察，并做相关工作汇报		
服务组织	党建工作培训； 政策指引咨询，协助落实优惠扶持政策； 社会组织信息交流（项目咨询、转介服务、社会捐赠、公益资助、合作交流等信息共享和资源链接）； 社会组织能力建设（制度建设、品牌建设和服务策划等）； 社会组织服务宣传（项目推介和品牌推广）； 为孵化期社会组织提供办公场所	2018 年至今	区政府

资料来源：笔者根据调查资料整理。

三　多类型的组织嵌入模式与多层次的资源整合路径

从社会组织的参与及实践过程不难发现，不同类型的组织参与路径不同，社会组织与政府及社区之间呈现出多类型的嵌入特点，并且在政府、社会和组织多层面实现资源的整合，形成分类嵌入结构和多层次资源整合的社会协同治理路径。本文以社会组织的生存类型及参与路径为基础，从社会组织与政府和基层社会的关系角度，将社会组织分为自主型单向嵌入、半依附型单项嵌入和依附型双向嵌入三种类型。

1. 自主型单向嵌入与社会资源的整合

以自筹经费为主要生存模式的服务型社会组织，在资源上对政府的依赖性较弱，服务的能动性较强，"造血"能力比较突出，在服务对象、服务区域和服务时间的选择上呈现出较强的自主性，体现出自主型单向嵌入社会的特点。在这一嵌入模式中，社会组织主要依靠项目众筹、公募型基金会资助、企业赞助等方式获取服务资源，与社会各类组织多元互动。具体服务内容根据组织目标自主设定，服务对象、地点都比较集中和稳定，服务具有明显的可持续性。但是相较于如业委会等社区社会组织，自主型单向嵌入的组织，在社会服务和社会互动上都保持组织边界。

乐施基金会从 2017 年至今以基金会所在的加纳社区为中心，通过企业资助、社会众筹和基金会资助形式向所在社区儿童和老人提供服务，随着基金会发展规模的扩大和筹款能力的增强，逐渐拓展服务领域，在坚持原有服务基础上，将服务对象延伸至社区教育及文化建设领域，并通过公益创投形式向其他社会组织提供资金支持。通过基线调研，根据服务对象的主要需求确定服务内容，体现出"自下而上"的特点，组织参与呈现出较强的自主性和持续性。该类社会组织的服务内容直接受到组织发展目标的影响，如基金会负责人表示：

> 我们从基金会搬到这里的第一天就开始了解社区的人到底需要什么，从大家最紧迫、最现实的需要出发确定服务方向和服务内容。当然儿童和老人服务是我们基金会的工作核心，从 2017 年坚持到现在有四年多时间了，我们会一直坚持做下去，我们不能让政府和社区的居民说我们是"背包客"或者"猴子搬玉米"。我们会扎根于社区，对接更多社会资源，建设更多社区图书馆，推动社区文化建设。（访谈记录：XT - 202005）

乐施基金会在服务项目推进上体现出"由点及面"的特点。自主型社会组织在获取资源和参与服务中，与公募型基金会、公益性社会组织、基层政府、村委会、居委会及其他社会力量形成联动机制，在服务中呈现多向的互动特点和多元的互动目标。社会组织间的互动以资源获取和技术支持为动力，而与政府建立联系，更多则是为了获得合法性，也为吸纳公共资源提供了可能性。基金会负责人谈道：

> 虽然我们从政府那里获取的项目很少，但是与地方政府合作还是很频繁，这也算是我们比较容易进入社区并取得信任的一个捷径吧，毕竟老百姓还是最相信政府，政府接纳我们，老百姓也就不太会质疑我们的动机。另外，我们也会通过项目拉动一部分政府资源，比如我们的"新时代文明实践阅读空间"这个服务项目本来是深圳市的一家公益组织资助的，但是县委宣传部觉得我们的项目很有意义，给了我们一些资助。（访谈记录：XT - 202005）

对于地方财政能力有限且社会资源又非常紧缺的地区，自主型单向嵌入的社会组织引入外部资源如中华儿慈会、企业等，同时与地方高校及学生社团、不同政府部门建立合作关系，在人力、物力和财力上最大程度地实现资源动员和整合，确实在一定程度上有力地弥补了因地方资源的短缺而无法满足社会成员部分需求的不足，成为动员和整合社会资源、实现社会协同治理的主要力量。

但是完全依靠社会资源的社会组织也面临着激烈的资源竞争，如何有效地获取更多社会资源也是自主型单向嵌入社会组织面临的主要困境，尤其是资源相对紧缺的西部地区的社会组织如何跨越区域空间，从资源丰富的发达地区吸纳更多社会资源是组织面临的主要挑战。同时，这类组织往往跨区域获取资源，在服务和资源使用的监管方面存在一定的现实困难，尤其是通过众筹方式获取资助的项目，因资助方众多，缺乏项目监管责任主体，如何按照既定目标有效地使用资源，这就对组织公信力及责任人的公益素养提出更高的要求。

2. 半依附型单向嵌入与政府、社会资源的双向整合

通过政府购买、社会组织项目委托等途径获取服务资源的社会组织，服务能动性和持续性较弱，在政府与社会关系上呈现出半依附型单向嵌入的特点。这类社会组织往往依照资助方要求确定服务对象和设计服务方案，服务内容和服务对象多元，服务区域比较分散，且服务可持续性比较弱，在资源获取上对政府表现出较强的依赖性，但在社会参与中会保持明显的组织边界，按照既有合约开展社会服务，服务成效受资助方的直接监督。

从启阳中心服务项目（见表3）看，不难发现其经费来源主要为政府购买

服务，如表 3 所列举的 29 个项目中，有 27 个属于民政局等政府部门或者残联等官办社会团体资助；服务涉及社会组织评估、社工人才培养、长者、青少年、救助扶贫、流动人口、社区矫正等多个领域，非常多元。如 2017 年一年开展了残联个性化服务项目评估、社区公益创投爷爷奶奶一堂课、三留守社会工作服务、困境儿童社会工作服务、社区矫正社会工作服务等涉及社会组织、老年、青少年、社区矫正等多个领域的项目。从服务区域看，项目分布于全省各个县市，如 2017 年一年的服务项目分布于 5 个以上县市，服务多元且区域广泛。同时以项目标书为合约形式，依照标书内容开展服务和服务评估，在服务中保持一定的组织边界。

而上述内容体现出组织在获取政府资源方面的能力，从较广层面动员、吸取政府资源提供社会服务，但同时间接体现出与启阳中心类似的半依附型单向嵌入社会组织在服务中自主性的欠缺，服务区域、对象、内容和期限等方面均按照资助方的要求以服务项目书形式确定。政府购买服务项目的可持续性往往由地方经济水平决定，因启阳中心位于西部经济欠发达地区，受地方财政资源的限制，大部分服务型项目期限仅为一年，极少的项目如广东"双百"和"家综"等能够持续三年以上，服务缺乏可持续性。对于以政府购买服务为主的半依附型单向嵌入组织，服务的可持续性往往直接影响组织的生存模式。如启阳中心负责人表示：

> 今年公益创投项目和资金缩减一半，整个省只有不足两百万元，很多组织根本拿不到项目，没项目就发不出工资，都成僵尸组织，我们算是做得比较好的，应该是整个市里人数（工作人员）最多的社工机构。其实有些项目根本入不敷出，比如 GY 的三留守项目，只有三万块钱，要做一年，有些机构只是偶尔去开个活动，但是我们一直有社工驻扎社区，我们不能让他们说我们是"背包客"，我主要是在社会上筹集一些资源平衡经费开支。（访谈记录：ST - 201907）

对于半依附型单向嵌入社会组织，获取更多社会资源成为其弥补政府购买服务资源不足以及维持组织形象的主要方式，也是为获取更多政府资源的"投资策略"。

以社会工作服务机构为主的半依附型单向嵌入社会组织，通过政府购买实现了对公共财政资源的有效动员，通过吸纳政府和社会资源开展专业服务，成为第三次分配的主要补充力量。但是在欠发达地区，组织往往在资源上过度依赖政府，这就导致在政府财政不足时组织面临生存风险；另外，为获取更多政府资源广泛参与项目招标，不分群体、区域"有项目就参与"的"遍地开花"参与模式虽然短期内缓解了社会组织生存压力，但对组织服务专业水平提出更大挑战，也成为影响组织品牌建设的潜在危机。

3. 依附型双向嵌入与政府资源整合

在资源上完全依赖政府的枢纽型社会组织则在服务内容、区域及期限上甚至组织的生成过程直接受到政府决策的影响，在参与模式上呈现出依附型双向嵌入的特点。一方面，利用政府资源培育新的社会组织，并为新成立的社会组织提供能力建设、党建等服务，进而间接地服务于社会；另一方面，在部分工作上扮演基层政府代理人的角色，代理政府的部分工作职能，因此组织边界往往体现出模糊性。该类组织因在资源上完全依赖政府，虽然服务具有一定的可持续性，但是组织的发展直接受到政府财政分配的影响，具有较强的脆弱性。

如庆区社会组织孵化基地由庆区政府直接通过项目形式引进，资源如运营经费、办公活动空间等由政府提供，虽然与政府签订服务合同，但是合约内容几乎由政府单方确定，按照区政府的工作目标确定服务内容。该类组织通过为社会组织提供孵化、政策咨询、服务宣传等服务，将政府既定的目标工作通过社会组织输出。同时代政府开展社会组织党建、接待上级部门调研、撰写工作报告等工作，扮演区政府代理人的角色，组织边界存在一定的模糊性，这也成为政府与社会组织关系出现危机的主要原因。如访谈中孵化基地负责人表示：

> 我们的工作内容远远不止合同上所写的，本来我们的主要任务就是培育社会组织，还有做一些党建之类的工作，但是管理部门经常一会儿让我们写材料，一会儿让我们做培训。写材料倒是可以，但是有些计划外的工作会直接产生成本，比如培训请专家就要经费，但是管理部门经常说"这个不是包括在你们的工作内容里面吗？"或者干脆说"你们就当帮个忙好了"。（访谈记录：YM－202107）

依附型双向嵌入社会组织一方面嵌入社会以培育社会组织的形式间接地服务于社会，另一方面嵌入政府，代政府完成部分工作，以维系良好关系获取政府资源。虽然代理政府部分角色，但是与政府只是基于服务购买而形成的合作甚至是从属关系，只能嵌入而无法融合。是否能够按照契约精神建立合作关系成为政府与依附型双向嵌入组织之间合作能否长久的主要影响因素。孵化基地负责人表示：

> 2019年签了三年合同，约定每年给我们18万元费用，后来换了一个领导不认了，说要一年签一次合同，我们说可以，签了第二次协议；过了几个月协议又废了，说没钱了，费用从18万元到11万元。我电脑这里就孵化基地的协议有十几个版本。（访谈记录：YM-202105）

依附型双向嵌入组织在合约的执行过程中完全居于被动地位，政府是否能够按照协议执行直接决定社会组织参与服务是否具有可持续性，也是影响社会组织生存的核心因素。虽然缺乏独立性和自主性，但是该类组织在推动基层社会组织发展中依然发挥重要作用，如孵化基地负责人表示每年能培育几十个备案类社会组织，这些活动于各行各业的社会组织，悄然成为推动基层社会治理改革和实现协同治理的一股主要力量。

上述三种不同的模式呈现出基层社会治理中社会组织协同治理路径的现实图景（见图1），同时也体现出协同治理中组织所存在和面临的现实困境。对于自主型单向嵌入的社会组织，利用自身造血功能和整合社会力量，将社会资源通过组织服务输送到基层社会，最大程度地实现社会资源的整合，在服务参与中具有较强的自主性和清晰的组织边界，因此在应对政府资源分配变动上具有较强的韧性，但在资源整合上也存在自身所处区域发展水平有限的困境；半依附型单向嵌入的社会组织，将从政府和社会双向汲取的资源，以组织专业服务形式输入社会，实现政府和社会资源的双向整合，但往往因在资源上过度依赖政府购买，受政府政策变动和财政分配影响存在服务可持续性的困境；依附型双向嵌入的组织，将政府资源通过社会服务输送到社会组织，间接服务社会，但因在资源上完全依赖政府，虽然社会参与具有一定的可持续性，但是受地方政策变动影响存在一定脆弱性。

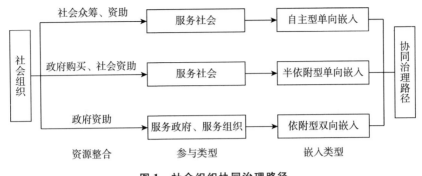

图1　社会组织协同治理路径

四　结论与讨论

党的十九届四中全会提出，健全党组织领导的自治、法治、德治相结合的城乡基层治理体系，发挥群团组织、社会组织作用。在国家治理结构不断改革和治理体系不断完善的制度背景下，以非营利组织为核心的社会组织已然成为推动基层社会治理转型、有效实现协同治理不可或缺的力量。服务型社会组织通过对社会资源及政府财政的有效动员，提供多元化的社会服务，形成自主型单向嵌入、半依附型单向嵌入和依附型双向嵌入三种不同类型的组织嵌入模式。

国家通过制度设计为社会组织参与提供了制度空间和合法性保障，而社会组织成为国家实现弹性治理、柔和管控的重要补充力量。三种不同类型的社会组织和嵌入模式在资源汲取、社会参与及组织边界等方面均体现出不同的特点（见图2）。尽管依然面对政府依附性强、自身自主性弱等现实困境，但是从不同层面实现政社资源的全面整合，有效地弥补了科层制体系和压力型体制下，基层政府服务能力和公共资源供给的不足，成为国家与社会之间诉求表达和需求满足的"缓冲带"和"减压阀"。

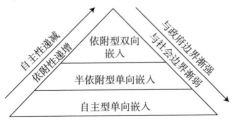

图2　不同类型组织的参与特点

国家、社会、资源和制度共同构成社会协同治理的生态圈，体现出当前基层社会治理的灵活性和多元性。党和政府作为社会治理的掌舵人，不仅通过资源供给为社会组织参与提供物质支持，还通过行政手段对社会组织参与进行调控，而政府的行政能力和契约精神成为影响社会组织尤其是依附型双向嵌入社会组织有效参与的主要因素。因此，政府应当进一步提升行政能力和强化契约精神，社会组织应加强自我造血能力建设，为协同治理营造良好的生态环境。

本研究部分程度上继承了传统政社二元论观点，但单独分析社会组织行为，以社会组织与政府及基层社会的互动关系为考察视角，探讨不同类型的社会组织如何通过不同的嵌入模式参与协同治理。格兰诺维特从经济理性人的角度出发，认为组织或者个体嵌入社会是为了规避风险和追求利益，这种嵌入既不受制度安排也不是概化道德，而这种嵌入性使人们产生信任并避免违法乱纪。但是在中国的基层社会治理中，社会组织的嵌入是追求资源和建立信任的主要途径，但往往也是一种自上而下的制度安排，政策设计为社会组织嵌入社会提供了制度空间，构成了组织参与的合法性基础，实现了社会组织嵌入在本体论和方法论上的统一。

参考文献

〔美〕埃莉诺·奥斯特罗姆（2012）：《公共事物的治理之道：集体行动制度的演进》，余逊达、陈旭东译，上海：上海译文出版社。

蔡禾（2018）：《从单位到社区：城市社会管理重心的转变》，《社会》，第 6 期。

邓正来、景跃进（1992）：《建构中国的市民社会》，《中国社会科学季刊》，第 1 期。

管兵（2016）：《维权行动与社区民主意识：以 B 市商品房业主为例》，《学海》，第 5 期。

黄晓春、嵇欣（2014）：《非协同治理与策略性应对——社会组织自主性研究的一个理论框架》，《社会学研究》，第 6 期。

纪莺莺（2017）：《从"双向嵌入"到"双向赋权"：以 N 市社区社会组织为例——兼论当代中国国家与社会关系的重构》，《浙江学刊》，第 1 期。

康晓强（2012）：《社区社会组织与社区治理结构转型》，《北京工业大学学报》（社会科学版），第 3 期。

〔美〕莱斯特·萨拉蒙（2008）：《公共服务中的伙伴关系：现代福利国家中的政府与非营利组织的关系》，田凯译，北京：商务印书馆。

李友梅（2019）：《秩序与活力：中国社会变迁的动态平衡》，《探索与争鸣》，第6期。

〔英〕迈克尔·曼（2007）：《社会权力的来源》（第1卷），刘北成、李少军译，上海：上海人民出版社。

〔美〕帕特南（2011）：《独自打保龄——美国社区的衰落与复兴》，刘波等译，北京：北京大学出版社。

王名、丁晶晶（2013）：《社会组织参与社会管理创新的基本经验》，《中国行政管理》，第4期。

王思斌（2001）：《我国社会工作在转型社会中的社会责任》，《转型期的中国社会工作——中国社会工作教育协会2001年会议论文集》，上海：华东理工大学出版社。

王思斌（2015）：《新常态下积极托底社会政策的建构》，《探索与争鸣》，第4期。

魏娜（2003）：《我国城市社区治理模式：发展演变与制度创新》，《中国人民大学学报》，第1期。

吴晓林（2018）：《"社会治理社会化"论纲——超越技术逻辑的政治发展战略》，《行政论坛》，第6期。

徐晓明、许小乐（2020）：《社会力量参与老旧小区改造的社区治理体系建设》，《城市问题》，第8期。

徐永祥、曹国慧（2016）：《"三社联动"的历史实践与概念辨析》，《云南师范大学学报》（哲学社会科学版），第2期。

郁建兴、沈永东（2017）：《调适性合作：十八大以来中国政府与社会组织关系的策略性变革》，《政治学研究》，第3期。

郁建兴、滕红燕（2018）：《政府培育社会组织的模式选择：一个分析框架》，《政治学研究》，第6期。

张静（1998）：《政治社会学及其主要研究方向》，《社会学研究》，第3期。

张庆熊（1998）：《市民社会的概念及其对当代中国的意义》，《科学·经济·社会》，第4期。

朱健刚、何瑞（2017）：《破除隔离：城市社区多元共治模式的探索——以广州市S街区社区治理实验为例》，《广西民族大学学报》（哲学社会科学版），第4期。

朱健刚（2021）：《社会实验视域下的社会组织介入社区营造——以一个老城厢社区的活化实践为例》，《河北学刊》，第2期

Perry, E. J. (2014), "Citizen Contention and Campus Calm: The Paradox of Chinese Civil Society," *Current History* 113.

Schmidt, S. W. (1977), *Friends, Followers and Factions: A Reader in Political Clientelism*, University of California Press.

Unger, J., & Chan, A. (2015), "State Corporatism and Business Associations in China," *International Journal of Emerging Markets* 10.

中国非营利评论
China Nonprofit Review

Classification Embeddedness and Multi-level Integration: An Exploration of Social Organizations Participating in Grassroots Social Governance

—Using a Comparative Analysis of Three Different Types of
Social Organizations

He Rui, Zhu Jiangang

[**Abstract**] From the perspective of "embedding", this research conducted investigations on three different types of social organizations: Oxfam Foundation, Qiyang Social Work Service Organization, and Qing District Social Organization Incubation Base. The service model directly affects its social participation path, forming autonomous one-way embedding, dependent one-way embedding, and dependent two-way embedding within the organization and between the government and the organization, forming a multi-level society. Collaborative governance path. Government, society, organizations, resources and systems together constitute a collaborative governance ecology, and the administrative capacity, contract spirit of the grassroots government and the resource acquisition ability of social organizations themselves have become the main factors affecting the sustainability of collaborative governance.

[**Keywords**] Social Organization; Social Participation; Grassroots Governance; Embedding; Integration.

在有效性中获得合法性：制度环境下社会企业本土化发展的路径选择[*]

——一个典型案例的理论思考

梁　鹤[**]

【摘要】在新制度主义的分析框架下，合法性对组织的生存实践具有决定性影响，然而，社会企业在中国还是一个相对新生的事物，其合法性存在一定的模糊性。研究中国当前制度环境下社会企业的合法性获取路径能够有效促进社会企业的规范化发展。本文采用具备"自觉意识－创业与使命搭建－稳健性发展"特征的本土社会企业典型案例，将研究政治组织的经典理论推广到社会企业研究范畴，分析在组织合法性模糊及制度的自上而下合法性赋能不足情况下，社会企业合法性构建的策略及其背后的理论解释。研究发现：发挥组织灵活实用的功能有效性能够赢得主要相关群体对其组织行为的认同，生成并积累了组织行为合法性，从而在制度环境下为组织的生存发展提供了保障，这可以被概括为在有效性中获得合法性，这一模式对于中国

* 基金项目：教育部哲学社会科学研究重大攻关项目"我国社会治理体系建构及其运行机制研究"（16JZD026）；国家社科基金一般项目"支持型社会组织参与社区治理的路径选择与联动机制研究"（19BSH14）。

** 梁鹤，社会学博士，大连海事大学公共管理与人文艺术学院讲师，研究方向：组织社会学、社会政策。

社会企业本土化发展具有较高的借鉴意义。本文也拓展了通过有效性累积合法性模式下对有效性内涵的再认识，有助于增强对现阶段本土社会企业发展路径的认识，为社会企业家创业提供前沿范本。

【关键词】 社会企业；有效性；合法性；生存路径

一　引言

社会企业在中国还是一个相对新生的事物（罗杰·斯皮尔、梁鹤，2018），合法性能够帮助其提高社会地位，得到社会承认，从而促进组织间的资源交往（刘小霞，2012）。然而，社会企业从走上历史舞台伊始，就先天带有市场与社会的双重功能，导致其组织合法性存在一定的模糊性（时立荣、王安岩，2016）。这使得在宏观制度下模糊的合法性认知难以形成具象化的合法性约束，来规范并保障组织的生存发展。对此，在对组织制度理论中的合法性进行较充分的综述后提出的"合法性"问题，可以等同于组织能在多大程度上符合利益相关方的期望，并取得其在物质、行动和情感上支持的问题。组织要取得这些利益相关方认同的症结在于，组织作为一个开放性的系统，必须要维持与外界物质和非物质的交换方能存续，而这些物质和非物质资源的支配权则分别归属于不同的主体。组织合法性来源的问题实质上就是哪些主体掌握组织存续所需资源的问题（陈扬等，2012）。

在合法性极其模糊的情况下，社会企业的生存困难问题可想而知。任何一个组织都不可能绝对没有合法性，同时追求社会效益和商业效率的社会企业，必须要通过获取合法性来克服组织在制度环境中的"新进入缺陷"，通过必要的内外部认同来实现必要的资源获取（刘玉焕等，2014）。尤其在社会企业形成初期，为了适应环境、制定规制，通过采取与主要利益相关群体相关的策略来获得认同，从而获得合法性和竞争优势，使其能够在环境中生存下来（焦豪等，2012）。但这些针对主要利益相关群体认同为社会企业提供资源支撑的相关研究，其管理学色彩过浓，并未对这一生存模式下组织合法性的内涵进行普遍意义的探讨。

综合来看，传统的组织合法性研究主要认为组织的合法性来自制度环境的综合赋能，在对中国社会组织合法性来源的经典分析中，中国社会组织具有普遍的自上而下的合法性诉求以及在现实情境下必要的自下而上的合法性获取行动（高丙中，2000）。在组织合法性自下而上的获取行动的逻辑下，本文试图将关于政党通过发挥行动和实践的有效性来证明并累积其合法性的理论分析（林尚立，2009），以及对政治组织通过功能有效生成并累积了组织行为层面的合法性的相关研究（蔡禾，2012），拓展到组织社会学分析领域，为社会企业这种新兴组织的合法性获取路径提供具有普遍意义的理论解释。本文在案例分析的基础上，提出基于"主体功能对客体有效，即客体会感觉因为主体的存在而有效用（效果）"的"从有效性中获得组织合法性"这一符合中国社会企业本土化发展的理论命题，结合本文的典型案例，对社会实践现象进行详细的机理分析，并对案例的实践经验进行总结，提出可供参考的社会企业本土化生存实践模式，增强对现阶段中国情境下社会企业发展路径的再认识，为社会企业家创业提供前沿范本。

二 案例情况介绍

本文选取 WT 工坊作为研究案例。WT 工坊前身是一个致力于乡村教育和社区支持农业方面的社会创新的非营利性组织，在继承原有使命的基础上，由两位继任者按照社会企业的形态，以自觉意识创立。WT 工坊是典型的先有社会使命，后有意识的市场化运行的社会企业。就像创始人小 H 所说的："我们一开始就是想做社会企业。"WT 工坊鼓励小农以传统的、生态的方式进行农产品的生产、加工，旨在通过链接有机农产品消费群体和农户，实现生态农业的良性发展，通过消费者的力量，改善农民生活。经过多年的探索，WT 工坊尝试以商业激活公益，逐渐成长壮大。2013 年，广州市民政局、财政局共同出台了《广州市社会组织公益创投项目管理办法》，WT 工坊成为华南地区首批被认可的社会企业。特定的历史时期决定了 WT 工坊在组织初创阶段，作为有明确社会使命和自觉意识的本土社会企业，必然面临着组织合法性的制度性缺失，其必然要解决合法性获取这一重大现实问题。WT 工坊就是在这种特定的制度环境下，完成了"自觉意识－创业与使命搭建－稳健性发展"的社会创业过程。在明确了研究对象后，本文进行了充分的数据和资料收集。案例的资料收集方法主要包括半结构化的正式座谈，非正式访谈，现场考察，通过网站、正式宣传材料、公众号、微信交流等获得二手资料，后期核实性资料核对与多方调查式访谈，多样化的数据来源和一、二手数据的相互补充、交叉验证，有效保障案例的信度与效度（Yin，2008）。在案例资料及调研信息收集、分类和校验的基础上，本文采用案例分析常用的编码规则（Yin，2004；谢康等，2017），对案例资料进行编码。一手资料采用大写编码，按 WT 工坊 A、同业社企 B 进行分类；二手资料采用小写编码，按 WT 工坊 a、同业社企 b 进行分类；半结构化访谈获得的一手资料在字母后标注 1，现场考察和非正式访谈获得的一手资料在字母后标注 2；二手资料中网络获取的资料标注 1，调研中直接获取的宣传材料、内部文件及 PPT 等标注 2（见表 1）。

表 1　编码来源分类

数据来源	数据分类	编码	
		WT 工坊	同业社企
一手资料	半结构化访谈获得的资料	A1	B1
	现场考察和非正式访谈获得的资料	A2	B2
二手资料	网络获取的资料	a1	b1
	调研直接获取的宣传材料、内部文件及 PPT 等资料	a2	b2

三　组织生存实践的合法性获取

（一）基于技术支持和稳定代销的农户动员

作为兼具双重价值和双重使命的社会企业，WT 工坊早期一方面帮助农户销售产品，解决后顾之忧；另一方面为其提供预付款、技术指导、灾害救援等多重社会性关怀。组织通过经济功能和社会功能，成功推广了有机种植方式，并得到了一大批农户的深度认可和追随，为 WT 工坊的长远发展积累了重要的合法性要素。

首先，为了彰显组织经济职能的有效性，搜索农户并帮助其解决销售问题。2008 年，WT 工坊正式开始作为有机农产品销售平台来帮助农民售卖有机农产品，组织坚持以合理的价格支持从事有机耕作的小农户，并组织大家做生态农产品的团购，定期组织消费者购买农户的生态产品，以解决双方的需求。早期，WT 工坊为搜索农户投入了大量的成本和精力，同时在生态农业有机生产农户搜索过程中更进一步发掘有机农业生产的理念价值和物质价值。小 H 以免费技术推广的形式为搜集到的农户提供了有机农产品销售的沉淀成本，与农户建立了基于价值认同的朋友关系，并通过为这些农户提供产品销售渠道建立了紧密联系，通过经济功能的有效性证明了有机种植的价值和前景，获取了农户对双方合作模式及相关组织行为的认同。根据视频资料、原始笔记，2009 年 6 月探访"秋哥"的有机蔗糖农场，2010 年 12 月考察金橘生产农户"五伯"、2011 年耕种有机蔬菜的"李娘"，WT 工坊的有机农产品销售平台已经成为农户有机食品直接与城市主要消费群相链接的关键纽带。

其次，在与农户接触过程中，WT 工坊在社会职能层面同样彰显了其区别于其他商业企业的巨大价值。具体来看，一方面，WT 工坊考虑到种植方式的改变对农户而言是一种很大的挑战，其中涉及选品、技术、资金周转等多方面的困难，主动为小农提供预付款、技术指导等社会性服务；另一方面，有机种植受天气及病虫害影响巨大，稍有不慎可能造成巨大损失，刚刚更改种植方式的小农很难应对突发状况，WT 工坊便为其发动员工、消费者及社会人士捐款，共同抵御灾害，坚持有机种植事业。

WT 工坊驻外产品经理小 Z 表示：

> 早期 WT 工坊会为小农提供预付款，帮助小农启动播种等耕作所需的前期工作，从很久以前就有了这个模式，一直延续至今。（A1）

陕西咸阳的合作农户 Z 哥的回答也验证了这一观点：

> WT 给予了我们非常大的帮助，就像是堆肥和品种改良，有机耕作是非常难的事，我以前种大白菜，根本卖不出去，现在种西红柿和黄桃，西红柿用了 3 年才种成，黄桃用了 5 年才种成，现在很多都是在 WT 工坊销售，当时 WT 给过我们很多技术指导。现在的 WT 农业可持续发展中心后来还在我们这建立了田间学校，不只是帮助我们，还帮助了很多跟他们没有关系的农友。如果我们通过 WT 工坊销售，WT 会问我们是否需要预付款，这几年我们的资金没有那么紧张了，就没再要过预付款。但是他们还是会每年都问我们是否需要预付款。（A1）

同时，在受到天气影响、农户士气受到严重打击时，WT 工坊发动的消费者捐款为农户带来了极大的温暖和鼓励，这也是农户对 WT 工坊产生深度信赖和认可的重要原因。

> 例如：2009 年 5 月 23 日，广州突然连降强暴雨，"WT 生鲜"的生态蔬菜基地——银林生态农场和纷享田乐农场，遭受了有史以来最严重的一次暴雨袭击，农场的蔬菜几乎全部被水浸泡。WT 通过宣传，募集消费者捐款 1800 元，按照 1∶1 的捐款配比从 WT 专门的农户基金中捐出 1800 元，捐款共计 3600 元。(a1)

综上，与农户间的强联系对 WT 工坊作为社会企业的合法性和必要的社会认同发挥了重要的作用，并且通过功能有效来获取行为合法性这一模式得到了持续的优化。WT 工坊会在有机耕作推广的基础上，为农友们提供必要的技术支持，在农友们能够达到 WT 工坊销售要求后，如果继续合作，WT 工坊还会为小农提供预付款，来解决有机耕作前期的资金保障问题，并通过为返乡青年提供生态耕种的销售保障，来获取更大范围的组织认同和关于有机农业推广与有机农产品耕作的价值认同。

（二）基于产品品质和消费体验的消费者吸引

2006 年，广西横县有机稻米种植规模的迅速扩大为 WT 工坊组织消费者团购及成功开拓市场提供了契机。广西横县有机稻米在技术推广、理念培育、勤劳耕作以及天气等众多积极因素的支撑下，实现了超出预想的大丰收，但由于本地消费有限，大量的有机稻米待售，WT 工坊开始试图组织广州本地消费者去订购广西横县农民的有机稻米。在这个重要的时间节点，WT 工坊其实并没有可靠的销售渠道，在模糊身份下其合法性存在非常大的问题，导致 WT 工坊当时的代销面临着非常多的困难。WT 工坊不能够以企业的身份进行代销，就只能以最初志愿者组织的方式去参与以民间团体为主的推广集市并到处推销广西横县的有机稻米。在调研中，广州大量的社区支持农业类社会企业都被困于这一阶段，既无法通过企业化的方式在市场化制度的环境约束下进行代销和分销，又受制于民间团体市集的影响力，当面对突如其来的销售困境时，无法实现经济功能的有效性。

调研中，WT 工坊的联合创始人兼大股东小 T 表示：

> 从 2006 年到 2008 年，也参与过几次政府组织的销售活动，没有什么
> 成效。（A1）

这时期 WT 工坊的资源拼凑行动被表现得淋漓尽致，仅仅是由于有同事曾
从事幼儿教育工作，销售便从华德福幼儿园着手。开展的方式也非常特别，就
是去幼儿园做饭，让孩子，尤其是孩子家长体验到有机农产品确实好吃，自此，
WT 工坊获得了第一批稳定的消费者，这是非常偶然的。直至 2008 年 8 月，为
推广 WT 工坊代销的有机农产品，打通社区支持农业模式的最后一个重要环节，
WT 工坊的创始人和早期员工依然会优先深入华德福幼儿园，使用农户滞销的
有机稻米、蔬菜为大家做饭，孩子们和国际教师吃过以后纷纷表示真的很好吃，
有米香有菜味，销路由此打开，他们成为 WT 工坊初创期稳定的消费群体。

> 第一次用幼儿园的厨房做饭，也第一次正式地给三十个人做饭，我和
> B 哥都很紧张，由于把握不住用的菜量，先是买多了菜，每样只用掉了一
> 半，剩下的堆了满满一冰箱。用电饭锅煮饭时又放多了米，所以下面的一
> 半熟了，上面还是生米。从九点半忙活到十二点半，终于把饭准备出来。
> 还好大家的反映都不错，很多人专门跑过来告诉我们饭菜很好吃，真是备
> 受鼓舞。也收到了很多以前买过我们东西的消费者的反馈信息，当然也有
> 很多的人在问可不可以带东西过来卖给大家，我说：今天我们卖 WT 工坊
> （表示宣传 WT 工坊），明天才开始卖产品……（A1）

对于食品行业，尤其是价格较高的有机农产品的销售，最重要的就是获得
消费者的信任，这就需要通过优质的消费体验，让消费者感受到消费的获得感。
从产品、服务，甚至是 WT 工坊的品牌等多层面获得消费者的认可。为此，WT
工坊深入消费者群体的生活和圈子，开启了"打感情牌"的营销之路，通过为
华德福幼儿园做饭，WT 工坊先是用产品品质打动了消费者，继而与消费者产
生情感联系和价值共识，最终成功将最早的这批客户发展成为 WT 工坊最忠实
的"粉丝"。实际上，WT 工坊的生存逻辑就是加深消费者对于 WT 工坊的认同

甚至是使其形成有机农产品消费的路径依赖。

（三）基于"幸福"文化和健康生活方式的组织建设

WT 工坊早期虽然工资较低，甚至不能按时发放，但组织自身独有的使命和理念对员工形成了巨大的吸引力，这是 WT 工坊的功能有效性在组织治理方面的核心体现。WT 工坊从事有机事业，致力于改变现代人的饮食结构和生活方式，减少浮躁和掠夺，增加健康和温暖，员工便是 WT 工坊的第一个服务对象。为此，权威领导人小 H 非常注重向员工灌输健康有机的生活理念，为员工带来了从工作到生活全方位的改善，甚至是人生观、价值观的改变；同时，在内部的工作安排、制度设计和组织文化营造上，WT 工坊高度重视个体的价值和体验以及来自领导的人文关怀，竭力为员工营造家庭般和谐的"幸福企业"。

具体来看，WT 工坊采用了员工自我管理的治理模式，上班下班从不打卡。组织成员能够通过自我管理找到幸福感，并通过员工持股成为组织的一分子，实现了员工与组织的荣辱与共。通过 WT 大学、晨读、静思等活动，将幸福文化的价值理念传递给每个参与者，塑造了组织共同奋斗、共同价值的员工认同。与此同时，WT 工坊倡导健康饮食、有机生活的组织理念，不断帮助员工调整心态，从而更好地经营自己的工作和生活，这是员工对组织产生深度认同和归属感的另一大根源。

驻外经理小 Z 也曾表示：

> 我比较看重 WT 的其实就是这个文化……你像小 H 那一阵子我都惊呆了，我们有一个三号院，就是好多单身的同事，也不在当地的，在公司附近的江南村租了一个公寓，就是三楼，也就一栋楼三层，同事一起合租，就房租便宜点，可以一起做饭，一起吃饭。我当时去 WT 感受这些，我觉得这都是我的家庭没给我的基础生活的东西，在 WT 居然被重新教育了一回。（A1）

总体来看，从 WT 工坊对青涩组织的倡议，到崇尚员工自我管理的制度设计，再到员工对于"幸福"文化的青睐，最后到一份工作对每个员工人生态度和生活方式的巨大影响，WT 工坊组织治理对员工生活影响的有效性很显著。WT 工坊在组织治理层面充分实现了功能的有效性，构建了中国社会企业典型的"组织文化认同＋领导者理念认同"的内部合法性认同机制。

四 组织合法性获取的路径分析

WT工坊虽然是一个个案，但能够反映出中国社会企业在本土化发展过程中法律、行政等合法性规范缺失下，通过获取社会认同来获取社会合法性的过程。针对中国社会组织合法性来源的研究中，组织在普遍缺乏来自法律、政治和行政合法性的情况下，高度依赖来自社会文化层面的社会认同，这种来自社会认同层面的社会合法性是中国很多社会组织合法性的主要来源（高丙中，2000）。从社会认同看组织合法性的获取，大量传统研究关注的是来自客户、员工、商业伙伴、媒体、供应商、政府等多方面角色的认同。作为致力于社区支持农业的社会企业，WT工坊在初创期主要面对来自农户、消费者和员工的组织认同问题。这是因为在初创期，任何一个组织最关心的都应该是与其生存最直接相关的群体，对于初创期的WT工坊而言，那就是生态农产品的耕作农户、生态农产品的消费群体和完成中间链接工作的员工们。

在社会公众对社会企业几近一无所知的情况下，农户、消费者和未来的员工也不会对社会企业有更多的了解。针对WT工坊早期的农户调研显示，农户根本不知道社会企业是什么，他们对WT工坊的期待仅仅就是能够帮助他们把货物卖出去。

WT工坊初创期开发的一位广东农友G哥就明确表示：

> 我现在（2020年）已经有了一些不同的销售渠道，但我之所以最初从事有机耕作，就是因为H老师说他要做生鲜配送，能把我有机耕作的蔬菜卖出去，我没有后顾之忧了，所以我才开始有机耕作。我们相识是因为当时我们养的猪有很多猪油，H老师他们正在尝试用猪油做肥皂，后来我们从很少的有机耕作开始到现在已经大多是有机耕作了。有机耕作面临的问题很多，可以说是很不顺利的，因为有机种植跟常规种植还是有很大的不同。包括我们刚开始做的时候都是用一个替代思维，就是用有机肥，比如我们去买一些鸡粪，或者我们农场本身的猪粪来做主要肥料，然后买一些生物农药来去防治病虫害。但实际上我们这样做的时候，病虫害是很严重的，产量有些下去，其实最终还是没得收，很难去把它种好，比我原来预

想的要难很多。技术上会出现土壤改良、除草剂、堆肥、极端天气、防病虫害等各式各样的问题，也都是 H 老师帮着解决的。尤其是 2014 年有一个青年交流会，有一个专门的突然改良课，受益颇多。对于销售，WT 的生鲜配送停过一段时间，交给了 FC 配送，体验特别不好，很不成功，我们就是那个时候开始经营自己的微店，现在也有一些老客户。后来我们很多农户都要求重启生鲜配送，WT 又重启了生鲜配送，我现在有二分之一到三分之二还是通过 WT 工坊的生鲜配送销售，但现在 WT 工坊主要是给我们有机耕种者营造了一个较好的小圈子，这个氛围特别重要，也是现在还吸引我的地方。（A1）

老员工 N 姐表示：

我是比较早就来 WT 工坊干活的，当时就是兼职，因为家就住在这个城中村里，晚上卖啤酒，白天来这帮着清理和打包蔬菜。最初肯定就是想多赚点钱，当时的工友很多都离开了，因为找到了工作，而我晚上卖啤酒，白天没有工作，有空就来干点零活。后来 WT 这面的工作（工资）也不错，而且也不会像卖啤酒一样，在这工作能够被尊重，就在这里全职工作了。主要是 WT 工坊发展好了，我们的生活也就好了。WT 工坊的文化也很好，让我体会到了被尊重的感觉，有奔头了。后来通过晨读等学习，也意识到我们的工作是十分有意义的，起码生活是健康的，现在起码有个好身体。如果我还是天天晚上去卖啤酒，得喝酒，身体肯定不会这么好。（A1）

在初创期，消费者对于 WT 工坊并没有什么期待，而 WT 工坊其实是在寻找消费者，帮助农户销售有机农产品。消费者对于 WT 工坊的期待，不如称之为感受，多是来自各类工作坊的消费体验。消费者们慢慢感受到了 WT 工坊是一个有社会使命和情怀的组织。

几个早期的消费者明确表示：

一直在 WT 工坊购买食材，尤其是在 WT 生鲜能够配送以后，WT 工坊已经成为了家里孩子食材的主要选购途径；一方面原因是很方便，尤其是在疫情发生之后，WT工坊配售的有机农产品都是本地产品，配送及时，相对有进口产品的综合超市内心感觉更安全，甚至会提前一天订购全家两三天的食材；另一方面原因则是我们曾参与过WT工坊组织的活动，我们了解WT工坊的公益属性，也非常认同WT工坊服务城市人吃到最新鲜的有机食材的价值理念，虽然只有极少的人参与过捐款，但我们在带着孩子走访农户的过程中，能够感受到农户与WT工坊之间的那种亲密感受，以及购买WT工坊产品所带有的公益性质。（A1）

综合来看，农户、员工和消费者这三个主要相关群体是WT工坊生存的基础，是WT工坊社会资本的最基本形态，WT工坊要实现生存发展，必须要获得这三个主要相关群体的认同。这实际上就是高丙中（2000）在其经典分析中提出的来自社会认同的社会合法性，是中国大多数社会组织合法性的来源。对WT工坊而言，这三个主要相关群体对组织的期待经济功能目标性较强但社会功能目标性相对模糊。在当时的宏观制度环境下，WT工坊也不可能通过一个新兴业态新创组织的个体力量改变法律体系、政治体系、行政体系和社会文化层面的基本认知，只能通过微观组织行动实现与农户、消费者和员工三个主要相关群体的联系，并在这一局部的关系网络中获得组织认同、构建组织合法性并获取其赖以生存的社会认同。就是在这一综合的制度环境下，宏观制度因素和中观场域制度因素共同为WT工坊微观组织行动塑造了自下而上的制度动因，这也是WT工坊选择优先通过微观的组织行动在中观场域内的主要相关群体中获取社会认同，并生成组织合法性的根本动因。

从某种程度上看，这不是组织主动选择的结果，自下而上生成组织合法性是当时唯一的可行路径，理论上可能有无数选择，甚至自下而上生成组织合法性是最差的选择，但在现实的生存实践中，这是一个必选项而且很可能是唯一正确的选项，后来的实践也证明了专注于组织行动要比专注于宣传口号、参加同类活动和获取政府认同更符合初创组织生存实践的实际需要。WT工坊实际上就是通过自下而上组织活动的经济功能有效性彰显了其兼具社会使命的组织发展模式的优越性。实际上，农户、消费者和员工所关注的WT工坊在其功能有效基础上兼具的社会功能及其组织使命，就是社会企业的内核。只是这种内核通过经济功能的有效性实现了关系动员，并获得了社会认同，从而奠定了WT

工坊生存发展的合法性基础。

从典型个案看制度下的社会企业,社会企业在中国作为新生事物,其身份的模糊和外部制度支持的缺位使得其很难通过法律和行政等规范下的标准化运营直接获得广泛的社会认可,社会企业只能采取灵活实用的行动方式和开展大量非常规活动来着力彰显组织的功能有效性和形式优越性,快速得到利益相关主体的接纳,获取成长机会,进而在不断的"事实积累"中取得内外部主体的深度信赖和认同,这就是社会创业过程中组织合法性的建构逻辑。这实际上就是一种通过组织行动自下而上的合法性获取路径。在这一过程中,组织行动实现了对制度环境的影响,虽然这种影响带有鲜明的局部性特征,但是局部的制度环境及有效的社会企业合法性逻辑已经能够为 WT 工坊的生存实践提供必要的制度保障。这对于 WT 工坊在初创阶段实现生存发展至关重要,即在通过功能有效性累积组织行为合法性的过程中,主要利益相关群体认同了 WT 工坊作为社会企业以商业践行社会使命的合法性地位,更进一步共同营造了 WT 工坊作为社会企业所必需的制度环境。

相对绝大多数还在生存困境中的社会企业而言,虽然有些社会企业认识到了合法性对于资源获取的重要性和关键基础作用,但它们大多采用了自上而下的理念宣传。通过参加业内活动、政府组织的论坛和媒体访问等形式自上而下地宣传社会企业的形态优势,虽然符合理论认知,但并不符合生存实践的具体情况。WT 工坊生存实践的成功是在意志极其坚定的情况下,探索出的一条自下而上的合法性建构路径。这也是 WT 工坊能够在中国特定的制度环境下获得成功的重要经验。

五 结论与贡献

直至目前,中国社会企业仍然存在普遍的经营不善问题,具有一定市场竞争力的社会企业仍然很少。经过 2~3 年的走访,笔者挖掘到了一个具备"自觉意识 - 创业与使命搭建 - 稳健性发展"特征的本土化社会企业生存实践的典型案例。

案例研究反映出,在缺乏法律合法性、行政合法性且政治合法性极弱的情况下,社会企业难以获得体制内资源支持。社会企业需要在关系搭建的基础上,通过发挥组织灵活实用的功能有效性逐步赢得主要相关群体对其组织行为的认同，生成并积累组织合法性，从而在制度环境下为组织的生存发展提供保障。通过案例分析，本文将林尚立提出的关于政党通过发挥行动和实践的有效性来证明并累积其合法性的理论，以及蔡禾对政治组织通过功能有效生成并累积组织行为层面的合法性的相关研究，拓展到组织社会学分析领域，为社会企业这种新兴组织的合法性获取路径提供具有普遍意义的理论解释。

本文在案例分析的基础上，进一步明确了"以有效性累积合法性"这一模式下有效性的内涵，主体功能对客体有效，即客体会感觉因为主体的存在而有效用（效果）。社会企业对主要相关群体有效用既是组织生存实践资源交互的保障，也为组织双重使命的践行提供了必要的外部约束，从而在局部的关系网络中，社会企业通过"以有效性累积合法性"这一模式创造了合法性机制有效运行所必要的局部制度环境，进一步规范了社会企业双重使命的稳健性。这一模式对于中国社会企业本土化发展具有较高的借鉴意义，本文有助于增强对现阶段中国情境下社会企业发展路径的再认识，为社会企业家创业提供前沿范本。

参考文献

罗杰·斯皮尔、梁鹤（2018）：《论社会企业的外部支持生态系统》，《江海学刊》，第 3 期。

时立荣、王安岩（2016）：《社会企业与社会治理创新》，《理论探讨》，第 3 期。

刘小霞（2012）：《社会企业：合法性困境及出路》，《学习与实践》，第 10 期。

刘玉焕、井润田、卢芳妹（2014）：《混合社会组织合法性的获取：基于壹基金的案例研究》，《中国软科学》，第 6 期。

陈扬、许晓明、谭凌波（2012）：《组织制度理论中的"合法性"研究述评》，《华东经济管理》，第 10 期。

焦豪、孙川、彭思敏（2012）：《基于合法性理论的社会企业利益相关者治理机制研究——以宜信集团为例》，《管理案例研究与评论》，第 5 期。

高丙中（2000）：《社会团体的合法性问题》，《中国社会科学》，第 2 期。

林尚立（2009）：《在有效性中累积合法性：中国政治发展的路径选择》，《复旦学报》（社会科学版），第 2 期。

蔡禾（2012）：《国家治理的有效性与合法性——对周雪光、冯仕政二文的再思考》，《开放时代》，第 2 期。

谢康、刘意、肖静华、刘亚平（2017）:《政府支持型自组织构建——基于深圳食品安全社会共治的案例研究》,《管理世界》, 第 8 期。

Yin, R. K. (2008), *Case Study Research: Design and Methods*, CA: Sage Publications Inc. .

Yin, R. K. (2004), *The Case Study Anthology*, CA: Sage Publications Inc. .

To Gain Legitimacy in Validity: The Path Selection of Localization Development of Social Enterprises in China

—Theoretical Thinking on a Typical Case

Liang He

[**Abstract**] Under the analytical framework of new institutionalism, legitimacy has a decisive influence on the survival practice of organizations. However, social enterprises are still a relatively new thing in China, and their legitimacy has a certain ambiguity. Studying the legal acquisition path of social enterprises under the current institutional environment in China can effectively promote the standardized development of social enterprises. Articles equipped with "consciousness-entrepreneurship and mission to build-robustness development" characteristics of the local social enterprises typical case, the classical theory of political organization promotion to social enterprise research category, analysis and organization legitimacy fuzzy system under legitimacy can assign a top-down social legitimacy building enterprise strategy and the theory explanation. The findings: Through the function of organizing flexible and practical effectiveness to win major related group of its organizational behavior identity, generated and accumulated organizational behavior legitimacy, which in the system environment has provided the safeguard for the organization's survival and development, which can be summed up as gain legitimacy and effectiveness in the model for the development of Chinese social enterprises localization is of high reference value. This paper also expands the reunderstanding of the connotation of validity under the model of cumulative validity. This paper is helpful to enhance the understanding of the development path of local social enterprises at the present stage and provide a cutting-edge model for social entrepreneurs.

[**Keywords**] Social Enterprise; Effectiveness; Legitimacy; Survival Path

在有效性中获得合法性：制度环境下社会企业本土化发展的路径选择

行政组织行为分化：社会组织直接登记制度的地方政策执行阻滞[*]

——基于 H 省的实证研究

任彬彬^{**}

【摘要】 社会组织直接登记制度的地方政策执行面临着综合监管失灵与增速放缓背后社会组织能力难以提高的现实问题。选取政策执行的组织视角，以资源、目标与激励为核心要素，构建一个统合性的理论框架，对 H 省不同层级政府、不同职能部门进行追踪观察，剖析直接登记制度政策执行的微观运行过程。研究发现，资源约束的差异性、行为目标的异质性、行为激励的非均衡性促使行政组织行为分化：民政部门以责任风险防控替代社会组织高质量发展目标，采取"选择性执行"的行为策略，对直接登记范围进行主观收缩；相关职能部门以核心业务诉求取代社会组织监管目标，通过"象征性参与"的行为策略，消极对待社会组织综合监管。上述行为策略导致 H 省社会组织直接登记制度的政策目标消解，政策执行陷入阻滞状态，从而揭示条块结构体制下地方政府社会组织治理的碎片化现状。

---

* 基金项目：国家自然科学基金青年项目"商业导向视角下领导人代际变更与非营利组织发展研究"（71804046）；"敦和·竹林计划"（2020ZLJH－26）。

** 任彬彬，南京大学政府管理学院博士研究生，研究方向：社会组织治理与基层治理。

【关键词】社会组织；直接登记制度；政策执行；政府

一　问题的提出

党的十八大以来，国家治理理念的转变推动了政府从"生产力政治"到"民生政治"的价值重构，要求创新社会治理体制，推动社会自治力量成长，而社会组织作为国家治理体系中的多元行动主体，不仅能够有效弥补公共服务供给中的"政府失灵"与"市场失灵"，更能将国家与社会有效串联起来，实现对国家治理体系的底层构建。为此，党和政府对社会组织宏观制度环境进行了适应性调整，通过登记管理体制改革，进一步发挥社会组织治理功能。相较于双重管理体制的单一控制逻辑，直接登记制度更强调对社会组织的培育及其发展，旨在通过强制性制度变迁，降低其准入门槛，实现社会组织高质量发展与严格规范管理的政策目标，进而逐渐形成以动态过程规范为特征的现代社会组织管理体制（王名等，2013：18~28）。

当前，既有研究往往从整体视角或结构决定论解读中国社会组织制度环境的演进，其核心预设认为宏观政策被各级政府严格执行，进而直接作用于社会组织之上（黄晓春，2015：146~164）。但事实上，政府并非铁板一块，而是由不同组织机构构成的行动集合体（Foster，2001）。由于社会组织宏观政策的模糊性与高含混性特征（黄晓春、嵇欣，2014：98~123），其政策执行呈现"模糊发包"模式（黄晓春，2015：146~164），地方政府往往源于利益诉求与治理情境的差异，采取差异化的行为策略，表现出因地制宜与因时制宜相结合的实用主义特征（颜克高、任彬彬，2018：115~137），成为地方政府社会组织政策执行的普遍情形（Teets，2012）。因此，社会组织直接登记制度研究不仅要理解其制度内涵，更要将其置于地方政府政策执行的具体性情境中。

社会组织宏观政策文本关注制度内涵所展现的治理逻辑，而政策执行则更强调地方政府的自主性，将两者有效结合才能使社会组织政策研究更具纵深性。由此来看，对社会组织直接登记制度的审视有必要在地方政府政策执行的现实情形中进行归纳与总结。在我国政策执行实践中，地方政府政策执行策略呈现多种选择，且存在政策执行的"失效"现象，如"选择性执行"（杨爱平、余雁鸿，2012：105~126）、"基层共谋"（周雪光，2008：1~21）、"政策空传"（李瑞昌，2012：59~85）以及"政策梗阻"（钱再见、金太军，2002：56~57）等。其中，政策执行阻滞便是其重要表现形式之一，这一概念通常指各种消极因素影响致使政策执行停滞，且导致政策实践背离政策初衷的情形（丁煌，2002：28~39）。对于社会组织而言，近年来地方政府社会组织综合监管失灵问题频发（颜克高、高淼，2019：107~114），增速逐渐放缓背后是社会组织能力难以提高，均与直接登记制度的政策实践与预期目标出现偏差，政策执行陷入阻滞状态有一定关联（任彬彬，2020：38~47）。那不由得反思，在直接登记制度的地方政策执行中，究竟哪些因素影响了政策的有效执行与目标实现。本文选取政策执行的组织视角，通过对 H 省不同层级政府、不同职能部门的追踪观察，剖析其政策执行的微观运行过程，从而揭示直接登记制度地方政策执行阻滞现象的形成机理，为进一步推动社会组织管理体制创新与促进社会组织健康有序发展提供可借鉴的经验以及政策性建议。

二　理论构建与研究设计

（一）理论构建：直接登记制度政策执行的组织视角

政策执行作为政策过程的重要阶段，是文本形态公共政策的现实表现形式，会直接影响政策目标的实现。当前，学术界主要形成自上而下、自下而上、综合模型三条研究路径。部分学者则基于政策执行三条路径因素变量的差异，又将其划分为四类，即组织视角、网络分析视角、制度分析视角、阐释性视角（丁煌、定明捷，2010：119~148）。社会组织登记管理体制改革不仅牵涉政府内部职能部门的权责变动，更以社会组织过程规范为目标，强调通过跨部门协调的社会组织综合监管，推动社会高质量发展。因此，本文基于对社会组织登记管理体制改革现实需求与直接登记制度目标诉求的考量，选取政策执行的组织视角，审视社会组织直接登记制度地方实践。

在组织理论视角下，政府各职能部门作为政策执行载体，其行为往往受到利益诉求、行为偏好的影响，使组织间结构黏合力与摩擦力之间存在明显张力（陈丽君、傅衍，2016：37~46）。当结构摩擦力大于黏合力时，政策实践往往会背离政策初衷，陷入阻滞状态。为打开政策执行的组织黑箱，奥图尔与蒙特乔伊最早进行探索，发现组织可支配资源是影响组织政策执行的主要变量（O' Toole，

2000）。基于我国具体的政策场景，学者们则发现不同职能部门间受到业务目标的影响，呈现截然不同的利益诉求，进而影响部门间政策执行的摩擦力（陈家建等，2013：1~20）。除此之外，部分学者愈发注意到竞争锦标赛对中国行政组织政策执行的影响，逐渐在原有目标路径基础上，引入激励机制，构建了路径-激励分析框架（杨宏山，2014：78~92）。事实上，随着我国政策实践细节不断丰富，单一组织要素对其背后行为逻辑的梳理往往显得力所不逮，急需一个统合性的组织理论框架。为此，本文整合组织的资源、目标与激励要素，试图构建一个统合性解释框架，进而刻画社会组织直接登记制度政策执行阻滞的形成机理。

首先，组织的运转离不开资源支撑，而组织可支配资源构成了政策执行的基础。由于职能范围与业务性质的区别，不同职能部门在政策执行过程中所支配的财政、人事资源各不相同，促使其政策执行空间千差万别。当组织可支配资源难以满足政策执行要求时，为了保证上级政治任务的完成，行政组织往往通过"目标替换"的方式进行策略性应对（张立、郭施宏，2019：157~170）。同时，组织可支配资源的匮乏也会诱发行政官员的避责行为。受到资源限制影响，行政组织中的官员为了避免上级领导的行政问责，往往会基于行为成本收益分析，策略性完成政策执行规定的"硬"目标，选择性放弃"软"目标。

其次，组织目标的一致性程度将直接影响政策执行的效率与效果。我国政府条块结构的"双重从属"使得政策目标具有层级性与多属性特点。层级性是指中央政策制定的目标以原则性纲领为主，而地方政府将其细化为具体可操作的目标；多属性则是指政策执行往往涉及多个职能部门，需要各个行政组织协同执行，政策目标群体呈现多元化（贺东航、孔繁斌，2011：61~79）。受此影响，不同行政组织利益诉求往往呈现多样化与差异化趋势，使得"条"与"条"之间目标存在冲突，进而会导致政府权力碎片化与行政效率损耗严重（叶敏，2016：128~140）。在政策执行实践中，不同层级地方政府会基于利益诉求，象征性或选择性执行公共政策，谋求自身利益最大化（王汉生、王一鸽，2009：61~92）；同一层级政府的不同职能部门亦会基于职能目标差异，通过行为博弈，影响其部门在政策执行中的行为选择（陈家建等，2013：1~20）。

最后，"政绩出干部"描绘了中国官员职位晋升与政治激励的密切关系。在我国政策实践中，受政治锦标赛与压力型体制影响，上级政府为了推动政策落地，会对政策目标进行指标性分解，构成下级职能部门政策执行的指标考核体系，从而借助目标责任制对下级政府、各职能部门以及行政官员进行奖惩。政治任务逐级下发与层层加码促使各层级政府的行政组织以完成中央政治任务作为首要目标，以行政任务的"实施"与"完成"为底线，谋求"政绩晋升"渠道。因此，组织的政策激励对于职能部门与个体行为具有导向作用（陈家喜，2018：72～80）。

（二）研究设计：研究方法与案例选择

本文主要采取案例内分析的研究策略。案例内分析作为一种实证分析工具，通过引入时间因素，系统梳理事物发展的时间脉络，对于刻画因果机制具有重要意义。不同于大样本研究，单案例研究的案例选择并非遵循统计抽样的随机性原则，而是根据研究目的需要，进行立意抽样（殷，2004）。为此，本文基于案例研究判断抽样原则，借助典型案例法，对 H 省、A 市以及 T 县三个层级政府的民政部门、相关职能部门开展田野调查与追踪观察。H 省位于我国中部地区，是我国较早全面实施社会组织直接登记制度的省份之一。同时，案例时间跨度近 5 年，较长的政策执行周期能够更为全面、客观地描绘社会组织直接登记制度的地方政策执行现实图景，进而有助于理解 H 省各职能部门行为策略的发生机理。

遵循"三角论证"的原则，笔者主要借助访谈、参与式观察以及文本分析进行案例资料的收集。笔者于 2016～2019 年，通过实地调研，对 H 省、A 市、T 县的民政部门、财政部门、环保部门以及多家环保社会组织的相关负责人进行 10 次深度访谈。在此过程中，笔者还以实习生身份进入 H 省民政厅社管局进行参与式观察，取得了大量一手资料。除此之外，笔者借助互联网工具，整理了 2013～2018 年前述三个级别地方政府发布的社会组织政策文本、新闻报道、宣传材料与统计资料，作为理解 H 省社会组织直接登记制度政策执行实践的重要文献参考资料，努力增强数据资料的多样性与故事论述的完备性。

三　案例描述：H 省直接登记制度的政策执行阻滞

2013 年 8 月，H 省以《国务院机构改革和职能转变方案》为纲领性文件，发布了《关于四类社会组织实行直接登记管理的暂行办法》，标志着社会组织直接登记制度在全省范围内的推行。基于 H 省社会组织发展态势与特征，本文将其政策执行划分为蓬勃发展、阻滞初现与阻滞形成三个阶段（见图4）。

（一）蓬勃发展：社会组织存量显著提高

2014年2月，H省委办公厅、省政府办公厅联合出台《H省关于加强和创新社会组织建设与管理的意见》（以下简称《H省意见》），对社会组织直接登记制度的内部治理机制、监督管理体系、日常管理工作等方面做出详密工作部署。据统计，自2013年初至2014年末，H省省级社会组织新增5464个，A市市级社会组织新增953个，T县县级社会组织新增50个，正式步入社会组织蓬勃发展时期（见图1、图2、图3）。

1. 准入门槛的降低：扩大登记范围与简化登记程序

H省社会组织准入门槛的降低主要体现于登记范围扩大与登记程序简化。《国务院机构改革和职能转变方案》规定行业协会商会类、科技类、公益慈善类、城乡社区服务类可以直接向民政部门申请、登记。但在地方政策执行中，H省政府为了进一步激发区域内社会组织活力，提出大力培育发展社会组织的政策要求，主动进一步扩大社会组织直接登记制度范围。《H省意见》规定"除法律规定需前置行政审批及政治法律类、宗教类和境外非政府组织代表机构外，其他各类社会组织均可由各级民政部门实行直接登记"。对此，H省民政部门的社会组织事务负责人表示："国办提出四大类社会组织直接登记，但并未对类型标准作规定。在省政府开会讨论中，认为除国家规定需前置审批的社会组织，都应最大限度给满足登记条件的注册成立。"（20180413－HNCZ－Zhen）除此之外，《H省意见》鼓励各级民政部门积极推动社会组织管理体制创新，不仅将基金会和异地商会登记权限下放至市州、县区，更允许社会团体引入"一业多会"竞争机制，推动了区域内社会组织发展。

在社会组织登记程序方面，H省民政部门提出"简化登记审批程序，降低社会组织登记门槛"的思想方针，要求取消社会团体筹备批复环节，对于资料完备的社会组织审批由原来60天缩短至30天。同时，H省为了进一步推动社会组织管理体制改革，规定城乡社区社会组织可以通过直接登记与备案制两种方案，获得合法性地位。"直接登记制度不仅给社会组织注册登记很大便利，更激发了社会结社热情，成为民政部门社会治理能力提高的标志。"（20170412－CSMG－Li）

2. 绩效考核：社会组织的"增量政绩"

随着社会组织直接登记制度的推广，H省将社会组织创新管理工作列入各级党委与政府的重要日程，明确专人负责与层层落实的原则，将民政人员政绩考核与区域内社会组织数量增长挂钩，进而加强登记管理机关建设。例如，《H省意见》规定"力争到 2020 年，全省社会组织总量达到 4 万个以上，平均每万人拥有社会组织 5 个以上（其中 A 市规划要求达到每万人 7 个以上）"。社会组织数量增长成为地方政府社会建设绩效考核指标，激发了各级民政官员主观能动性。H 省各级民政官员为了实现社会组织的"增量政绩"，会有意识地主动放宽社会组织登记条件，为其直接登记行政审批提供便利性条件。A 市分管社会组织事务的负责人表示，"2012 年我任职以来，H 省社会组织数量增长的考核指标维持在 12% 至 15% 左右。民政工作人员会把社会组织直接登记的条件适当放宽，能登记则登记"（20170412 – CSMG – Li）。

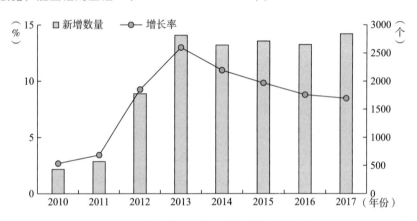

图 1 H 省社会组织年新增数量与年增长率

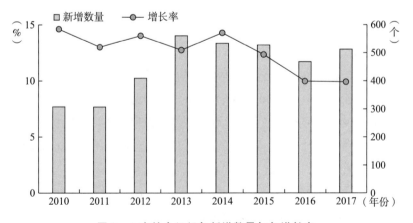

图 2 A 市社会组织年新增数量与年增长率

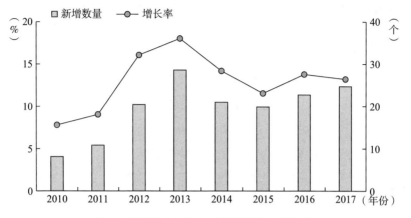

图3　T县社会组织年新增数量与年增长率

（二）阻滞初现：社会组织的监管失灵

截止到 2015 年，H 省各级社会组织数量显著增长，省级社会组织增长至 27766 个，A 市市级社会组织增长至 4262 个，T 县县级社会组织增长至 172 个。然而，社会组织存量显著提高对地方政府社会组织监管能力供给提出挑战，加剧了地方政府社会组织监管的供需失衡，致使 H 省直接登记制度政策执行逐渐显现阻滞状态。一方面，社会组织监管权责界限的模糊性促使相关职能部门将更多注意力置于本部门核心业务，其结果是横向部门间管理合力供给不足，社会组织综合监管机制运行不畅。另一方面，社会组织数量的迅速增长促使其公共事务显著增加，各级民政部门受到人员、经费等资源要素制约，其执法能力供给难以满足日益增长的社会组织监管需求。

1. 横向部门间管理合力有效性不足：社会组织综合监管缺位

国家机构改革往往引发政府职能部门的职责交叉、权责脱落等问题。《国务院机构改革和职能转变方案》与《H 省意见》虽对直接登记制度的程序与范围进行重点强调，但并未对其监管权责作出明确规定。实践中，直接登记制度取消了业务主管单位，相关职能部门不再作为社会组织归口管理单位，普遍认为将不再肩负社会组织监督管理职责。"其他部门经常以没有参与社会组织登记为由，认为直接登记的社会组织监管职责应该由民政承担。"（20170412 – CSMG – Li）另一方面，在直接登记与双重管理并行的混合管理时期，H 省存在大量归口类社会组织。由于缺乏清晰的权责界定，先前登记的归口类社会组织既无法得到业务主管单位的日常管理，也不属于民政部门直接登记的监管范畴，其监管职责归属一度成为 H 省民政部门与相关职能部门相互推诿扯皮的焦点问题。

在顶层设计上，《国务院机构改革和职能转变方案》要求各职能部门通过机构设置、权责划分以及协调配合，建立以跨部门联动为特征的社会组织综合监管体制。《H 省意见》虽提出建立综合监管体系的政策决议，但却并未对综合监管具体内容作出进一步说明，如综合监管目标的规划、相关责任的界定、运行机制的构建。社会组织综合监管责任的模糊性，使得政策路径清晰度降低，导致 H 省各相关职能部门将更多注意力放在本部门核心业务上，消极对待社会组织综合监管。换言之，政策执行权责模糊往往会加剧各职能部门间政策目标的诉求差异性，最终形成政策执行的空白现象。在实践中，H 省政府各部门之间原有的条条分割也促使社会组织综合监管中存在严重的信息鸿沟，致使相关职能部门参与社会组织综合监管的主体意识淡薄，寄希望于跨部门合作的综合监管仅停留于政策文本层面。"目前，省内民政与其他部门间尚未建立社会组织信息共享系统，信息很不对称。现在搞办公信息化，社会组织的办公系统就有两个，直接登记社会组织信息都在民政系统里，而归口类信息分散在各个部门手里。"（20180811 – TJMG – Wang）

2. 民政部门能力建设不足：社会组织日常监管失位

直接登记制度不仅取消了相关职能部门的业务主管单位角色，更对各职能部门的职责进行了调整，赋予民政部门更多的职责。在双重管理体制下，作为登记管理机关的民政部门主要负责社会组织登记、年检与评估；作为业务主管单位的相关职能部门主要负责社会组织业务指导、日常行为规范以及党建工作。在直接登记制度实施后，那些原本分散于各个业务主管单位的职责逐渐转嫁至民政部门。然而，与 H 省民政部门职责扩张形成鲜明对比的是，组织可支配的公共财政、人员编制以及办公经费等资源依然十分有限，并没有得到"块"上政府的重视。"我们民政现在既要负责社会组织登记审批、年度检查、评估等常规工作，又要抓好社会组织党建、日常监管，都是身兼多职。"（20170412 – CSMG – Li）以 H 省民政厅社管局为例，社管局共有在编人员 12 人，其中局长 1 人、副局长 4 人、处长 2 人、科长 5 人，而社会组织直接登记管理、党建等业务主要由处、科级行政人员负责，其结果是 7 名处、科级干部往往要身兼多职，才能勉强应付社会组织登记管理相关事务。

综合执法问题一直是民政部门能力建设的关键。直接登记制度实施后，H省委办公厅与省政府办公厅多次下发文件，要求加强社会组织监管，严格查处非法社会组织。在实践中，H省民政部门受到财政经费、人员编制等资源要素的约束，往往疏于社会组织日常监管，陷入"重登记，轻监管"的怪圈（倪咸林，2017：58～66）。例如，北京市民政部门针对社会组织监管处问题，成立了50人编制的社会组织综合执法队伍，但H省各级民政部门尚未建立社会组织专业执法队伍，导致民政部门执法能力建设难以满足社会组织发展的现实需求。对此，2015年H省民政厅印发《H省社会组织举报投诉办理暂行办法》，旨在更多地动员社会力量，加强对社会组织涉嫌违法违规现象的监管。"人员没有变动，事情越来越多，那些违法违规的社会组织根本无暇顾及，越往下越突出。此前民政发文披露的多家山寨社团、年检不合格的社会组织现在依然频繁开展活动，但执法能力跟不上，只能通过政策宣传方式，抵制非法社会组织活动。"（20180811－TJMG－Wang）

（三）阻滞形成：直接登记制度政策目标的消解

2016年，中共中央办公厅与国务院办公厅印发《关于改革社会组织管理制度促进社会组织健康有序发展的意见》（以下简称《有序发展意见》）。《有序发展意见》以"积极引导发展，严格依法管理"为基本原则，要求地方政府重视社会组织功能发挥的同时，加强社会组织综合监管，推动社会组织管理体制从静态入口控制向动态过程规范转变。这表明中央政府意图通过对直接登记范围的严格把控，实现社会组织高质量发展与规范管理的双重目标。在具体内容上，《有序发展意见》不仅清晰界定了四大类直接登记社会组织的类型与范围，更确定了"谁主管、谁负责"的问责机制。相较于之前，问责机制的确立改变了H省地方政府政策执行的激励方向，促使各职能部门基于工作现实情况与目标利益诉求，采取差异化行为策略，致使社会组织直接登记制度政策目标被消解，政策执行陷入阻滞状态。

1. 民政部门的风险控制：直接登记范围的选择性执行

对于民政部门而言，《有序发展意见》的"谁主管、谁负责"原则，规定民政部门对直接登记社会组织履行监管职责。然而，H省民政部门能力建设的不足，使其社会组织监管工作压力不断下行。自2013年至2017年，H省社会组织共增加11948个，但数量高速增长的背后是社会组织违规数量不断上升与违规形式多样化，使 H 省各级民政部门都面临巨大的社会组织监管压力。例如，2013 年 H 省社会组织违规中仅行政处罚 12 起，而 2017 年则增长为 230 起，其中行政警告 31 起，限期（责令）停止 13 起，撤销登记 186 起。同时，受到行政问责影响，H 省民政部门的增量政绩正向激励逐渐转向行政问责负向激励，唯有通过社会组织直接登记范围的选择性执行，加强部门以及个人的责任风险防控。

目前，H 省各级民政部门不仅要面临繁重的社会组织公共事务，还要在"谁主管、谁负责"的强问责机制下履行社会组织监管职能，使民政官员积极性受挫，不再盲目追求社会组织的"增量政绩"，而是以"不出事"为首要目标，主动收缩直接登记范围。究其本质，民政部门对直接登记范围收缩并非为了实现社会组织准入质量的提高，而是旨在规避社会组织登记、监管的行政问责风险。主要体现为：第一，H 省各级民政官员为了规避登记审批风险，会主动提高社会组织登记门槛。"《有序发展意见》对社会组织登记审查的相关内容要求更严格了，要落实到人。相较于之前的登记一张纸，现在需要更多的登记材料，忙得不可开交，还要承担更大责任。"（20170412 - CSMG - Li）第二，民政部门对存在安全隐患的服务类社会组织进行"一刀切"管理，主动限制直接登记范围。"直接登记赋予民政部门很大权力的同时，也给了更多责任。黑龙江海伦敬老院纵火案给民政工作敲响警钟，社会组织一旦出现问题，民政领导都难逃干系，都很重视。现在对敬老院、幼儿园等具有监管风险的社会组织登记十分谨慎。"（20180413 - HNCZ - Zhen）根据《有序发展意见》的要求，公益慈善类社会组织的扶贫、济困、扶老、救助、蓄病、助残、救灾、助医和助学符合直接登记标准，但实践中 H 省民政官员为了规避责任风险，采取相机策略，基于个人主观判断，对即使符合登记条件的敬老院、幼儿园等都暂缓登记。

2. 职能部门的"边缘性业务"：社会组织事务的象征性参与

对于相关职能部门而言，社会组织监管作为其边缘性业务，所获取的部门资源与政策注意力本就有限。加之，《有序发展意见》规定相关职能部门行政人员仅对双重管理制度下的社会组织负有行政责任。为了规避"边缘性业务"所产生的行政工作量与责任问题，相关职能部门以部门核心业务诉求取代社会组织规范管理的目标追求，往往以做好部门岗位要求的本职工作为目标，象征性参与社会组织综合监管事务。

在政治锦标赛逻辑下，职能部门目标的实现程度往往作为行政官员的主要业绩指标，成为影响官员晋升的主要因素。行政官员基于"本位主义"，则会重点围绕部门职能开展行政工作，而边缘性业务的业绩增长并不会为部门及官员自身带来实质性利益（周黎安，2007：36～50）。在直接登记制度政策执行中，H省相关职能部门往往将社会组织监管作为边缘性业务，消解了社会组织综合监管的目标责任，致使其在直接登记制度中象征性执行政策。H省各职能部门通常以做好部门岗位要求的本职工作为目标，对直接登记制度下社会组织管理仅仅是参加工作会议、书面报告，消极对待社会组织综合监管工作，导致政策协同机制运行不畅。H省环保部门负责人表示："社会组织业务并不属于我们部门工作计划内容，关注度相对较少，更多时候就是配合性工作。"（20170517 – HNHB – Wang）另一方面，H省相关职能部门作为双重管理制度下的业务指导机关，肩负归口类社会组织日常管理的责任，受到业务目标与责任风险的双重影响，逐渐消解了归口类社会组织监管的政策目标，会采取延长归口类社会组织资格审批周期行为策略。H省G环保社会组织负责人表示："实施直接登记后，我们归口类的社会组织登记、做事情越来越难。环保部门更加不愿意做我们挂靠单位，我们开展活动找上门经常吃闭门羹。"（20180811 – HNEO – Pei）

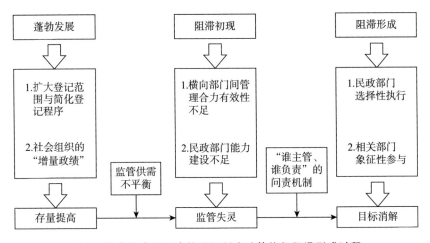

图4 H省社会组织直接登记制度政策执行阻滞形成过程

四 行政组织行为分化：直接登记制度政策执行阻滞的形成机理

从地方实践来看，社会组织直接登记制度的理论应然与现实实然存在巨大偏差，其政策执行在经历三个阶段演变后，受到政府各部门差异化行为策略影响，导致其难以形成政策执行合力，从而使原初政策目标逐渐被消解，政策执行最终陷入阻滞状态。因此，直接登记制度地方政策执行阻滞的本质在于行政组织的行为分化。下文将基于政策执行的组织分析视角，从资源、目标、激励三个核心要素，揭示 H 省直接登记制度政策执行阻滞形成机理（见图5）。

（一）资源约束的差异性

资源约束决定了组织政策执行的行动空间。在政策执行中，部门财政、人员编制与办公经费等资源会约束行政组织，影响其政策目标的实现。政府部门所具备的物质资源越丰富，其政策执行中遇到的约束越小，行动空间越大，越有利于政策目标实现，反之亦然。在 H 省社会组织直接登记制度政策执行中，民政部门与相关职能部门所面临的资源约束不同，成为其政策执行行为产生分化的基础性条件。

对于民政部门而言，直接登记制度取消了业务主管单位后，将原来由各职能部门承担的业务指导、监管与党建等职责转嫁至各级民政部门，促使其社会组织行政事务迅速增加。但实践中，H 省各级民政部门职责范围扩张并没有得到"块"上各级政府应有的资源投入，其结果是民政部门的政策执行受到较强资源约束，部门能力建设难以满足日益增长的社会组织监管需求，省内大量非法社会组织与山寨社会组织活动频繁。在政策执行后期，民政部门受到的资源约束越来越大，其工作人员为了按时完成登记审批任务，会主动在《有序发展意见》规定的直接登记范围基础上进行主观收缩，其用意旨在减轻社会组织行政事务的工作压力，最终导致社会组织高质量发展目标被消解。对于相关职能部门而言，归口类社会组织的挂靠登记以部门职能为依据，相关事务散落于政府各职能部门，使其所面临的资源约束较弱。在政策执行前期，各职能部门一定程度上选择配合民政部门进行直接登记政策执行，推动了 H 省社会组织迅速发展，而在政策执行后期，则尽力控制作为边缘性业务的直接登记制度所带来的行政工作增加，对其监管问题往往处于一种"出工不出力"的状态，导致横向部门间管理合力有效性供给不足，社会组织综合监管缺位。

（二）行动目标的异质性

行动目标决定了组织政策执行的方向。一般而言，行政组织的政策目标定位与其部门职能范围紧密相关。由于部门工作性质的差异，各职能部门间的行动目标存在较大差异，在政策执行中的利益诉求也各不相同，最终导致民政部门与相关职能部门对待社会组织事务呈现截然不同的态度与行为选择。

长期以来，登记管理机关与业务主管单位的行政职能、利益诉求差异都是社会组织登记管理的重要影响因素（王名，2007：62~64）。民政部门是"条"上主要负责社会组织管理事务的职能机关，使得社会组织直接登记制度成为其核心业务范畴，部门日常行政工作与政策内容紧密相关。各级民政部门会聚焦于对社会组织直接登记制度政策文件的解读，积极与政策精神保持一致，关注社会组织数量变化与发展水平。与此不同，相关职能部门政策目标主要由其部门主管业务所决定，而直接登记社会组织的综合监管与归口类社会组织业务指导仅作为其"边缘性业务"。加之，政府各部门"边缘性业务"的业绩增长并不会为部门领导及行政人员的绩效考核带来直接性影响。因此，在政策执行中期，各职能部门在权责模糊的情况下，并不会主动对社会组织直接登记政策执行投入过多的注意力，通常以做好部门岗位要求的"本职工作"为目标，消极对待跨部门合作的社会组织综合监管工作。

（三）行为激励的非均衡性

行为激励决定了组织政策执行的动力。一般而言，激励可以分为正向激励与负向激励，正向激励以职位晋升为主，负向激励则主要包括问责、降职与撤职等。在政策实践中，激励方向的改变会加大资源约束、目标异质导致的政府内部职能部门间政策执行摩擦力，促使其在非均衡激励条件下，采取差异化行为策略，推动了直接登记制度政策执行的组织行为分化，最终导致政策执行阻滞现象的形成。

在政策执行前期，《H省意见》将社会组织数量增长与民政部门官员政绩考核挂钩，激发了各级民政部门开展社会组织直接登记的积极性，进而成为民政部门政策执行的正向强激励。为此，H省各级民政部门在较强的资源约束下，依然通过一系列便捷性条件，主动扩大登记范围，降低准入门槛，创造了社会组织的"增量政绩"。随着《有序发展意见》的"谁主管、谁负责"问责机制确立，H省各级民政部门官员的正向强激励转变为负向强激励，其会主动收缩直接登记范围，以"不出事"为基本原则，采取"选择性执行"的行为策略。在此过程中，各级民政部门即使面对符合法定直接登记要求的社会组织，往往也会采取"一刀切"的策略，延缓其登记。这表明其行为背后是政治风险防控的逻辑，而并非中央政府所强调的社会组织高质量发展。相反，对于相关职能部门而言，直接登记制度作为各职能部门的"边缘性业务"，对其职位晋升的政治激励较弱。各职能部门参与社会组织综合监管的积极性不高。但《有序发展意见》的"谁主管、谁负责"问责机制表明，各职能部门作为归口类社会组织的业务指导单位，仅需要对其承担相应的监管职责。在此条件下，各职能部门对社会组织直接登记制度的相关工作则采取"象征性参与"的行为策略，通常仅是参加相关工作联席会议与进行书面报告等，而对于归口类社会组织则提高挂靠门槛，延长其登记审批周期，其行为逻辑则是以正向激励核心业务取代弱激励边缘性业务。

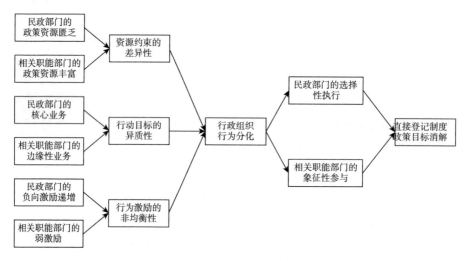

图5 社会组织直接登记制度政策执行阻滞形成机理

通过上述分析可以发现，政府内部各职能部门面对的资源约束、行动目标、行为激励不同，会使其在同一政策中呈现不同的行动路径。在H省直接登记制度政策实践中，资源约束差异性与行动目标异质性导致社会组织综合监管缺位、日常监管失位，而行为激励的非均衡性则促使民政部门与职能部门的行为分化，最终导致直接登记制度政策目标消解，其政策执行陷入阻滞状态。从政策执行的组织视角来看，看似整齐划一的地方政府事实上在政策执行过程中内部结构高度分化，并受到资源、目标、激励要素影响，表现出截然不同的行为策略。对民政部门而言，虽然直接登记制度是核心业务，但政策激励递减与组织资源约束增大，使其采取"选择性执行"的行为策略，以责任风险防控替代社会组织高质量发展目标要求，对直接登记范围进行主观收缩；对相关职能部门而言，虽然组织资源较为丰富，但基于其是边缘性业务与政策负向激励，会采取"象征性参与"的行为策略，以核心业务诉求取代社会组织监管目标要求，消极对待社会组织综合监管，延长归口类社会组织审批周期。

事实上，行政组织行为分化现象突破了既有政社关系研究中政府化约主义的困境，通过政府内部横向角度分解，将抽象的政府具体化，进而呈现政策执行中政府内部结构特征。在地方政府社会组织治理实践中，同一层级政府内部的不同职能部门对社会组织态度的差异性，将直接影响其政策执行成效。民政部门与相关职能部门所面对的资源、目标与激励的差异性越大，直接登记制度政策执行所遇到的政府内部结构性摩擦力越大，越有可能被选择性执行与象征性参与，以减小政策落地的阻力，其结果则是直接登记制度的政策实践背离设计初衷。换言之，行政组织的行为分化使政府内部各部门间难以形成社会组织直接登记制度政策执行的合力，影响政策的有效执行与目标实现。同时，这也表明政府各职能部门在政策实践中会根据组织现实情况，进行有限理性选择，并在自我博弈的过程中逐渐牺牲掉一些难以实现的政策目标，进而达成一种妥协的执行方案。显然，这对理解社会组织登记管理体制改革的系统性与长期性具有重要现实意义。

五　结论与讨论

伴随着社会组织宏观政策研究的不断细化，社会组织宏观政策制度文本整体性解读的局限性愈发明显。本文基于社会组织直接登记制度地方实践经验，通过分析制度文本与政策执行的有效连接，从社会组织宏观政策制度文本中抽出影响地方政府社会组织政策执行的组织因素，形成一种对于社会组织宏观制度的全景性认知。在 H 省实践中，直接登记制度在政策执行初期对于推动社会组织发展具有重要意义。但随着社会组织存量的显著提高，民政部门与相关职能部门受到资源约束的差异性与行动目标的异质性影响，社会组织监管问题愈发突出。最后，受到《有序发展意见》的问责机制影响，行为激励的非均衡性加大了民政部门与相关职能部门间的结构性摩擦力，致使其行为逐渐分化，分别通过选择性执行与象征性参与，减小政策落地的阻力，最终导致直接登记制度政策目标诉求的消解，其政策执行陷入阻滞。这也反映了宏观政治制度适应性调整下相关职能部门的合作治理困境，有助于揭示在我国政府的条块结构下地方政府社会组织治理碎片化现状，即不同层级政府与不同职能部门基于利益诉求，对于社会组织的认知各不相同，其政策执行的行为策略选择千差万别。

反思我国地方政府直接登记制度政策执行阻滞现象，其问题破解的关键在于坚持社会组织的整体性治理思维。一方面，各级政府要理顺直接登记制度与双重管理制度的关系，清晰界定混合登记制度下相关职能部门权责界限，既要简政放权，又要完善相关配套设施，做到发展有序、管理到位，实现社会组织管理新老体制顺利过渡。另一方面，政府要清醒地意识到社会组织管理体制改革的整体性，建立跨部门合作机制。首先，加强社会组织管理体制改革的顶层设计，合理划分各个职能部门权责范围，基于组织类型与登记方式，有针对性地构建跨部门合作治理机制，保障相关职能部门政策目标的一致性。其次，建立科学的绩效考核与问责追查机制，将社会组织行为规范与日常监管职责落到实处。再次，加大资金投入与扩充行政人员编制，建设一支专业化的社会组织综合执法队伍，为社会组织登记管理制度改革提供充足的政策资源，加大社会组织的抽查与监督力度。最后，充分利用互联网的信息整合功能，解决跨部门合作过程中的信息不对称问题，降低部门合作成本，有效化解社会组织综合监管中的政府内部结构性摩擦。

值得强调的是，本文是对 H 省的直接登记制度的局部观察，其观察经验的普适性有待进一步检验。但本文将社会组织宏观政策的总体性特征融入地方政府政策执行的具体情境中，通过抽象政府的具体化，从政府内部横向结构特征，揭示了社会组织直接登记制度地方政策执行阻滞的形成机理以及地方政府社会组织治理的碎片化问题，具有重要启示意义。这表明社会组织管理体制创新研究也将逐渐从宏观制度内涵与治理逻辑分析转向地方政府政策执行自主性研究。关于社会组织相关政策的地方政府执行力问题的诸多思考值得学术界与事务界进一步探讨。

参考文献

陈家喜（2018）：《地方官员政绩激励的制度分析》，《政治学研究》，第 3 期。

陈家建、边慧敏、邓湘树（2013）：《科层结构与政策执行》，《社会学研究》，第 6 期。

陈丽君、傅衍（2016）：《我国公共政策执行逻辑研究述评》，《北京行政学院学报》，第 5 期。

丁煌（2002）：《我国现阶段政策执行阻滞及其防治对策的制度分析》，《政治学研究》，第 1 期。

丁煌、定明捷（2010）：《国外政策执行理论前沿评述》，《公共行政评论》，第 1 期。

贺东航、孔繁斌（2011）：《公共政策执行的中国经验》，《中国社会科学》，第 5 期。

黄晓春（2015）：《当代中国社会组织的制度环境与发展》，《中国社会科学》，第 9 期。

黄晓春、嵇欣（2014）：《非协同治理与策略性应对——社会组织自主性研究的一个理论框架》，《社会学研究》，第 6 期。

〔美〕罗伯特·殷（2004）：《案例研究：设计与方法》，周海涛主译，重庆：重庆大学出版社。

李瑞昌（2012）：《中国公共政策实施中的"政策空传"现象研究》，《公共行政评论》，第 3 期。

倪咸林（2017）：《社会组织跨部门合作监管与制度设计——登记制度改革情境下的实证研究》，《北京行政学院学报》，第 5 期。

钱再见、金太军（2002）：《公共政策执行主体与公共政策执行"中梗阻"现象》，《中国行政管理》，第 2 期。

任彬彬（2020）：《结构张力与理性行动：地方政府社会组织登记管理制度改革的困境解析》，《理论月刊》，第 7 期。

王汉生、王一鸽（2009）：《目标管理责任制：农村基层政权的实践逻辑》，《社会学研究》，第 2 期。

王名、张严冰、马建银（2013）：《谈谈加快形成现代社会组织体制问题》，《社会》，第 3 期。

王名（2007）：《改革民间组织双重管理体制的分析和建议》，《中国行政管理》，第 4 期。

杨宏山（2014）：《政策执行的路径—激励分析框架：以住房保障政策为例》，《政治学研究》，第 1 期。

杨爱平、余雁鸿（2012）：《选择性应付：社区居委会行动逻辑的组织分析——以 G 市 L 社区为例》，《社会学研究》，第 4 期。

颜克高、高淼（2019）：《利益冲突与技术限制：地方社会组织跨部门合作监管失灵的解释》，《中国行政管理》，第 7 期。

颜克高、任彬彬（2018）：《自主创新与行为趋同：地方政府社会组织政策工具的演变》，《中国非营利评论》，第 2 期。

叶敏（2016）：《城市基层治理的条块协调：正式政治与非正式政治——来自上海的城市管理经验》，《公共管理学报》，第 2 期。

周黎安（2007）：《中国地方官员的晋升锦标赛模式研究》，《经济研究》，第 7 期。

周雪光（2008）：《基层政府间的"共谋现象"——一个政府行为的制度逻辑》，《社会学研究》，第 6 期。

张立、郭施宏（2019）：《政策压力、目标替代与集体经济内卷化》，《公共管理学报》，第 3 期。

Foster, K. W. (2001), "Associations in the Embrace of an Authoritarian State: State Domination of Society?," *Studies in Comparative International Development* 35 (4), pp. 84 – 109.

O'Toole, L. J. (2000), "Research on Policy Implementation: Assessment and Prospects," *Journal of Public Administration Research & Theory* 14 (2), pp. 167 – 186.

Teets, J. C. (2012), "Reforming Service Delivery in China: The Emergence of a Social Innovation Model," *Journal of Chinese Political Science* 17 (1), pp. 15 – 32.

Administrative Organization Behavior Differentiation: The Local Policy Implementation of Social Organization Direct Registration System is Blocked

—Based on the Empirical Research of H Province

Ren Binbin

[**Abstract**] The local policy implementation of the direct registration system of social organizations is faced with the practical problem that it is difficult to improve the capacity of social organizations behind the failure of comprehensive supervision and the slowdown of growth rate. This paper selects the organizational perspective of policy implementation, takes resources, goals and incentives as the core elements, constructs an integrated theoretical framework, tracks and observes different levels of government and different functional departments in H Province, and analyzes the micro operation process of policy implementation of direct registration system. It is found that the differences of resource constraints, the heterogeneity of behavioral goals, and the imbalance of behavioral incentives promote the differentiation of administrative organizations' behaviors. Civil affairs departments replace the high-quality development goals of social organizations with responsibility risk prevention and control, adopt the behavioral strategy of "selective execution", and subjective shrink the scope of direct registration. Relevant functional departments replace the supervision target of social organizations with core business demands, adopt the behavior strategy of "symbolic participation", and treat the comprehensive supervision of social organizations negatively. The above behavioral strategies lead to the dissolution of the policy objective of the direct registration system of social organizations in H Province, and the implementation of the policy is blocked, thus revealing the fragmentation of local government governance of social organizations under the block structure system.

[**Keywords**] Social Organization; Direct Registration System; Policy Implementation; Government

整合式公益服务：社区治理创新的一种解释框架[*]

——以上海杨街公益召集令为例

徐选国 杨 彬[**]

【摘要】社区治理日益成为国家治理和基层治理的基础性议题，以项目化实践回应基层治理中的多元需求和社区碎片化问题，成为当前基层治理的重要特征。通过质性研究方法，对浦东新区杨街"公益召集令"项目助力社区治理创新的整合性实践进行研究，旨在探究这种社区整合式公益服务促进社区治理创新的运作机制。研究发现，杨街"公益召集令"项目通过党建引领下的多元主体整合机制、政社分工与合作信任机制、不同主体之间开放对话与互惠共享机制等多重运行机制，勾勒了一幅社区公益服务项目参与社区治理创新的整合式行动图景。其在提升党的组织力、增强社区治理能力和重塑社区公益文化等方面发挥着积极效能，成为城市社区治理创新的一种本土化实践机制。

---

[*] 基金项目：国家社会科学基金青年项目"城市社区社会工作理论创新及整合行动体系构建研究"（17CSH051）；国家社会科学基金青年项目"目标导向的社会服务项目成效测评研究"（19CSH063）。

[**] 徐选国，华东理工大学社会与公共管理学院社会工作系副教授，研究方向：社区社会工作、社区社会学及公益慈善本土化等；杨彬，浦东新区金杨新村街道社会组织服务中心主任，研究方向：社区治理、社会组织发展。

【关键词】社区治理创新；公益召集令；整合式公益服务；运行机制

一 问题提出

在急剧加快的社会转型期，中国社会发生着一系列结构性变迁，并产生了许多社会问题。这些问题与先发现代化国家所经历的具有某些共性的同时，更多地彰显了中国社会、历史、文化的特殊性，体现出14亿人口大国这一巨型体社会的治理现代化特征和国家治理或基层治理面临多重困境和独特任务。党的十八届三中全会提出"创新社会治理体制""加快政社分开"等，党的十九大首次提出新时代、新的社会主要矛盾、美好生活等重大论断，并强调加强社会治理制度建设，推动社会治理社会化、法治化、智能化、专业化发展，通过共建共治共享的社会治理格局来回应社会问题与社会需求；十九届四中全会提出重视发挥第三次分配在社会治理进程中的作用等重要举措。上述举措表明，当前国家治理和基层治理亟待从"管理"向"服务""治理"转变，基层治理中党建引领、多主体分工与合作成为促成这种转变的核心机制。

作为地方治理模式的重要探索者，上海市2014年底出台了"创新社会治理加强基层建设"的"1+6"系列文件，旨在探索一条符合特大城市特点的社会治理道路。在此背景下，上海社区治理也呈现出一些由政府自上而下推动实施的新样态，例如，上海嘉定区的"睦邻点"建设、浦东新区的"家门口服务体系""自治金项目"等。相比而言，徐汇区凌云街道"绿主妇"参与社区环境治理实践更具内生性和自下而上的特点，通过社区党建发挥核心引领作用，整合社区内外资源，搭建社区居民参与平台，激发居民参与的热情和动力，自下而上地营造社区生活共同体（徐选国，2017）。这些治理实践，被学界视为一种现代城市化的"反向运动"（李锦峰、俞祖成，2021）。

在上海市委"创新社会治理 加强基层建设"精神指引下，浦东新区杨街自2015年开始探索"公益召集令"① 项目参与社区治理创新的实践，旨在为社区居民服务并吸引居民参与公益、热爱公益，激发社区活力，重塑社区多元文化，进而推动社区公共生活空间的营造与社区公共精神的重构。对近六年项目实践

---

① 遵循学术惯例，文中相关信息进行了化名处理。

的调研发现，"公益召集令"项目具有某些与其他实践载体相类似的特点，但更为核心的是体现了一种自下而上与自上而下运行机制相结合、社区内外资源共享、多元主体合作共治的整合性实践特征。基于此，本文的核心关切点在于："公益召集令"项目作为一项社区治理创新的整合性行动是如何可能的？这种公益实践模式参与社区治理的核心特征及其实践效应分别有哪些？

在研究方法上，本研究遵循质性研究方法论指导，具体以参与式观察、深度访谈、查阅文本档案等方式搜集了杨街"公益召集令"项目实施六年来的相关素材，并遵循质性研究资料分析方法进行分析。其中，参与式观察主要对"公益召集令"项目实施过程中的一些节点事件，如项目评审会、经验交流会、总结会等进行观察，了解其在实践中的思考和行动逻辑；访谈主要涉及街道分管领导、项目统筹团队、具体实施团队、项目评估方、项目落地社区居委会以及部分项目受益对象等多元主体；文本档案资料依托"公益召集令"项目实施六年来的相关文本材料、总结材料、活动记录等。

二　文献回顾与理论视角

（一）文献回顾及述评

近十年来，国家治理层面的项目制实践一直如火如荼地进行着，受到了诸多学者的关注。项目制成为上下级政府之间职能传递的一种新型方式，进而成为"项目治国"的重要手段（折晓叶、陈婴婴，2011；陈家建，2017）。有学者在此基础上提出，项目制是一种新的国家治理体制（渠敬东，2012）。社区治理实践中的项目化在某种程度上是公共资源配置的新方式，旨在回应社区碎片化困境，不仅有助于重构街道等行政管理主体与居委会等群众自治组织的关系；也有助于通过引入专业社会组织激发社区活力，调动不同类型的社区居民参与到社区公共事务之中，通过协商、调解、议事等方式，实现社区自治、共治等目标。在这个意义上，项目制更为宏观、抽象，而社区治理中的项目化运作较为微观，突出社区治理中不同权力主体的互动、合作以及治理结构的优化等特点。本文所关注的"公益召集令"项目是社区治理中的项目化运作实践，可以将其视为一种社区治理创新的机制而非体制。

关于社区项目化运作对于社区治理的实践效应，目前已形成较为丰富的研究成果。例如，社区公共服务项目化运作并没有瓦解基层社会，反而重塑了城市基层社会，它们有助于重塑社区治理机制和治理逻辑，并增加社区社会资本（张振洋，2018）。基层政府通过培育社区社会组织、引入专业社会工作力量调动多元主体参与社区治理，形成一种"项目指导型"社区治理机制，进而提升社区自治水平（兰英，2018；唐杰、王红扬，2018）。同时，社会组织嵌入社区治理实践，有助于推动社区协商联动机制以及社区多元复合治理模式的形成，促进社会组织与社区发展之间形成协商联动治理格局（徐珣，2018）。还有研究从社区治理专业化角度指出，社区服务社会化项目实践，可以促进社会工作专业优势与本土资源的有效结合（张晨，2020；许宝君，2020）。

国外的研究更多从社区公共服务（Community Public Service）的角度展开论述，这些研究强调从政府到社区的公共服务转移，以构建社区协同合作网络（Meijer，2011），通过社区公共服务激发社区意识、社区责任感和社区凝聚力（Nowell et al.，2016；Boyd et al.，2020），从而对社区公共服务进行合作生产（Vaeggemose et al.，2017）。这种导向与萨拉蒙强调的非营利领域政府与社会组织之间通过建立合作伙伴关系，共同提供公共服务的逻辑相一致（萨拉蒙，2008：42~45）。国外有关社区公共服务合作供给、激发社区公共意识与责任的观点对本文有一定的启示意义。

不难看出，在社区治理实践中引入社会组织、通过项目化方式为社区各类群体提供多元化服务体系，有助于重塑基层社会治理场域中的主体间关系，这种主体间关系的重塑有助于改善以往基层社区治理中行政化有余、内卷化明显的局面，使社区项目化运作实践越来越成为社区治理实践的制度性、机制性力量。基于此，有学者指出，公益组织和公益服务已经从原有的吸纳逻辑转向了多层整合的逻辑（赵文聘、于海利，2021），这为我国社会公益研究提供了新视角。通过对社区治理项目化实践与项目制的区分，以及社区治理项目化实践的社会效应等方面文献回顾不难发现，相比于宏观的项目制作为一种国家治理体制而言，社区治理项目化实践是一种资源整合和资源配置的重要手段，是重塑基层社会中多主体良好互动与合作关系的重要创新机制，有助于彰显社区民主特点，促进居民自治。但是，现有的关于社区治理项目化实践的成果仍然缺乏扎实的实证研究和学理关怀，亟待在现有研究成果基础上进行拓展和深化。基于此，本研究通过观察长期扎根于社区、参与社区治理创新的"公益召集令"

项目实践，在学理上探究社区公益项目参与社区治理的机制及其效能。

（二）理论视角与分析框架

以往研究已经形成对社区治理的许多理论阐释。本文将国内外社区治理的理论研究概括为社区治理为何产生、社区治理的文化转向，以及社区治理的空间转向三个方面，在进行反思性评述的基础上试图提出一个符合本文所关注的"公益召集令"项目参与社区治理创新特点的理论分析框架。

1. 社区治理的理论传统

关于社区治理产生的动因解释，国内外形成一系列理论研究成果。在国外，社区治理理论体系包括市场/政府/合约失灵理论、现代市民社会理论、新公共管理理论、新公共服务理论及治理理论和政策网络治理理论等（徐丹，2013）。此外，"市民治理"也是国外社区治理的重要理论创新（博克斯，2014：15~20）。在国内，学者们倾向于以合作治理（陈家喜，2015）和多中心协同治理理论（熊光清、钟园园，2018）探究社区治理的理论。与社区治理中的合作治理、多中心治理紧密相关的一种重要取向是强调"三社联动"在社区治理中的作用机制。在此基础上，有学者进一步从党社关系角度出发，为分析社区治理提供了新的解释框架（戚玉、徐选国，2020）。

许多研究关注到社区治理的文化转向，强调文化治理是一种自我规训，追求一种认同之上的矛盾避免机制，是一种从根源上进行的积极社区治理（李世敏、吴理财，2015；刘振、赵阳，2017）。在此基础上，有学者从情感治理（何雪松，2017；文军、高艺多，2017）、社会资本（陈捷、卢春龙，2009；燕继荣，2010；方亚琴、夏建中，2019）的角度阐释了社区治理的微观机制。这些理论强调，当前社区治理实践重视制度和技术，而忽视了"人"及其情感之维，要通过对社区情感再生产过程的干预来协调社区成员之间的关系、重建社区成员间关系并增强成员的社区认同感。在社区治理实践中要重视通过资源整合、关系网络重建和信任重构来实现社区的有效治理。

此外，从空间生产理论探究社区治理的研究也较为丰富。有学者指出，城市建设中面临着空间关系异化的问题（张振、杨建科，2017）。有学者进一步指出，社区治理过程有助于推动社区空间从福利化、私有化、行政化向社会化和公共化转变，进而重塑和再造可治理的社区空间（孙小逸，2017：13~45）。还有学者从社会组织参与社区环境治理的角度探究社区绿色空间和公共空间的生产（高丽，2019），通过绿色治理形塑社区公共性。

可以说，目前有关社区治理的理论成果十分丰富，然而，这些理论之间缺乏足够的逻辑关联，整体上显现出碎片化状态。不同理论倾向于从各自关切的角度来理解或阐释社区治理议题，尚未形成一幅社区治理的理论图景。同时，本文关注的核心问题是社区公益项目对社区治理创新的整合性机制，这在既往研究中基本上是空白。基于此，本文试图建构一个适合分析本文案例的理论分析框架，以拓展既有理论的解释限度和解释边界。

2. 整合式公益：一种社区治理创新的新视角

由于特殊的治理体制，新中国成立以来我国在一定时期内呈现出"总体社会"的格局（孙立平等，1994）。改革开放以来形成的以经济建设为中心的现代化进程，以及分税制的实施，使不同地方政府在推动经济发展过程中采取一系列策略性应对行动。学界将采取这些实践和行动的政府称为"谋利型政府"，认为政府与市场主体一样，以追求利益最大化为导向，尤其体现在追求土地、财政收益乃至官员晋升等各类"利益"的最大化方面（Oi，1989：23～35；张静，2007：40～50；周飞舟，2012：247～250）。

进入 21 世纪以来，国家愈加强调基层政府的服务职能，基层政府不但要实现经济绩效，还要满足民众日益增长的公共服务需求，完成民生任务。正是受到上述实践变迁与理论发展的影响，政府的角色被期望与"公益"结合，强调政府行为与公共利益的亲和性连接，注重朝着服务型政府转向。这个时候，产生于"以经济发展为中心"任务环境下的政府企业角色理论不具备因应新环境的分析效力，因此，要超越"谋利型政府"理论，寻找替代性解释。有学者基于上述分析，提出政府作为"公益经营者"的理论框架（陈颀，2018）。"公益经营者"理论强调，将辖区资源集中投入与公共利益相关的大型经营活动中。这种"公益经营者"角色的出现有两种动因：一是基层政府具有经营辖区经济的动力，通过整合中央项目投资、动员市场资源和民众参与来打造各类大型工程，以获得更多中央项目投资可能实现的红利；二是受到完成体制要求、执行民生任务以及回应民众诉求的约束，基层政府在经营工程时力图实现其公益效益。可见，政府经营公益并非单纯为了谋利，它同时受到体制与社会压力的约束，常常将经营公益作为应对压力的策略。例如，上海市 2008 年以来由政府主导推动的公益创投和公益招投标项目就可以视作对这种"公益经营者"角色的实践。

回到本文关注的杨街社会治理实践上，自上海市委"一号课题"实施之后，杨街党工委、办事处非常强调社会治理，注重社会组织在参与社会治理中的作用。在街道探索的多项"社会治理"创新实践中，"公益召集令"项目成为具有代表性的一个。该项目由街道党工委、街道办事处提供资金支持，由街道社会组织服务中心统筹推动社会力量参与项目申报、项目实践、项目指导等全过程，逐渐形成街道党工委、办事处、相关科室、社会组织服务中心，承接项目的多家社会组织，街道辖区内的居委会及社区志愿骨干，第三方支持型托管机构以及评估机构等多主体共建共治共享的社区治理格局。在这种治理格局中，街道并非以往文献中的"公益经营者"，它不直接经营公益，而是在资源提供的基础上，由社会组织承接运作，跳出了单纯由政府来主导公益、由社会力量来推动公益的局限。

本文将这种上下级政府联动、横向政社分工与协作、多类型社会组织结盟等构成的"公益召集令"项目化实践称作整合式公益服务。整合式公益服务体现了在参与社区治理中将社区自然禀赋、社区治理方式以及社区发展价值目标进行结合的特点（刘世定，2017），注重深入居民日常生活实践，从居民中来，到居民中去，发掘社区资源、优势和能力，发现社区居民参与社区治理的主体性，将社区发展视为一个整体目标，通过公益服务实践最终实现人与社区的正向发展与共生融合。整合式公益服务不同于目前普遍意义上的政府购买服务逻辑，它体现了在街道党工委领导、街道办事处指导下，在政社分工与合作机制下形成的一种资源整合、主体整合、机制整合、优势整合、效能整合的多重整合模式。

三 "公益召集令"的功能定位及其多重行动特征

"公益召集令"项目从 2015 年实施以来，至今已进入第六个年头。本部分主要针对"公益召集令"项目实施六年来在服务内容、实施机构、实践路径、功能发挥等方面的概况。

（一）"公益召集令"项目的内容体系

杨街"公益召集令"的前身是 2014 年开始实施的环卫工人关爱项目，次年，在街道党工委的大力支持下，启动了面向更多群体、服务内容更加多元的"公益召集令"项目。自 2015 年"公益召集令"项目启动以来，每年确定十二道令（也即十二个子项目），覆盖为老、助残、扶幼等基础性民生领域，以及社区自治、双拥、社区融合、统战、社区党建等方面的自治共治类项目，每个项目立项后获得 1 万～2 万元的资金资助，以小额化项目思维推进杨街公益服务社区化实践。

从项目内容延续性与稳定性上看，在"公益召集令"项目中，"网聚爱心"为老服务、"希望相伴"助残服务、"军营在线"双拥服务、"艺出枫采"老年艺术文化、"橙心橙意"环卫工人服务、"情牵公益"公益大轰趴、"情暖杨街"为爱奔跑、"同心共治"社区治理 8 道令连续开展六年，涉及为老、助残、双拥、环卫工人服务等方面，既符合杨街实际需求，也具有较强的稳定性；其他项目主要为"绿色环保"、统战服务、亲子阅读、"爱在小巷"、"心语心愿"等几道令，体现"公益召集令"项目因应社区需求变化的动态适应性调整特征。另外，从承接上述子项目的社会组织来看，除了第 11 道令（"艺出枫采"）、第 12 道令（"橙心橙意"）分别由杨街老年协会、杨街社会组织服务中心承接，从 2015 年延续至今以外，其他项目分别开展 5 年、4 年、3 年和 2 年不等。项目的稳定性比承接组织的稳定性更强，这种不完全匹配的情况也成为"公益召集令"项目区别于一般性政府购买服务项目的一个显著性特征。

（二）"公益召集令"项目的功能定位

经过六年的实践，"公益召集令"项目的功能定位日益清晰，主要体现在三个方面。

第一，提升党的组织力的平台和抓手。党的组织力在基层社会治理中具有重要战略意义。"公益召集令"项目的实施，既可以争取一批从事专业服务的社会组织和人才，也能促进整合一支社区志愿服务力量，加以争取和引导后成为基层党组织践行"以人民为中心"宗旨的重要支持力量。质言之，"公益召集令"项目是杨街党工委领导、多元主体协同参与杨街社区治理创新的项目化实践，有助于"自下而上"地呈现社区需求、动员社区居民、整合社会资源，以共同回应杨街治理实践中面临的问题和需求。这种实践与上海市委"一号课题"强调的"健全自下而上的自治议题和自治项目形成机制，有序引导居民全程参与自治事务"精神是一致的，旨在实现一种自治式共治（王芳、邓玲，

2018）。

第二，增强社区治理能力的实践载体。社区治理是一个与时俱进的新名词，它不同于以往的社区管理或社区管制。"公益召集令"项目体现了一种多元整合的治理模式，其中，党的引领是核心，政府资源投入是保障，社会组织（包括街道社会组织服务中心、十二道令的承接组织、托管机构和评估机构）是项目实践中的组织载体，社区居民既成为服务受益者，也是项目实施过程中的服务参与者。因此，"公益召集令"项目是将不同主体以项目化方式整合起来参与社区治理的重要实践载体，成为有别于传统居委会开展社区管理和社区服务的新模式，表现出"自下而上"的需求发掘与项目生成特点以及居委会较强的行政惯性或依赖。这种多元联动，尤其是社会组织、社工落地社区，与社区之间形成"三社联动"机制，成为提升社区治理能力和治理水平的重要路径。

第三，重塑社区公益文化的专业力量。要使公益符合社区大众的利益，首先就需要具备这种公益的文化氛围。公益文化是提高人民文化自觉的重要载体和有效途径（贺善侃，2010）。因此，在推进城市治理和人民城市建设中，"公益召集令"项目旨在创造一种人人能参与、人人会支持公益的公益文化氛围。著名社会学家费孝通先生用"文化自觉"概念来指称生活在一定文化中的人对其文化有"自知之明"，并指出，"各美其美，美人之美，美美与共，天下大同"是文化自觉的实践目标（费孝通，1997）。可见，"公益召集令"项目的实施，是对社区公益文化生长的推动，有助于推动社区文化、社会文化的建设，这种文化建设引导着广大民众以"文化自觉"的要求践行"行动自觉"。

（三）"公益召集令"项目的多重特征

前述已论及"公益召集令"项目有别于政府购买服务项目的实践逻辑，本部分围绕"公益召集令"项目本身的实践特征进行阐释。

第一，遵循"自下而上"的需求生成逻辑。只要是面向社区居民或特殊困难人群，就应该立足于他们的需求实际来配置资源、提供服务。但是，现实中很多公共服务或者公益服务项目的需求生成是自上而下的导向，即出现政府需求逻辑（黄晓春、周黎安，2017）。与此不同的是，杨街"公益召集令"项目非常注重自下而上地评估项目需求，从2015年开始推进项目起，每一年度项目都要走进社区评估需求，并借助"开放空间"会议形式，邀请社区居民、社区志愿者、社区居委会干部、有意向参加"公益召集令"项目的组织等多方主体共同就社区里的公共、公益议题进行讨论，形成了比较精准的项目方案。

第二，坚持利益相关方联动的评审规则。为了确保每一个项目都能够顺利实施并取得积极效果，在多数情况下，"公益召集令"项目统筹者会邀请市/区民政部门业务领导、街道相关科室负责人、项目托管方负责人、高校专家、实务专家、社区居民代表等主体对项目方案进行把关，为确保"公益召集令"项目各节点的顺畅有序实施组建了一支督导队伍，形成一种能够保证项目有效实施的联动方式。结合现有的评估理论，笔者将杨街在项目执行前开展的评审称为"前置评估"（赵环等，2014）。前置评估的实施，有助于保证项目后续实施的科学性、规范性和有效性。

第三，引入专业支持机构的全过程增能。"公益召集令"项目在实施之初就引入专门的第三方支持机构对十二道令的实践过程进行跟踪指导，五年来分别由三家专业社会服务机构提供全过程增能支持。上海 A 社区公益影像发展中心团队对十二个项目进行整体指导，并全程记录各个子项目的开展情况，形成年度项目专题片合辑和影集。上海 Z 志愿服务发展中心团队和上海 Q 社工发展中心则对十二道令进行全过程指导和监管，以突出各个项目的优势和实际效能。社会公益服务项目的全过程评估，体现出专业支持机构对项目承接组织在项目需求评估、目标设定、内容设计、服务管理、成效自评、社会效应等方面的支持和指导（刘江，2018），实质是一种参与式、陪伴式的督导工作，有助于促进项目实施规范化、服务效果显现化、居民参与主动化等。

第四，注重"以小撬大"的资源整合取向。调研发现，"公益召集令"项目的初衷是提升社会组织的整合资源能力。实际上，街道分管领导表示："每个项目资助 1 万元左右，是不是少了一些，需不需要街道投入更多的资金支持？"（20181211Y）但是，街道社会组织服务中心 Y 主任却说："一个项目 8000 块钱，要求他们举办 20 场活动，这个要求按照这么点经费肯定是有困难的，但是我们的初衷就是想通过这样的方式来提升和锻炼机构的项目化、资源整合的能力；也希望他们能够尽快熟悉和利用好社区的资源，走进社区。"（20181217Y）这种"以小撬大"的逻辑旨在激发社会组织资源整合能力和资源可持续能力，是破解社会组织资金依赖的重要尝试。

四 整合式公益服务:"公益召集令"项目助力 社区治理创新的运作机制

六年来,杨街"公益召集令"项目有序实施,形成了独特的项目化运作机制。这种项目化运作机制体现了党建引领、街道指导、社会组织服务中心牵头、多家服务机构协同、第三方专业支持机构全过程督导、社区居民骨干参与的"一核多元"整合性社区治理格局。这种"一核多元"社区治理强调党的政治性、先进性和群众性特征,加强党组织对于其他主体的整合、与其他主体的互动,在此基础上形成一种社区治理共同体(杨君等,2014),形成"以社区为中心",以促进社区发展、社区团结为目标的共建共治共享格局。杨街"公益召集令"项目的运作,体现了多主体合力打造具有整合取向的社区治理共同体的特征(见图1)。

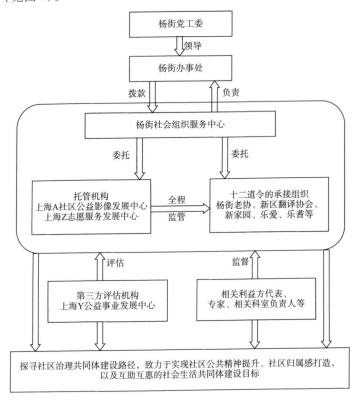

图1 杨街"公益召集令"项目运作机制

根据以往研究，整合性治理指的是依托党委领导和政府主导的优势，对社会中的多元主体及其掌握的资源进行整合，以实现基层的有序和稳定。这种整合性治理强调依托党和政府权威，通过资格认定、资源支持、精英吸纳、党群嵌入、项目合作等途径来促进跨界整合，提升政府治理能力（杨宏山，2015）。既有研究中的整合性治理意涵仍具有较明显的刚性特征，实际上杨街"公益召集令"项目实践过程中，党委、政府并未站在前台进行主导和干预，而是充分体现出党政资源主导下对"公益召集令"项目实施的充分授权，并联动社会各主体在积极协同、跨界对话与合作基础上形成社区合作共治格局。在实践中体现出以下三大项目核心运作机制：党建引领下的多元主体整合机制、政社分工与合作信任机制以及不同主体之间开放对话与互惠共享机制。

（一）党建引领下的多元主体整合机制

如果仅仅强调多主体参与，会与西方社会多中心治理模式一样，因缺乏核心机制整合而出现主体分化、各自为政等问题。质言之，只有真正坚持主体治理与规则治理相结合的治理范式，才有助于基层社会治理的有效推进（狄金华、钟涨宝，2014）。实际上，杨街在推进基层社会治理过程中具有类似的做法：一方面，街道并未像"总管家"那样事无巨细地亲自参与实施，而是将部分公共服务或公益服务职能转移给社会力量；另一方面，尽管街道提供了项目资金支持，但是并未过多干预，只是从街道层面为"公益召集令"项目确定大的原则、方向，以确保街道社会组织服务中心在推动社会组织参与社区治理时有清晰的方向和动力，创造出包容性环境氛围。实践中，杨街社会组织服务中心通过党组织与相关承接机构形成紧密的关系，并与居民区党组织进行项目衔接，通过整合资源，更好地促进项目在社区落地实施。

在杨街开展社区治理方面，党政领导持续的重视和方向指引成为创新社区治理的一个核心政治优势，这促使社会组织参与社区公益、社区治理具有了明显的政治合法性。在过去六年的时间里，杨街的几任主要领导都对推动社会组织参与社区治理、推进"公益召集令"项目助推社区治理创新予以重视和支持。例如，街道社会组织服务中心 Y 主任表示："我们街道领导很有前瞻性，认为'社会组织在社会治理中将来大有所为'。"（20181217Y）

就资源支持而言，街道在人员配备、办公场地和资金支持等方面都予以大力支持，强调社会组织发展及其参与社区治理方面要坚持专业性原则："社会组

织要做出与居委会不一样的事情来……你公益机构要发挥你机构的专业优势。"（20190312Y）

（二）政社分工与合作信任机制

从宏观的面向来看，进入21世纪之前或之初，上海这样的特大城市，甚至在全国范围内，整体上都是缺乏社会组织的。究其原因，一方面，与我国长期处于"总体性社会"有关；另一方面，改革开放以来一段时期内社会福利出现明显的市场化导向，抑制了具有社会属性的社会组织的生长。杨街同样面对着上述缺乏社会组织的情形，正是在党的十八届三中全会提出的"创新社会治理体制""激发社会组织活力""正确处理好政府和社会关系，加快实施政社分开，推进社会组织明确权责、依法自治、发挥作用"等精神指引下，杨街开启了培育、发展社会组织参与基层社会治理创新的探索之旅。同时，在上海市委"一号课题"的进一步驱动下，"公益召集令"项目成为街道职能转移、培育发展社会组织承接社会服务的重要试验，进而逐渐形成"政社分工与合作"的信任机制。

时任杨街党工委副书记、办事处主任Y在"上海市社区治理与社会组织成长"专题研讨会的讲话中肯定了社会组织在基层社区治理中的重要意义，并表示将以十九大精神为指引，一如既往地做好培育扶持和服务工作，努力营造关心支持社会组织发展的良好社会氛围。现任街道分管领导、办事处副主任X指出："通过凝聚各种社会力量，动员不同资源，推动社会组织参与社会治理，为老百姓提供各种服务，为群众解决一些实际的问题。"（20181211X）从领导的讲话中可以看出，随着街道职能聚焦于公共服务、公共管理和公共安全，与社会组织合力回应民生问题、共同推进社会治理，成为基层党政关注的重要议题，而营造政社分工与合作信任的氛围，则是促进多主体共治的重要机制。杨街目前已拥有正式注册的社会组织近90家，且每个居民区都有几支到十几支由居民骨干自发组织的居民群众团队，这些组织的存在为"公益召集令"乃至杨街整个社区治理提供了重要的组织化载体，成为杨街社区建设与治理实践中再组织化的重要推动力量。

（三）不同主体之间开放对话与互惠共享机制

在民办或草根社会组织较为欠缺之时，官办NGO（非政府组织）成为政府治理的重要补充力量。为了更好地激发社区活力、培育更多社会组织参与社会治理，上海市出台了推进街道社会组织服务中心发展的政策，旨在通过培育、孵化、能力建设、规范化提升等方式，促进社区社会组织的成长与发展。以往研究将官办 NGO 视作"二政府"、"准政府组织"或"自治二办"，实质上是将官办 NGO 视为政府的附庸，体现出官办 NGO 对于政府意志的执行和贯彻。而本文通过对杨街社会组织服务中心与街道关系的研究发现，尽管两者之间的关系紧密，但前者并未成为后者的延伸或附庸，其在参与社会治理过程之中，仍然体现出较强的自主性和专业性特征。同时，街道对社会组织服务中心比较信任，坚持指导而不是控制导向，在一定程度上是一种放任式发展的思路，这种情形为"公益召集令"项目的开展营造了较为开放的互动氛围。同时，杨街"一大、一老、一少"的特殊情形，进一步凸显了其所面临的治理任务的复杂性和挑战性。因此自 2014 年以来，街道党工委、办事处就将更好地实现社区治理创新作为工作重心。同时，在项目实践过程中，街道党工委、办事处、社会组织服务中心，项目承接机构，社区居委会等主体就社区的需求达成共识，通过互惠共享机制形成对社区治理目标的合力。

五　结论与讨论

"公益召集令"以小而精的项目化实践，撬动比项目原有资金更多的资源，盘活了社区资源，编织了一张紧密的社会资源网，促进了杨街社区服务体系的健全和优化。具体而言，六年来，项目在社区服务建构与机制建构、社区治理生态多重增能、项目可复制与扩散等方面取得了显著成效，成为推动杨街社会治理社会化、专业化的重要尝试。

第一，服务建构与机制建构的双重效应。作为新生事物的"公益召集令"项目及其承接主体最初进入街区场域中开展服务时，面临落地难、扎根难、不被理解和接纳等问题。而对此问题的关键突破点就在于：街道党工委和街道办事处搭建了多元联动的共治合作框架，促成了社会组织、社工与社区的良性对话与合作，并在助推"公益召集令"项目参与社区治理方面发挥了积极作用。这种效应体现在服务建构和机制建构两个方面：一是通过实施"公益召集令"项目，回应了社区困难群体的需求，激发了社区自治活力，培育了社区公共精神，形成一种基于内 – 外部、专业化 – 本土化优势互补的社区服务体系；二是实施"公益召集令"项目，加强了党组织和其他多主体之间的对话与联动，凸显了政社分工与协作机制，促进了原有社区治理格局的变革与创新，推动了党建引领多元共治机制的形成。

第二，社区治理生态多重增能效应。以"公益召集令"项目为载体形成了党委政府、社会组织、辖区单位、社区居民等在内的社区治理生态体系。对于社区党建项目而言，项目开展能够进一步促进服务对象对党的认同和拥护，能够使基层党组织更好地联系群众、服务群众、为群众谋福祉，并加强党在基层的执政根基和社会基础，展现出"公益召集令"项目提升党组织力的功能。例如"菜篮子工程"原先只在几个居民区开展，逐渐受到居民的青睐后，以"绿色、低碳、环保"为理念，成为街道妇联面向整个街道48个居民区推广实施的示范项目。

第三，项目复制与扩散的溢出效应。"公益召集令"项目不仅发挥了一系列"对内"的功能效应，在"对外"功能上也体现出越来越明显的可复制、可扩散等的溢出效应。由于在社区治理方面的作用凸显，杨街"公益召集令"项目于2017年入围上海"公益之申"评选，并在2018年获得了"公益之申"的"十佳公益项目"称号，成为基层社区治理创新的一大品牌，吸引了众多兄弟单位参访学习，也为其他地区推进社区治理创新和社区发展提供了有益经验。

可见，杨街"公益召集令"项目可以视作上海特大城市治理过程中探索出的一种本土社区治理创新模式，在协助基层党委政府化解矛盾纠纷、促进居民参与社区公共事务、重建社区公益文化、促进政社分工与合作、完善社区服务体系等方面都发挥了积极的作用，体现出一种基于基层治理生态体系优化的整合式特征。但"公益召集令"项目实施仍有一些亟待讨论的议题：一是如何确保项目在稳定延续过程中保持持续创新，避免沦为常规化服务、降低服务效能？二是"公益召集令"项目如何同时兼顾社区治理中"雪中送炭"和"锦上添花"两方面的问题？三是"公益召集令"如何与浦东新区推进的家门口服务体系进行衔接，以优势互补？四是如何将"公益召集令"项目纳入街道整体治理中加以考察，而不是单方面地加以实践？对这些议题的进一步回应可能是"公益召集令"项目得以保持专业性、有效性和可持续性的关键所在。

参考文献

陈家建（2017）：《项目化治理的组织形式及其演变机制——基于一个国家项目的历史过程分析》，《社会学研究》，第 2 期。

陈捷、卢春龙（2009）：《共通性社会资本与特定性社会资本——社会资本与中国的城市基层治理》，《社会学研究》，第 6 期。

陈家喜（2015）：《反思中国城市社区治理结构——基于合作治理的理论视角》，《武汉大学学报》（哲学社会科学版），第 1 期。

陈顾（2018）：《"公益经营者"的形塑与角色困境——一项关于转型期中国农村基层政府角色的研究》，《社会学研究》，第 2 期。

陈伟东（2015）：《赋权社区：居民自治的一种可行性路径——以湖北省公益创投大赛为个案》，《社会科学家》，第 6 期。

狄金华、钟涨宝（2014）：《从主体到规则的转向——中国传统农村的基层治理研究》，《社会学研究》，第 5 期。

方亚琴、夏建中（2019）：《社区治理中的社会资本培育》，《中国社会科学》，第 7 期。

费孝通（1997）：《反思·对话·文化自觉》，《北京大学学报》（哲学社会科学版），第 3 期。

高丽（2019）：《行动者与空间生产：社会组织参与城市社区绿色治理何以可能——以 W 组织为例》，《社会工作与管理》，第 3 期。

高红、杨秀勇（2018）：《社会组织融入社区治理：理论、实践与路径》，《新视野》，第 1 期。

何雪松（2017）：《城市文脉、市场化遭遇与情感治理》，《探索与争鸣》，第 9 期。

贺善侃（2010）：《发展公益文化与提高人民的文化自觉》，《红旗文稿》，第 10 期。

黄晓春、周黎安（2017）：《政府治理机制转型与社会组织发展》，《中国社会科学》，第 11 期。

〔美〕莱斯特·M. 萨拉蒙（2008）：《公共服务中的伙伴——现代福利国家中政府与非营利组织的关系》，田凯译，北京：商务印书馆。

兰英（2018）：《城市社区社会组织的培育路径研究——以北京市 D 街道 Y 社区为例》，《中国非营利评论》，第 1 期。

〔美〕理查德·C. 博克斯（2014）：《公民治理：引领 21 世纪的美国社区》，孙柏瑛等译，北京：中国人民大学出版社。

李世敏、吴理财（2015）：《社区治理的文化转向：一种新的理论视角》，《理论与改革》，第 1 期。

李锦峰、俞祖成（2021）：《现代城市化的"反向运动"与基层治理的中国逻辑——基于上海创新社会治理实践的理论思考》，《政治学研究》，第 1 期。

刘江（2018）：《赋权评估：迈向一种内部评估实践》，《华东理工大学学报》（社会科学版），第 4 期。

刘世定（2017）：《社区治理的整合性分析框架：NGT》，《北京工业大学学报》（社会科学版），第 1 期。

刘振、赵阳（2017）：《文化治理：社区文化建设的理论创新与实践逻辑——基于 C 街道的经验反思》，《浙江工商大学学报》，第 1 期。

戚玉、徐选国（2020）：《从政社关系到党建引领：理解社区治理的范式转化与经验嬗变——基于对上海沪街的实证研究》，《学习论坛》，第 2 期。

渠敬东（2012）：《项目制：一种新的国家治理体制》，《中国社会科学》，第 5 期。

孙立平、王汉生、王思斌、林彬、杨善华（1994）：《改革以来中国社会结构的变迁》，《中国社会科学》，第 2 期。

孙小逸（2017）：《城市社区治理：上海的经验》，上海：上海人民出版社。

唐杰、王红扬（2018）：《"项目指导型"社区治理机制及效应——以南京市景明佳园社区为例》，《城市问题》，第 2 期。

王芳、邓玲（2018）：《自治式共治：城市社区环境善治的实现路径——基于上海市 M 社区的实践经验》，《中国第三部门研究》，第 2 期。

文军、高艺多（2017）：《社区情感治理：何以可能，何以可为?》，《华东师范大学学报》（哲学社会科学版），第 6 期。

熊光清、钟园园（2018）：《多中心协同治理在社区治理中的作用——以湖北省宜昌市西陵区社区治理经验为例》，《学习与探索》，第 5 期。

徐丹（2013）：《西方国家第三部门参与社区治理的理论研究述评》，《社会主义研究》，第 1 期。

徐选国（2017）：《社会理性与城市基层治理社会化的视角转换——基于上海梅村的"三社联动"实践》，《社会建设》，第 6 期。

徐珣（2018）：《社会组织嵌入社区治理的协商联动机制研究——以杭州市上城区社区"金点子"行动为契机的观察》，《公共管理学报》，第 1 期。

许宝君（2020）：《社区治理专业化：要素构成、误区甄别与实践路径》，《中州学刊》，第 7 期。

燕继荣（2010）：《社区治理与社会资本投资——中国社区治理创新的理论解释》，《天津社会科学》，第 3 期。

杨宏山（2015）：《整合治理：中国地方治理的一种理论模型》，《新视野》，第 3 期。

杨君、徐永祥、徐选国（2014）：《社区治理共同体的建设何以可能？——迈向经验解释的城市社区治理模式》，《福建论坛》（人文社会科学版），第 10 期。

张晨（2020）：《在社区服务社会化中寻求专业化与本土化的平衡——基于苏州市吴中区的个案研究》，《社会建设》，第 2 期。

张静（2007）：《基层政权：乡村制度诸问题》，上海：上海人民出版社。

张振、杨建科（2017）：《城市社区的空间关系异化：生成机理与治理机制——基于空间生产视角的分析》，《学习与实践》，第 11 期。

张振洋（2018）：《公共服务项目化运作的后果是瓦解基层社会吗？——以上海市 S 镇"乐妈园"项目为例》，《中国行政管理》，第 8 期。

赵环、严骏夫、徐选国（2014）：《政府购买社会服务的逻辑起点与第三方评估机制创新》，《华东理工大学学报》（社会科学版），第 3 期。

赵文聘、于海利（2021）：《从吸纳到整合：当代中国社会公益的发展策略和逻辑》，《江海学刊》，第 3 期。

折晓叶、陈婴婴（2011）：《项目制的分级运作机制和治理逻辑——对"项目进村"案例的社会学分析》，《中国社会科学》，第 4 期。

周飞舟（2012）：《以利为利：财政关系与地方政府行为》，上海：上海三联书店。

Meijer, A. J. (2011), "Networked Coproduction of Public Services in Virtual Communities: From a Government-centric to a Community Approach to Public Service Support," *Public Administration Review* 71 (4), pp. 598 – 607.

Boyd, N. M., & Nowell, B. (2020), "Sense of Community, Sense of Community Responsibility, Organizational Commitment and Identification, and Public Service Motivation: A Simultaneous Test of Affective States on Employee Well-being and Engagement in a Public Service Work Context," *Public Management Review* 23 (3), pp. 1 – 27.

Nowell, B., Izod, A. M., Ngaruiya, K. M., Boyd, N. M. (2016), "Public Service Motivation and Sense of Community Responsibility: Comparing Two Motivational Constructs in Understanding Leadership within Community Collaboratives," *Journal of Public Administration Research and Theory* 21 (2), pp. 1 – 14.

Oi, Jean C. (1989), *State and Peasant in Contemporary China: The Political Economy of Village Government*, Berkeley: University of California Press.

Vaeggemose, U., Ankersen, P. V., Aagaard, J., Burau, V. (2017), "Co-production of Community Mental Health Services: Organising the Interplay between Public Services and Civil Society in Denmark," *Health Soc Care Community* (7), pp. 1 – 9.

Integrated Public Welfare Service: An Explanatory Framework for Community Governance Innovation

—Take Shanghai Yang Street Charity Convocation Order as an Example

Xu Xuanguo, Yang Bin

［**Abstract**］ Community governance has increasingly become a basic is-

整合式公益服务：社区治理创新的一种解释框架

sue of national governance and grassroots governance. Responding to the diverse needs of grassroots governance and community fragmentation issues with project-based practices has become an important feature of current grassroots governance. Through qualitative research methods, research on the integrated practice of the "Charity Convocation Order" project in Yang Street, Pudong New Area, which facilitates community governance innovation. It aims to explore the operating mechanisms of this community-integrated public welfare service to promote community governance innovation. The research finds that the project of Yang Street "Charity Convocation Order" uses multiple operating mechanisms such as the main body integration mechanism led by the party building, the division of labor between the government and the society, the cooperation trust mechanism, the open dialogue and the mutual benefit sharing mechanism. It outlines an integrated action picture of community public welfare service projects participating in community governance innovation. The project of Yang Street "Charity Convocation Order" has played a positive role in enhancing the party's organizational power, enhancing community governance capabilities, and reshaping community public welfare culture. And it has also become a localized practice mechanism for urban community governance innovation.

[**Keywords**] Community Governance Innovation; Charity Convocation Order; Integrated Public Welfare Service; Operating Mechanisms

公益慈善组织专项基金的设立与管理

——以中国红十字基金会为例

王汝鹏*

"专项基金"一般是指任何用于专门用途且具有存续性的资金。在公益慈善领域，"专项基金"则指用于专门公益慈善用途的基金，或应更准确地称为"专项公益基金"或"慈善专项基金"，以与商业性或投资领域的专项基金相区别。

从中国的公益慈善组织应用专项基金模式的时间来看，虽然也有少数发生在 20 世纪末（如中国青少年发展基金会的"希望工程助学基金"），更多则是发生在进入 21 世纪以后。特别是 2004 年《基金会管理条例》颁布以来，专项基金模式已经广泛地被中国各大具有公开募捐资格的基金会所采用，成为其资金筹募和公益运作中的重要手段。目前，公益慈善组织特别是各大具有公开募捐资格的基金会的专项基金数量不断增长，筹款规模屡创新高，工作领域和资助范围也在不断拓展，而中国红十字基金会（以下简称中国红基会）专项基金的发展和管理就是这一历史性过程中的代表。

一 专项基金的设立与运作

中国红基会自 2005 年设立第一个专项基金——"天狮爱心基金"以来，先

---

* 王汝鹏，北京师范大学博士研究生，中国红十字会原副会长，红十字国际学院院长。

后累计设立专项基金上百个。根据中国红基会财务部数据，截至2020年，存续运行的专项基金还有63个，共募集资金38亿元，占机构筹款总额的52.88%。2019年，专项基金筹款额占机构筹款总额的53.98%；2020年，虽受新冠肺炎疫情影响，但专项基金筹款额仍占机构筹款总额的50%以上。可以说，专项基金已成为中国红基会最主要的筹款模式。

（一）设立方式

中国红基会专项基金的设立主要有三种方式。

1. 基金会自主发起设立。中国红基会可以单独决定设立某个基金，并明确其专门用途。在设立时没有特定的合作方、共同发起人或明确的捐赠人，主要以特定的资助方向，面向全社会的不特定群体，为某个公益项目筹款。例如，专门救助贫困白血病儿童的"小天使基金"和专门救助贫困先心病儿童的"天使阳光基金"。此类专项基金的设立是基金会单方面的行动，在起设资金额、设立程序等方面没有具体规定，其设立依据主要是机构使命、社会需求以及维续某个公益项目运作的资金需要等。

2. 发起人发起设立。中国红基会与其他主体合作，由后者发起设立专项基金。通常，发起人可以分为两类：一类是有号召力的公众人物，如影视明星、电视台主持人等自然人；另一类是有影响力的公共媒体，如电视台、报社等组织。此类专项基金，在起设资金额、设立程序等方面有具体规定。按照现行的《中国红十字基金会专项基金管理办法》，此类专项基金的名称由中国红基会与发起人共同商定，起设额度为200万元人民币，设立程序则遵循中国红基会与发起人签署的《专项基金发起协议书》。协议书的主要内容包括：专项基金的名称、资金来源、首笔捐赠金额，专项基金的资助方向及管理、使用要求，管理成本的提取比例，专项基金管委会的组成及工作职责，等等。近年来，中国红基会对于合作型专项基金设立的要求日趋严格。

3. 企业定向捐赠设立。由中国红基会与企业或团体合作，获得其捐赠资金而设立专项基金。此类专项基金设立之初有明确固定的捐赠方，而基金会是通过捐赠方的一次或连续捐赠获得资金，且只以这些资金设立专项基金，捐赠人还享有冠名权，因而也称"冠名基金"。在中国红基会现有的专项基金中，这类基金占了相当的比重。中国红基会此类专项基金的起设资金额，从最初的50万~100万元提高到目前的200万元。

（二） 筹款模式

《中国红十字基金会专项基金管理办法》将专项基金依资金来源和募集方式的不同划分为两种，即公募基金和非公募基金。具体来看，专项基金设立方式的不同，也决定了各自筹款方式的不同。

1. 基金会自主发起设立的专项基金，其资金的筹募完全依赖社会公众。在实施中，这类募款的具体责任实际上是由中国红基会自己来承担的，它需要通过开展一些专门的宣传筹资活动来实现基金的筹募目标。其基本策略就是开展某些特定的主题活动来筹募。基金会在设立专项基金时选择符合自身宗旨、使命的特定活动，使公众与之产生共鸣并获得公众支持和参与，从而获得社会和公众的捐赠。此外，还要不断地开发潜在的捐款者。如，2008 年 5 月，中国红基会发起推出"中国红行动"，提出"购物即慈善"的口号，动员知名企业生产一款带有红色元素的慈善产品，并将销售收益捐赠给"中国红基金"。该行动开展一年，就累计筹款 800 多万元。

2. 发起人发起设立的专项基金，其资金筹募有两种途径。一是基金设立时主要发起人或重要捐赠人率先捐赠作为启动资金，二是后期通过宣传营销活动面向社会公众公开募集捐款。此类基金设立须满足 200 万元起设金额的要求，而实现这种要求需要仰赖某些重要捐赠人的贡献，所以它构成了这类专项基金的第一笔资金来源。但是，这种基金又不能仅靠起设时的启动资金来运作，需要继续向社会公众募款，从而构成这种基金的第二种资金来源。在具体实施时，不论是争取重要捐赠人的捐献，还是面向社会公开进行募款，其责任通常主要由发起方承担。此类专项基金的代表就是"嫣然天使基金"。该基金的发起人最初每年都举办慈善晚宴，筹款金额和影响屡创当年中国慈善晚宴之最，成为中国红基会具有较大规模和影响的专项基金之一，资助成果也非常显著。

3. 企业定向捐赠设立的专项基金，资金完全来自企业或团体的捐赠。在具体做法上，主要取决于基金会与捐赠人所签订的捐赠协议的具体规定，如捐赠人是一次性捐资还是持续捐资。因为不涉及向社会公众筹款，基金会和捐赠人方面无须就筹款职责进行划分和安排。另外，为保持此类专项基金的可持续性，《中国红十字基金会专项基金管理办法》规定，非公募基金在"基金存续期间账面余额原则上不得低于 50 万元"。

（三） 管理和资助

基金会自主发起设立的专项基金的管理和使用决策主要由中国红基会自主

做出，一般不成立基金管理委员会（以下简称基金管委会）。面对某些专项基金不能满足求助需求的情况，为了更加公开、公正、公平地开展资助工作，中国红基会会针对这类专项基金组成资助评审委员会，邀请社会有关方面人士担任评审委员。如救助白血病患儿的"小天使基金"、救助先心病患儿的"天使阳光基金"均成立了这样的资助评审委员会。

发起人发起设立的和企业定向捐赠设立的专项基金的管理和使用决策实质上是由中国红基会与发起人或重要捐赠人共同做出，主要通过签署基金发起或捐赠协议书、成立基金管委会两种途径来实现。通常，由发起人或捐赠人代表与中国红基会共同组成专项基金管委会，目的是专项基金的管理和决策民主透明，以确保基金管理资助工作的规范和高效。

（四）基金的保值增值

在专项基金的保值增值方面，虽然发起人发起设立的和企业定向捐赠设立的专项基金的管委会，其职责并不涉及有关资金运营方面，然而在实际运作中，如果涉及这方面的活动，依然要经过管委会的同意。而无论是哪种设立方式的专项基金，资金的保值增值的实际责任都是由中国红基会承担。目前，中国红基会与国内大多数具有公开募捐资格的基金会一样，首要的是追求安全保值而非增值，在专项基金的资金增值上采取了比较保守的策略，较多进行结构性存款或购买安全性较高的理财产品，并未采取其他有风险的增值行动。

（五）管理成本

在专项基金的行政管理成本方面，一个总的基本原则是按照《基金会管理条例》执行，即列支行政管理经费不得超过年度资助支出的10%。在具体做法上，中国红基会根据专项基金设立方式的不同，提取行政管理成本的做法也不尽相同。对于基金会自主发起设立的专项基金，中国红基会将其行政管理成本控制在年度资助支出的10%以内，如管理经费有不足，则以机构整体的行政管理经费来补足；对于发起人发起设立的和企业定向捐赠设立的专项基金，中国红基会则充分尊重捐赠方意愿，经与捐赠方协商，在达成意见一致的条件下，以签署协议书的形式约定专项基金的管理成本提取比例，但一般最高不超过年度捐资额的10%，少数特殊的专项基金会约定管理成本比例低于年度捐资额的5%。

二　专项基金的管理模式

中国红基会的专项基金从设立到管理运作逐渐形成了自己独有的一套模式。其主要特点是"项目导向、分类管理、社会参与和基金会主导相结合"。

（一）项目导向

"项目导向"可以说是中国红基会在专项基金管理上突出的特点，即专项基金的设立和运行都紧紧围绕基金会开展的公益项目进行，资金的筹募与运用也都限定在特定的项目上。专项基金基于项目需要而产生，基于项目需要而发展变化。

2005年，天狮集团捐资1000万元成立了中国红基会第一个专项基金——"天狮爱心基金"。在基金设立的同时启动名为"天狮助学计划"的公益项目，500万元用于在全国援建20所天狮博爱小学，500万元专项用于扶持少数民族地区的教育项目。2005年以后，中国红基会主要的公益活动围绕两大系列的公益项目展开，一是助医领域的"红十字天使计划"，二是助学领域的"博爱助学计划"。5年来，中国红基会所设立的专项基金，大多数也都为满足这两大系列公益项目的资金需求而设立和运作。在中国红基会现在运行的63个专项基金中，支撑"红十字天使计划"的基金占50%以上，其中"博爱卫生站建设基金""红十字救护站援建基金""上汽通用五菱博爱基金""字节跳动医务工作者人道救助基金"等都是为该计划改善乡村医疗卫生条件、援助抗疫医务人员目标所设；而像"小天使基金""嫣然天使基金""天使阳光基金"等则是该计划开展的大病救助项目。支撑"博爱助学计划"的基金有"博爱小学建设基金""崔永元公益基金""红十字书库基金""三全博爱助学金"等。此外还有一些专项基金支持其他符合中国红基会宗旨的相关公益项目，比如"企业社会责任基金""志愿者真情基金""爱的行走基金"等。

"项目导向"作为中国红基会专项基金管理模式的一大特点，其含义还包括中国红基会设立和运作专项基金的主要目的是获取资金，支持自己倡导实施的公益项目或活动。不同专项基金的决策方式是不同的，基金会自主发起设立的专项基金主要由中国红基会自主决策。由发起人发起设立或企业定向捐赠设立的专项基金则由中国红基会与发起人或捐赠人共同协商做出决策，其资助项目的具体执行则是由中国红基会承担主要责任，在具体的实施当中也会委托其他主体或借助其他一些力量。迄今为止，中国红基会的专项基金基本都具有特定而具体的用途，有具体的公益项目资助领域、明确的资助对象与资助方式等。

上述特点在《中国红十字基金会专项基金管理办法》的相关规定中也有体现。该办法第12条规定，专项基金的资助方向必须"三符合"，即"符合中国红基会的宗旨和使命，符合捐受双方签署的捐赠协议，符合专项基金管委会的决议"，第11条规定，"中国红基会或专项基金管委会也可根据社会需求，确定资助项目，并组织实施"，第13条规定"专项基金的资助项目经基金管委会确定后，其具体的组织实施工作由中国红基负责，捐赠方不介入项目的具体实施"。

（二）分类管理

所谓"分类管理"，是指中国红基会的专项基金存在多种类型的划分，不同类型的专项基金有不同的管理方法与模式。根据资金来源和募集方式的不同，《中国红十字基金会专项基金管理办法》将其专项基金划分为公募基金和非公募基金；从设立方式出发，根据发起主体和相应人员职能的不同，又有如下三种情形。

第一类，基金会自主发起设立的专项基金，属于公募基金，如救助白血病儿童的"小天使基金"、救助先天性心脏病儿童的"天使阳光基金"等。由于这类专项基金需要基金会面向广大公众筹集资金，一旦发起成立，基金会工作人员不仅需要承担宣传、筹资工作，还要负责具体的资助管理和执行工作。

第二类，发起人发起设立的专项基金，是指由名人、媒体或其他特殊群体倡导发起，面向公众或特定人群募捐设立的专项基金，也同属于公募基金，如李亚鹏、王菲发起的"嫣然天使基金"，李宇春歌迷发起的"玉米爱心基金"，北京电视台发起设立的"志愿者真情基金"等。虽然这类专项基金是利用发起人自身的影响力和号召力面向公众筹资，但基金会的工作人员仍然需要配合专项基金，参与到宣传策划和管理资助工作当中。

第三类，企业冠名设立的专项基金，是指企业向中国红基会定向捐赠而设立的专项基金，属于非公募基金，即捐赠方作为委托人、中国红基会作为受托管理人，并以企业名称或品牌名称冠名的专项基金，如"飞利浦爱心基金""丰田博爱基金""上汽通用五菱博爱基金"等。企业定向捐赠设立的专项基金，因基金来源相对固定，不需要公开募款，专项基金管理人员主要负责做好资助管理和财务监督工作。

根据上述不同的设立方式，中国红基会在专项基金的具体管理方面采取了分类式、区别化的管理模式，主要体现在以下方面。

1. 在设立条件和管理程序的要求上，总体上看，对发起人发起设立的和企业定向捐赠设立的基金的要求，比基金会自主发起设立的基金高。

2. 在资金的筹募上，基金会自主发起设立的基金主要面向不特定公众募集；发起人发起设立的基金开始由特定发起人捐赠，后期则面向不特定公众募集；企业定向捐赠设立的基金则由企业定向捐赠。

3. 在资金运营和使用管理方面，基金会自主发起设立的基金最初的资助方向、规则由基金会自主决策制定，而具体资助对象则由资助评审委员会民主评审决定；发起人发起设立的和企业定向捐赠设立的基金则遵从管理委员会的制度安排，使基金会在决策上更加公开、透明和民主，表现出基金会与发起人或捐赠方"共同决策"的特征。

总体来看，中国红基会专项基金主要存在两种管理模式：对基金会自主发起设立的基金，基金会在管理上的自由裁量权要大一些，称为"自主模式"；而对于发起人发起设立的和企业定向捐赠设立的基金，基金会的管理规则更明晰，需要与合作方共同决策，称为"合作模式"。

（三）社会参与和基金会主导相结合

"社会参与和基金会主导相结合"是中国红基会在专项基金管理方面的总体特点。这一特点超越了"分类管理"，同时也与"分类管理"做了有机的结合，形成多样化的具体管理方法和手段。

一方面，社会参与的主体在不同的管理模式中有不同的意指：基金会自主发起设立的专项基金中，资助评审委员会（评委会）中的社会各界人士及专家代表社会公众，通过投票决定资助名单，实现了社会参与；发起人发起设立的专项基金中，管理委员会中的基金发起人（包括自然人、法人）及其代表，通过参与专项基金的重大事项决策，实现了参与；企业定向捐赠设立的专项基金中，社会参与的主体则指的是管理委员会中的企业捐赠人或是捐赠方代表，其实现参与的方式同样是与基金会共同决策。

另外，中国红基会在专项基金的其他社会参与模式方面，也在不断地探索和创新。例如：2009 年 7 月，中国红基会成立社会监督委员会，委托社会监督巡视员对"小天使基金""天使阳光基金""嫣然天使基金"等 5 个专项基金的 12 家定点医院进行监督巡视；2010 年，中国红基会成立基金增值咨询委员会，邀请有关理财专家针对专项基金的保值增值进行咨询和评估。这些创新性举措同样体现了专项基金的"社会参与"特点。

在发起人发起设立的和企业定向捐赠设立的专项基金的管理中，一个突出做法是成立由基金发起人或捐赠人代表参与的管理委员会。管理委员会是专项基金管理的最高决策机构，不定期召开管委会会议，会议由管委会主任负责召集，须有 2/3 以上管委会成员出席才能形成决议。此举充分尊重发起人和捐赠方的权利和意愿，信息公开透明，有效实现了发起人或捐赠方作为社会代表的充分参与。

另一方面，专项基金管理中的社会参与，并未改变基金会在管理中的主导地位。这种主导主要有以下表现。

1. 无论是在管委会还是评委会的实际组成和运作中，基金会方面的人员还是掌握较大的话语权。比如，基金会在有关规则的具体制定方面起主导作用。

2. 专项基金资助的具体实施是由基金会负责，而发起人、捐赠人以及其他社会力量主要负责监督。中国红基会在这方面的主导作用主要是基于其具有较强的组织网络及丰富的项目实施经验等。

三 专项基金管理中的问题

中国红基会对专项基金管理所采用的模式在实践中取得了良好的效果。16 年来，累计设立并存续下来的专项基金有 63 个，累计募集资金 38 亿多元，极大地增强了中国红基会的救助实力，有力地支持了"红十字天使计划"和"博爱助学计划"等公益项目的实施。随着专项基金数量的增加，中国红基会人道慈善事业的眼界和思路越来越开阔，项目领域和救助范围也在不断拓展，并不断获得政府及社会各方面的认同与好评，屡获殊荣。"红十字天使计划""小天使基金""中国红行动"等多个公益慈善项目先后荣获"中华慈善奖"；"嫣然天使基金"医疗队还荣获北京电视台和新浪网联合评选的"时尚慈善奖"；"和谐家庭公益基金"举办的震区重组家庭集体婚礼入选 2009 年四川十大幸福事件。这些都彰显出中国红基会专项基金工作的成效以及来自社会的普遍认可。

在取得上述成绩的同时，中国公益慈善组织专项基金的设立和发展还有很多需待完善和进一步规范的地方，专项基金在运行发展过程中还存在很多问题或困扰。在此，以中国红基会为例，对中国公益慈善组织专项基金管理中存在的问题进行剖析。

（一）内部问题

1. 基金会对专项基金管理的制度规范滞后于实践。中国红基会对专项基金的管理主要依据《中国红十字基金会专项基金管理办法》，而对具体的某个专项基金的管理则很大程度上靠"专项基金发起或捐赠协议书"，以及该基金管委会成立后所订立的具体规则等。总体来看，这些办法、协议、规则本身还不够齐备，还有待完善。

《中国红十字基金会专项基金管理办法》还比较粗放，"分类管理"等原则在办法中并没有得到充分体现；缺乏有关"资助评审制"的具体规则，不能为这一重要的管理活动及其相关机制的运作提供规范保障；在其他社会参与管理的方式与机制方面，如项目的执行报告与社会评估，也缺乏明确而有效的制度规定；缺乏针对某些专项基金设立办事机构及其活动的规则。

协议书的具体规范也不太全面，而且具体执行中存在脱节现象。例如，某些专项基金的管委会并没有成立，当然也就不可能制定相应的管理规则，以致在专项基金的实际管理运行中，仅靠一纸协议运作，存在一定的管理风险。

2. 中国红基会专项基金管理的基本模式特点为"项目导向、分类管理、社会参与和基金会主导相结合"，然而在具体实施这一模式的过程中，对于更好地彰显这三个特点并把握好它们相互之间的关系，特别是掌握好"社会参与和基金会主导相结合"的尺度，拿捏好其中的分寸，中国红基会的工作有时还不够熟练、到位，甚至出现过冲突、矛盾或困扰。

比较突出的是，中国红基会与发起人或捐赠方合作设立的专项基金在运作管理过程中，社会参与在某种程度上导致管理权的分散，从而在实际上造成了风险控制的不可预见性。而基金会作为各个专项基金的"监护人"，在法律上集中承担了绝大部分的风险责任，如果不能采取有效措施控制风险或者实现责任共担，就有可能出现差错甚至产生严重后果。例如，一些专项基金采用社会化方式，依托中介机构来进行宣传推广和筹资联络，由于中介机构有关人员对于公益慈善方面的法律法规没有进行深入了解，加上专项基金的工作人员可能并非专职，对外开展活动时不冠用中国红基会的名义等问题就有可能产生，对基金会产生不利影响，更有可能出现其他风险。

（二）外部问题

与其他公益慈善组织一样，中国红基会及其下设的专项基金都要遵循政策法规的相关规定，而作为具有全国性公开募捐资格的基金会所受到的约束更加严格。然而，对于基金会及专项基金的发展而言，中国现行的管理体制和法律环境并不完善，这是中国公益慈善组织在专项基金管理中遇到的最突出的外部问题。

2015 年 12 月，民政部专门印发了《关于进一步加强基金会专项基金管理工作的通知》，要求基金会对下设专项基金严格履行监管职责。但 2016 年 9 月国务院颁布施行的《基金会管理条例（修订草案征求意见稿）》对于"专项基金"这一事关中国具有公开募捐资格的基金会发展的新兴事物则根本没有提及，当年颁布的《慈善法》对公益慈善组织设立"专项基金"也没有相关的具体规定。

中国公益慈善组织专项基金管理的外部问题，还包括整体氛围和社会环境等。例如，政府的认识和职能定位存在偏差、对公益慈善事业的监管不够、公益慈善组织的公信力不高、企业的投机心理、公众对公益慈善事业的参与不足、公益慈善文化有待进一步培育，等等。

四　政策建议

1. 《慈善法》《公益事业捐赠法》《基金会管理条例》等法律法规在修订时，建议增加公益慈善组织设立专项基金的有关条款，就专项基金的概念、设立标准、资助使用、保值增值、管理规范等作出明确规定。同时鼓励企业和个人在基金会或其他公益慈善组织捐设专项基金，以吸引更多的社会资源投入公益慈善事业。

2. 建议政府社会组织登记管理部门把公益慈善组织设立的专项基金列为监管内容，制定统一的"公益慈善组织专项基金管理办法"，监督指导公益慈善组织严格规范专项基金的设立和管理，特别是在专项基金的名称使用、起设额度、基金存续、公开募捐、审计监督、公开透明等方面明确具体指导规范，确保专项基金健康规范发展。可探索创办"中国公益慈善组织专项基金网",建立全国专项基金数据库,实现一网通查,接受社会监督,促进公开透明。

3. 建议公益慈善组织的业务主管单位对所属公益慈善组织下设专项基金的管理负起领导责任,主动了解和掌握专项基金的运作管理情况,在政治方向、意识形态、财务和人事管理、对外交往和开展重大活动等方面加强领导和指导。主管单位发现所属公益慈善组织在专项基金管理方面有违法违规行为的,应及时制止和警告,并协助政府有关部门进行查处。

4. 设立专项基金的公益慈善组织,一方面,应积极探索灵活有效的专项基金设立和运作模式,扩展和增强社会参与,更好、更充分地整合管理社会公益慈善资源,促进公益慈善事业的发展;另一方面,应当严格履行专项基金管理的主体责任,根据自身管理能力合理适度发展专项基金,确保基金管理运作的规范健康,起到应有的作用。公益慈善组织应建立健全专项基金管理制度,严把基金设立关口,在专项基金的名称使用、管理架构、活动开展、协议履行、信息公开等方面,切实加强自律和管理,确保专项基金在其组织的宗旨和业务范围内开展活动,主动接受政府有关部门的监管和社会公众的监督。

5. 公益慈善组织和行业领域的各类相关主体,应加强对专项基金的实践与政策法律问题的研究探索,包括专项基金模式与慈善信托的关系等重要问题的研究探索,并寻求合理的理论认识答案与政策乃至法律方案,以更好地推进实践改善和整体公益慈善的良性发展。

（作者系北京师范大学博士研究生,曾先后担任中国红十字基金会常务副理事长兼秘书长、中国红十字会副会长兼秘书长,现任红十字国际学院院长）

徐永光点评：

设立公益慈善专项基金,是我国基金会行业筹集和管理慈善资产的一种有效模式。中国红十字基金会作为公益慈善专项基金的积极探索实践者,在基金规模、数量、类型、募集方式、管理模式、透明度和效率方面,位列基金会行业第一梯队,其创新经验和影响力,素为慈善实务界、研究者和社会各界所关注。王汝鹏以中国红十字基金会为例的《公益慈善组织专项基金的设立与管理》一文，对此有较为详细的研究描述，特别是介绍了如何依据基金会的业务范围和法定权限，分门别类，区分权责，分层管理，发挥机构主导、专家顾问和社会参与的各方优势，实现专项基金的可持续有效运行，值得其他基金会和公益慈善组织借鉴。

在《中华人民共和国慈善法》对慈善信托作出专门法律规范后，慈善专项基金与慈善信托如何区分、两者可否对接融合以及慈善信托是否有取代慈善专项基金的趋势，是本文尚未回答的问题，有待相关研究继续探讨。

（徐永光：南都公益基金会名誉理事长，希望工程创始人，联合国可持续金融顾问委员会委员，曾任第九、第十届全国政协委员，国务院参事室特约研究员）

学术是另一种社会创业[*]

——《创业型社会：中国创新五讲》评述

宋程成^{**}

【摘要】 基于社会创新创业的新兴经济形态在当今中国方兴未艾，但对于上述现象的研究相对而言较为欠缺。刘志阳教授出版的《创业型社会：中国创新五讲》一书，围绕着"从商业创业到社会创业""从社会企业到社会经济"这两条主线，分析了企业家精神、社会创业、乡村振兴、公益创投与数智创业等议题，并且重点论述了基于商业创新和社会创新的创业型社会的形成图谱。尽管在分析框架、内容安排等方面存在一些有待商榷的部分，但总体而言，该书不仅具有较高的理论价值，也有一定的政策意涵。

【关键词】 社会创业；商业创业；社会企业；社会经济

一　引言：创业型社会的缘起

韦伯曾经提及，"学术生涯是一场鲁莽的赌博"。在韦伯所处的那个学术分

* 浙江大学管理学博士基金项目：本研究受到国家自然科学基金资助项目（编号：71804046）的资助。
** 宋程成，上海财经大学公共经济与管理学院副教授。

工尚未完全展开的年代，学者们仅仅是在纯粹智力的意义上需要面对研究失败的苦涩和学术活动漫长的枯燥。在当今这个所谓"内卷"时代，学者们面临着更多的挑战。因此，如何选择自己的专业、研究对象、研究方向甚至是研究方法，已经成为任何希望获得学术成功的研究者不得不应对的挑战。特别地，对于已经成名的学者而言，迈入一个自己不甚熟悉的领域，不仅在智识上会有所冲击，更将在事业上承担相当的风险。因此，从某种角度而言，学术研究特别是从事一项完全意义上的全新研究，对于学者也是一场充满不确定性、近乎赌博的冒险。很显然，《创业型社会：中国创新五讲》（以下简称《五讲》）的作者——刘志阳教授，就是这样一位富有企业家精神的学术开拓者。在过去的15年中，刘志阳教授围绕着创新创业领域，开展了大量相关的科研和教学工作，积累了大量富于洞见的学术论文与实践指南，例如，独创的"蜗牛创业心法""创业画布"等新兴分析框架（刘志阳，2018），甫一提出便获得了实务界的广泛认可和借鉴。而此次一举出版《创业型经济：中国创业七讲》与《五讲》两大专著，更是体现了作者强大的学术跨界能力和敏锐的研究选题意识——套用奈特的话，我们甚至可以有这样的预期：在这场学术冒险中，富于企业家精神的作者不但战胜了不确定性，更将在不远的未来获得超额"回报"。

2015年前后，通过体察和感悟中国经济、社会的宏大变迁趋势，刘志阳教授凭借独到的专业眼光和敏锐的学术嗅觉，果断选取了社会经济与社会创业作为自身的研究方向。这些年来，刘志阳教授借助深入实地考察、举办学术会议、参与政策倡议和组织行业评审等多种方式，对中国社会创业的多个维度进行了细致剖析，并敏锐地提出了"创业型社会"正在形成的重要判断。作为社会创业领域的执牛耳者，刘志阳教授与合作者们发表了大量的论文和评论，这些研究探讨了社会企业、公益创投、数字创业等各种新兴经济社会形态，并基于中国自身情境，探讨了社会企业"摆渡现象"、社会创业的文化根源等关键性学术命题。而《五讲》一书，正是刘志阳教授在社会创业领域的集大成之作，其中既包含了作者过去多年的学术思考和洞见，也体现了作者作为管理学学者和公民所秉持的价值观和追求。诚如作者在著作序言中提及的，"立足新发展阶段，贯彻新发展理念，构建新发展格局，站在新的历史起点有必要从理论上对'创新创业创造'进行一次更为宏大的基础性阐释与提升"（第6页）。笔者以为，这本书不仅是刘教授对自身工作的提炼和升华，于学术界而言，更是一本创业社会研究的奠基之作。它的出版不仅意味着刘教授形成了关于社会创业的独创判断，更意味着中国学者逐步摆脱西方强势学术话语，立足中国情境提出契合实际的分析架构。无论是有志于中国社会创业和社会经济研究的学者，还是公共政策的制定者，抑或是相关领域的实务工作者，都可以在本书中寻找到可供借鉴的思想资源。尤其是对于初学者而言，这本书则是最佳的入门读物。

作为《五讲》的第一批读者，笔者尝试着对其进行深入解读：首先，简单概述该书的主要内容，并提炼其核心命题，从而更好地向读者介绍该书的主要贡献；其次，围绕着社会创新创业的基本特征，对于书中的一些关键点作出一定的评论，从而就可能的不足提出一些建议。

二 从商业创业到社会创业

作者在序言中开宗明义：创业型社会，是指由商业创新和社会创新驱动，制度创新作为保障，充满创新创造活力的一种新型社会形态，创业型社会是人们追求自由方式的主动选择（第1页）。因此，贯穿《五讲》一书的一条隐含主线就是，中国的经济是如何逐步从商业创业时代进入社会创业时代的。这就需要对两种创业形式进行详细界定。作者认为，社会创业大致上有如下几个特征。（1）解决社会问题导向，而不是利润导向。社会创业解决的社会问题主要包括两个领域：一部分是传统市场力量不愿做、政府和慈善也无效的复杂领域；另一部分是被排斥在市场之外的，长期依赖社会援助或救济的个体借助商业力量实现自我发展的领域。在这个意义上，社会创业活动区别于商业创业活动。（2）采取创建或创业形式，分别是以项目创建、企业新创或组织内部创业的形式进行，上述形式鼓励多元创新和跨部门创新，也鼓励一定程度的市场化经营，以获得一定商业收入来维持组织自身可持续发展。在这个意义上，社会创业活动区别于传统慈善活动。（3）在未来，组织利润分配是有限制的。在作者看来，社会创业者创立的组织，其收益应该再投入社会公益事业中，组织可能会越做越大，但受益者永远是社会，同时，这一限制应该是未来创业型社会的一个基本特点。在强调"共同富裕""第三次分配"的当下，提出社会创业的理念可谓正当其时，而作者在分析中偏重于创业的社会属性、公共属性和时效性等内容的介绍，亦表明这一概念阐述并不是单纯的"掉书袋"，而是基于实际的严格界定。

围绕着商业创业与社会创业的相关实践，《五讲》首先在第一讲（"企业家精神：从冒险到责任"）中探讨了近四十年中国企业家精神发展。作者强调，政府引入市场机制，形成第一部门和第二部门间良性互动，是商业创业活动的基础性条件；其中涉及了不同类型的企业家精神与创业活动，也涉及制度创新和制度型开放之于进一步拓展改革红利、激发企业家精神的积极意义，以及为弘扬社会企业家精神，制度与政策层面的突破口在何处；进一步地，作者还以家乡泉州的企业家精神与创业活动演变为例，探讨了作为创业主体的企业家群体从冒险转向责任的潜在心路历程，从而推动泉州市经济社会的整体性转型。在作者看来，中国的企业家精神逐步转向社会创业领域，本质上是一种文化意义（儒家式义利兼容）的回归和复兴，而非简单的舶来品。

同时，作者另辟蹊径，在第二讲（"乡村振兴：从乡建到乡创"）中围绕着乡村振兴这一重要的话题，开展了乡村创新创业的相关研究，主要依托上海财经大学"中国千村调查"的调研数据来开展农村创业相关的分析。特别地，这些研究涉及传统意义上的乡村商业创业的具体模式及其分类、资源枯竭地区女性创业的政策设置以及创业行为之于农民自身幸福感的促进作用。此外，在这一讲中，也探讨了借助社会创业来实现乡村振兴的各类机制。作者强调，乡村创业，尤其是乡村社会创业是一种能够平衡外来援助与乡村内生发展的关键手段，并在相当程度上已为国内外经验所验证。其中值得关注的，是作者对比国内外社会创业机制并且梳理出了社会创业的机会识别、机会开发及机会实现三大阶段。

《五讲》还结合技术创新维度，在第五讲（"数智创业：数智时代的破坏性力量"）中探讨了数字智能技术的产生对于中国社会创意阶层（即创客）以及新兴社会治理模式产生的潜在影响。在这一讲中，作者专门提及，"互联网革命遗产酝酿并开启了一个更加崭新的数字化和智能化的时代"，同时，作者强调"数智时代"本质上带有一定的"破坏性"（第 217 页）。上述内容既涉及围绕人工智能对商业创业范式的重新塑造和赋能作用的分析，也梳理了区块链技术促进社会创新的具体机制，还分析了数字技术进步对于社会创业的赋能赋权与规制作用。在这些分析基础上，作者还在政策层面，针对价值链环节锁定、区域发展不平衡、平台垄断与个体数字化生存困境等技术带来的时代问题，提出了针对性对策——构建包容性数字创新创业体系。

除了以上具体的理论与政策问题分析，《五讲》一书还隐含地分析了以下两个学理问题。第一个问题是，社会创业的研究对象，或者说真正值得概念化的一个难题，是现实中到底是需要基于创业的社会创业还是基于社会的社会创业（第221页）？事实上，基于创业的社会创业，很有可能就是创业管理的一个特殊分支，本质上是创业活动的类型化。而基于社会的社会创业，本质上是一个混合类型，需要考虑公益特征对社会创业活动的塑造和影响，使得传统意义的创业分析手段和方法难以被直接借鉴和挪用。从《五讲》整体的内容来看，作者的重点还是放在了"基于创业的社会创业"之上。

第二个问题则是，社会创业到底是一个摆渡现象还是一个长期现象（第221页）？作者提及，社会创业的本质是一种"摆渡"，即社会企业家不断去开拓新的市场领域和机会，当商业机构逐步进入新兴市场时，社会创业者应该主动退出，并且去新的领域创业或者起到桥梁作用，帮助更多的商业机构进入这些领域。在这个意义上，社会创业者的本质是连续创业者，而不是一蹴而就的投机者。但是，必须指出的是，大部分社会问题之所以难以彻底根除，正是源于其长期性和重复性，因而某些领域的社会创业可能会长期存在，而不是简单的创立与退出。

三　从社会企业到社会经济

创业型社会的核心内涵是以社会公益为主去探讨创业创新活动的运行机制。因此，在《五讲》中，作者专门安排了与社会企业、公益创投相关的一些议题。在第三讲（"社会创业：新商业的崛起"）中，社会企业被认为是一种基于机会导向和社会创新的组织形态，其主要的目标在于能够实现公益（社会）与商业的链接，从而使得一部分企业家得以实现一定程度的"致良知"理想（第113页）。

作者对于社会企业的认识，与国内外学术界的共识有着一致性，即认为社会企业建立在"混合型"组织的特点之上，并且试图表明社会企业与传统商业企业、非营利（社会）组织有所不同，进而确定了社会企业存在和发展的原因。但是，作者也提出，单纯从混合性出发来推断和确定社会企业的产生和发展，在某种程度上会导致人们认知的混乱（如对共享单车属性的界定），使得所谓的社会企业被认为是某类企业的变种。尤其是混合性问题的存在，使得商业和公益内在地被对立起来，学者们如何看待公益和商业的关系，以及如何判断社会和市场之间的相互影响，构成了理论上的难题和实践上的困境。例如，"两光之争"的出现，便是源于公益事业商业化、社会事业民营化风险问题的争议，在大力发展社会企业等组织形态的同时，传统意义上的社会领域和市场领域的边界正在变得越来越模糊。在作者看来，对公益和商业的边界问题的探讨，仍然是一种偏于概念的分析，在现实中不同实践形态纠缠共存的情形下，从社会创新创业的角度来探讨，更加有助于我们理解公平和效率的共同存在，以及通过更有效率的技术和手段来推动特定社会问题的解决（第163页）。

结合社会企业的上述特征，作者也认同，社会企业、影响力投资等形式乃是社会具备强大的自我改造和创新能力的重要例证和标志，同时，经由社会创业所创立的社会企业也可被确立为化解非营利部门内部"志愿与商业"对抗危机的重要基础，换言之，通过一系列必要的治理和管理约束，社会企业完全有机会克服传统商业偏重利益而非营利部门缺乏必要能力的缺陷，从而成为政府实现良好治理的重要助力。但是，我们该如何把握社会企业的这种潜力呢？毕竟，上海财经大学团队自己整理的调研数据显示，从2015年到2019年的四年间，中国社会企业的数量尽管有了长足的增长，但是社会企业的规模总体来说还较小，社会企业普遍面临着合法性不足、难以获取资金资源的困境。

对此，作者在"中国社会企业的生成逻辑"中给出了自己的答案：社会企业的产生是国家、市场和社会三方互动的历史结果——儒家义利兼顾思想是中国社会企业产生的思想根基，单位办社会体制和政府隐性期待是制度基础，西方社会企业理念传播和中国市民社会发育奠定了参与基础，社会创业的大规模涌现是直接市场条件。中国社会企业具有义利兼顾、机会导向和变通参与等不同于西方社会企业的本质特征（第143~159页）。进一步地，作者发现，传统的企业社会责任行为，也正在逐步转型为公司社会创业行为，这不仅有助于大型企业发现特定商业机会，而且使得企业社会责任的履行由形式主义变为实质行动。

谈及社会企业的创立和发展，就必须重视一种社会导向形式的金融活动——公益创投。在第四讲（"公益创投：新金融的上场"）中，作者对于公益创投的基本概念、在西方的相关实践，以及其如何在中国获得长足发展等内容，作了相关介绍。一般而言，公益创投被认为是风险投资的具体机制在社会实践领域的应用和拓展，学者们对其有如下共识：一是公益创投涉及风险投资基本原则和方法的应用，二是目标是促进非营利组织的有效发展。换言之，公益创投在很大程度上是与知识实践领域不同的一种"特殊"风险投资，公益创投可以借鉴和应用风险投资的指导和分析工具（宋程成，2021）。作者提出，公益创投的核心是追求社会影响力的最大化，注重"将投资理念运用至社会部门"以确保财务回报上的稳健性（斯晓夫、刘志阳等，2019）。作者还发现，国内在引入公益创投后，主要投资实体却是以政府部门为主，基金会等的参与力度相对较小，但是仍然形成了一定程度的公益创投网络，把握这些创投网络主体，是实现其治理的重要前提。除了偏重投资社会创业的公益创投，作者还分析了影响力投资，在文中，影响力投资被界定为"除了获取财务收益，还会贡献可衡量的积极社会或者环境投资"（第 208 页）。由此可见，在作者眼中，公益创投是在创造社会影响力的基础上获取一定的财务回报，而影响力投资是在确保财务回报的前提下实现相应的社会影响，两者虽然存在一致性，但也有着本质上的差异。在某种程度上，公益创投的主体可能是基金会或者政府委托的机构，而影响力投资的主体则多数是风险投资。从投资对象的角度看，公益创投的核心是社会企业，而影响力投资则会关注那些有着 ESG（Environment, Society & Governance）意识的企业。当然，所有的这些主体，本质上都是社会创业必须考虑的对象。

　　无论是社会企业的发展，还是公益创投、影响力投资的活跃，都预示着公益新前沿的到来，以及商业向善的演变，这在本质上体现为一种新兴的经济形态——社会经济的产生。社会经济，可以被视为那些为主流商业经济所忽略的多个潜在社会市场及其对应的经济性行为所产生的价值。作者认为，社会经济可以包含金字塔低端的市场和公共服务市场两个大的方面，而推动社会经济发展的关键，则是社会创业发展、社会企业的规模化以及公益创投和影响力投资的助推。在笔者看来，作者关于社会企业和社会经济蓝图的思索，立足于一个微观的起点，即特定的社会创业行为以及相应的社会创新活动，因此，只有抓住了社会创业活动在不同阶段所需的资源以及其潜在的社会影响，才有可能抓住社会经济的真正内核。正如作者所言，"社会经济的形成是社会创业者推动的，是社会企业规模化乃至扩散化的产物，是政府积极助推的结果。社会经济培育不仅仅是社会创业者利用机会、资源动员和社会创新的结果，更是社会创业者带动他人，和政府、企业、非营利组织共创的结果"（第210页）。无论认同与否，当我们认真读完《五讲》时，都不得不佩服作者强大的逻辑演绎能力和出色的理论想象力。

四　简评：超越纯粹概念迷思

刘志阳教授以社会创业活动分期作为理解整个创业型社会的起点，在整体上把握了这一社会中独有的制度创新、技术创新和社会创新形式，以及其对于人们经济和生活的影响。这种理论建构的雄心和分析的大开大合，很难与《五讲》整本书中所呈现的内容完美契合。特别地，囿于篇幅，作者在书本中使用了大量的新兴概念和理念，却无法做到逐一分析和介绍，最终导致不少分析流于表面，难以与这些概念所对应的文献进行有效对话，亦无法使一些基本的实践与这些概念相印证。具体来看，《五讲》一书在分析框架、内容安排和政策启示三个方面存在一定的不足。

首先，可能是篇幅所限，《五讲》在整体意义上理论架构的展开略显吃力，看似存在统一的分析框架，但无法对文本中的各个概念形成"统摄性"。例如，作者曾经提及，从创业型社会的理论看，中国社会呈现出从管理型经济到创业型经济并且最终过渡到创业型社会的特点（第5页）。可以说，《五讲》整本书是在创业型经济形态下创业型社会如何形成的基本框架中书写的。应该说，这种阶段论式的划分有着其学术价值，但这一框架划分能够在何种意义上帮助我们理解中国当前经济的发展状况，是值得进一步讨论的。这是由于作者为了区分明显的阶段，强行对一些经济活动的特点进行了静态切割，忽视了这些活动很有可能是同一个主体施为的。如果我们从其他的理论视角看，就会难以认同作者的一些判断。比如，书中强调管理型经济的支柱产业是"传统工业"，而创业型经济的支柱是"高科技产业＋新兴产业"，而创业型社会的前提是"分享经济＋平台经济"。事实上，从目前来看，缺乏传统工业，我们无法产生新兴产业，更无法形成分享经济或者平台经济，同时，我们也很难确定高科技产业和平台经济之间的边界在哪里。换言之，这些静态阶段分析的划分标准非常模糊，甚至缺乏关键的判断指标。类似的情况在作者探讨社会创业阶段划分和公益创投分类等内容时也存在，应该这样说，作者的概念化做得非常出色，但是具体操作则会因为研究对象的变化而参差不齐。

其次，由于分析框架的相对薄弱以及操作化的难度较大，《五讲》在内容安排上表现为一定程度的"头重脚轻"和"前后分离"。作者确立了"创业型社会"这一关键概念，也对其核心内容进行了深入剖析，并且通过阶段论的划分，明确了创业型社会的种种特征，并据此来安排相应的文本内容。尽管如此，仔细阅读全书，仍然会发现涉及的概念和内容实在是过于庞杂和繁复，这必然无法保障每一块内容都获得必要的着墨。例如，作者在开篇就特别提及，创新是创业型经济和创业型社会的关键内容；但是所有五讲内容中，涉及创业型社会的创新内容介绍并不充分，特别地，文本中缺少了对于社会创新、商业创新和制度创新三个概念内容的细致分析，可以说，全文"创新"至上，却没有单独设置创新相关的章节进行介绍和分析。又例如，如果直接阅读《五讲》的目录，就会发现乡村振兴这一讲内容很难与其他几讲有机整合；类似的问题涉及每一讲，会发现，其中总有一些小节很难与某一讲中的内容有机整合，譬如，第一讲中最后一节突然讲到了贸易摩擦与企业家信心之间的关系，这一章节既难与企业家精神的理论探讨有所呼应，也无法佐证整本书的基本分析框架。进一步地，整本书中既有一部分理论性论述，也有相应的经验分析和实证研究，但我们仔细分析这些内容会发现，其组合方式略显"机械"。

最后，由于作者对创业型社会寄予了一定的价值期待，《五讲》对于社会创业、社会经济等负面影响的探讨相对欠缺。例如，笔者曾对中国社会企业的发展有一定的统计，数据显示，大部分获得慈展会认证的社会企业活跃在养老、环保、青少年儿童（教育）和弱势群体救济等领域，其中，超过80%的组织将收取的服务费用作为自身的经济收入，其销售对象既有相关市场主体，也包括各级政府；同时，负责认证的社创星披露的资料显示，截至2018年，已经获得认证的234家社会企业中，大约有65%的社会企业是以企业方式注册，另外一些是以社会组织形式注册的。笔者以为，在现阶段，社会企业至少面临着经济上存在替代物、政策上难以严格落实以及道德上过度制造社会问题的潜在危机（宋程成、任彬彬，2020），而《五讲》在相当程度上忽略了这些问题。进一步地，即便是公益创投领域，也存在这样一个危机，即当政府投资占比较高且社区缺乏必要的参与时，公益创投变成了类似传统政府购买服务的一种方式，其项目选择往往会体现出政府的政策需要，在这种情况下，公益创投更多变成了政府鼓励社会治理创新的一个集成式"平台"（宋程成，2021）。

此外，由于社会创业和创业型社会本身涉及公共管理、战略管理、社会学、创业学等多个领域，《五讲》在引用一部分文献时，不可避免地出现了一定的疏忽。例如，作者提到，新公共管理倡导"行政吸纳社会"，政府应该与私营部门、社会部门共同构建新型关系来改善公共服务状况（第 144 页）。这一简单的判断存在两个问题：其一，"行政吸纳社会"是从国家社会关系的角度来立论的，并不涉及政府、市场、社会等三个部门的关系；其二，在原作者看来，"行政吸纳社会"并不是一种平衡的合作关系，也并不涉及社会企业这一主体的产生（康晓光、张哲，2020）。

从整体上看，笔者完全认同《五讲》的以下倡议——"我们倡导社会创业，培育社会经济，不仅有利于商业发展，也更加有利于我们社会革新跟系统的稳定。尤其它关乎我们人类自身，关乎我们每个人心灵向善"（第 291 页）。因此，如果我们试图创立起富于道德和创新精神的新兴经济形态，就不能满足于概念的比较和创造，要在制度上创设出可持续的企业形式和金融手段，以确保其更好地服务社会，从而使得社会企业这一"混合体"，不仅成为学者们的理想和期许，更成为创业者们的重要备选方案。从这个角度看，《五讲》一书必将放出长久的光芒。

参考文献

刘志阳（2021）：《创业型社会：中国创新五讲》，上海：上海财经大学出版社。

刘志阳编著（2018）：《创业画布》，北京：机械工业出版社。

康晓光、张哲（2020）：《行政吸纳社会的"新边疆"——以北京市慈善生态系统为例》，《南通大学学报》（社会科学版），第 2 期。

宋程成（2021）：《从公益创投到创造性治理——基于江南县实践的制度分析》，《公共管理学报》，第 1 期。

宋程成、任彬彬（2020）：《群体多元化与社会企业成长：基于结构起源视角的考察》，《福建论坛》（人文社会科学版），第 6 期。

〔加〕斯晓夫、刘志阳等编著（2019）：《社会创业：理论与实践》，北京：机械工业出版社。

Academic Life as Another Kind of Social Entrepreneurship：Comments on *Entrepreneurial Society*：*Five Talks on Chinese Innovations*

$\mathcal{N}^p$

Song Chengcheng

[**Abstract**] A new kind of economy, based on social innovation and entrepreneurship, is now rising in China, but there are few studies focusing on this topic. The new book *Entrepreneurial Society*: *Five Talks on Chinese Innovations*, written by Professor Liu Zhiyang, tries to discuss so-called commercial-and social-innovations driven entrepreneurial society, which outlies two lines as from commercial entrepreneurship to social entrepreneurship and from social enterprise to social economy, and then analyses issues in entrepreneurship, social entrepreneurship, rural revitalization, venture philanthropy, and digital & AI entrepreneurship. Although some parts in analytical framework and arrangement of content are still needed to be improved, in general, this book has relatively high theoretical contributions and important policy implications.

[**Keywords**] Social Entrepreneurship；Commercial Entrepreneurship；Social Enterprise；Social Economy

学术是另一种社会创业

专业志愿服务在新冠肺炎疫情应对中的作用及其发展前景[*]

张远凤　苗志茹^{**}

【摘要】发端于 19 世纪末的专业志愿服务在发达国家已经成为志愿服务的一种主要形式。在应对新冠肺炎疫情的过程中，专业志愿服务不仅在特殊群体照顾方面发挥了重要作用，而且在法律、信息、技术、营销、金融等领域为个人、小微企业乃至政府机构提供帮助。近年来，专业志愿服务在我国亦有初步发展，在抗击新冠肺炎疫情中也发挥了一定作用。但与发达国家相比，我国专业志愿服务领域和服务能力还很有限，组织化和制度化程度也很低。可以借鉴国外专业志愿服务体系的经验，促进我国专业志愿服务的发展。

【关键词】专业志愿服务；新冠肺炎疫情；志愿服务；发展前景

志愿服务是现代社会的润滑剂。志愿服务具有传递爱心、奉献社会和激发人性光辉的功能与价值（党秀云，2011）。除政府部门与营利部门外，一个良性运行的社会还需要有志愿者与志愿服务发挥"润滑剂"的作用（邓国胜，2002）。现代社会步入知识经济时代，专业人员成为劳动力的主体，服务业日益

---

* 基金项目：国家社会科学基金项目"治理制度理论的构建研究"（18BZZ092）；中南财经政法大学中央高校基本科研业务费专项资金资助项目"新冠抗疫中的专业志愿服务管理研究"（202111228）。

** 张远凤，中南财经政法大学公共管理学院教授、硕士生导师，研究方向：非营利组织管理；苗志茹，中南财经政法大学公共管理学院硕士研究生，研究方向：非营利组织管理。

占据主导地位。在这个时代，人类社会的不平等不仅体现在物品的占有方面，而且更突出地体现在享有服务的数量和品质方面。发展专业志愿服务似乎可以提供解决问题的一条出路。

2020年初，新冠肺炎疫情突袭而至，很快蔓延至世界各国，成为自1918年西班牙大流感以来最严重的全球性公共卫生突发事件。新冠肺炎疫情更加凸显和加剧了社会不平等，使得弱势群体、小微企业和非营利组织的处境更加困难。在应对新冠肺炎疫情的过程中，世界各国的专业人员及机构提供了大量的专业志愿服务，为缓解疫情导致的不平等做出了不可替代的贡献。笔者将对新冠肺炎疫情期间国内外专业志愿服务情况进行简要介绍和比较分析，并探讨专业志愿服务在我国的发展趋势及其条件。

一　专业志愿服务：志愿服务在知识社会的升级版

专业志愿服务在西方国家被称为"Pro Bono"，源自拉丁语"Pro Bono Publico"，本意是"为公众的利益"（Babacan & Babacan, 2017），后来用于指称专业志愿服务，即拥有专业知识和技术能力的人士无偿向他人提供的专业服务（刘丹，2017）。

19世纪末，专业志愿服务在英美等国兴起，初衷是解决个人或机构在获取专业服务方面的不平等问题，因为获得专业服务的不平等是造成其他不平等的重要原因。法律服务是较早实现职业化的领域，也是较早提供专业志愿服务的领域。在近代早期的英格兰，穷人可以寻求免费法律服务。直到今天，法律服务仍然是英美等国最常见的专业志愿服务之一（Prossnitz，2020）。

很快，人们在其他领域也发现了同样的需求，因而专业志愿服务逐渐扩展至其他行业（Pettis，2014）。随着人类步入知识社会，专业志愿服务得到了前所未有的发展机会。到今天，专业志愿服务已经普及到几乎所有专业领域，尤其是法律、救灾、医疗、教育、咨询、环保、文化和社会服务等领域。服务对象也不仅限于穷人和灾民，小微企业、社会组织乃至政府都从专业志愿服务中受益。服务范围也从一个地区扩展至全国，甚至是海外。

与普通志愿服务相比，专业志愿服务具有更强的专业性和规范性。专业性更强调发挥志愿者和志愿团体的专业知识、技术能力、工作经验和社会资源等优势，以培训、救助、咨询、诊断、研究等方式向公众提供深层次的信息服务

（刘晓东等，2021）。规范性主要体现在政策制度和管理流程上。一方面，许多国家以法律法规、政策的形式对专业志愿服务的参与主体、服务领域、工作内容、监督规范等均作了明确规定，行业协会等专业志愿服务组织也通过制定行业规范、规范服务方式等策略，敦促专业人员通过参与专业志愿服务活动的方式承担起社会责任。另一方面，专业志愿者的招募、培训、监督、评估、反馈各环节都有更为规范化的操作流程。总的来看，在发达国家，专业志愿服务经过一百多年的发展，已经形成了三种比较常见的模式（刘丹，2017）。第一种是个人服务模式，由律师、会计师事务所等机构的专业人员直接提供专业志愿服务。通过提供专业志愿服务，专业人士在遵守法律和商业伦理的情况下积累专业能力，增强对付费客户的吸引力。第二种是团队服务模式，由专业志愿者组成团队以项目的形式无偿提供专业志愿服务。比如，城市土地研究所（Urban Land Institute，ULI）是一家国际性的行业组织，它为各国地方政府提供土地利用规划方面的专业志愿服务（张远凤等，2016：28）。2017年，这家机构应武汉市政府的邀请，安排一个由十来位专家组成的国际志愿者团队，提供长江新城规划服务。第三种是平台服务模式，通过搭建专业志愿服务平台，实现需求方与供给方的对接，以此提供持续的专业志愿服务。例如，美国的主根（Taproot）基金会通过搭建 Taproot Plus 和 Virtual Sessions 按需配对的专业志愿服务平台，将非营利组织与营销、设计、战略、人力资源、财务和技术领域的专业人士联系起来，为非营利组织提供持续的专业志愿服务。① 通过组织化、制度化的方式，专业志愿服务在发达国家已经成为各个专业领域的社会责任，成为提供专业服务的一种辅助性安排和促进社会平等的一条可行途径。

在我国，进入21世纪以来，志愿精神逐渐深入人心，志愿服务日渐普及，越来越多的专业人员参与到志愿服务之中。近年来，专业志愿服务日渐渗透到我国公益慈善事业的各个领域。比如，北京博能志愿公益基金会和惠泽人公益发展中心致力于推广专业志愿服务，自然之友组织律师提供环保公益诉讼服务，襄阳拾穗者组织志愿者参与非物质文化遗产保护，光明慈善基金会开展的"慈善税官"项目为社会组织提供税务志愿服务。此外，还有最为常见的支教、义诊、免费理发等专业志愿服务。

---

① 《专访 Taproot 基金会创始人亚伦·赫斯特》，公益时报网，http://www.gongyishibao.com/html/renwuzishu/107.html。

然而，"专业志愿服务"在我国还是一个新概念，尚未与普通的志愿服务区分开来，尽管在实践方面已经积累了一定的经验，但对专业志愿服务的专门研究才刚刚兴起，理论研究明显落后于实践发展。随着公共服务和慈善事业的发展以及两者之间的密切关系，越来越多的公共服务领域感受到了对专业志愿服务的迫切需求。比如，发展社区居家养老服务非常需要专业志愿护理服务的支持（胡颖辉、陈婧，2016），充分发挥图书馆的作用也需要专业志愿服务的参与（刘丹，2017），乡村振兴需要多个领域专业志愿服务的助力（黄小欢、周一军，2019），社区治理更是期待专业志愿服务的赋能（齐欢，2019）。

　　对各国的专业志愿服务来说，新冠肺炎疫情既是一个充满困难和挑战的考验，也是一个创新和发展的机遇，各国专业志愿服务发展的水平和潜力都在危机中得到了表现和检验。

二　专业志愿服务在国外新冠肺炎疫情应对中的作用

　　在应对新冠肺炎疫情过程中，很多国家的专业志愿服务表现得十分积极。法律志愿服务仍然居于显著位置，除此之外，信息、技术、财务、就业、照顾等方面的专业志愿服务也很突出，服务对象不仅包括个人和小微企业，还包括非营利组织和公共机构。比如，美国在新冠肺炎疫情应对过程中体现了"弱政府、强社会"的鲜明特点。一方面，政府始终难以形成全国统一的政策和行动，出现了明显的政府失灵现象；另一方面，民间自发行动起来，各行各业主动开展志愿服务，在一定程度上弥补了政府失灵的不足。

（一）法律服务

　　媒体报道最多的是法律服务。美国各州律师事务所和律师协会都参与了应对新冠肺炎疫情的志愿服务。2020 年 8 月 24 日，加州律师协会和一家律所宣布了一个合作项目，通过美国律师协会的免费法律咨询（FLA）平台提供在线服务，为受新冠肺炎疫情影响的北加州人，尤其是低收入居民，提供无偿法律服务。① 数

---

① "California Lawyers Association and Legal Access Alameda Partner to Provide Help to Members of the Community Impacted by COVID – 19," PR Newswire US, http://8c5d309148940e19390cf20025d0969f. 444ccb26. libvpn. zuel. edu. cn/ehost/detail/detail? vid = 2&sid = 601a74a3 – 7628 – 40c5 – b72b – 86e6ea393afd% 40sessionmgr101&bdata = Jmxhbmc9emgtY24mc2l0ZT1laG9zdC1saXZl#AN = 202008241105PR. NEWS. USPR. SF96015&db = bwh.

十家律师事务所在疫情期间为小微企业和非营利组织提供免费法律帮助。① 一家名为斯托尔·瑞福斯（Stoel Rives）的律师事务所为受新冠肺炎疫情冲击较大的餐饮业和零售店提供免费法律服务，同时也推销自己，扩大影响。② 这样的例子还有很多。杰森·凯利律师事务所（Jackson Kelly PLLC）为非裔美国企业提供公益咨询服务，表明了反对种族不平等的立场，支持受新冠肺炎疫情和反歧视抗议活动影响的非裔美国企业。③

（二）照顾服务

专业的照顾服务为缓解医院压力作出了巨大贡献。由于疫情的特殊性，线下的照顾服务受到很大限制，不得不转为线上服务，服务内容和服务效果难免受到很大限制。

佳莎（JASA）是纽约市最受信任的非营利组织之一，为超过 4 万名老年人提供服务。在疫情期间，佳莎和维斯塔保健机构（Vesta Healthcare）合作，为居家隔离的纽约人及其照顾者提供维持生命服务，包括家庭护理、上门送餐、住房、护理人员支持以及法律、医疗和精神卫生服务。由于暂停了线下服务项目，佳莎帮助老年人通过网络和电话参与论坛等社交活动，以消除社会隔离对居家老年人的影响。④

---

① "Law Firms Providing Pro Bono Help to Small Businesses," New Orleans City Business, http://8c5d309148940e19390cf20025d0969f. 444ccb26. libvpn. zuel. edu. cn/ehost/detail/detail? vid = 9&sid = 601a74a3 - 7628 - 40c5 - b72b - 86e6ea393afd% 40sessionmgr101&bdata = Jmxhbmc9emgtY24mc2l0ZT1laG9zdC1saXZl#AN = L54188658NOCB&db = bwh.

② "A Word With Christopher Pooser, Partner at Stoel Rives, on the Main Street Relief Project," Idaho Business Review, http://8c5d309148940e19390cf20025d0969f. 444ccb26. libvpn. zuel. edu. cn/ehost/detail/detail? vid = 11&sid = 601a74a3 - 7628 - 40c5 - b72b - 86e6ea393afd% 40sessionmgr101&bdata = Jmxhbmc9emgtY24mc2l0ZT1laG9zdC1saXZl#AN = L54202162IBRE&db = bwh.

③ "Jackson Kelly PLLC Takes a Stand to Fight Racial Inequality Through Pro Bono Initiatives," PR Newswire US, http://8c5d309148940e19390cf20025d0969f. 444ccb26. libvpn. zuel. edu. cn/ehost/detail/detail? vid = 13&sid = 601a74a3 - 7628 - 40c5 - b72b - 86e6ea393afd% 40sessionmgr101&bdata = Jmxhbmc9emgtY24mc2l0ZT1laG9zdC1saXZl#AN = 202006191528PR. NEWS. USPR. CI41547&db = bwh.

④ "JASA and Vesta Healthcare Announce Partnership to Support Homebound New Yorkers and Their Caregivers During COVID - 19," Business Wire (English), http://8c5d309148940e19390cf20025d0969f. 444ccb26. libvpn. zuel. edu. cn/ehost/detail/detail? vid = 15&sid = 601a74a3 - 7628 - 40c5 - b72b - 86e6ea393afd% 40sessionmgr101&bdata = Jmxhbmc9emgtY24mc2l0ZT1laG9zdC1saXZl#AN = bizwire. bw11826557&db = bwh.

新冠肺炎疫情已经夺走了几十万美国人的生命，他们的亲友遭受了严重的心理创伤。纽约州围产期协会（NYSPA）发起了为人们提供心理创伤治疗志愿服务的计划，根据这项计划，纽约州的任何居民——无论是否有支付能力——都可以接受纽约一些顶尖心理学家提供的最多六次的免费治疗。①

在疫情期间，由于失业率上升，许多人难以养活家人，食物援助需求大量增加。维安特（Viant）科技公司帮助美国最大的饥饿救济和食品救援组织"喂养美国"（Feeding America）筹集善款，吸引了超过1500人次访问该机构网站，获得了大笔捐赠。②

从上述例子可以看出，提供志愿性专业照顾服务的主体主要是非营利组织。然而，受疫情影响，很多非营利组织收入下降，不得不进行裁员。因此，很多非营利组织及其雇员在帮助他人的同时，自身也成为志愿服务的对象。

（三）信息与技术服务

信息与技术领域的专业志愿服务在疫情期间发挥了重要作用。完美翻译公司（TransPerfect）为纽约市政府提供无偿翻译服务，使得政府能够用20多种语言向社区提供疫情防控信息，此举得到了纽约市市长的公开表彰。③ 2020年4月15日，贝克·博茨（Baker Botts）律师事务所发布了一个全面的应对新冠肺炎疫情的一站式资源指南，该指南涵盖了公用事业、医疗补助、税收、欺诈/价格欺诈、临时住所规则、学生贷款、心理健康等数十个重要主题。该指南以数

---

① "NYSPA Announces Pro-Bono Trauma-Informed Therapy for Anyone Affected by COVID – 19," PR Newswire US, http://8c5d309148940e19390cf20025d0969f. 444ccb26. libvpn. zuel. edu. cn/ehost/detail/detail？ vid = 17&sid = 601a74a3 – 7628 – 40c5 – b72b – 86e6ea393afd%40sessionmgr101&bdata = Jmxhbmc9emgtY24mc2l0ZT1laG9zdC1saXZl#AN = 202005281513PR. NEWS. USPR. NY20 183&db = bwh.

② "Viant Helps Feeding America Raise Critical Donations During COVID – 19," Business Wire（English）, http://8c5d309148940e19390cf20025d0969f. 444ccb26. libvpn. zuel. edu. cn/ehost/detail/detail？ vid = 2&sid = 8991b724 – e460 – 4b48 – b160 – 32b4deacef1a%40pdc-v-sessmgr02&bdata = Jmxhbmc9emgtY24mc2l0ZT1laG9zdC1saXZl#AN = bizwire. bw5272513&db = bwh.

③ "Mayor Publicly Recognizes TransPerfect for Providing Pro Bono Translations to Assist New York City in Communicating with Culturally Diverse Citizens," Business Wire（English）, http://8c5d3091 48940e19390cf20025d0969f. 444ccb26. libvpn. zuel. edu. cn/ehost/detail/detail？ vid = 4&sid = 8991b724 – e460 – 4b48 – b160 – 32b4deacef1a%40pdc-v-sessmgr02&bdata = Jmxhbmc9emgtY24 mc2l0ZT1laG9zdC1saXZl#AN = bizwire. bw065817654&db = bwh.

字化方式提供，以便根据情况变化及时更新。① 在世界卫生组织和欧洲联盟强调数据共享重要性的推动下，数据交换技术公司达威克斯（Dawex）建立了 CO-VID-19 数据交换平台，无偿提供给参与解决疫情危机的各种机构，该技术使得所有公共和私人部门的参与主体能够安全便捷地访问、发布、交易与疫情相关的非个人数据。② 数据机器人公司（DataRobot）是美国人工智能方面的独角兽企业，它把专业志愿服务 AI 平台的云许可证无偿扩展给合格的非营利组织和社会公益组织。③ 英国的表格组装公司（FormAssembly）是一个基于云的表单构建和数据收集平台，它向直接参与抗击疫情的组织提供免费账户以及免费数据服务。④ 国际首席执行官协会的亚瑟·利特尔（Arthur D. Little）发起了一个国际平台，供首席执行官们交流应对新冠肺炎疫情的危机管理经验。⑤ 印度孟买的尼苏姆公司（Nisum）建立了一个网络平台，免费帮助非营利组织优化食品分销供应链和自动化库存管理系统，这使得这些非营利组织每日可以分发

---

① "Baker Botts Publishes Comprehensive COVID - 19 Resource Guide for Individuals," PR Newswire US, http://8c5d309148940e19390cf20025d0969f. 444ccb26. libvpn. zuel. edu. cn/ehost/detail/detail? vid = 6&sid = 8991b724 - e460 - 4b48 - b160 - 32b4deacef1a% 40pdc-v-sessmgr02&bdata = Jmxhbmc9emgtY24mc2l0ZT1laG9zdC1saXZl#AN = 202004151028PR. NEWS. USPR. DA79808&db = bwh.

② "COVID - 19 Data Exchange to Curb the Virus' Propagation and Limit Its Economic Impact," Business Wire (English), http://8c5d309148940e19390cf20025d0969f. 444ccb26. libvpn. zuel. edu. cn/ehost/detail/detail? vid = 8&sid = 8991b724 - e460 - 4b48 - b160 - 32b4deacef1a% 40pdc-v-sessmgr02&bdata = Jmxhbmc9emgtY24mc2l0ZT1laG9zdC1saXZl#AN = bizwire. bw13228798&db = bwh.

③ "DataRobot Extends Pro Bono AI Platform Licenses to Nonprofit and Social Good Organizations," Business Wire (English), http://8c5d309148940e19390cf20025d0969f. 444ccb26. libvpn. zuel. edu. cn/ehost/detail/detail? vid = 10&sid = 8991b724 - e460 - 4b48 - b160 - 32b4deacef1a% 40pdc-v-sessmgr02&bdata = Jmxhbmc9emgtY24mc2l0ZT1laG9zdC1saXZl#AN = bizwire. bw58548164&db = bwh.

④ "FormAssembly Offers Free COVID - 19 Assistance Program, Helps Organizations on the Front Lines of COVID - 19 with Critical Data Collection Needs," Business Wire (English), http://8c5d309148940e19390cf20025d0969f. 444ccb26. libvpn. zuel. edu. cn/ehost/detail/detail?vid = 12&sid = 8991b724 - e460 - 4b48 - b160 - 32b4deacef1a% 40pdc-v-sessmgr02&bdata = Jmxhbmc9emgtY24mc2l0ZT1laG9zdC1saXZl#AN = bizwire. bw14555746&db = bwh.

⑤ "Arthur D. Little bringt CEOs für internationales COVID - 19 Krisenmanagement zusammen," Business Wire (German), http://8c5d309148940e19390cf20025d0969f. 444ccb26. libvpn. zuel. edu. cn/ehost/detail/detail? vid = 14&sid = 8991b724 - e460 - 4b48 - b160 - 32b4deacef1a% 40pdc-v-sessmgr02&bdata = Jmxhbmc9emgtY24mc2l0ZT1laG9zdC1saXZl#AN = bizwire. bw34504873&db = bwh.

24000 多份餐食。①

（四）网络营销服务

由于受到新冠肺炎疫情的影响，很多小微组织生存困难，很多人失去工作。一些营销机构为处于困境中的组织和个人提供营销推广志愿服务，帮助他们适应疫情带来的变化。

设计公司高德斯坦（Goldstein Group，TGG）和数字营销公司艾尔美（Elemerce）合作，于 2020 年 4 月推出品牌援助（BrandAid）公益项目，为受到新冠肺炎疫情影响的小微企业提供免费设计和数字服务。例如，斯普利兹公司（Splizz Essentials）为了应对疫情而转产洗手液，但其使用的是旧标识，没有明确的市场定位，顾客认知度不高。BrandAid 为斯普利兹提供了无偿帮助，将其作为一个公益项目，高德斯坦为其设计了品牌标识和品牌定位，艾尔美则帮助其设计了社交媒体推广内容。②

媒体善因公司（Media Cause）是一家为非营利组织提供营销服务的企业，2020 年推出了三项重大举措：首先是发起了濒危非营利组织联盟，筹集资金帮助处境艰难的非营利组织应对新冠肺炎疫情；其次，该公司推出了营销奖学金项目，以帮助解决营销广告行业种族多样性较弱的问题；最后，该公司策划完成了近 50 项公益活动，为大量受到疫情或种族问题影响的非营利组织提供了及时的帮助。③

宾克公司（Binc）发起了一个公益项目，为疫情期间失业的科技行业的技

---

① "Nisum Announces Pro Bono Technology Development Services for Companies and Organizations Fighting the Spread of COVID - 19," PR Newswire US, http://8c5d309148940e19390cf20025d0 969f. 444ccb26. libvpn. zuel. edu. cn/ehost/detail/detail? vid = 16&sid = 8991b724 - e460 - 4b48 - b160 - 32b4deacef1a% 40pdc-v-sessmgr02&bdata = Jmxhbmc9emgtY24mc2l0ZT1laG9zdC1saXZl# AN = 202004090900PR. NEWS. USPR. UN74002&db = bwh.

② "BrandAid Pro Bono Program Launches to Positively Impact Brands Fighting COVID - 19," PR Newswire US, http://8c5d309148940e19390cf20025d0969f. 444ccb26. libvpn. zuel. edu. cn/ehost/detail/detail? vid = 18&sid = 8991b724 - e460 - 4b48 - b160 - 32b4deacef1a% 40pdc-v-sessmgr02 &bdata = Jmxhbmc9emgtY24mc2l0ZT1laG9zdC1saXZl#AN = 202006171530PR. NEWS. USPR. NY3 9247&db = bwh.

③ "Media Cause Wins Gold From Inc. Best in Business Awards for Helping Nonprofits During Crisis," PR Newswire US, http://8c5d309148940e19390cf20025d0969f. 444ccb26. libvpn. zuel. edu. cn/ ehost/detail/detail? vid = 20&sid = 8991b724 - e460 - 4b48 - b160 - 32b4deacef1a% 40pdc-v-sessmgr02&bdata = Jmxhbmc9emgtY24mc2l0ZT1laG9zdC1saXZl#AN = 202012131100PR. NEWS. USPR. UN21742&db = bwh.

术人员提供求职支持，服务内容包括简历审查、职业战略指导、人脉帮助、面试准备、薪酬建议、谈判技巧、联系机会、资源分享等，帮助人们重新就业。①

（五）金融服务

疫情使得很多组织和个人陷入财务困境，一些金融机构为他们提供了无偿的专业金融服务。纽约一家资产管理公司鹰石资本（Owl Rock Capital）将500万美元用于社区贷款项目，为少数族裔拥有的小企业提供无息贷款。② 2019年注册财务规划师（CFP）协会的一项调查发现，大约2/3接受调查的会员都参与了志愿服务，平均每人每年提供服务时长达31小时，在2020年其董事会宣布向金融规划基金会捐赠25000美元，用于为低收入工作者和受疫情影响的其他群体提供无偿的财务规划和建议。③ 2020年6月3日，亚特兰大的贾比安咨询公司（Jabian Consulting）设立疫情恢复基金，向三家非营利组织提供总计30万美元的公益性专业服务赠款（每家5万美元），帮助从新冠肺炎疫情中恢复相关的创新项目。④

总的来看，在美国，很多行业都参与了提供专业志愿服务，呈现出几个基本特点。首先，具有悠久传统的法律服务和照顾服务仍然占据重要地位。其次，与网络和信息相关的专业技术服务，尤其是在线营销服务，成为需求最为迫切

---

① "Binc Launches 'Binc Boost' to Offer Free Assistance to Jobseekers," PR Newswire US, http://8c5d309148940e19390cf20025d0969f. 444ccb26. libvpn. zuel. edu. cn/ehost/detail/detail? vid = 22 & sid = 8991b724 - e460 - 4b48 - b160 - 32b4deacef1a% 40pdc-v-sessmgr02&bdata = Jmxhbmc9emgtY24mc2l0ZT1laG9zdC1saXZl#AN = 202004301200PR. NEWS. USPR. UN93124&db = bwh.

② "Owl Rock Capital Donates USD 5m to Support Minority Owned Small Businesses through Community Loan Program," Global Banking News（GBN）, http://8c5d309148940e19390cf20025d0969f. 444ccb26. libvpn. zuel. edu. cn/ehost/detail/detail? vid = 24&sid = 8991b724 - e460 - 4b48 - b160 - 32b4deacef1a% 40pdc-v-sessmgr02&bdata = Jmxhbmc9emgtY24mc2l0ZT1laG9zdC1saXZl # AN = 96A23585357051&db = bwh.

③ "CFP Board Announces $ 25, 000 Donation to the Foundation for Financial Planning's Pro Bono Pandemic Fund," PR Newswire US, http://8c5d309148940e19390cf20025d0969f. 444ccb26. libvpn. zuel. edu. cn/ehost/detail/detail? vid = 26&sid = 8991b724 - e460 - 4b48 - b160 - 32b4deacef1a% 40pdc-v-sessmgr02&bdata = Jmxhbmc9emgtY24mc2l0ZT1laG9zdC1saXZl#AN = 202005191040 PR. NEWS. USPR. DC11798&db = bwh.

④ "Jabian Consulting Establishes Fund to Help Assist Recovery of Organizations Impacted by COVID - 19 Pandemic," PR Newswire US, http://8c5d309148940e19390cf20025d0969f. 444ccb26. libvpn. zuel. edu. cn/ehost/detail/detail? vid = 28&sid = 8991b724 - e460 - 4b48 - b160 - 32b4deacef1a% 40pdc-v-sessmgr02&bdata = Jmxhbmc9emgtY24mc2l0ZT1laG9zdC1saXZl#AN = 202006031400PR. NEWS. USPR. UN23898&db = bwh.

的新领域。最后，财务服务以专业人员的服务为主，资金资助与人们遭受的财务困难相比几乎是杯水车薪，绝大多数人还是只能指望政府救济纾困。

三　专业志愿服务在我国抗击新冠肺炎疫情中的作用

本文以湖北省为例说明国内抗疫中的专业志愿服务情况。在新冠肺炎疫情初期，湖北省尤其是武汉市成为我国新冠肺炎疫情防控的重中之重，党和政府的坚强领导、医务工作者的忘我工作和全国人民的大力支持是打赢这场疫情防控攻坚战的决定性因素。此外，广大志愿者也功不可没，他们积极参与一线战疫、社区防疫以及抗疫保障工作，为控制疫情提供了有力支持。其中，专业志愿者在线上线下提供了大量服务，协助省市慈善总会和红十字会完成了100多亿元捐赠款物的接收工作，为数以万计的居民提供了心理咨询等服务。

（一）　社会捐赠接收工作中的志愿服务

在湖北抗疫期间，新冠肺炎疫情防控政策十分严格，线下志愿服务难以开展，但社会组织和专业志愿者借助互联网、电子办公平台等途径，创造性地开展了很多线上志愿服务行动。比如，湖北省慈善总会招募了1000多名专业志愿者协助接收来自海内外的社会捐赠，完成了社会捐赠信息的整理发布，需求信息的收集，捐赠登记，捐赠款物接收、运输和分配等环节的工作。[①] 其中，一部分专业志愿者提供线下服务，比如具备紧急救援知识的蓝天救援队队员承担了捐赠物资的转运任务，更多的专业志愿者则主要开展线上服务，比如外语专业志愿者通过电话、互联网等方式，协助海外捐赠者指定受益人、在线翻译海外捐赠物资产品资质和使用说明以及参与联络国外海关，具备医学知识的专业人员根据网上报送的捐赠信息对医疗物资进行鉴别和分类，等等。武汉市红十字会则采取定向招募的方式，按照工作任务的需求直接到银行、统计等单位招募所需的专业志愿者，再由这些专业志愿者线上完成其分配到的任务。[②] 这种定向招募、线上服务的方式有助于其较为快速地招募到合适的专业志愿者，及时完成工作任务。

---

① 信息来自2020年9月2日笔者对湖北省慈善总会工作人员的访谈。
② 《官方慈善机构如何不成为捐赠瓶颈，专家建议放开民间通道》，第一财经，https://www.yi-cai.com/news/100484563.html。

（二） 在线心理咨询服务

武汉市在应对新冠肺炎疫情中的专业志愿服务基本上都是采取个人服务的方式。而外地在专业志愿服务方面，已经开始采取组织化模式。在倡导专业志愿服务方面，北京博能志愿公益基金会和惠泽人公益发展中心是先行者和领军者。2020 年 1 月 22 日，它们与北京市社会心理工作联合会联合北京多家公益机构和京鄂两地专业志愿者，共同发起"iWill 京鄂联盟"专业志愿服务项目，1 月 23 日就启动在线服务。截止到 2020 年 7 月 18 日，"iWill"项目一共动员和招募 2900 多名心理咨询师、社工、医生、律师等专业志愿者，通过与当地机构合作建立"三群联动"的在线专业服务模式，直接为受到疫情影响的全球 10 多个国家和地区的 12 万名华人提供心理应激干预、医疗转介、情绪疏导、在线问诊、防疫知识解答和生活服务支持等志愿服务。①

（三） 其他方面的专业志愿服务

卓明灾害信息服务中心是一家致力于解决灾害信息不对称问题的志愿者组织，在应对新冠肺炎疫情过程中，卓明灾害信息服务中心通过 NCP 生命支援网络，为武汉市志愿者带来技术支持，带动更多人参与志愿服务，为常态化防疫工作提供更多的人力资源储备。② 武汉视佳医眼科门诊部在疫情期间坚持为医护人员免费修配眼镜。③ 还有一些大学生为在一线抗疫的医护人员子女提供在线家教服务。④ 中国民间专业、独立的公益紧急救援机构——蓝天救援队的数十名队员自驾奔赴武汉，为湖北省慈善总会分拨中转接收社会捐赠的各类防疫物资。⑤ 壹基金也启动了应急响应机制，与武汉云豹救援队、孝感义工联等合作伙伴紧密沟通，共同抗击疫情。⑥

---

① 信息来自北京博能志愿公益基金会于 2020 年 11 月 8 日发布的《iWill 志愿者联合行动案例报告》。

② 《NCP（新冠）生命支援网络：疫情初期，迅速搭建的民间救助"桥梁"》，凤凰网公益，https：//gongyi. ifeng. com/c/81rxsUJx1KZ。

③ 《为医务人员筹集护目镜、免费修配眼镜　陈家兄弟的抗疫故事》，百家号，https：//baijia-hao. baidu. com/s？id = 1660665393407256142&wfr = spider&for = pc。

④ 《为一线医护人员子女义务做家教也是抗疫》，百家号，https：//baijiahao. baidu. com/s？id = 1659236814584188555&wfr = spider&for = pc。

⑤ 《有人写下"遗书"驰援武汉，有人不幸牺牲在路上》，百家号，https：//baijiahao. baidu. com/s？id = 1660178188061584694&wfr = spider&for = pc。

⑥ 《壹基金驰援湖北：多批次物资经转运陆续抵鄂，联合救灾伙伴在行动》，百家号，https：//baijiahao. baidu. com/s？id = 1657333874063077173&wfr = spider&for = pc。

总的来说，在抗击新冠肺炎疫情过程中，我国的专业志愿服务组织化程度得到提高，服务能力得到加强，展示出未来发展的潜力。

四　专业志愿服务在我国的发展前景

从应对新冠肺炎疫情的情况来看，国内外专业志愿服务发展具有明显不同的特点。一是服务领域的差异。美国的专业志愿服务涉及法律、医疗、信息技术、金融、市场营销等领域，我国的专业志愿服务则主要集中于心理、翻译、救灾、教育等领域。二是服务主体和服务对象的差异。在美国，专业志愿服务的主体是大型企业和个体专业人士，服务对象涉及穷人、小微企业、非营利组织，我国则主要依靠专业志愿服务组织和企业满足非营利组织、社区居民的志愿服务需求。三是专业化程度的差异。专业志愿服务在美国已经有一百多年的历史，已经形成了较为成熟的专业志愿服务模式和较为规范的专业志愿服务管理流程，其专业化程度更高，而专业志愿服务在中国还处于起步阶段，专业化水平还有待提升。

产生差异的原因是多方面的。第一，专业志愿服务理念的普及程度不同。专业志愿服务已经渗透到各个专业和职业领域，成为专业伦理、职业伦理的组成要素。早在 1983 年，美国律师协会（American Bar Association，简称 ABA）就在《职业行为示范规则》中规定，"所有律师都负有为无力偿付律师费用的人群提供法律服务的职业责任",[①] 又经过几十年的发展，专业志愿服务早已融入许多行业的职业伦理之中，发挥着越来越大的作用。第二，西方国家的企业注重追求社会责任，愿意支持专业志愿服务事业的发展。比如 IBM 把基于服务和技能的志愿服务视为企业社会责任的重心，并构建了包括全球高管、普通管理层和员工在内的多层次志愿服务管理体系（李长海，2014）。而我国企业，尤其是中小企业的社会责任意识还有待提高。第三，非营利组织自身发展状况不同。西方专业志愿服务多由行业协会、基金会等公益性社会组织制定标准、建立运作机制。与西方相比，我国的专业志愿服务在很大程度上还是依靠专业人员的个人自觉和个别社会组织的倡导，比如公益律师佟丽华、郭建梅等专业人

----

① 《专业志愿服务的理论缘起与本土化发展》，中国发展简报，http://www.chinadevelopmentbrief.org.cn/news - 22715.html。

员以及北京博能志愿公益基金会等机构发扬专业志愿服务精神，积极引领中国专业志愿服务事业的发展。第四，专业人士参与专业志愿服务的途径不同。在西方发达国家，社区社会组织在解决贫困、失业和环境保护等方面问题时具有独特价值是社会各界的共识，社区已成为专业人士参与专业志愿服务活动的重要载体。在我国，专业人员主要还是通过中介机构，向个人、企业和社会组织提供专业志愿服务。第五，公共政策存在差异。为了增加专业志愿服务的供给，有些国家甚至采取强制性措施要求专业人士提供志愿服务。例如，自 2013 年 1 月 1 日起，所有纽约州的实习律师在获得正式执照前必须完成 50 个小时的志愿法律服务，以帮助更多穷人获得专业志愿服务。① 但是，这种强制性做法引起了巨大的争议。支持者认为它增加了专业服务供给，对穷人是一件好事（Prossnitz，1976）。反对者认为强制性志愿服务违背了志愿精神，使得慈善行为转变为法律义务，失去了真正的道德意义（Podgers，1980）。

总的来看，西方发达国家的专业志愿服务起步早，规模大，组织化、规范化和制度化程度高，而我国的专业志愿服务起步较晚，在覆盖范围、参与形式、组织模式等方面依旧处于初级阶段（刘晓东等，2021）。这些差异是中西方制度、文化、意识形态、体制等多种因素共同作用的结果。

从在新冠肺炎疫情中的表现来看，我国专业志愿服务实践已经积累了一定的经验，然而，现有发展水平远远不能满足社会对专业志愿服务的需求，也远远不能满足广大专业人员服务于社会的需求。我国不能完全照抄照搬西方发达国家的专业志愿服务发展模式，必须建设具有中国特色的专业志愿服务体系，大力提升专业志愿服务能力。2017 年国务院颁布的《志愿服务条例》规定："国家鼓励和支持国家机关、企业事业单位、人民团体、社会组织等成立志愿服务队伍开展专业志愿服务活动，鼓励和支持具备专业知识、技能的志愿者提供专业志愿服务。"② 不过，要想这项政策成为普遍的现实，必须具备以下条件：首先是专业志愿服务理念的确立与传播，将志愿精神融入各行各业的职业伦理与专业精神中，融入所有专业人才的培养过程中，造就一支强大的专业志愿者

---

① 《美国律师界的志愿法律服务（Pro Bono）文化》，中国发展简报，http://www.chinadevelopmentbrief.org.cn/org3191/news - 390 - 1.html。
② 《志愿服务条例》，中国政府网，http://www.gov.cn/zhengce/2020 - 12/27/content_5574451.htm。

队伍，使专业人员的职业服务和志愿服务能够得到很好的衔接与平衡。其次是建立高效的专业志愿服务的组织管理体制，确保专业志愿服务供给与需求的有效匹配，提高和增强专业志愿服务的效率和有效性。再次是建立专业志愿服务的支持保障体系，将志愿精神融入组织文化中，与企业社会责任相结合，使专业志愿服务得到全社会的认可和支持。最后是政府的倡导和鼓励，既要将公共服务与专业志愿服务相结合，又要允许专业志愿服务具有相当的自主性，既要保证普及性，又要维护创新性。只有这样，最终我们才能平等地享有和方便地获得所需的专业志愿服务，缩小和消除专业服务领域的贫富差距，促进社会和谐进步。

参考文献

党秀云（2011）：《论志愿服务的常态化与可持续发展》，《中国行政管理》，第 3 期。

邓国胜（2002）：《中国志愿服务发展的模式》，《社会科学研究》，第 2 期。

黄小欢、周一军（2019）：《以志愿服务助推乡村振兴》，《中国社会工作》，第 34 期。

胡颖辉、陈婧（2016）：《专业志愿护理服务模式在社区居家养老中的应用研究》，《护理研究》，第 32 期。

李长海（2014）：《企业志愿服务：联结社会 催化价值》，《WTO 经济导刊》，第 10 期。

刘丹（2017）：《公共图书馆专业志愿服务应用构想》，《图书馆建设》，第 9 期。

刘晓东、王琼、王丽玲（2021）：《我国公共图书馆专业志愿服务的内涵、特征与深化路径研究》，《图书馆理论与实践》，第 2 期。

齐欢（2019）：《资产为本视角下的社区社会组织培育——以 ZS 社区亲子家庭关系教育剧场项目为例》，《社会与公益》，第 7 期。

张远凤等编著（2016）：《非营利组织管理：理论、制度与实务》，北京：北京大学出版社。

Babacan, A., & Babacan, H. (2017), "Enhancing Civic Consciousness through Student Pro Bono in Legal Education," *Teaching in Higher Education* 22 (6), pp. 672 – 689.

Pettis, E. K. (2014), "Access to Justice: Are We Suffering from Love Bug Mentality?," *Florida Bar Journal* 88 (4), p. 4.

Podgers, J. (1980), "Mandatory Pro Bono: Basic Question Remains," *American Bar Association Journal* 66 (3), p. 280.

Prossnitz, A. (2020), "A Comprehensive Procedural Mechanism for the Poor: Reconceptualizing the Right to in Forma Pauperis in Early Modern England," *Northwestern University Law Review* 114 (6), pp. 1673 – 1722.

—— (1976), "Financing Legal Services," *American Bar Association Journal* 62 (5), p. 637.

The Functions of the Pro Bono Services in Response to the COVID – 19 Abroad and Its Implications to China

Zhang Yuanfeng, Miao Zhiru

[**Abstract**] Pro Bono, which originated at the end of the 19th century, has become a major form of voluntary service in developed countries. In the process of responding to the COVID – 19 epidemic, Pro Bono services not only played an important role in the care of special groups, but also provided assistance to individuals, small and micro enterprises and even government agencies in the fields of law, information, technology, marketing, and finance. In recent years, Pro Bono services have made initial developments in our country, and played a certain role in the fight against COVID – 19. However, compared with developed countries, our country's Pro Bono service areas and capabilities are still very limited, and the degree of organization and institutionalization is also very low. We can learn from the experience of foreign Pro Bono service systems to promote the development of Pro Bono services in our country.

[**Keywords**] Pro Bono; COVID – 19 Epidemic; Volunteer Service; Prospects

非营利组织税收减免制度研究述评

刘培峰　龚　宇[*]

【摘要】 税收减免是非营利组织发展的重要支持措施，梳理相关研究有助于解决非营利组织税收减免面临的理论和现实问题。本文梳理了非营利组织税收减免的国内外理论基础，分别讨论了非营利组织的免税资格以及公益性捐赠税前扣除的主要研究内容。目前国内关于理论基础的研究较少，多为对国外理论的整理和发展，缺少本土化视角。关于实践问题的研究多从非营利组织的角度出发，对税收公平的重视程度较低，且易忽略与理论基础的结合。

【关键词】 非营利组织；税收减免；免税资格；公益性捐赠税前扣除

税收减免制度已为各国实践证明是对非营利组织的发展非常有效的支持措施，我国税制改革鼓励非营利社会组织的发展，《慈善法》中也对慈善组织享受税收优惠进行了专门规定。学界对非营利组织税收减免的理论和实践有着长期深入的研究。然而实践中非营利组织税收减免制度仍然存在诸多难题和争议，非营利组织的免税资格认定困难，税务管理较为混乱，其营利性收入的税收减免仍存争议；公益性捐赠税前扣除的资格认定、扣除标准、捐赠方式和渠道等都存在改进空间，不利于实现税收公平和分配正义。本文对非营利组织税收减

---

* 刘培峰，北京师范大学法学院教授，博士生导师；龚宇，北京师范大学法学院硕士研究生。

免相关研究进行整理和评述，从其理论基础出发，分别讨论非营利组织的免税资格以及公益性捐赠税前扣除的主要问题，梳理相关研究成果，以为非营利组织税收减免的进一步研究提供参考。

一 税收减免的理论基础

（一）国外相关理论

20 世纪以来，各国非营利组织都有了较大发展，政府通过扶持非营利组织发展公共服务和公益活动，以税收减免进行激励便是重要方式。国外非营利组织的发展较早，相关制度及理论较为完善，非营利组织税收减免的主要理论基础包括税式支出理论、利他主义理论、税基定义理论、税收激励理论等。

1. 税式支出理论

税式支出理论也称为辅助理论，以政府职能为视角，主张非营利组织向社会提供的公共物品和服务替政府承担了财政支出的职能，为政府减轻了财政负担，故应对其减免税收，此时的税收减免就是对公共物品和服务的一种间接财政支出（Stanley，1973：40-46）。由于税式支出理论强调非营利组织替政府承担的职能，故该理论只能解释公益性组织的免税问题，却无法解释互益性组织的免税问题。

2. 利他主义理论

利他主义理论认为，除了税式支出理论强调的替政府承担职能的公共物品和服务以外，非营利组织的活动还为社会带来了超越公共物品和服务本身的公共利益，将论证重点从为政府承担职能转移至为社会提供公共利益（Atkinson，1997）。利他主义理论强调的公共利益，既体现为非营利组织作为非官方主体的参与对公共服务效率的提高，也包括在效率之上对社会整体多元性和多样化的促进。基于非营利组织带来的公共利益，应予以税收减免。

3. 税基定义理论

税基定义理论从应税收入的角度出发，认为所得税针对的是有"所得"的营利性行为，非营利组织的收入均投入公共物品和服务并未产生收入，属于减少纳税人消费能力的成本，故非所得税之税基（Bittker & Rahdert，1976）。与税式支出理论相比，税基定义理论直接将非营利组织收入排除在税基之外，而非在纳税的基础上解释为何应予免税。此外，税基定义理论还解释了税式支出理论中无法解释的互益性组织免税问题，即其行为并未产生收入，不应对其征税。但该理论的缺陷在于，实践中许多非营利组织的受益人并不一定属于需要依靠政府提供公共服务的群体，例如许多捐赠最终投向了中高收入阶层的医院、社区、学校等，此时再对其免税并不妥当。

4. 税收激励理论

税收激励理论认为对慈善捐赠减免税收能够降低慈善捐赠的成本，产生替代效应，激励慈善捐赠。由于税收减免降低了捐赠成本，纳税人投入捐赠的成本比购买其他商品的成本更低，促使纳税人将资金投入捐赠以代替购买其他商品，客观上增加了捐赠（Randolph，1995）。因此为鼓励慈善捐赠，应对其予以税收减免。但也有反对者认为，税收减免并不一定是激励捐赠的最佳途径，它也会减少政府的税收收入，造成新的财政负担（Zolt，2011）。

（二）国内相关理论

国内研究早期以引进国外相关理论为主，后来逐渐形成第三次分配理论、可税性理论等主张。

1. 第三次分配理论

第三次分配理论主张市场经济条件下的收入分配包括三次：第一次由市场按照效率进行分配；第二次由政府按照兼顾效率与公平的原则，通过税收等方式进行再分配；第三次则是由社会在道德力量的作用下，通过个人收入转移等非强制方式再一次进行分配。对非营利组织进行税收减免能够促进其健康有序发展，更好地实现第三次分配，故为促进第三次分配、实现分配正义，应对非营利组织予以税收减免（厉以宁，1994：77~78）。

2. 可税性理论

可税性理论是税法上的重要理论。收益是征税的前提，但国家出于政府职能实现、分配正义、社会稳定等因素的考量，只对具有可税性的收益征税。可税性理论主张依据纳税人行为的收益性、公益性和营利性来判断可税性：在存在收益的情况下，若收益主体以营利为目的且收益具有营利性，则应征税；若收益主体非以营利为目的，且其宗旨和活动具有突出的公益性，则不应征税；但对公益性组织的营利性收入，则仍应征税。非营利组织的收入和捐赠人捐赠的收入虽然具有收益性，但考虑到收入的公益性和非营利性，并不具有可税性，也就不应征税（张守文，2001）。

二 非营利组织税收减免

我国关于非营利组织享受税收减免的研究由非营利组织的主体理论始，多集中在现实问题较多的领域。非营利组织免税资格存在认定难的问题，其税务管理又因事涉税务部门、民政部门和业务主管部门的协调而较显混乱。在具体实践中，互益性组织的免税资格以及营利性收入的税收减免都存在争议，不免引起新的实践问题。

（一）非营利组织主体理论

非营利组织作为税收减免的主体，其定义是初期研究的重点之一。早期，非营利组织发展较不规范，税收减免政策多被滥用，为此需要明确非营利组织的法律定义，严格审查其免税资格，并实行税务登记和申报制度。此时的研究多聚焦于非营利组织的定义，主要是引进国外理论，且多采用界定非营利组织性质的方式。被采纳较多的是美国约翰·霍布金斯大学非营利组织国际比较研究中心的定义，即非营利组织是具有组织性、非政府性、非营利性、自治性和志愿性这五个特征的组织（安体富、王海勇，2005）。在定义问题基本解决后，非营利组织在我国税收法律体系中的定位仍不明确。我国税收立法对非营利组织并不重视，未针对其特殊性质设置适用于第三部门的独特制度（张守文，2000）。非营利组织在我国税收法律体系中并未作为主体被提出，其概念和制度分散在各单行法中，易相互冲突（程燕，2018）。从整体上看，我国非营利组织税收减免制度并未形成体系，税收减免的规则和政策多散见于效力等级较低的规范性文件之中，无法进行有效的分配校正，也难以真正体现分配正义（张晓婷、杜源，2016）。

（二）非营利组织的免税资格认定

税收减免为非营利组织发展提供了极大的助力，但由于免税资格的规定严格，加之各类行政性、程序性事项烦琐，免税资格认定难也一直影响着非营利组织的发展。《企业所得税法实施条例》并没有明确免税资格认定权的归属，导致其认定标准不统一。加之民政部门、税务部门与非营利组织业务主管部门之间并未信息共享，非营利组织一经民政部门登记成立即取得免税资格的情况比比皆是，税务机关在免税资格认定上的话语权较弱（张怡、李瑞缘，2013）。免税资格"认定难"也导致众多民间非营利组织通过借用其他基金会的账户并缴纳管理费的方式获取税收减免，不利于非营利组织的健康发展（李玉娟，2011）。对此，在认定主体上，可参考各国的免税资格认定制度，应在实践中明确税务机关的免税资格认定职责（陈小安，2007）。在认定程序上，结合美国对非营利组织免税资格管理的经验，可推行信息化办税的模式，统一非营利组织税务信息填报要求，并完善相关信息公开机制（符少花，2020）。

（三）非营利组织的税务管理

关于税务管理机构，《税收征管法》中并未规定税务部门与民政部门、业务主管部门之间的税收征管协调制度，实践中三部门相互独立，导致税务部门难以对非营利组织实行有效的税源监控（汪昊、樊天勤，2016）。非营利组织的双重管理模式决定了其税务管理不可仅靠税务部门监管，而是需要改变各部门各自为政的状态（刘俊，2019）。对此，我国可效仿美国、日本的做法，建立部门间情报交换和信息披露制度（刘艳红，2012），并加强财政部、国家税务总局和民政部的合作，统一财务管理制度（王锐，2009）。关于税务监管阶段，目前我国对非营利组织的免税管理侧重于事前审查，可逐步从起点管理向结果管理过渡，加强对非营利组织成立后的监管，实行年度资格审查（靳东升等，2014）。税务部门也应发挥其专业性优势，加强事后监管，并建立动态审查机制，严格相关责任追究（曲顺兰等，2016）。

（四）互益性组织的免税资格

我国法律并未明确区分公益性组织和互益性组织，但《公益事业捐赠法》中规定公益性社会团体"以发展公益事业为宗旨"，事实上排除了互益性组织。公益性组织以公共利益为宗旨，以不特定的公众为服务对象；互益性组织则以服务会员为宗旨，其实质是财产在会员间的变相分配，公益性较弱，故二者不应享有相同的免税待遇（唐雯，2011）。但现行法律在免税资格上对二者不加区别的做法无法体现政策导向性，实际上限制了非营利组织尤其是公益性组织的发展（黄冠豪，2013）。公益性组织的免税资格毋庸置疑，但互益性组织主要为会员服务，故只可对其不具有商业性质的会费收入予以免税（周克清、李鹏，2010）。对于其无关营利性收入，则应正常征税（许捷，2007）。也有学者经实证调研后主张将互益性组织划分为经济性互益性组织和社会性互益性组织，前者如行业协会、商会等，只对其会费收入免税，后者如学会、研究会等，此类组织仍具有一定公益性质，对其捐赠收入也可予免税（袁文艺、刘宏宇，2017）。

（五）营利性收入的税收减免

非营利组织的营利性收入能否享受税收减免一直是非营利组织税收减免制度研究中的重点。目前我国非营利组织的经营性收入须按照营利组织的标准缴税，然而我国非营利组织获得的捐赠较少，常需要通过开展营利性活动维系自身的存在和发展，故多数学者主张对营利性收入加以区分后实施税收减免。一是以收入的来源是否与非营利组织的业务相关区分，对相关者实施税收减免。（徐宇珊、刘华电，2007；陈风、张万洪，2009）。二是根据收入用途是否符合组织的慈善目的区分为合目的性收入和非合目的性收入，为非营利性和公益性目的而开展的营利活动产生的收入，如用途符合组织宗旨，则可进行税收减免（辛昕、黎江虹，2018）。三是根据营利性行为的风险区分，对高风险的营利性行为严格征税（张思强等，2016）。我国社会主义市场经济秩序仍在完善之中，非营利组织进行投资的风险较大，故应通过征税降低风险（靳东升，2004）。此外，考虑到对营利性收入免税可能对市场秩序产生的影响，应坚持非营利组织的"非营利性"，限制其从事营利性活动的规模与限度（金锦萍，2019）。

三 捐赠主体税收减免

非营利组织的税收减免不仅针对非营利组织的收入，也针对向非营利组织捐赠的主体，捐赠主体享受的税收减免即公益性捐赠税前扣除。然而目前我国公益性捐赠税前扣除仍然存在资格认定较为严格、扣除标准较低、对捐赠方式和捐赠渠道的要求较为单一等问题。

（一）公益性捐赠税前扣除资格

我国对公益性捐赠税前扣除资格的规定较为严格，早期只有财政部、国家税务总局特许的少数全国性非营利组织才具有该资格。该规定的计划经济特征较强，不利于民间和区域性非营利组织的发展，也无法鼓励企业和国民积极参与慈善活动，为许多学者所诟病。第一，对社会整体公平正义而言，税前扣除资格本应服务于分配正义，却成为特许资格，实质上导致非营利组织之间的地位不平等，不利于分配正义的实现（徐孟洲、侯作前，2004）。第二，对于非营利组织而言，由政府以个案的形式决定其能否享受税收优惠待遇，实际上强化了非营利组织对官方的依附性，弱化了其独立性及其作为非官方组织在社会服务中的优势，不利于"政社分离"改革目标的实现及非营利组织之间的良性竞争（于凌云，2006）。第三，对于捐赠者而言，这种特许制通过影响捐赠者的切身利益左右其捐赠对象选择，间接侵犯了捐赠者支配捐赠财产和选择捐赠对象的自由（李慧，2020）。即便 2008 年后国家规定了申请公益性捐赠税前扣除资格的条件和程序，实践中能够取得该资格的非营利组织仍然少之又少，且需要经历长期的申请过程。因此也有文献主张应扩大具有税前扣除资格的非营利组织范围，对免税非营利组织建立税务部门的独立认证制度，为其资格认证提供更多的便利（曲顺兰，2017）。近年由于新冠肺炎疫情的影响，此类呼声也更加频繁，例如应简化对受赠人的资格审查，增加合格受赠人的数量，减少因捐赠对象不符合捐赠标准导致的放弃捐赠（程辉，2020）。实践中对公益性捐赠税前扣除资格的严格认定是为了防止税收优惠政策被滥用，故在放宽资格认定的同时，可加强事中和事后监督，建立动态监管机制，完善税前扣除资格的退出机制，以防税源流失（李喜燕，2015；罗照华，2016）。

（二）公益性捐赠税前扣除范围

对于捐赠主体享受的税收减免，学界的普遍态度是要扩大税收减免的范围，以促进公益性捐赠。首先，在扣除税种上，我国鼓励慈善捐赠的税收优惠政策主要集中在所得税上，然而实践中与纳税人利益联系更密切的是流转税，这也是当前税收减免政策对慈善捐赠的鼓励效果不明显的原因之一（张怡、李瑞缘，2013）。其次，在扣除比例上，目前内外资企业的免税待遇实质上是不平等的，外资企业的捐赠免税是 100% 免税，享受了"超国民待遇"（徐孟洲、侯作前，2004）。许多慈善事业发达的国家都设置了较高的扣除比例，如美国个人捐赠的扣除比例为 50%，英国企业捐赠则允许全额扣除，我国也可相应地提高扣除标准，并允许超额的捐赠向以后的年度流转（刘继虎，2008；张娜，2019）。提高扣除比例和向后结转的趋势也得到了实践的印证，国家税务总局已经将"捐赠用于应对新型冠状病毒感染的肺炎疫情的现金和物品"的税前扣除比例提升至100%。《企业所得税法》在 2017 年的修改中也已允准企业的公益性捐赠支出超过年度利润总额12%的部分结转以后三年内在计算应纳税所得额时扣除。《个人所得税法》尚未有此类规定，故也有文献建议在日后的修法中参照《企业所得税法》，增加向后三年结转的规定，以鼓励个人的捐赠行为（赵海益、史玉峰，2017；李贞等，2021）。此外，还可在慈善捐赠税前扣除比例上实行累进制，通过调整边际税率来调整对慈善扣除的税收补贴，调节社会捐赠结构（杨利华，2016）。可根据捐赠人和捐赠对象的不同特性，例如企业的类型和规模、受助者获得救助的急切程度、灾害或突发公共事件的等级等，设置不同的扣除比例，尤其是对中小型企业予以更多税收优惠，以提高其捐赠意愿（贺宏，2018；周波、张凯丽，2020）。

（三）公益性捐赠的方式和渠道

在捐赠方式上，对于个人捐赠，我国的税收减免基本限于货币捐赠，以至于产生了诸多捐赠人捐赠不动产、股权等财产反而要支付高额税费的事例，影响捐赠人的捐赠热情（栗燕杰，2015）。对于企业捐赠，我国《增值税暂行条例》规定无偿赠送他人的货物视同销售处理，并不享有税收优惠。这使得企业在进行实物捐赠时必须慎重考虑捐赠对企业的税收与利润的影响，不利于提高捐赠的公众参与度（程燕，2018）。反而是境外捐赠人向全国性扶贫组织、慈善社会团体、国务院有关部门和各省级政府捐赠直接用于扶贫、慈善事业的部分物资，能够免征进口增值税和进口关税。对此有学者主张捐赠产品或服务，也应给予税收减免，以丰富捐赠形式，促进慈善事业发展（汪昊、樊天勤，2016）。在捐赠渠道上，目前可予税前扣除的仅是企业通过公益性社会团体或者县级以上人民政府及其部门进行的捐赠，不包括企业直接或通过乡级人民政府或街道办向受助对象进行的捐赠以及个人直接向受助者进行的捐赠，限制了企业和公众的捐赠热情（刘俊，2019）。公益性捐赠税前扣除制度本来就是鼓励通过非营利组织进行的间接捐赠而非直接捐赠，由非营利组织集中捐赠者的力量开展公益活动固然有其优势，但捐赠和免税流程的烦琐不免增加了捐赠成本（赵海益、史玉峰，2017）。对捐赠方式和捐赠渠道的限制也不利于慈善机制在突发自然灾害和公共事件中的有效运行，故为应对此类事件及支持脱贫攻坚等国家工作，常会有例外性规定放宽对捐赠方式和渠道的限制，但这些"一事一策"的例外性规定又降低了我国税收政策的稳定性和严谨性，不符合税收法定原则（王郁琛，2021）。

四　总结与思考

税收减免不仅是促进非营利组织发展的重要方式，也对分配正义的实现具有重要意义。在国家治理能力和治理体系现代化的进程中，非营利组织对国家和社会治理的作用逐渐凸显，我国非营利组织及其税收减免制度在近年来随着《慈善法》等法律法规的颁布也得到了较大的发展，但相关研究仍然存在不足之处。

首先，国内关于非营利组织税收减免理论基础的研究较少，且多为对国外研究成果的整理和发展，这也是我国非营利组织的相关研究起步较晚导致的。我国非营利组织的发展环境与国外有着较大差异，因而需要深入讨论各理论的本质，以进行本土化研究。大部分的税收减免理论都以分配正义为落脚点，只是存在视角上的差别，如税式支出理论是政府视角，利他主义理论是非营利组织视角，税基定义理论是税收视角，税收激励理论是捐赠者视角。我们在理论研究中，如果能集中关注我国的政府、非营利组织和税收制度，关注国情带来的特殊性，并在此基础上开拓新的视角，或能使本土化理论研究有新的发展。

其次，虽然许多文献的关注点和落脚点均为非营利组织税收减免在现实中的问题，但少有文献在论证这些具体问题时真正地以某一理论作为论证的基础，甚至有前后文观点的理论基础自相矛盾者。理论基础本身就决定了对某些争议问题的观点，例如各理论对互益性组织与营利性收入税收减免问题的不同解释。可税性理论关注收益性和营利性，更倾向于对营利性收入征税，而互益性组织不具有收益性的收入，因此可以免税；但税式支出理论则更关注收益是否用于本应由政府提供的公共服务，如用于公共服务，无论是互益性组织还是营利性收入，均不应对其进行征税。可见对实践问题的研究仍应回溯至理论基础的讨论，而非简单地优劣列举。

最后，对现实问题的讨论多建议以各种方式扩大税收减免的范围，缺乏对税收公平的重视。虽然现行规定中并未对营利性收入予以税收减免，但相关研究中多主张区别对待后对部分营利性收入予以免税；对于公益性捐赠税前扣除，相关研究中多主张放宽扣除资格认定标准、提高扣除比例、拓宽扣除渠道。这些都是以促进非营利组织发展和慈善捐赠为导向的思路，但少有研究从税收公平的角度考虑，从限制性的角度为非营利组织的税收减免划定上限。在进行政策建议时，除了慈善事业的发展，也应考虑到税收公平，防止扩大税收减免范围带来的不正当竞争及税收不公。

参考文献

安体富、王海勇（2005）：《非营利组织税收制度：国际比较与改革取向》，《地方财政研究》，第 12 期。

陈风、张万洪（2009）：《非营利组织税法规制论纲——观念更新与制度设计》，《武汉大学学报》（哲学社会科学版），第 5 期。

陈小安（2007）：《激励与规制：非营利组织的税制构建》，《税务研究》，第 6 期。

程辉（2020）：《浅谈新冠肺炎疫情下公益性捐赠税收政策的完善》，《税收征纳》，第 9 期。

程燕（2018）：《非营利组织税收政策研究》，《纳税》，第 30 期。

符少花（2020）：《优化非营利组织免税资格管理比较与借鉴》，《税务研究》，第 12 期。

国家税务总局政策法规司课题组（2004）：《非营利组织税收制度研究》，《税务研究》，第 12 期。

贺宏（2018）：《慈善捐赠所得税扣除的制度思考》，《税务研究》，第 3 期。

黄冠豪（2013）：《略论我国非营利组织的税收制度改进》，《税务与经济》，第 4 期。

金锦萍（2019）：《非营利组织营利性收入税收政策比较研究》，《社会保障评论》，第 4 期。

靳东升（2004）：《非营利组织所得税政策的国际比较》，《涉外税务》，第 10 期。

靳东升、原泽文、凌萍（2014）：《支持社会组织发展的税收政策研究》，《财政研究》，第 3 期。

李慧（2020）：《新冠肺炎疫情下公益性捐赠税收优惠政策探析》，《税务研究》，第 4 期。

李喜燕（2015）：《非利他性视角下慈善捐赠的立法激励》，《河北大学学报》（哲学社会科学版），第 5 期。

李响（2016）：《论我国慈善激励机制的立法缺失及其完善》，《上海财经大学学报》，第 3 期。

李玉娟（2011）：《我国非营利组织税收优惠制度的最新发展及存在的问题》，《西南政法大学学报》，第 2 期。

李贞、莫松奇、郭钰瑛（2021）：《我国慈善捐赠税收政策体系的完善研究》，《税务研究》，第 2 期。

厉以宁（1994）：《股份制与现代市场经济》，南京：江苏人民出版社。

栗燕杰（2015）：《我国慈善税收优惠的现状、问题与因应——以慈善立法为背景》，《国家行政学院学报》，第 6 期。

刘继虎（2008）：《非营利组织所得税优惠制度比较与借鉴》，《河北法学》，第 4 期。

刘俊（2019）：《社会组织税收优惠政策的成效和问题探讨》，《知识经济》，第 36 期。

刘艳红（2012）：《我国非政府组织税收政策的现状、问题及对策建议》，《中央社会主义学院学报》，第 4 期。

罗照华（2016）：《公益性社会组织税收监管政策创新研究》，《财会通讯》，第 1 期。

曲顺兰（2017）：《税收激励慈善捐赠：理论依据、作用机理与政策体系构建》，《财政经济评论》，第 1 期。

曲顺兰、王丛、崔红霞（2016）：《国外慈善捐赠税收激励政策取向及我国优惠政策的完善》，《经济与管理评论》，第 5 期。

唐雯（2011）：《论非营利组织的非营利性及所得税优惠》，《税收经济研究》，第 5 期。

汪昊、樊天勤（2016）：《中美非营利组织税收政策比较研究》，《税务研究》，第 2 期。

王锐（2009）：《慈善捐赠的财税激励政策缺陷探究——兼论民间慈善组织面临的"四大困局"》，《审计与经济研究》，第 3 期。

王郁琛（2021）：《疫后社会组织税收扶持政策的思考与建议》，《税务与经济》，第 3 期。

辛昕、黎江虹（2018）：《非营利组织营利性行为的税法规制》，《天津法学》，第 1 期。

徐孟洲、侯作前（2004）：《论非营利组织的税法地位》，《江西财经大学学报》，第 3 期。

徐宇珊、刘华电（2007）：《国外非营利组织税收制度介绍》，《涉外税务》，第 11 期。

许捷（2007）：《我国非营利组织税收制度分析与建议》，《税务研究》，第 6 期。

杨利华（2016）：《美国慈善捐赠税收扣除制度的考察与思考》，《北方法学》，第 3 期。

于凌云（2006）：《完善中国非营利组织税收制度研究》，《财政研究》，第 6 期。

袁文艺、刘宏宇（2017）：《促进社会组织健康发展的税收政策——基于湖北省若干社会组织及政府部门的调研》，《湖北经济学院学报》，第 6 期。

张娜（2019）：《我国公益捐赠的税收优惠制度研究》，《湖南工程学院学报》（社会科学版），第 1 期。

张守文（2000）：《略论对第三部门的税法规制》，《法学评论》，第 6 期。

张守文（2001）：《收益的可税性》，《法学评论》，第 6 期。

张思强、朱学义、李欣（2016）：《营利性行为分类与民间非营利组织税收优惠制度设计》，《税务与经济》，第 3 期。

张晓婷、杜源（2016）：《非营利组织税收减免制度建构的基本导向》，《学术交流》，第 5 期。

张怡、李瑞缘（2013）：《完善非营利组织税收激励机制的法律思考》，《税务与经济》，第 6 期。

赵海益、史玉峰（2017）：《我国个人公益性捐赠所得税优惠政策研究》，《税务研究》，第 10 期。

周波、张凯丽（2020）：《促进慈善捐赠的企业所得税政策探析》，《税务研究》，第 5 期。

周克清、李鹏（2010）：《我国非营利组织税收制度的缺陷与对策》，《经济纵横》，第 3 期。

Atkinson, R. (1997), "Theories of the Federal Income Tax Exemption for Charities: Thesis, Antithesis, and Syntheses," *Stetson Law Review* 27 (2), pp. 395 – 432.

Bittker, B. I., & Rahdert, G. K. (1976), "The Exemption of Nonprofit Organizations from Federal Income Taxation," *Yale Law Journal* 85 (3), pp. 299 – 358.

Randolph, W. C. (1995), "Dynamic Income, Progressive Taxes and the Timing of Charitable Contributions," *Journal of Political Economy* 103 (4), pp. 709 – 738.

Stanley, S. (1973), *Pathways to Tax Reform: The Concept of Tax Expenditures*, Cambridge: Harvard University Press.

Zolt, E. M. (2011), "Tax Deductions for Charitable Contributions: Domestic Activities, Foreign Activities, or None of the Above," *Hastings Law Journal* 63 (2), pp. 361 – 410.

Reviews of Tax Exemption System of Non-Profit Organization

Liu Peifeng, Gong Yu

[**Abstract**] Tax exemption is an important support measure for the development of NPOs, and combing through the relevant research can help to solve the theoretical and practical problems faced by the tax exemption of NPOs. This paper sorts out the theoretical basis of the tax exemption of

NPOs, and discusses the main researches of the eligibility of NPOs for tax exemption and the pre-tax deduction of public welfare donations. At present, there is little research on the theoretical foundation in China, most of which are the collation and development of foreign theories, lacking of localization perspective. The researches of practical issues mostly from the perspective of NPOs, but pay low attention to tax fairness, and are easy to ignore the combination with theoretical basis.

[**Keywords**] Non-profit Organization; Tax Exemption; Eligibility of Tax Exemption; Pre-tax Deduction of Public Welfare Donations

$\mathcal{NP}$

非营利组织税收减免制度研究述评

编辑手记

　　自党的十九届四中全会首次提出"发挥第三次分配作用，发展慈善等社会公益事业"以来，尤其自 2021 年 8 月 17 日中央财经委员会第十次会议在"共同富裕"的宏观背景下再次强调"第三次分配"和"鼓励高收入人群和企业更多回报社会"以来，"第三次分配"受到全社会广泛关注，并得到一些知名企业家、头部企业的积极响应。我们认为，"第三次分配"的提出是我国公益慈善与非营利部门发展历程中的重大事件，其不仅为我国公益慈善事业和社会创新提供了重要的政策支撑，更是在第三部门理论、市民社会理论、公共领域理论、社会资本理论之外为中国非营利部门的发展增加了具有中国特色的理论基础。

　　在此背景下，本卷首先邀请四位不同学科背景的知名学者——邓国胜、苗青、谢琼、高皓就第三次分配开展了笔谈，内容涉及第三次分配的内涵与意义、第三次分配在我国收入分配格局中的潜力、第三次分配的作用路径等，期待相关讨论对读者和领域的后续研究有所启发。

　　本卷的主题是"慈善捐赠"，慈善捐赠尤其公众捐赠是第三次分配的重要形式和构成部分。显然，我们不能将第三次分配狭隘地理解为让富人把钱拿出来救济穷人，第三次分配在本质上是一种财富流动和价值重塑的社会机制，是一个大众可为、人人可参与的过程。得益于互联网慈善的发展和大众慈善意识的提升，近年来，我国公众捐赠在慈善捐赠总额中的比例有所提升，但仍只有约三成，与欧美发达国家相比还有较大差距。鉴于此，公众捐赠行为及其影响因素的研究在关于第三次分配的讨论中具有特别意义，本卷则收录了相关的四篇主题文章，分别探讨了慈善捐赠中的捐赠者个体的心理视角、传播行为、信任以及税收政策等因素对捐赠行为的影响。

接下来，除了关注公众捐赠、互联网捐赠等议题外，本刊还鼓励研究者重点关注企业和高收入群体的公益慈善行为或社会价值创新实践。一方面，在共同富裕和第三次分配的背景下，国内企业和高收入群体积极响应，正在推动新一轮社会创新，对"如何回报社会"相关的认识论、方法论以及知识、工具存在强烈的需求，相关研究迎来了重要的机遇期。另一方面，在我国经济社会发展从全面实现"小康社会"转向推动"共同富裕"和社会主义现代化的时代背景下，我们深感第三次分配绝不仅仅是公益慈善命题，更是一个关于财富的价值重塑与传承的命题，是关于财富创造与社会价值、文化发展相协调的命题，企业和高收入群体作为财富创造主体和财富主要拥有者更有动力和压力转变思路、调整战略，积极回应时代需求、顺应经济社会发展大势。2021年12月的中央经济工作会议提出新发展阶段要正确认识把握的"五个重大理论和实践问题"，其中第一项"实现共同富裕的战略目标和实践途径"、第二项"资本的特性和行为规律"均与财富的分配和资本的去向有关。可见，针对企业、高收入群体参与慈善捐赠、创新社会价值的研究具有更基础、更深远的意义，值得我们倾力关注。

本卷在"慈善捐赠"主题之外也收录了其他几篇有价值的文章和案例，涉及基层社会治理中的公益创投、社会服务机构、志愿者等研究对象，此外还有两篇很有特色、有趣的文章：一是王盈盈等分析了一种有特色的、以体育为载体的公益组织倡导策略；二是赖钰麟对海外华侨组织和其参与当地善堂的行为进行了考察，为理解华人文化、社会关系对慈善的影响提供了另类案例。我们一如既往地欢迎非营利组织、公益慈善和社会治理领域扎根中国实践、紧贴时代需求的研究论文，也非常期待针对新现象、重大事件的案例性文章。

最后，我们要对本卷的姗姗来迟向作者和读者表达歉意。疫情以来，《中国非营利评论》的编辑节奏整体后移，再加上近段时间以来国内出版行业的整体调整，本集刊的出版周期也受到影响而变得更长。期待接下来的两卷我们能往前赶到年内出版。

稿　　约

1. 《中国非营利评论》是有关中国非营利事业和社会组织研究的专业学术出版物，分为中文刊和英文刊，均为每年出版两卷。《中国非营利评论》秉持学术宗旨，采用专家匿名审稿制度，评审标准仅以学术价值为依据，鼓励创新。

2. 《中国非营利评论》设"论文""案例""研究参考""书评""观察与思考"等栏目，刊登多种体裁的学术作品。

3. 根据国内外权威学术刊物的惯例，《中国非营利评论》要求来稿必须符合学术规范，在理论上有所创新，或在资料的收集和分析上有所贡献；书评以评论为主，其中所涉及的著作内容简介不超过全文篇幅的1/4，所选著作以近年出版的本领域重要著作为佳。

4. 来稿切勿一稿数投。因经费和人力有限，恕不退稿，投稿一个月内作者会收到评审意见。

5. 来稿须为作者本人的研究成果。作者应保证对其作品具有著作权并不侵犯其他个人或组织的著作权。译作者应保证译本未侵犯原作者或出版者的任何可能的权利，并在可能的损害产生时自行承担损害赔偿责任。

6. 《中国非营利评论》热诚欢迎国内外学者将已经出版的论著赠予本集刊编辑部，备"书评"栏目之用，营造健康、前沿的学术研讨氛围。

7. 《中国非营利评论》英文刊（*The China Nonprofit Review*）是 Brill 出版集团在全球出版发行的标准国际刊号期刊，已被收录入 ESCI（Emerging Sources

Citation Index）。英文刊接受英文投稿，经由独立匿名评审后采用；同时精选中文刊的部分文章，经作者同意后由编辑部组织翻译采用。

8. 作者投稿时，电子稿件请发至：chinanporev@163.com（中文投稿），nporeviewe@gmail.com（英文投稿）。

9.《中国非营利评论》鼓励学术创新、探讨和争鸣，所刊文章不代表本刊编辑部立场，未经授权，不得转载、翻译。

10.《中国非营利评论》已被中国期刊网、中文科技期刊网、万方数据库、龙源期刊网等收录，为适应我国信息化建设的需要，实现刊物编辑和出版工作的网络化，扩大本刊与作者知识信息交流渠道，在本刊公开发表的作品，视同为作者同意通过本刊将其作品上传至上述网站。作者如不同意作品被收录，请在来稿时向本刊声明。但在本刊所发文章的观点均属作者个人观点，不代表本刊立场。本声明最终解释权归《中国非营利评论》编辑部所有。

由于经费所限，本刊不向作者支付稿酬，文章一经刊出，编辑部向作者寄赠当期刊物 2 本。

来稿体例

1. 各栏目内容和字数要求：

"论文"栏目发表中国非营利和社会组织领域的原创性研究，字数以 8000～20000 字为宜。

"案例"栏目刊登对非营利和社会组织实际运行的描述与分析性案例报告，字数以 5000～15000 字为宜。案例须包括以下内容：事实介绍、理论框架、运用理论框架对事实的分析。有关事实内容，要求准确具体。

"研究参考"栏目刊登国内外关于非营利相关主题的研究现状和前沿介绍、文献综述、学术信息等，字数为 5000～15000 字。

"书评"栏目评介重要的非营利研究著作，以 5000～10000 字为宜。

"观察与思考"栏目刊发非营利研究的随思随感、锐评杂论、会议与事件的评述等，字数以 3000～8000 字为宜。

2. 稿件第一页应包括如下信息：（1）文章标题；（2）作者姓名、单位、通信地址、邮编、电话与电子邮箱。

3. 稿件第二页应提供以下信息：（1）文章中、英文标题；（2）不超过 400 字的中文摘要；（3）2～5 个中文关键词。书评、随笔无须提供中文摘要和关键词。

4. 稿件正文内各级标题按"一""（一）""1.""（1）"的层次设置，其中"1."以下（不包括"1."）层次标题不单占行，与正文连排。

5. 各类表、图等，均分别用阿拉伯数字连续编号，并注明图、表名称；图编号及名称置于图下端，表编号及名称置于表上端。

6. 本刊刊用的文稿，采用国际社会科学界通用的"页内注＋参考文献"方式。

基本要求：说明性注释采用当页脚注形式。注释序号用①②③……标识，每页单独排序。文献引用采用页内注，基本格式为年份制（**作者，年份：页码**），外国人名在页内注中只出现姓（容易混淆者除外），主编、编著、编译等字眼，译文作者、国别等字眼都无须在页内注里出现，但这些都必须在参考文献中注明。

文末列明相应参考文献，参考文献中外文分列（英、法、德等西语可并列，日语、俄语等应分列）。中文参考文献按照作者姓氏汉语拼音音序排列，外文参考文献按照作者姓氏首字母排序。基本格式为：

作者（书出版年份）：《书名》（版次），译者，卷数，出版地：出版社。

作者（文章发表年份）：《文章名》，《所刊载书刊名》，期数，刊载页码。

author（year），*book name*，**edn.**，**trans.**，**Vol.**，**place：press name.**

author（year），**"article name"**，**Vol.**（**No.**）*journal name*，**pages.**

图书在版编目（CIP）数据

中国非营利评论. 第二十八卷，2021. No. 2 / 王名
主编. -- 北京：社会科学文献出版社，2022.2
ISBN 978 - 7 - 5201 - 9767 - 0

Ⅰ. ①中… Ⅱ. ①王… Ⅲ. ①社会团体 - 中国 - 文集
Ⅳ. ①C232 - 53

中国版本图书馆 CIP 数据核字（2022）第 027791 号

中国非营利评论（第二十八卷）

主　　办 / 清华大学公益慈善研究院
　　　　　明德公益研究中心
主　　编 / 王　名

出 版 人 / 王利民
组稿编辑 / 刘骁军
责任编辑 / 易　卉
文稿编辑 / 侯婧怡　郭锡超
责任印制 / 王京美

出　　版 / 社会科学文献出版社·集刊分社
　　　　　地址：北京市北三环中路甲 29 号院华龙大厦　邮编：100029
　　　　　网址：www. ssap. com. cn
发　　行 / 社会科学文献出版社（010）59367028
印　　装 / 三河市龙林印务有限公司

规　　格 / 开　本：787mm × 1092mm　1/16
　　　　　印　张：22　字　数：373 千字
版　　次 / 2022 年 2 月第 1 版　2022 年 2 月第 1 次印刷
书　　号 / ISBN 978 - 7 - 5201 - 9767 - 0
定　　价 / 128.00 元

读者服务电话：4008918866